KB189962

깨달음 공부

다석 사상으로 찾는 참삶의 길

깨달음 공부

박영호 지음

교양인
GYOYANGIN

| 일러두기 |

1. 본문에 인용한 성경 구절은 《공동번역 성서》(1977년. 대한성서공회 발행)를 저본으로 삼았으며, 몇몇 구절에 한해 《성경전서 한글판 개역》을 따랐다. 《한글판 개역》을 따른 경우에는 따로 괄호 안에 '한글개역'으로 표기하였다.
2. 성경 구절이나 인용문에서 따로 표시되지 않은 괄호 안의 말들은 모두 저자의 풀이이다.

　예수가 남긴 말 가운데 가장 궁금한 말이 있다면 무슨 말일까? 이 사람에게 묻는다면 나는 주저 없이 대답하겠다. "나는 너에게 하늘 나라의 열쇠를 주겠다."(마태오 16:19)는 말이다.

　이 구절은 복음서에 예수가 베드로에게 한 말로 나오지만 나는 그 렇게 생각하지 않는다. 예수는 누구 한 사람에게만 하늘나라 열쇠를 주려고 이 세상에 온 이가 아니기 때문이다. 나는 이 말이 예수가 분 명히 모든 사람에게 한 말이라고 믿어 의심치 않는다. 그러면 그 하 늘나라 열쇠는 어디에 있단 말인가? 그것은 예수의 말씀에 있다. "나 는 오직 진리를 증언하려고 났으며 그 때문에 세상에 왔다."(요한 18:37)라는 말은 바꾸어 말하면 사람들에게 하늘나라에 들어갈 수 있 는 열쇠를 주기 위해 왔다는 말이다. 하늘나라의 열쇠가 되는 말씀 은 바로 이 말씀이다. "사람들이 어떤 죄를 짓든 입으로 어떤 욕설을 하든 그것은 다 용서받을 수 있으나 얼(성령)을 모독하는 사람은 영원히 용서받지 못할 것이며 그 잘못은 영원히 벗어날 길이 없을 것이다."(마르코 3:28~29, 박영호 의역) 하늘나라에 들어가는 열쇠는 제나(ego)를 버리고 얼나(soul)를 깨닫는 데 있다는 것이다. 그러니 얼나가 하늘나라에 들어갈 수 있는 열쇠인 것이다. 얼나의 열쇠 없이는 그 누구도 하늘나라에 들어갈 수 없다.

하늘나라 열쇠(κλεις, Key)는 얼나(πνευμα, Soul)이다. 석가는 다르마(Dharma, 法)라 하였고 노자는 도(道)라 하였고 공자는 덕(德)이라 하였다. 얼나를 깨닫지 못하고는 그 누구도 하늘나라에 들어가지 못한다. 그래서 이 《깨달음 공부》를 쓰기에 이르렀다. 얼나 깨달음은 영성 신앙의 열쇠요 인성 교육의 열쇠이기도 하다. 오늘날처럼 영성 신앙이 필요하고 인성 교육이 절실한 때가 없을 것이다. 그런데 사람들은 영성 신앙이 무엇인지 인성 교육이 무엇인지 분명하게 알지 못하고 있다. 얼나를 깨닫는 것이 영성 신앙이요 얼나를 깨우침이 인성 교육이다. 기복 신앙에서 영성 신앙으로, 출세 교육에서 인성 교육으로 돌아서는 길만이 자살의 나라, 부패의 나라, 싸움의 나라라는 불명예를 씻을 수 있는 길이다. 종교와 교육이 잘못되어 그르친 나라는 종교와 교육을 바로 세우는 것만이 나라를 건지는 길이다. 이미 책을 여러 권 썼는데 또 이 책을 쓰게 된 까닭이 여기에 있다. 이 책을 읽고서 모두가 멸망의 생명인 제나의 수성(獸性)에서 풀려나 영원한 생명인 얼나로 솟나 하느님(니르바나님)의 아들이 되기를 빌고 빈다.

이 사람도 몸나로는 올해로 꼭 석가 붓다만큼 살았다. 스물네 살에 함석헌 님을 통해 다석 류영모 님을 알게 되었는데 직접 뵌 것은 스물여섯 살 때 서울 종로 YMCA 연경반 강의에서 뵌 것이 처음이었다. 그 뒤로 다석 사상을 정신적인 먹이로 삼아 나이 80에 이르도록 살았다. 아직도 정양모 님(다석학회장)과 더불어 다석 시조 풀이를 하고 있고, 다석 한시 풀이(1,300수)를 해야 한다. 저 위에서 허락하시면 할 것이지만 이 사람의 할 일은 이 책, 《깨달음 공부》로 끝내고 싶다. 그동안 이 사람이 지은 글을 읽어주신 여러분에게 머리 숙여 고맙다는 인사를 올리는 바이다. 그동안 쓴 글도 사세(辭世) 아닌 글이 없지만 이번 글은 참으로 마지막이라는 생각으로 썼다. 페스탈로치는 마지막으로 쓴 책의 제목을 '백조의 노래'라고 지었다. 백조는 죽을 때 슬피 운다고 한다. 그러나 이 사람은 마지막 글이라도 슬픈 생각은 털끝만큼도 없다. 마음속에 북극의 오로라처럼 기쁨이 넘실거린다. 앞으로 이 사람을 아는 이들께서 이 사람을 만나더라도 산송장(미라)으로 보아주시면 고맙겠다. 생각으로는 온전히 죽은 사람이기 때문이다. 여러분께서도 이 글을 읽으시고 제나로 죽고 얼나로 솟나 죽음이 없고 다툼이 없고 결핍이 없는 얼의 나라에서 만나게 되기를 빈다.

이 책이 나오기까지 직접 참고 자료가 되는 책을 구해주며 도움을 준 다석학회 정양모 회장님, 성천문화재단 류인걸 이사장님께 감사의 말을 전한다. 미국 로스앤젤레스에서 자신의 저서를 보내준 류기종

박사님을 비롯하여 사천의 박동선 님, 인성의 이주성 님, 장호원의 구교성 님, 함안의 김진웅 님, 대전의 오도석 님, 횡성의 김우영 님, 울산의 박은주 님께 감사드린다. 다석사상연구회를 함께 이끌어 가는 여러 길벗 김성섭 님, 신왕식 님, 김병규 님, 박우행 님, 민원식 님, 박영찬 님, 정수복 님, 조영행 님, 한교설 님, 김경희 님, 한규숙 님, 나성자 님, 서정순 님, 김성언 님, 송용선 님, 민항식 님, 장혜은 님과 그 밖에 여러 분께도 감사드린다.

2013년 12월
박영호

1장

나는 누구인가

여기 이 제나는 거짓된 생명이다. 참이 아니다. 우리가 아는 지식이라
는 것도 거짓이다. 하잘것없는 것이다. 그러므로 한껏 찾아야 할 것
은 오직 참이다. 참이란 생전(生前)을 두고 찾아야 한다. 일생뿐만 아
니라 대(代)를 물려 가면서 찾아야 한다. 전 인류가 다 힘을 쏟아서 마
침내 알아내야 할 것은 참 하나일 것이다. 그밖에는 아무것도 없다.
　　　　　　　　　　　　　　　　　　　　　　　　　　　　 - 류영모

나는 어디서 왔는가?

류영모는 이렇게 말하였다.

"온통의 님을 생각하는 사람이 없다. 절대의 님을 그리는 사람이
없다. 모두가 중간에다 희망을 걸어놓고 그에 맞는 진·선·미(眞善
美)를 만들어놓고 거기에 다다르면 만족한다. 그러나 예수나 석가처
럼 인생을 깊숙이 본 이는 온통이신 절대의 님밖에는 있어도 없는 것
으로 본다. 마음 그릇을 가지려면 측량할 수 없이 크게 해야 한다.
우리 마음은 지극히 큰 것이다. 비워놓으면 하느님 나라가 그 마음속
에 들어온다. 그 마음에 하느님 나라가 들어오지 못하면 마음의 가
난을 면치 못한다. 우리는 예수, 석가처럼 마음이 부자가 되어야 한
다."(류영모, 《다석어록》)

류영모는 어찌하여 사람들이 온통이신 절대의 님을 생각하지 않는
것을 안타깝게 생각하였는가? 그 온통이신 절대의 님이 우리 생명의

근원이라. 그 님을 만나야 내가 누구인 줄을 알게 되기 때문이다.

우리의 몸은 어머니의 배 속에서 나왔으나 나는 어머니의 자식 이전에 우주의 소산(所産)이요 온통(whole)의 소산이다. 우주 없이 어떻게 내가 있을 수 있는가? 나를 낳았다는 어버이조차 온통이신 절대님의 소산인 것이다.

얕은 생각밖에 못하는 이는 샘물이 물의 근원이라고 생각하지만 깊이 생각하는 이는 바다가 물의 근원인 것을 안다. 바다에서 수증기가 올라가 구름이 되어 비가 내리고 그 빗물이 땅에 스며들어 샘물이 되는 것이기 때문이다. 얕은 생각밖에 못하는 이는 어머니의 태집을 생명의 근원으로 안다. 그래서 한자에서 어머니의 태집을 나타내는 始가 '비로소', '처음'을 의미하는 글자가 되었다. 그러나 생각을 깊게 하는 이는 우주 허공이 생명의 근원인 줄을 안다. 우주 허공이 있어서 그 가운데 지구가 있고 지구 위에 사람이 살게 된 것이기 때문이다.

석가가 출가하여 히말라야 산맥에 들어가 홀로 명상할 때, 예수가 출가하여 광야에서 홀로 기도할 때 무슨 생각을 하였을까? 이미 집에 있는 아버지가 '나'의 참된 생명의 근원이 아닌 것을 알고서 참된 생명의 근원을 찾고자 한 것이다. 참아버지(어머니)를 알아야 내가 누구인지 알 수 있다. 그러므로 나는 누구인가라는 물음은 나의 생명의 근원인 아버지(어머니)가 누구인가라는 물음과 같은 말이다. 류영모는 한밤중에 홀로 밤하늘을 우러러 바라보면서 나는 누구이며 왜 여기에 있는가를 물었다. 류영모는 사람들이 별이 빛나는 밤하늘을 쳐다보기를 잊었다고 안타깝게 생각하였다.

"사람은 천문학자가 아니더라도 누구나 밤하늘을 쳐다보면서 살아야 한다. 보통 상식으로도 별자리쯤은 기억할 만큼 하늘을 쳐다보아야 한다. 그저 하늘을 쳐다보고 위로 올라가는 것이 어렵다고 할 것 같으면 안 된다. 별 하늘을 쳐다보고 그다음에는 눈으로 볼 수 없는 그 위(하느님)까지 쳐다보아야 한다. 그믐이나 초하룻날 밤에는 하늘에 그득한 밝은 별들을 볼 수 있다. 그때 우리의 눈에는 가까운 데서는 볼 것이 없다. 멀리 바라보는 우리 마음에는 어떤 정신의 빛이 별빛처럼 쏟아져 온다. 그것이 하느님 아버지의 얼(靈)이다. 석가가 새벽에 샛별을 보고 진리를 깨달은 것이 그래서다."(류영모,《다석어록》)

싯다르타 태자가 출가 수행을 한 지도 어언 6년이 지났을 때였다. 체력이 다한 그는 넘어지면 자기 힘으로 일어나지도 못하였다. 그러나 아직도 내 생명의 근원이요 이 우주의 임자인 그가 누구인지 싯다르타는 알지 못하였다. 고행을 더하다간 내 생명의 근원이요 우주의 임자인 니르바나님에 대하여 알지도 못하고 죽어버릴 게 뻔하였다. 싯다르타는 그때 우루벨라 촌장의 딸 수자타가 나무 신에게 바치고자 가져온 유미죽을 얻어먹고서 기운을 차렸다. 싯다르타의 부왕이 보내 싯다르타를 보호하며 함께 수행하던 다섯 사람은 그가 수자타의 유미죽을 계속 받아먹는 것을 보고는 그가 타락했다고 생각하고 싯다르타를 떠나 녹야원으로 가버렸다. 한편, 싯다르타는 수자타의 청혼을 거절하고 홀로 길을 떠나 부다가야 교외에 이르렀다. 풍광이 수려한 곳이었다. 푸른 풀밭이 비단처럼 깔려 있고 그 가운데 피팔라 나무(보리수)가 일산(양산)처럼 솟아 있었다. 그 나무 밑에는 네모반듯한 바위가 좌대 모양으로 놓여 있었다. 싯다르타 태자는 어느 목동이 베어다 준 부드러운 길상초를 깔고서 두 다리를 엇걸어 가부좌를 틀고 앉아 선정(명상)에 들었다. 석가는 스스로 '나는 이 자리에서 일체지(一切智)를 깨닫지 못하면 다시 일어나지 않으리라'고 맹세를 하였다. 일체지란 절대지(絶對智)이다. 온통이신 하느님(니르바나님)이 주시는 말씀(슬기)이다. 세상의 슬기는 오래가지 못하지만 하느님(니르바나님)의 말씀은 몇천 년 몇만 년이 가도 바뀌지 않는다. 온통이신 하느님이 바뀌지 않기 때문이다. 석가는 내가 누구인가, 얼나로는 생로병사를 여읜 니르바나님(하느님)의 아들이고 니르바나님이 생명의 근원인 아버지(어머니)라는 것을 깨달았다.

예수는 광야에서 기도하는 가운데 온통이시며 생명의 근원이며 우주의 임자인 하느님을 아버지로 만나고 자신은 얼나로 하느님의 아들인 것을 깨달았다.(마태오 4:3~10 참조) 광야에서 예수가 마귀의 시험을 받았다고 말하지만 그것은 잘못 이해한 것이다. 이 세상에 마귀가 어디 있으며 천사가 어디 있단 말인가? 마귀란 예수의 제나인 것이다. 마귀의 시험을 받았다는 것은 예수가 극기복천(克己復天)했다는 뜻이다. 예수는 스스로 제나를 초월하여 얼나로 솟난 것이다. 하느님을 생명의 근원인 아버지로 알고 얼나로는 하느님의 아들인 것을 깨달은 것이다.

류영모는 말하기를 "어머니 배에서 나온 나는 참나가 아니다. 속알인 얼나가 참나다. 겉몸은 흙 한 줌이요 재 한 줌이다. 그러나 참나인 얼나는 한없이 크고 한없이 센 나라, 하느님 나라를 세울 수 있다. 얼나는 우주 안팎에 가득찬 호연지기(浩然之氣)의 나이다. 그것은 지강지대(至剛至大)하여 누구도 헤아릴 수 없고 아무도 견줄 수 없는 온통이요 참나다."(류영모, 《다석어록》)

어머니(어버이)가 낳은 '나'가 참나가 아님을 아는 사람은 이미 하느님 아들인 얼나로 솟난 사람이다. 달리 말해 출가한 사람이다. 류영모도 자신이 신출가(身出家)는 못했어도 심출가(心出家)는 하였다고 말하였다. 예수가 "땅 위의 아버지를 아버지라 부르지 말라. 왜냐하면 하느님 아버지만이 너의 아버지이기 때문이다."(마태오 23:9, 박영호 의역)라고 하였고, 석가는 "나는 왕족인 석가의 계통이 아니라 밥 빌어먹은 붓다의 계통이다."(《본생담》)라고 말하였다. 예수와 석가도 몸나로는 어머니의 배 속을 통해서 이 세상에 나온 것을 모를 리 없지만 얼나로는 피붙이와 아무 관계가 없다는 것이다. 이것이 진정한 극기(克己)요 출가(出家)이다. '집 가(家)' 자를 파자해보면, 집 안에 돼지를 기르는 것이다. 자기 아들을 남 앞에서 말할 때 '돈아(豚兒)'라고도 하고 '가돈(家豚)'이라고도 하였다. 자녀가 돼지면 그 부모도 돼지다. 옛사람들은 자신이 짐승인 줄 안 것이다. 이것은 겸손이 아니다. 사실이다. 출가하는 것은 짐승 노릇을 그만두는 것이다. 출가하고서도 탐·진·치(貪瞋痴)의 짐승 성질을 버리지 못한다면 출가한 것이 아니다. 아직 출가를 못한 것이다. 여자들 시집가는 것도 출가라 하는데 시집가는 것은 이 집에서 저 집으로 옮겨가는 것이므로 전가(轉家)이지 출가가 아니다.

류영모는 이렇게 말하였다.

"사람은 분명 짐승인데 짐승의 생각과 노릇을 하지 않음이 얼나로 솟나는 우리의 길이다. 몸은 짐승이지만 얼이 있어 마음속을 밝혀 위로 한없이 솟아나려 함이 인생의 길이다. 예수와 석가는 집안에 갇혀 살지 아니하였다. 빈탕한데(허공)에서 살았다."(류영모,《다석어록》)

그런데 많은 사람들은 어버이의 자녀로 짐승살이에 만족하면서 살아간다. 그래서 짐승과 마찬가지로 자기 자신에 의문을 품는 일 없이 살고 있다. 내가 누구인가, 내가 왜 여기 있는가라는 의문을 품는 이들을 오히려 이상한 사람으로 생각한다. 그러나 그들도 일단 죽음에 부딪히면 자신의 존재에 대하여 생각하게 된다. 자기 존재에 대해서 생각하는 것을 철학이라고 한다. 흔히 말하기를 철학은 놀라는 데서 시작된다고 하였다. 구사일생의 죽을 고비를 넘기면 안 놀랄 사람이 어디 있는가?

율곡 이이(李珥)는 하늘처럼 믿고 의지하던 어머니 신사임당을 16세에 갑자기 여의자 하늘이 무너지고 땅이 꺼지는 듯 놀랐다. 이이는 삼년상을 치르고는 봉은사에 들어가, 불경과 《도덕경》,《장자》를 읽으며 인생 공부를 하였다. 삶이 무엇인지 죽음이 무엇인지를 생각하기 시작한 것이다. 그러고는 금강산 마하연에서 일 년 동안 머물면서 불경을 읽고 명상을 하였다. 어머니의 갑작스런 죽음이 이이의 잠을 깨운 것이다.

마르틴 루터(Martin Luther)는 독일 에르푸르트 대학에서 차석으로 졸업한 후 그 대학에 남아서 강의도 하면서 법학 공부를 계속했다. 그런데 1505년 7월 2일 에르푸르트에서 벗들과 회식을 한 뒤 집으로 돌아가는 길에 슈토테른하임 근처를 지나다가 별안간 벼락을 맞았다. 법학을 전공해 공직에 진출하려던 루터는 벼락을 맞는 죽을 고비를 겪고서 인생 진로를 확 바꾸었다. 아우구스티누스 수도원에 들어가 신학 공부를 하게 된 것이다. 노자(老子)는 이렇게 말하였다.

"사랑함에도 몰아세움에도 따라 놀란다. 가장 큰 근심은 여린 몸이다. 무엇을 일러 사랑하고 몰아세움에 따라 놀람인가? 사랑함은 위로 올림이고 몰아세움은 아래로 낮춤이다. 사랑을 얻으면 따라 놀라고 사랑을 잃어도 따라 놀란다."(《도덕경》 13장)

사람이 제나(몸나)를 받아 태어난 것처럼 은혜롭고도 원망스러운 게 없다. 어느 부모든지 자녀들에게서 낳아주어 고맙다는 인사만 듣는 게 아니다. 왜 나를 낳았느냐는 원망도 듣게 마련이다.

몸나는 생기는 날부터 걱정덩어리요 괴로움 뭉치인 것이다. 시인 천상병처럼 천 원짜리를 구걸해 가며 살았어도 하느님께 가서 이승의 삶이 즐거웠다고 할 사람이 몇 사람이나 되겠는가?

이 목숨은 얻어서도 놀라고 잃어서도 놀란다. 짐승인 제나는 버리고 하느님 아들인 얼나로 솟나는 길로 나아가야 한다. 그러면 다른 사람 탓할 것도 없고 원망할 것도 없다. 예수처럼 십자가에 못 박혀 죽는대도 마하트마 간디처럼 저격을 받아 죽는대도 기쁜 마음으로 숨질 수 있을 것이다.

제나로도 얼나로도 성공적으로 살다 간 톨스토이는 제나의 삶을 참회하는 《참회록》을 50세에 썼다. 그는 참회하게 된 경위를 이렇게 말하였다. "참회하기 전의 나는 누구이며 참회하는 나는 누구인가? 전에는 자랑스럽게 생각하던 일을 이제는 부끄럽게 생각하는 것이다. 그렇게 반대되는 생각을 하게 된 것은, 하느님이 생명의 근원임을 알게 된 얼나일 때의 내가 어버이를 생명의 근원으로 알고 살아온 제나일 때의 나와는 완전히 다른 사람이 되었기 때문이다."(톨스토이, 《참회록》)

예수는 이렇게 말하였다. "너희는 아래서 났고 나는 위에서 났으며 너희는 이 세상에 속하였고 나는 이 세상에 속하지 아니하였느니라."
(요한 8:23, 한글개역)

아래서 났다는 것은 어머니의 하문으로 났다는 말이다. 위에서 났다는 것은 하느님의 얼로 났다는 말이다. 말할 것 없이 예수의 몸나는 어버이로부터 받았으니 아래로 난 것이다. 그러나 이미 예수는 제나로는 죽고 얼나로 살고 있었기에 "위에서 났"다고 말할 수 있었던 것이다. 우리가 예수, 석가를 높이는 것은 우리도 예수, 석가처럼 하느님으로부터 얼을 받아, 예수처럼 나는 위에서 났다고 말할 수 있고 석가처럼 나는 생로병사를 여의었다고 말할 수 있고자 함이다. 톨스토이는 예수, 석가를 본받아 깨달은 사람이다.

톨스토이는 자신의 죽음에 직면하여 놀란 경험을 《참회록》에 이렇게 비유해놓았다.

"그 당시의 나의 마음 상태는 이러하였다. 언제인지도 모르는 사이에 나는 배에 태워져서 나도 모르는 어느 둑으로부터 밀려 나와 피안(彼岸)으로 향하도록 되어 있고 서투른 손에는 노가 쥐여진 채 홀로 남겨진 것과 다를 것이 없었다. 나는 힘이 미치는 데까지 노를 저어 나갔다. 그러나 강 가운데로 나아가자 물살이 점점 거세져 나는 점점 목적지인 피안의 둑과는 다른 엉뚱한 곳으로 떠내려가게 되었다. ……

물 흐름에 따라 하류로 밀려 내려가 크고 작은 배가 모여 있는 곳에 다다랐을 때 나는 이미 내가 가야 할 방향을 완전히 잊어버리고 노를 내던져버리고 말았다. 게다가 방향 같은 것이 어디 있을까 보냐고 떠들어대던 사공들이 내 주위 사방에서 환호를 지르면서 물이 흐르는 대로 하류 쪽으로 흘러 내려가는 것이었다. 나도 그들의 말을 정말로 믿고는 그들의 뒤를 따라 흘러 내려갔다. 나는 멀리까지 따라 내려갔다. 부딪치면 배가 산산조각이 날 만큼 큰 바위 무리가 물속에서 희미하게 머리를 쳐들고서 윙윙 울고 있는 곳까지 내 배는 떠내려왔다. 그 바위들과 충돌하고서 산산조각이 난 많은 파선(破船)이 보였다. 여기서 나는 제정신으로 돌아왔다(놀람). 그러나 나는 그동안 내 몸에 어떠한 일이 일어났는가를 이해할 수가 없었다. 나는 내 앞에서 멸망의 모습 말고는 아무것도 볼 수가 없었다. 나는 그것을 무서워하면서도 바위를 향해 돌진하는 중이었다. 어디에서도 안전을 찾을 수가 없었다.

나는 어떻게 하면 좋을지 몰랐다. 그러나 그때 흘깃 뒤돌아보았더니 줄기차게 물살을 거슬러 오르는 많은 배들이 보였다. 그와 동시에 피안의 언덕에 대한 생각도 머리에 떠올랐다. 힘차게 젓던 노가 있었다는 생각도 떠올랐다. 내가 나아갈 길이 머리에 떠올랐다. 여기서 나는 물살을 거스르며 저 건너 언덕(하느님) 쪽으로 노를 젓기 시작하였다."(톨스토이, 《참회록》)

피안, 곧 하느님을 향하여 노를 젓기 전까지 톨스토이는 살아 있어도 산 것이 아니었다. 꿈을 꾸고 있었던 것이라고 할 수 있다. 하느님이 삶의 목적임을 알았을 때 그 꿈에서 깬 것이다. 지금도 하느님을 삶의 목적으로 삼지 못하고 사는 사람은 거의 대부분 잠을 자면서 잠꼬대하고 있는 것이다.

톨스토이는 《참회록》을 쓰기 시작했을 때 꿈에서 깼다. 장자(莊子)는 꿈 속에 머무는 삶에 대해 이렇게 말하였다. "한창 꿈꿀 때는 그게 꿈인지를 알지 못한다. 꿈속에서 또 꿈을 꾸고 점을 친다. 깨고 난 뒤에야 꿈인 것을 안다. 바야흐로 큰 깨어남 후에야 이 삶이 큰 꿈인 것을 안다. 그런데 어리석은 이는 스스로 깨었다고 한다. 조잘거리며 군자니 목민이니 아는 체한다. 완고하도다. 그대는 그대와 더불어 모두가 꿈이로다. 그대에게 꿈을 말하는 나 또한 꿈이로다."(《장자》제물론 편)

"나는 누구인가? 나는 하느님 아버지의 아들이다."라고 말할 수 있는 사람이라야 잠을 깬 이다. 인생이라는 잠을 깬 이가 붓다(부처)이다. 그렇지 못한 이는 아직 잠자면서 꿈꾸는 이에 지나지 않는다. 샤머니즘적인 하느님을 아는 것은 깬 것이 아니다. 하느님이 아버지이며 참나임을 깨닫는 것이 깬 것이다. 잠(꿈) 깬 이의 말을 들어본다.

"하느님이 없다면 어떤가? 하느님은 없이 계시는 분이다. 몬(물질)으로 없고 얼(성령)과 빔(허공)으로 계시기 때문에 없이 계신다. 그러나 모든 몬을 이루고 거둔다. 하느님은 없이 계시므로 언제나 시원하다. 하느님께서는 몬을 이루었으나 몬은 아니다. 하느님은 모든 몬을 이루고 다스리는 얼이요, 모든 몬을 담고 거두는 빔이다."(류영모, 《다석어록》)

류영모는 우주의 임자인 하느님이 가장자리 없는 태허공에 거룩한 얼로 충만한 온통임을 깨달았다. 하느님으로부터 받은 얼로는 하느님의 아들임을 깨닫게 된 것이다. 그때 그의 나이가 52세였다. 그리하여 류영모는 하느님 아버지의 아들로서 하느님의 뜻을 받들기에 힘쓴다. "나는 누구인가?"라는 물음에는 "나(얼나)는 하느님의 아들이다."라고 말하게 되었다. 류영모의 말을 들어본다.

"하느님 아들 노릇은 하느님이 주신 얼(성령)로 하느님 아버지와 하나 되라는 것이다. 우리는 얼나로 하느님 아들 노릇을 착실히 해야 한다. 하느님 아들 노릇을 못하면 불초(不肖)가 되어 하느님 아버지와 같지 못한 아들이 된다. 여래(如來)라는 말도 니르바나님(하느님)과 같아진다는 뜻이다.

우리는 얼나로 자꾸 하느님 아버지를 닮아 같아지자는 존재이다. 예수는 하느님 아버지를 부르면서 아버지께서 온전하신 것같이 나도 온전하겠다고 한다. 그러면 사람들은 버릇없는 자식이라고 생각한다. 그 자리가 어디라고 기어 올라가려고 하느냐고 하지만 하느님 아버지의 뜻을 헤아려 아버지의 뜻대로 하겠다는 것이다. 그것이 아들 되는 도리인 것이다.

사람이 맨 처음(太初)을 잘 모른다. 나서 죽는 상대적 존재인 우리가 맨 처음으로 느끼는 하느님은 온통이요, 전체요, 완전인 하나(절대)이기 때문이다. 낱동(부분)인 우리는 온통(전체)을 알 수 없고 불완전한 우리는 완전을 알 수가 없다. 그러나 우리 사람은 온통과 완전을 그리워한다. 그것은 온통과 완전이 우리의 하느님 아버지이기 때문이다. 우리가 하느님 아버지를 그리워하는 것이 참삶이다."(류영모, 《다석어록》)

이것은 예수, 석가가 가르쳐준 가르침의 핵심을 류영모가 알아낸 것이다. 그런데 예수, 석가의 가르침을 좇는다는 이들 중에 이것을 바로 아는 이가 아주 드물다. 그러고는 엉뚱한 소리만 늘어놓는다. 그런데 이슬람 신비주의 분파인 수피파에 알 가잘리(al-Ghazālī,

1058~1111)라는 이는 거의 바로 알고 있음을 볼 수 있다. 이슬람에는 크게 세 분파가 있다. 첫째가 수니파('전통주의'라는 뜻), 둘째가 시아파('분리파'라는 뜻), 셋째가 수피파('양털 옷을 입은 자'라는 뜻)이다. 수니파와 시아파는 교의적이고 타율성이 강한 데 반하여 수피파는 신비주의적이고 자율성이 높아 스스로 기도 명상에 힘썼다. 그래서 사람 수는 적을 수밖에 없었으나 신앙의 깊이는 자못 신비에 이르고 있다.

얼(성령)의 신비성을 잃은 교의는 굳어져 남을 해치는 몽둥이가 되거나 칼이 된다. 이슬람의 수니파와 시아파가 서로 미워하고 죽이는 것은 얼에서 멀어졌기 때문이다. 그런 이슬람에도 수피파가 있다는 것은 매우 반갑고 기쁜 일이 아닐 수 없다. 수피 신앙 가운데서도 알 가잘리의 존재는 독보적이다. 그리하여 보수적인 이슬람으로부터 이슬람의 증업자(하자트엘 이슬람)라는 특별한 칭호를 얻었다. 그의 저서 가운데《행복의 연금술》은 900년 동안 이어 온 이슬람 전통에서 가장 뛰어난 영성 사상을 담은 책으로 꼽힌다. 오강남이 쓴《종교, 심층을 보다》의 이슬람교 편에서 옮겨본다.

"가잘리는 평균적인 사람이 '동물로부터 천사로' 탈바꿈하는 데 네 가지 요소가 필요하다고 한다. 그 네 가지 요소란 첫째, 나 자신을 아는 것, 둘째, 신을 아는 것, 셋째, 이생을 아는 것, 넷째, 내생을 아는 것이다.

우선, 가잘리는 우리가 우리 자신에 대해 제대로 알지 못하면 인간으로서 우리가 가진 잠재적인 능력을 충분히 발휘할 수 없다고 했다.

이 세상일과 근심으로 우리의 마음을 잃어버리는 것은 우리의 참된 근원을 잃어버리는 것이다. 한편 우리 자신의 마음을 알면 우리가 누구이고 왜 여기 있는가를 분명히 알 수 있게 된다고 하였다. ……

둘째, 가잘리에 의하면 많은 사람들이 자기들을 존재하게 한 참된 원인이 무엇이었을까 찾아보려 하지 않는다고 한다. 현상 세계만을 인정하는 것은 마치 글씨가 쓰인 종이 위를 기어 다니면서 그 글씨가 펜 하나만으로 쓰인 것이라 믿는 개미와 같다고 했다. 밖으로 드러난 원인 뒤에는 언제나 참된 원인이 있는데, 그 참된 원인이 바로 신이라는 궁극 실재임을 알아야 한다고 주장한다.

셋째, 가잘리는 우리의 몸이란 우리의 영혼이 삶의 여정을 지나가면서 타고 가는 말이나 낙타와 같다고 했다. 영혼은 마치 메카로 가는 순례자가 그가 타고 가는 낙타를 보살피듯 몸을 잘 돌보아야 한다. 그러나 순례자가 낙타를 먹이고 꾸미고 하는 등 낙타 자체를 보살피는 데 너무 시간을 많이 쓰면 순례자도 낙타도 목적지에 이르지 못한 채 사막에서 죽고 만다.

넷째, 《코란》에 의하면 영혼은 스스로 원하지 않았지만 이 세상에 보내졌는데, 이것은 좀 더 많은 지식과 경험을 얻을 수 있도록 하기 위한 것이라 한다. 영혼은 두려워하거나 놀라지 말고 어떻게 사는 것이 좋은가 신의 지시를 기다리기만 하면 된다고 한다. 이 권고를 받아들이지 않은 영혼은 지상에서의 삶이 일종의 지옥이라 생각할 것이다."(오강남, 《종교, 심층을 보다》)

생각이 미숙한 곳도 보이지만 생각의 방향만은 올바르다고 말하지 않을 수 없다.

나는 누구인가?

다른 건 다 몰라도 나가 누구인지는 모르미 알아야만
누구나 나라며 살고 있으나 나가 누구인지는 잘 모른다.
여인의 사타구니에서 떨어진 살 뭉텅이로 비롯하였고
자라면서 나라는 생각을 하게 되고 이름까지 얻었다.
나를 지키려고 사나운 성질로 남들과 다투기도 했다.
나가 누구인지는 세월이 흐를수록 더욱 몰라지기만
내로라 으스대는 건 얼빠진 버마재비의 허세 부리기라
아무래도 나는 나 아닌 거짓나로 살고 있는 배우인가 봐

앞서 다녀간 어진이들의 말론 여인이 낳은 나는 거짓나
오줌똥 싸는 구차한 목숨 실없이 태어나 덧없이 사라져
나가 누구인지도 모른 채로 살다간 꺼져버리는 한바탕 꿈
나의 한살이란 내세울 것도 없는 도깨비에 홀린 장난
깨어나라 참나는 겉은 빔이요 속은 얼인 하느님이시라.
비롯도 마침도 없고 태어남도 죽음도 없는 영원한 생명
태양보다 빛나고 밝아라 오로라보다 찬란하고 황홀해라

잠시 동안 거짓나인 몸나 괴로움과 뇌롬(번뇌)도 사랑이요 은총

(2013. 4. 7. 박영호)

죽음 앞 최후의 화두

짐승이 사는 목적은 새끼를 낳아 길러 종족을 보존하는 것이다. 그런데 사람이 사는 목적은 무엇일까? 사람도 짐승임에 틀림없으니 자식 낳아 길러 씨족을 잇는 것이라고 생각하는 사람이 많을 것이다. 그렇게들 살고 있기도 하다. 그런데 사람 가운데 짐승이기를 거부한 예수, 석가에게 삶의 목적이 무엇이냐고 묻는다면 그들은 무엇이라고 대답할까? 반드시 이렇게 대답할 것이다. "생각하기 위해서 났다." 예수, 석가가 이 세상에 와서 한 일은 생각하는 것밖에 없었다. 그래서 불상 가운데도 석가가 생각하고 있는 사유상(思惟像)이 가장 으뜸가는 보물이다. 이 나라 역사에도 생각하는 사람이 나왔으니 바로 다석 류영모이다. 보물이 아니라 보인(寶人)이다. 진인(眞人)이다. 생각의 열매가 말이요 글이다.

예수와 석가는 글을 쓰지 않고 말만 하고 갔다. 그 말을 적어놓은 것이 소중한 인류의 보배(정신적 재산)인 경전이다. 예수와 석가는 사람이 참되게 사는 길은 짐승 성질을 버리고 참나인 하느님 아버지(니르바나님)를 생각하는 것임을 가르쳐주었다. 생각하는 것 가운데 가장 먼저 생각해야 하는 것은 나는 누구인가, 그리고 나는 무엇을 해

야 하는가이다. 생각 없이 사는 사람은 짐승으로 사는 것이다. 짝지어 자식 낳아 기른 뒤에 죽는다. 그들에게는 생각이 필요없다. 짐승들이 생각 없이도 잘사는 것과 같다. 슈바이처가 "어찌하여 오늘의 기독교인들은 생각할 줄을 모르는가?"라고 한탄한 까닭을 알 수 있다.

예수, 석가는 자식 낳지 말고 하느님을 생각하며 살라고 가르쳤다. 선불교에서는 화두(話頭)를 주어 생각하게 하였다. 생각하는 힘을 기르는 것이 신앙 생활의 기본이기 때문이다. 그런데 화두를 정해 줄 필요는 없다. 왜냐하면 나 자신이 가장 중요한 화두이기 때문이다. 나는 누구인가? 나는 무엇인가? 이것이 모든 사람들에게 공통되고 유일한 화두이다. 흔히 많이 쓰는 무(無) 자 화두, 공(空) 자 화두도 그다음 화두이다. 화두를 바로 붙잡은 이로 일본의 후지무라 미사오(藤村操)라는 청년이 있었다. 일본 제일고등학교 학생이었던 그는 불과 18세에 다음과 같은 유언을 남기고는 일본의 명승지 니코(日光)에 있는 화엄 폭포에 몸을 던졌다.

"유구한 하늘과 땅, 영원한 과거와 현재, 나 다섯 자의 작은 몸으로 이 우주의 신비를 풀려고 하였으나 호레이쇼의 철학에서는 아무런 실마리도 찾을 수 없었다. 우주 만유의 진상(眞相)은 한마디로 말하면 알 수 없다(不可解)."(일본 제일고 학보)

후지무라는 인생의 화두는 바로 잡았지만 그것을 제대로 풀지 못한 채 스스로 목숨을 끊었다. 굳이 말을 한다면 그 책임감은 높이 살 수 있지만 자살은 경솔한 행동이었다. 인생 문제는 즉문즉답식으로

푸는 것도 아니고 그렇게 풀리는 것도 아니다. 석가가 6년이 걸려 푼 것만 보아도 알 수 있다. 류영모는 "물음 불음 풀음"이란 표어를 지었다. 인생의 물음은 마음의 입에 물고서 오랫동안 불리면 저절로 풀어진다는 것이다. 후지무라에게 "물음 불음 풀음"을 가르쳐주지 못한 것이 아쉽다. 그런데 톨스토이는 후지무라에게 동정적인 말을 했다. 톨스토이도 인생 문제를 풀지 못해 자살 직전에까지 갔던 사람이다.

"우리는 자신에게 묻지 않을 수가 없다. 이 영원 무한한 우주에 존재하면서 나의 이 잠시 동안의 불안정한 생존의 의미는 도대체 무엇인가? 이것은 짐승이 아니라 이성(理性)을 지닌 인간으로서 살려는 사람에게는 회피할 수 없는 문제이다. 이 문제는 각자 앞에 놓여 있다. 그리하여 모든 사람은 어떻게 해서라도 여기에 대답을 하고 있다. 그러지 않고는 하루도 살 수 없기 때문이다."(톨스토이, 《종교와 도덕》)

그런데 오늘날 많은 사람들이 톨스토이의 말과 달리 이성적인 생각을 하지 않은 채 짐승으로 살아가고 있다. 다만, 짐승은 자살을 할 줄 모르는데 많은 사람들이 자살하는 것을 보면 짐승처럼 살 수만은 없는 이들도 적지 않은 것 같다. 이 문제에 대해 올바른 답을 찾은 이가 있으니 바로 예수, 석가이다. 예수는 말하였다. "영원히 사는 것은 얼나이고 몸나는 부질없이 죽고 만다."(요한 6:63, 박영호 의역) 석가는 말하였다. "제나로는 죽는 게 영원한 생명(다르마)에 이르는 길이다."(《잡아함경》열반경, 박영호 의역) 영원한 생명인 얼나(프뉴마, 다르마)는 아버지 하느님, 어머니 니르바나님과 하나이다. 이것을 류영모는 다음과 같이 말하였다.

"여기 이 제나는 거짓된 생명이다. 참이 아니다. 우리가 아는 지식이라는 것도 거짓이다. 하잘것없는 것이다. 그러므로 한껏 찾아야 할 것은 오직 참이다. 참이란 생전(生前)을 두고 찾아야 한다. 일생뿐만 아니라 대(代)를 물려 가면서 찾아야 한다. 인류가 그칠 때까지 찾아야 한다. 전 인류가 다 힘을 쏟아서 마침내 알아내야 할 것은 참 하나일 것이다. 진리(Truth) 하나뿐이다. 그밖에는 아무것도 없다.

참이란 절대자(하느님)의 뜻을 이루겠다고 나서는 데서 가까워진다. 참은 하느님의 뜻이고 하느님의 얼이다. 그러므로 참은 아주 가까운 데 있다. 내 속에 있다. 참은 아주 쉽게 찾을 수 있다. 참은 제나(自我) 너머에 있기 때문이다. 인류는 참을 찾을 때만 존속될 것이다. 이것이 나의 신앙이다."(류영모, 《다석어록》)

하이데거(Martin Heidegger)는 제나를 이 우주 안에 던져진(被投) 존재인 현존재라 하였다. 현존재의 불안을 씻으려면 현존재인 제나가 본래의 자기로 존재할 것을 결단하고 본래의 자기에로 자신을 내던지는 기투(企投)를 해야 한다는 것이다. 류영모는 제나의 생명은 내 것이 아니고 하느님의 것이므로 하느님께 돌려 드린다고 하였다. 자신을 폭포나 강에 내던질 것이 아니라, 이 생명을 던져주신 하느님께 도로 내던지는 것이다.

"사람에게 있어 제일 귀중한 것이 생명인데 그 생명은 내 것이 아니다. 내 것이 아니기 때문에 사람은 임종(臨終)에 다다라 1초도 더 늘릴 수 없다. 진리도 시간도 공간도 내 것이 아니다. 그것은 내 마음 대로 할 수 없기 때문이다. 내 마음대로 할 수 없는 것을 내 것이라고 생각하는 것은 망상이다. 그것은 하느님의 것이다. 하느님의 것을 내 것이라고 생각하면 그런 망상이 없다. 내 몸도 이 우주도 다 내 것이 아니다. 자연도 가족도 내 것이 아닌 하느님의 것이다. 일체를 내 것이 아니라고 부정해야 한다. 그것을 모르면 어리석고 어리석은 것이다. 돈이니 감투니 하는 것도 그것을 몰라서 하는 어릿광대 노릇일 뿐이다. 그러니까 내 것인 양 타고앉아 있으려고 하지 말고 하느님께 돌리는 것이 마땅한 도리다. 권토중래(捲土重來)라고 하듯이 일단 하느님께 돌리고 나서 다시 받아서 쓰는 거다. 그러면 몸도 마음도 가볍다. 내 것(소유)이 없으니 가볍지 않을 수가 없다. 아무리 위로 올라가도 숨도 차지 않는다. 내 것이 없으면 무중력 상태에 머무는 것과 같다."(류영모, 《다석어록》)

하이데거는 기투(企投, Entwurf)하는 데서 양심과 죽음을 쓰려고 하였지만 그것만으로는 안 된다. 하느님으로부터 얼생명을 받아야 한다. 하느님은 제나를 버린 데 대한 보상으로 얼생명을 주신다. 생사(生死)에 갇힌 제나가 생사에서 자유롭게 되고 짐승 성질에서도 자유롭게 되어 영원한 생명인 얼나(靈性)의 삶을 살게 한다. 이것이 기투하여 하느님 나라에 들어간 것이다.

그리하여 류영모는 죽음에서 자유로운 것을 이렇게 말하였다.

"죽음은 없다. 그런데 죽음이 있는 줄 알고 무서워한다. 죽음을 무서워하는 육체적인 생각을 내던져야 한다. 죽음의 종이 되지 말아야 한다. 이 껍데기 몸이 죽는 것이지 얼이 죽는 게 아니다. 몸의 죽음을 무서워하고 싫어할 까닭이 없다. 죽음이라는 것은 이 껍데기 몸이 픽 쓰러져 못 일어나는 것밖에 더 있는가? 이 껍데기 몸이 그렇게 되면 어떤가? 하느님이 주신 얼생명은 영원하다. 얼은 하느님의 생명인 것이다. 이것이 하느님의 사랑이다."(류영모, 《다석어록》)

또 류영모는 수성(獸性)에서 자유롭게 됨을 이렇게 말하였다.

"나를 보아야 한다. 나는 몸나와 맘나와 얼나로 되어 있다. 몸나와 맘나를 제나라 하는데 이는 이 땅의 어버이로부터 받은 죽을 생명이다. 그러나 얼나는 짐승인 제나를 다스리는 하느님 아들로서 영원한 생명이다. 이것을 아는 것이 '바로 봄'(正見)이다. 나의 참나인 얼나를 알게 하기 위하여 예수, 석가가 오신 것이다. 예수, 석가의 가르침을 좇는 것은 하느님으로부터 받은 얼나가 죽지 않는 생명임을 알기 위해서다. 얼나는 하느님의 씨요, 니르바나님의 씨이다.

제나의 마음은 제나가 내서는(부려서는) 안 된다. 얼나가 다스려서 내어야(부려야) 한다. 몸의 욕망에 끌려서 마음을 내면 견물생심(見物生心)의 탐욕이 된다. 몸의 욕망을 충족시키는 것은 죄악이다. 얼나가 제나를 절제(節制)하여 다스리는 중화(中和)의 길이 바르게 사는 길이다."(류영모, 《다석어록》)

나를 바로 아는 게 정견(正見)이라면 나의 아버지를 먼저 알아야 한다. 아버지가 나를 낳았기 때문이다. 류영모는 《명심보감》에 나오는 '일언부중천어혈(一言不中千語穴)'이라는 말을 아주 좋아하였다. 참으로 하느님의 말씀이라고까지 말하였다.

"《명심보감》에 한 마디 말이 딱 맞지 않으면 천 마디 말이 쓸데없는 말이다(一言不中千語穴)라고 했다. 이 말은 누구의 말이라고 밝히지 않았지만 참으로 하느님의 말씀이라 하겠다. 혈(穴) 자는 갓머리(宀) 밑에 쭈그리고 앉은 사람을 상형(象形)한 문자이다. 집 안에 쭈그리고 앉은 이는 소용없다. 쓸데없이 긴 것을 혈장(穴長)이라고 한다. 한 마디 말을 바로 맞춰야지 그러지 않으면 많은 말이 쓸데없는 말이다. 이 사람이 70 평생을 살았는데도 그 한 마디를 알 수 없다." (류영모, 《다석어록》)

류영모가 각별히 아낀 낱말이 있다. 그 가운데 하나가 자신이 만든 가온찍기(ⵁ)이다. 우리말 속에서 하느님의 얼생명인 긋이 분출해 나온 것이랄까, 긋이 와서 꽂힌 것이랄까. 어떻든 얼나의 깨달음을 나타낸 말이다. 또 '제계(하늘나라, 하느님)'라는 말이 있다. 류영모는 '제계'라는 낱말에 대해서 이렇게 말하였다.

"사람에게는 이상한 게 아무것도 없는데 말을 가졌다는 게 가장 이상하다. 요한복음에는 천지만물도 말씀이 되었다고 하고 말씀만이 남는다고 했다. 말 가운데 으뜸가는 말이 말의 말씨다. 한마디로 말해서 말로는 평생 동안 갈 말이 없는데 사람들은 좌우명(座右銘)이라 하여 그런 말을 찾는다.

내게는 간단한 말로 '제계'가 있다. '저기 거기'의 뜻으로 '제계'이다. 불교에서 말하는 피안(彼岸, Paramita 곧 니르바나)이란 뜻이다. 곧 하느님, 하느님 나라(니르바나님, 니르바나 나라)를 말한다. '제계'로 가자는 것이 예수, 석가의 궁극적인 사상이다."(류영모, 《다석어록》)

류영모는 한 마디 말이 딱 맞지 않으면 천 마디 말이 쓸데없다고 할 때의 그 한 마디를 알 수 없다고 하였다. 류영모에게 그 한 마디는 아바디(아버지)였다. 기억 상실(치매) 상태가 숨질 때까지 2년 동안이나 이어졌는데도 온천 지대 간헐천에서 이따금 물줄기가 장대처럼 뿜어 오르듯 류영모에게서 아버지(아바디) 소리만은 끊이지 않고 이어졌다. 마지막 유언도 '아바디'였다. 잠재의식에 깊이 뿌리박힌 하느님 아버지를 향한 그리움의 발로였다. 이게 참된 신앙이 아니겠는가. 이 아바디 말고 또 무슨 말이 필요하단 말인가? 류영모는 유교에서 쓰는 부자유친(父子有親)을 하느님 아버지와 하느님 아들(얼나)의 부자유친으로 차원을 높였다. 우리는 하느님 아버지에게 부자유친하자고 덤벼들어야 한다고 말하였다. 정양모는 하느님 아버지와의 부자유친은 류영모가 처음으로 말한 것으로서 하느님 아버지에 대한 류영모의 사랑이 그대로 드러나는 발상이라고 말하였다. 류영모는 유교의 경전을 늘 가까이 두고서 읽었다.

YMCA 연경반에서도 공자, 맹자의 말씀을 예수, 석가나 노자, 장자에 떨어지지 않게 강의하였다. 그러나 유교에 대해서는 비판의 말도 날카로웠다. 그것은 유교를 아끼는 생각에서 하는 말이었다.

"사람의 뜻을 잇는 게 효(孝)가 아니다. 아버지의 아버지이신 영원한 하느님 아버지의 뜻을 잇는 게 하느님 아들이 할 일이다. 하느님을 궁구(窮究)하는 이는 단군 이전의 하느님의 뜻을 잇는 이다. 내가 왜 여기(이 세상) 있느냐고 물으면 내 아버지의 집이니까 내가 여기 있다. 그러니 내가 어디 있든 어디 가든 부끄럽지 않다. 우리는 마음속에 하느님의 아들(얼나)을 맡아 있다. 이 하느님 아들(얼나)을 꼭 지켜서 키우자는 게 우리의 일이다. 그러면 게을러지지 않는다. 하느님 아들(얼나) 키우는 재미에 피로를 모른다.

사람들이 하느님에 대한 효는 잊어버린 지 오래고 몸나의 아버지를 하느님처럼 아는 것을 효라 한다. 얼나는 하느님 아들이지 땅에 있는 아버지의 아들이 아니다. 땅 위의 부모보다 하느님 아버지가 먼저라야 한다. 천명(天命)에 매달린 유교가 망천(忘天)을 하여도 이만저만이 아니다. 그래서 유교가 맥을 쓰지 못하고 있다. 하느님 아버지께 효 할 줄 알아야 땅의 어버이에게도 효를 할 수 있다. 효도의 실상은 하느님 아버지께 하라는 것이다. 하느님을 따로 아는 사람은 땅의 어버이에게도 최선의 효를 할 수 있다. 하느님에 대한 정성이 어버이에 대한 정성이 된다. 이 근본 이치를 모르기 때문에 오늘날에 설움받는 어버이들이 많다."(류영모, 《다석어록》)

류영모는 예수를 높이고 사랑했다. 예수는 얼나를 깨달아야 한다는 것을 간단명료하게 가르쳐주었고 또한 하느님의 뜻에 절대 순종하는 마음 자세의 본을 보였다. 류영모는 예수를 본받고자 하였다.

그래서 류영모는 하느님에게 무언가 바라는 것이 있어서는 안 된다고 하였으며 살리든지 죽이든지 하느님 뜻대로 하옵소서라고 해야 한다고 했다. 그런데 류영모는 하느님 아버지께 한 가지 불만이 있었다. 남녀의 사랑이 너무 기계적이고 관능적으로 되었다는 것이다. 진심으로 서로 사랑하는 사람끼리만 자녀를 낳을 수 있었으면 좋겠다는 것이었다. 이 사람도 하느님께 건의할 사항이 있다면 자녀를 사람이 낳을 수 있게 한 것을 거두시고 하느님께서 직접 하셨으면 좋겠다는 것이다. 아버지, 어머니의 자격도 없으면서 부모가 되는 것은 참으로 못할 일이다. 류영모는 남녀 문제를 두고 이렇게 말하였다.

"마음에 바람을 일으키는 것이 번뇌요 애착이다. 남녀 문제에 바람이 일어난다. 제나의 나라는 생각이 없는 마음은 깨끗이 남녀를 초월한다. 남녀의 바람이 자고 생각의 호수가 깊으면 그것이 니르바나의 나라이다. 사람은 반드시 남녀유별, 부부유별 해야 한다. 똥을 싸 뭉개고 오줌 싸 뭉개는 어리석은 짓은 벗어나야 한다. 그것이 그늠(금욕)이요 가늠(표준)이다. 오줌똥을 가린다는 것은 철이 들었다는 것이다. 오줌똥도 못 가리고 밤낮 싸는 싸개들이 현대인이다. 강아지처럼 오줌똥도 못 가리면서 밤낮 사랑이니 섹스니 하는 것은 사랑도 성(性)도 아니다. 그것은 오줌이요 똥이다. 남녀를 구별할 줄 아는 것이 붓다이다."(류영모, 《다석어록》)

몸나(제나)의 생명이 참이라 소중한 것이라면 이렇게 부정할 수 없다. 혼인도 안 한 예수나 외아들을 스님으로 만들어 절손한 석가는 큰 잘못을 저지른 것이 될 것이다. 몸나(제나)의 생명은 거짓생명이라 절손한 예수, 석가가 성자로 받들어지는 것이다. 슈바이처가 말한 생명 외경은 다른 차원에서 나온 소리다. 짐승으로 암수가 교미해서 나온 생명은 부정되어야만 가치를 지니게 된다. 그것을 실현한 이가 예수요 석가다. 몸나(제나)를 부정하지 못한 이는 못난이다. 몸나를 부정할 때만 하느님의 생명인 얼나로 솟날 수 있기 때문이다.

제나(몸나)를 깨끗이 부정한 류영모의 생각을 들어본다.

"내가 높은 자리에 있는 것은 내가 아는 것이 많기 때문에 세상 사람이 인정한 바이니까 모을 것을 모아도 관계없다는 그 따위 생각은 어리석은 생각이다. 내가 무엇이 되면 어떻게 하겠다는 생각은 다 어리석은 생각이다. 그것이 어리석은 생각이 아니라면 이 사람이 어리석은 것이다. 상당한 사람이 있으면 내 아들딸을 장가보내고 시집보내자는 이것이 세상을 살아가는 것이라고 생각하는 것은 어리석은 생각이다. 자식을 많이 낳아서 그들을 기른 대가로 효(孝)를 받아야겠다고 하는 것은 어림없는 생각이다.

세계의 장래를 위해서 자식을 낳아 잘 기르고 가르쳐 큰 인물을 만들어야겠다는 생각도 보잘것없는 어리석은 생각이다. 남달리 해보겠다고 죄다 똑똑한 척한다. 맹자(孟子) 시대에도 그러하였다. 인(仁)이라는 것을 알고 차마 말하지 않았던 시대에도 그러하였는데 지금은 더 말할 것이 없다. 똑똑한 체를 몹시들 한다. 지부지신비(知不知神秘), 곧 모르는 것이(신비) 많다는 것을 알고 모르는 것(신비)을

아는 것이 참 아는 것이다."(류영모, 《다석어록》)

사람은 자식들에게 효를 바라기에 앞서 동의도 구하지 않고 자식들을 이 세상에 오게 한 것을 미안하게 생각해야 한다. 어버이는 자식들에게 잘못을 저지른 죄인인 것이다. 톨스토이는 어버이가 자녀를 낳아 기르는 데 애쓰는 것은 그 잘못에 대한 속죄라고 말하였다. 자식들의 불효를 나무랄 처지가 아니다. 내가 너를 있게 한 아버지요 어머니라고 내세울 일이 아니다. 쇼펜하우어는 남녀가 만나 자녀를 낳는 것은 성호르몬의 장난이라고 말하였다. 성호르몬에 무슨 인격이 있는 것이 아니다. 하느님이 사람의 몸에 일으킨 하나의 생리 작용일 뿐이다. 그런데 무슨 내가 너희들의 아버지(어머니)라고 큰소리 칠 수 있겠는가? 그렇다면 나는 또한 누구의 아들딸이라고 할 수 있겠는가? 그것은 나를 바로 안 것이 못 된다. 그러니 내 생명의 근원을 바로 아는 것이 그 무엇보다도 중요한 일이다.

율곡 이이는 효를 이렇게 말하였다.

"무릇 사람이 어버이에게 효도해야 함을 모르는 이는 없으되 참으로 효도하는 이가 심히 적은 것은 부모의 은혜를 깊이 알지 못하는 까닭이다. 천하에 내 몸보다 귀한 것이 없는데 내 몸은 어머니, 아버지께서 주신 것이다. 지금 나에게 재물을 주는 이가 있으면 그 물질의 많고 적음이나 가볍고 무거움에 따라 은혜를 감사히 생각하는 것이 다른데, 부모는 나에게 몸을 주셨으니 온 천하의 물건도 내 몸과는 바꿀 수 없는 것이다. 부모의 은혜가 어떠한가? 어찌 감히 몸을 제 것으로 생각하여 부모에게 효도를 하지 않을까? 사람이 항상 이 마음을 품으면 스스로 부모에 대한 정성이 생기리라."(이이,《격몽요결》사친장)

그러나 어버이의 수고는 비유컨대 전기 스위치를 누른 데 지나지 않은 것이다. 발전소의 공로를 먼저 생각해야 한다. 어버이에 대한 고마움보다는 하느님의 은혜를 알아야 한다는 말이다. 어버이에게 불효하라는 말이 아니다. 어버이는 내 이웃 가운데 가장 가까운 이웃이다. 예수는 하느님을 사랑하고 또 그처럼 이웃을 사랑하라고 하였다. 가까운 이웃을 사랑하지 못하면서 먼 이웃을 어떻게 사랑할 수 있겠는가? 예수, 석가는 말할 것 없고 류영모도 땅에 있는 어버이에 대한 효보다는 하느님에 대한 효가 앞서야 한다고 말했다. 하느님 아버지에게 효도를 하자면 어버이에게 받은 제나(몸나)를 버리고 하느님이 주시는 얼나로 솟나야 한다. 류영모는 이렇게 말하였다.

"어버이로부터 받은 몸나(제나)는 가짜 생명이다. 우리는 참나(얼나)를 찾아야 한다. 우리의 일이 얼생명인 참나를 찾는 것이다. 하늘나라에도 참나(얼나)가 들어간다. 예수가 이르기를 '하느님 아버지께서 주시는 얼나로 나지 않으면 아무도 하느님 나라에 들어갈 수 없다'(요한 3:5, 박영호 의역)고 했다. 가짜 생명인 몸나(제나)는 죽어야 한다. 반드시 죽음이 있어야 한다. 그런데 사람들은 이 세상에서 가짜 생명인 몸뚱이를 연명시키는 데만 궁리하고 골몰한다. 그래서는 안 된다. 내가 어쩌구저쩌구 하는 제나는 멸망의 생명이라 쓸데없다.

석가의 다르마(Dharma, 法身), 예수의 프뉴마(πνευμα, 靈我)는 같은 하느님 아들인 영원한 생명이다."(류영모, 《다석어록》)

류영모는 땅의 어머니, 아버지에게도 효를 다하였다. 종신까지 하였다. 그러나 그가 마음과 뜻과 힘을 다해 사랑한 분은 하느님 아버지였다. 하느님 아버지를 사모한 한시 한 수를 골라 이 사람이 옮겼다.

하느님 아버지 받들기를 생각한다(思事親)

뵈옵고 알고자 그리오니 어찌 생각을 멈추리라
가까이하고 싶으나 이루지 못하는 외롭고 가여운 아이
하느님의 이르심을 알지 못해 엎드려 살피지 못했다
어떤 생각이 하느님 아버지를 못 뵌 것보다 애달프리
꿀위*의 얼나라와 꿀알*의 몬나라*의 사는 곳이 달라
몸나로 죽고 얼나로 솟나 하늘 아버지의 뜻 받드오리
하느님으로부터 얼힘이 내려와 이 몸의 손에 미친다
하느님 아버지의 얼 받들어 이고 얼숨을 쉬는 얼나이다
面識想思何定想(면식상사하정상)
欲之不得孤哀子(욕지부득고애자)
大命意希伏不審(대명의희복불심)
何思切於未見親(하사절어미견친)
形而上下別居處(형이상하별거처)

身以死生復命事(신이사생복명사)

降衷方外落吾手(강충방외낙오수)

皇上直下消息身(황상직하소식신)

(류영모, 《다석일지》)

꼴위 형이상 **꼴알** 꼴아래, 즉 형이하 **몬나라** 물질 세계

하늘로 머리를 두는 까닭

유교 사상에 젖은 이들 중에는 예수나 석가가 살붙이에 대한 사랑보다 니르바나님(하느님)에 대한 사랑을 위에 둔 것을 이해하지 못하는 이들이 많다. 하느님조차도 내 가족의 수호신이 되어주기를 바란다. 참으로 정신 나간 일이라 아니할 수 없다. 살붙이 사랑에 빠진 이는 잠자는 이요 꿈꾸는 이에 지나지 않는다. 잠에서 깬 이가 아니다. 참으로 산 이가 아니다. 류영모가 삶의 목적을 하느님(니르바나님)께 두어야지 땅에 두어서는 안 된다고 한 말도 같은 뜻이다. 가족을 위해 살겠다거나 나라를 위해 죽겠다는 생각보다 하느님에게 나를 바치겠다는 생각이 앞서야 한다는 것이다. 그리고 난 다음에 가족을 위해 살기도 하고 나라를 위해 죽을 수도 있는 것이다.

"사람들은 하늘에 먼저 해야 할 것을 땅에 먼저 한다. 사는 목적을 하늘에 두지 않고 이 세상에 둔다. 이 세상에는 우리가 가질 목적이

없다."(류영모, 《다석어록》)

　'이 세상에 가질 목적이 없다.'고 할 때 그 속에는 가족과 국가도 포함된다. 심지어 우주조차도 포함된다. 그래서 남는 것은 허공(빈탕한데)뿐이다. 허공이신 하느님만이 참이요 우리가 사랑할 임이다.

　류영모가 말하였다.

　"하늘로부터 난 이는 위(하느님)에 친하고, 땅에서 난 이는 아래와 친하다. 하느님 아버지를 모르면 나도 거짓이다. 돈이나 밥이나 술은 확실하다고 하면서 하느님이 보내주시는 시원한 말씀, 영원한 생명은 불확실하다고 한다. 영원한 생명인 얼나는 전생(前生)도 있고 현생(現生)도 있고 내생(來生)도 있다. 영원한 생명인 얼나는 곧 하느님이시다. 일생(一生)이 아니라 삼생(三生)이다. 영원한 생명인 얼나는 시간을 초월하여 있으므로 과거, 현재, 미래가 없다."(류영모, 《다석어록》)

　살붙이 피붙이가 나를 보호하는 울타리인 것은 사실이다. 그러나 그 울타리는 병아리에게 달걀 껍질과 같아서 내 정신 생명이 자라면 그 껍질을 깨고 나와야 내가 살 수 있다. 거기에 갇혀 있으면 나를 보호하던 것이 나를 죽이게 된다. 수많은 사람들이 살붙이 피붙이의 보호 울타리 안에 안주(安住)하다가 그 정신이 그만 죽어버린다. 석가가 그렇게 무주(無住) 사상을 강조한 것도 이 때문이다. 류영모가 오죽하였으면 어머니를 '어! 먼이'라 하였으며 아주머니는 '아주 먼이'라고 하였겠는가? 살붙이 피붙이의 벽을 깨트리고 깨끗이 벗어나야 한다는 것이다. 류영모는 이렇게 말하였다.

"우리는 나라가 망해도 보고 다시 찾기도 해보았다. 그런데 우리가 아직도 정신을 차리지 못하고 가족주의적인 유교 사상에 파묻혀 있으면 이 험한 세계의 조류에서 다음 우리가 차지할 차례가 무엇이 될지? 이 일을 장차 어찌할 것인가? 산소 치레나 하고 족보 타령이나 할 때가 아니다. 죽은 송장은 안 보이게 치우면 되고 선조의 이름이나 적어놓으면 된다. 자손 잇지 않으면 큰 불효라는 생각이나 송장 뼈다귀나 보존하겠다고 자식을 두려는 생각 따위는 버려야 하고 아주 없어져야 한다."(류영모, 《다석어록》)

부정부패가 없는 나라가 어디 있으리요만 중국을 비롯하여 주변의 유교권 국가의 부패가 더 심한 것은 가족주의 때문인 것으로 보인다. 나라는 어떻게 되든 내 가족만 잘 살면 된다는, 이기심을 넘은 이가심(利家心)이 정직을 멀리하게 하는 것이다. 군주국가나 귀족 정치의 부패도 가족주의에서 오는 것이다. 북한의 김씨 왕조도 가족주의의 본보기이다. 교회를 자식에게 물려주는 것도 가족주의의 사례이다.

인류 역사에서 보기 드물게 감동적이고 아름다운 이야기가 있다. 그것은 문명이 가장 발달한 이른바 선진국에서 일어난 일이 아니라 오스트레일리아 원주민 가운데서 일어난 일이다. 오스트레일리아 대륙에서 5만 년이 넘도록 살아온 여러 부족 가운데 스스로 '참사람 부족'이라고 일컫는 한 부족의 이야기다. 원주민들이 평화롭게 살고 있던 오스트레일리아 대륙에 어느 날 난폭한 백인들이 침략해 왔다.

1788년 영국은 형무소에 넘쳐나는 죄수들을 감당하기 어려워지자 새로 발견된 신천지 오스트레일리아에 격리 이주시키기로 하였다. 죄수들은 발목에 쇠사슬이 채워진 채로 배에 실려 오스트레일리아에 버려졌다. 오스트레일리아 대륙이 이른바 영국의 유형 식민지가 된 것이다. 그러나 그때 오스트레일리아 대륙은 캥거루 같은 짐승들만 사는 빈 땅이 아니었다. 오스트레일리아 대륙이 아시아 대륙에서 떨어져 나가기 전부터 그곳에서 몇 만 년이나 살아온 원주민 부족들이 있었다. 원주민들의 땅에 침입한 백인들은 원주민을 유인원 취급하며 무자비하게 살해했다. 본디 환경이 좋은 해안가에 살던 원주민들은 백인들에게 쫓겨 오스트레일리아 대륙 가운데 넓게 자리 잡은 사막 지대로 밀려났다. 원주민 부족 중에 '참사람 부족'은 난폭하고 파괴적인 백인들을 사람의 평상심을 잃은 변이종이라 하여 '무탄트'라 불렀다. 무탄트의 세력이 자꾸만 커져 오스트레일리아 대륙 전체를 점령하니 피할 곳이 없어진 원주민들은 대부분 무탄트들과 타협하여 백인 정부의 지배 하에 들어갔다. 무탄트들과 끝까지 타협하지 않은 참사람 부족은 62명이 남았다. 이들은 무탄트들이 없는 사막을 횡단하며 살아갔다. 참사람 부족은 그들과 4개월 동안 함께 오스트레일리아 사막을 횡단한 미국인 여의사 말로 모건이 쓴 책인 《무탄트 메시지》를 통해 세상에 알려지게 되었다.

이 책에 나오는 참사람 부족의 말 중에는 지금 우리가 깊이 새겨들을 말이 많다. 그중에 두어 가지만 옮겨본다.

"진실은 모든 생명이 하나라는 것입니다. …… 이 우주에는 오직 하나의 인류가 있을 뿐이고 다만 그림자가 서로 다를 뿐입니다. …… 진리는 진리일 뿐입니다. 복잡하게 생각할 것이 없습니다. 당신이 남을 해치면 그것은 자기 자신을 해치는 일입니다. 남을 도우면 그것은 바로 자신을 돕는 일입니다. 무탄트들은 고작해야 백 년을 생각하고, 남들과 분리된 자기 자신만을 생각합니다. 하지만 참사람 부족은 영원을 생각합니다. 우리의 선조들과 아직 태어나지 않은 후손들, 그리고 지금 지구별에 살고 있는 모든 생명은 하나입니다."

"선교사들은 예수가 하느님의 아들이고, 우리의 형제이며, 인간의 모습을 한 유일신이라고 가르쳐주었습니다. …… 선교사들의 말에 따르면 그 신이 오래전에 세상에 와서 무탄트들에게 어떻게 삶을 살아야 하는지 말해주었다더군요. 무탄트들이 사는 법을 잊어버렸기 때문이에요. 하지만 예수는 우리 참사람 부족에게는 오지 않았습니다. …… 우리한테는 해당되지 않는 가르침이었어요. 왜냐하면 우리는 삶을 사는 법을 한 번도 잊어버린 적이 없기 때문입니다."

참사람 부족은 수만 년 동안 자연과 공생하며 어머니 대지를 지켜왔다. 그러나 무탄트들의 탐욕 때문에 자연이 걷잡을 수 없이 황폐해지는 모습을 보면서 최후의 결단을 내리게 되었다. 그들은 부족 전체가 아름다운 마지막을 맞기로 결의하고 실행에 들어갔다. 자식을 낳지 않으려고 부족 전체가 금욕 생활에 들어간 것이다.

참사람 부족은 자신들의 메신저로서 말로 모건이라는 미국인 여의
사를 선택한 것이었다. 그것은 미국의 인민사원 사건처럼 집단 자살
이 아니다. 금욕인 것이다. 높은 영성이 함께해주지 않는다면 도저히
이룰 수 없는 일이다. 이 사람도 그들에게 경의를 표해 마지않는 바
이다. 인류의 마지막도 이들과 같다면 더 바랄 것이 있겠는가? 그들
의 마지막 메시지를 이 지구의 모든 사람이 알아야 할 것 같아 여기
에 좀 길지만 옮긴다.

"신의 부족인 우리 참사람 부족은 곧 지구를 떠날 것입니다. 우리
에게 남은 시간 동안 우리는 가장 높은 차원의 영적인 생활, 다시 말
해서 금욕 생활을 하기로 결정했습니다. 금욕 생활은 엄격한 육체의
수행을 보여주는 방법입니다. 우리는 더 이상 아이를 낳지 않을 것입
니다. 우리 가운데 가장 젊은 사람이 죽으면 그것이 곧 우리 부족의
마지막이 될 것입니다. ……

당신(말로 모건)은 우리가 떠난다는 사실을 당신과 같은 바깥세상
의 무탄트들에게 전해줄 메신저로 선택되었습니다. 어머니와 같은 이
대지를 당신들에게 맡기고 우리는 이제 떠날 것입니다. 아무쪼록 당
신들의 삶의 방식이 물과 동물과 공기, 그리고 당신들 자신에게 어떤
영향을 주고 있는지 깨닫기를 바랍니다. 이 세계를 파괴하지 않고 당
신들 문제에 대한 해결책을 찾아내기 바랍니다. 물론 무탄트들 가운
데에는 자신의 참된 자아(참나)를 이제 막 찾으려고 하는 이들도 있

습니다. 충분한 관심을 기울인다면 지구의 파괴를 돌이킬 시간은 남아 있습니다. 하지만 우리는 더 이상 당신들을 도울 수가 없습니다.

우리의 시대는 끝났습니다. 비 내리는 것이 이미 달라졌고 더위는 날로 심해지고 있으며 동물과 식물의 번식이 줄어드는 것을 우리는 오랫동안 지켜보았습니다. 더 이상 영혼에게 사람의 모습을 주어 이곳에 살게 할 수는 없습니다. 왜냐하면 이 사막에는 곧 물도 식량도 남아 있지 않을 것이기 때문입니다."(말로 모건, 《무탄트 메시지》)

이것이 예수의 십자가 죽음을 바로 보는 마음과 무엇이 다르겠는가? 참사람 부족은 자신들을 죽음으로 몰아넣은 무탄트들에게 미움과 저주가 아니라 사랑의 충고를 남겼다. 참사람 부족의 메시지에서 두 가지를 배워야 한다. 종말을 기쁘게 맞는 것과 원수(무탄트)를 사랑하는 것이다. 한때, 혜성 충돌로 지구가 종말을 맞을 것이라는 말에 사람들이 야단법석을 떨었다. 그러나 내일 지구의 종말이 온다 해도 마음이 흔들릴 것이 없다. 기쁘게 종말을 맞을 일이다. 참사람 부족이 남긴 마지막 사랑의 메시지를 듣고서도 정신을 차리지 못하면 인류는 멸망의 길로 갈 것이다. 제나(몸나)가 삶의 안일을 지나치게 추구하다가 자멸의 길에 들어선 것이다. 우리가 정신 차리는 길은 제나를 위해 사는 것을 그만두고 얼나를 위해 사는 것이다.

참사람 부족의 몸삶은 원시 생활 그대로였다. 그런데 그들의 메시지를 듣고 나서 보니 소위 문명인이라는 우리들이 오히려 원시 생활을 하는 원시인이고, 참사람 부족이야말로 문화인이라고 생각된다.

예수가 말하였다. "죽어서 썩을 몸나가 먹을 양식을 위하여 일하지 말고 영원한 생명인 얼나가 먹을 양식(하느님 말씀)을 위하여 일하여라."(요한 6:27, 박영호 의역)

참사람 부족은 부족 이름처럼 참사람들이라 몸나가 먹을 양식보다는 얼나가 먹을 양식을 위하여 일하는 사람들임에 틀림없다. 그들이 얼마나 하느님의 뜻을 지키며 하느님을 사랑하였는가는 경전이 없어도 알 수 있다. 금욕으로 그야말로 유종의 미를 거둔다는 것이 그대로 증언해준다. 미국이 낳은 성자 소로(Henry David Thoreau)가 이들을 만났다면 얼마나 기뻐하고 존경하였을까. 소로는 북아메리카 원주민들을 친애하고 존경하였다. 소로도 몸나가 먹을 양식에는 별로 마음 쓰지 아니하고 얼나의 양식에만 힘썼다. 몸나의 먹거리만 준비되면 더는 몸나의 삶에 마음 쓰지 않고 얼나의 삶에 정성을 쏟았다. 소로는 이렇게 말하였다.

"지식욕은 가끔 사그러들 때가 있다. 하지만 우주의 정신(하느님)과 교류하고 하느님 나라의 신선한 물 향기에 취하고 싶은 욕망, 대기를 뚫고 일어서서 높다란 미지의 세계에까지 치켜들고 싶은 그런 욕망만은 사시사철 끊일 날이 없다."(소로, 《소로의 일기》)

제나(몸나)보다 얼나의 삶에 힘쓴 인도의 타고르와 류영모의 말도 들어본다.

"《우파니샤드》를 보면 우주적인 의식(意識), 곧 하느님의 생각에 이르는 열쇠는 얼나를 깨닫는 데 있다고 하였다. 제나를 멀리하여 얼나를 아는 것이 참나를 찾는 첫걸음이다. 나의 본바탕이 얼이라는 것을 확신해야 한다. 이는 우리가 제나를 이기는 데 성공할 때만 이 얼나를 깨달을 수 있다. 온갖 교만과 탐욕과 공포를 초월해야 얼나를 깨닫는다. 그리고 세속적인 손해나 몸나의 죽음이 참인 얼나로부터 아무것도 빼앗을 수 없다는 것을 알게 된다. 얼나가 진·선·미(眞善美)함을 알 때 우리 생각이 하느님에게 이를 수 있다."(타고르, 《삶의 실현》)

"인생은 한정된 곳에 뜻이 있는 것이 아니고 한정 없는 곳에 뜻이 있다. 정신과 철학을 가지고 살려는 사람은 이것을 절실히 느낀다. 우리는 눈에 보이는 것에서 눈에 보이지 않는 것을 늘 생각해야 한다. 우리는 모든 현상 속에서 산 우주가 지니고 있는 생명의 율동을 느껴야 한다. 하늘로 머리를 두고 있는 사람은 하늘을 쳐다보며 우주에서 우주 정신인 영원한 얼생명의 고동을 느끼면서 살라는 것이다."(류영모, 《다석어록》)

제나(몸나)로 사는 이는 이 땅의 것을 임으로 여기고 사랑한다. 얼나로 사는 이는 하늘로 계신 하느님을 임으로 믿고 사랑한다. 하느님을 유일한 임으로 사랑하는 것이 하느님이 주시는 얼로 솟나는 길이다.

"뜻은 한 뜻이라야 한다. 이러쿵저러쿵하는 뜻은 못 쓴다. 얼나로 하느님께로만 솟나 하느님의 아들 될 뜻이 하느님을 아버지로 공경할 뜻이다. 지극히 높은 데 계신 온전한 하느님 아버지께로 가자는 게 예수의 인생관이라고 생각된다. 나도 이러한 인생관을 갖고 싶다. 이런 점에서 예수와 나와 관계가 있는 것이지 이 밖에는 아무런 관계가 없다. 이걸 신앙이라 할지 어떨지 예수를 믿는다고 할지 어떨지 나는 모른다.

절대의 아버지께는 조금도 부족한 게 아쉬운 게 없다. 거기에 하느님 아들로서 제계(하느님 나라)에 있는 것이다. 그런데 어째서 우리가 예서(이 세상에서) 이렇게 되었는지 모른다. 그래서 나와 너로 갈라져 났다. 현상계의 이 제나라는 것은 참으로 형편없다. 재주도 힘도 아무것도 없다. 그야말로 외롭고 홀홀하다. 맨 처음(하느님)의 뜻이 고독을 느껴 이 천지를 창조했다고 하지만 이것도 사람들이 생각해낸 것이다. 이건 사람이 제가 그렇지 절대의 그 자리는 외로울 리가 없다. 이렇게 너 나로 갈라져 나와도 서로 뜻이 통할 수만 있다면 참으로 좋을 것이다. 그런데 잘 통해지지를 않는다. 이 몸뚱이라는 게 감방에서도 독방이다. 너와 나로 나뉘어 나와 서로 외로운 것이다. 서로 만났다고 서로 속이고 하지만 그건 일시적이다. 또다시 헤어져 하느님 아버지이신 빔(허공)으로 돌아간다. 이게 내가 믿는 것이다. 교회에 있는 분들이 들으면 허무 사상을 가지고 어떻게 믿느냐고 할 것이다. 아무래도 뭐가 있어야 좋아한다. 하느님 아버지이신 빔(허공)에 가야 평안하다. 빔(허공)은 아무것도 없다는 것과는 다르다. 태허공(太虛空)이다. 일체가 거기에 담겨 있다. 이걸 믿지 못하더라도 한번 생각해보아야 한다."(류영모, 《다석어록》)

일본에 '우에다'라는 대학교수가 하치라는 강아지를 길렀다. 하치는 우에다가 출근할 때면 따라 나와 전철역까지 동행하였다. 우에다가 전철을 타면 혼자 집으로 돌아왔다가 주인이 돌아올 시간이 되면 전철역으로 다시 나와 주인을 기다려 함께 집으로 오곤 하였다. 그러던 어느 날 우에다는 퇴근길에 쓰러져 갑자기 세상을 떠난다. 그러나 하치는 주인의 모습이 보이지 않는 이유를 알 수 없었다. 우에다가 떠난 후 하치는 여전히 주인을 그 전철역에서 기다리고 기다리다가 오랜 세월이 흐른 후 그 자리에서 죽었다. 하치에게 감동받은 사람들은 충견이 죽은 자리에 동상을 세워주었다. 하치가 그 임자를 그리듯이 하느님만을 그리다가 죽고 싶다. 류영모는 말하였다.

"삶을 가진 자는 영원히 사랑을 추구해 나간다. 그 사람이 올바르게 사느냐 못 사느냐는 사랑의 임을 갖느냐 못 갖느냐에 달려 있다. 하느님은 마음과 뜻과 힘을 다해 사랑할 임이요 그 못지않게 사랑해 주시는 임이다."(류영모,《다석어록》)

사랑하는 임을 이 땅(세상)에서 골라 받드는 이가 있는가 하면 우주의 임자이며 내 생명의 임자이신 하느님을 사랑하는 이가 있다. 이 땅 위의 임으로 만족하는 이는 제나의 사람이다. 제나에서 얼나로 솟난 이는 빔(허공)이며 얼(성령)이신 하느님 아버지를 사랑한다.

어찌 이러히 두 길
멀고 먼 사랑 그리워 옆의 고운 이도 몰라

낮은 알음알이 이루려 높은 아름답 몰라
우리 울 ㄲ으르심 느끼고 못 느낌에 달라져
(류영모, 《다석일지》)

어찌 두 길이 이렇게 다른가?
까마득하게 멀리 계시는 하느님만이 그리워 옆에 있는 미인도 모른다.
이 땅의 사람들과 사귀느라 꼭 알아야 할 하느님을 알려고 안 한다.
사람인 우리를 위로 이끌어 당기심을 느끼고 못 느낌에서 아주 다르다.
(박영호 옮김)

하느님 아버지는 온통이시고 무한이시고 영원이시라 너무나 크시므로 좀스런 사람에게는 멀게만 느껴진다. 그 하느님의 생명인 얼나를 마음속에 깨달아 간직한 이는 하느님 사랑 덕분에 땅 위에 가까이 있는 고운 사람을 모르고 지나친다. 진·선·미의 하느님을 아는 이는 땅 위의 진·선·미는 거짓 진·선·미인 것을 알기 때문이다.

얼나를 깨닫지 못한 제나의 사람들은 이 땅의 임들과 사귀기에 바빠 참으로 반드시 알고 사랑해야 할 하느님 아버지를 모른 채 살아간다. 멸망의 제나로 멸망의 낱동을 사랑하다 멸망한다. 그러나 영생의 얼나를 깨달은 이는 영원 무한하신 절대의 하느님 아버지를 사랑해 극기복천(克己復天)하여 하느님 아버지와 하나가 된다. 나가 누구인가? 제나로는 멸망할 짐승이요 얼나로는 영생의 하느님 아들이다.

그러므로 제나를 버리고 얼나로 솟나야 하는 것이 사람이 받은 권한이요 또한 하느님의 명령이다. 예수가 "나는 그의 명령이 영원한 생명을 준다는 것을 안다."(요한 12:50)고 한 것이 바로 이 명령을 말한 것이다. 제나로 사는 이는 멸망으로 인도하는 넓은 길로 가는 이들이라 세상에 속한 사람들이다. 얼나로 솟난 이는 영생으로 인도하는 좁은 길로 가는 이들이라 하늘나라에 속하였다. 세상에 속한 짐승인 제나는 태어나서는 반드시 죽는다. 하늘나라에 속한 얼나는 나지도 않고 죽지도 않는다.

땅의 아버지를 아버지라 하는 이는 제나의 사람들이다. 그밖에 이 땅에 스승이나 임금이나 미인을 아버지처럼 받드는 이들도 땅에 속한 제나의 사람들이다. 그러나 하느님 아버지를 아버지로 깨달은 얼나의 사람들에게는 하느님 아버지만이 오직 참아버지이다. 하느님 아버지와 하나 되어 영원할 것이다.

공자(孔子)는 제자들에게 군자유(君子儒)가 되어야지 소인유(小人儒)가 되지 말라고 하였다. 선비라고 다 선비가 아니라는 말이다. 예수는 우리들에게 제나의 신도가 되지 말고 얼나의 신도가 되라고 말하였다.

얼나로 솟나지(거듭나지) 못하면 하느님 아버지를 보지도 못하고 하느님 나라에 들어가지도 못한다고 한 말이 바로 이 말인 것이다. 지금 부처님을 믿는 이나 예수를 믿는 이나 가릴 것 없이 자신이 제나의 사람인지 얼나의 사람인지는 반성해보면 곧 알 수 있다. 아직 제나에 머물러 있으면 얼나로 솟나기에 힘써야 한다. 톨스토이나 류영모도 일생 동안 정진했지만 50세가 넘어서야 얼나를 깨달았다. 얼나를 못 깨달았다고 실망도 자책도 할 필요가 없다. 제나가 거짓나인 것을 철저하게 깨달아 마음을 비우면 하느님의 얼은 저절로 우리 생각(마음) 속으로 들어오신다.

류영모의 말이다.

"우리가 왜 있나? 이것을 알려고 하면 참 어려운 것이다. 내가 있는 까닭을 온전히 알자면 절대계(하느님)에 들어가지 않고서는 모르는 것이다."(류영모,《다석어록》)

겨울 나목(裸木)

온 누리를 다 덮으려던
푸른 잎은 다 떨어져버리고
앙상한 뼈대만 드러내어
서럽도록 외롭게 버티어 서서
하늬바람에 떨고 있는 나목
젊음을 다 보낸 나의 모습이다

지칠 줄 모르게 하고 하던 일
이제 그만둬 일손 놓았다

눈 귀 머니 감각의 문도 절로 닫혀
세상일 고즈넉이 잊어버리고
맞을 죽음조차 아랑곳없이
좌망(坐忘)에 든 나목 되어
기도 삼매 가운데 오직 일념은
하느님 아빠만 그리고 사랑해

하느님 아빠께서 어여삐 여겨
저 아득히 높은 곳에서
은혜로운 성령의 눈송이들
풍성하게 뿌려주시면
초라한 겨울 나목의 가지에도
새하얀 청정의 눈꽃이 피리라
눈부신 영광의 눈꽃을 피우리라
(2006. 12. 15. 박영호)

2장

종교란 무엇인가

우리가 나에 대해서는 의심을 안 한다. 그런데 이 세상이 괴로울 때면
나를 의심하게 된다. 나까지 의심하면 인생의 모든 문제가 달라진다.
석가가 6년 동안 출가 고행을 한 것은 나를 의심해서다. 나를 의심하
다가 어버이가 낳아준 이 제나가 참나가 아니라는 것을 깨닫게 된다.
그리하여 영원 절대한 얼나를 참나로 깨닫게 된다. – 류영모

하느님은 말씀으로 계신다

사람은 '나'를 무척 내세운다. 나를 무시하거나 모욕하면 분노를 일으키며 싸우려 든다. 세상에 나뿐이라는 유아독존(唯我獨尊)의 '나'이다. 그런 나인데 따지고 보면 이 나는 사실은 내 것이 아니다. 순전히 공짜로 얻은 것이다. 또 태어날 때부터 나는 나 자신에 대해서 아무런 선택도 할 수 없었다. 한국 사람으로 태어나겠다고 지망한 적도 없고 어느 집안 자식으로 태어나겠다고 청한 일도 없다. 그러니 나는 나에 대해서 나의 것이라고 주장할 수 없다. 그렇다고 나를 안 하겠다고 버릴 수도 없다.

이제까지 어머니 아버지가 내 생명의 임자라고 안 것이 착각이었다. 내 생명의 참 임자가 자신의 존재를 숨기기 위하여 땅의 아버지 어머니를 앞세운 것이다. 아버지 어머니가 나를 자식이거니 여긴 것도, 내가 아버지 어머니를 나의 생명의 임자이거니 하고 살아온 것도 어이가 없다. 속은 것이요 속인 것이다. 그렇다면 나는 누구이며 나의 아버지(임자)는 누구인가? 내가 있는 여기는 도대체 어디인가? 오귀스트 로댕(Auguste Rodin)이 조각한 〈생각하는 사람〉이 바로 나의 모습인 것을 알게 된다. 류영모는 이렇게 말하였다.

"우리가 나에 대해서는 의심을 안 한다. 그런데 이 세상이 괴로울 때면 나를 의심하게 된다. 나까지 의심하면 인생의 모든 문제가 달라진다. 이렇게 아프고 괴롭고 한 이 나라는 게 뭐냐 하면서 나를 의심하여 나를 부정(否定)하게 된다. 심하면 나를 없애버리고 싶어진다. 그래서 자살을 한다. 괴롭다 하면서도 이 세상 재미를 찾고 할 때는 아직 자기를 철저하게 부정하지 않는 것이다. 석가가 6년 동안 출가고행을 한 것은 나를 의심해서다. 나를 의심하다가 어버이가 낳아준 이 제나(몸나)가 참나가 아니라는 것을 깨닫게 된다. 그리하여 영원 절대한 얼나를 참나로 깨닫게 된다. 이게 깨달음을 이뤄 성불(成佛)하는 것이다."(류영모, 《다석어록》)

류영모가 얼나를 깨달은 때가 1942년 1월 4일이라고 하였다. 류영모는 김교신이 발행한 〈성서조선〉 157호(1942년 2월 1일)에 '38년 만에 믿음에 들어감'이라는 글을 발표했다. 그 글에 오도송(悟道頌)이라 할 〈믿음에 들어간 이의 노래〉가 있는데, 제나를 온전히 하느님께 바친 것이 잘 드러나 있다.

믿음에 들어간 이의 노래

나는 실음 없고나 이제부턴 시름없다

님이 나를 차지(占領)하사

님이 나를 맡으(保管)셨네

님이 나를 가지(所有)셨네

몸도 낯도 다 버리네

내 거라곤 다 버렸네

죽기 전에 뭘 할까도

남의 말은 어쩔까도

다 없어진 셈이다

새로 삶의 몸으로는

저 말씀을 모셔 입고

새로 삶의 낯으로는

이 우주가 나타나고

모든 행동 선을 그으니

만유물질 늘어섰다

온 세상을 뒤져봐도 거죽에는 없으니

位而無 脫私我 되어*

반짝! 빛 (요한 1:4)

님을 대한 낯으로요

말씀 體(本)한 빛*이로다.

님 뵈옵잔 낯이요

말씀 읽을 몸이라

사랑하심 낯이요

뜻을 받들 몸이라. 아멘

位而無 脫私我 되어 기하학적으로 점은 자리만 있고 넓이는 없듯이 제나란 있으되 실체는 없다는 뜻. **말씀 체(本)한 빛** 로고스를 본체로 한 진리의 빛.

거짓나인 제나를 이렇게 버리면 참나의 얼나가 들어선다. 그러면 이제까지 제나(몸나)의 짐승 성질이 나를 이끌어 왔는데 이제 그것과는 관계가 끊어지고 얼나가 몸나를 다스린다. 류영모는 이렇게 말하였다. "인생 문제는 성숙해질 때 해결된다. 성숙이란 내가 나 아니면서 나가 될 때 이루어진다. 제나(自我)가 부정되고 솟나(超我)가 된다는 말이다. 제나(몸나)에서 얼나로 솟난다는 말이다. 부분(낱동)인 제나로 살지 않고 전체(온통)인 얼나로 되는 것이다."(류영모, 《다석어록》) 그 얼생명이 어디서 와서 이 우주에 얼(성령)이 충만해 있는지를 알 수 있다. 내 마음속에 얼이 생수처럼 솟아오르고 빛처럼 밝혀주기 때문이다. 그것은 시간과 공간을 초월해 있다. 2천 년 전 예수 석가에게 나타난 것이 오늘날 나에게도 솟아오르기 때문이다. 류영모는 말하였다.

"큰 성령(하느님)이 계셔서 깊은 생각을 내 속에 들게 하여 주신다. 말씀은 사람 보고 한다. 사람과 상관하지 않으면 말씀은 필요 없게 된다. 따라서 우리가 사는 까닭에 하느님의 말씀이 나오게 된다. 말씀은 마루 꼭대기(하느님)에 있는 말이다. 우리는 그 말을 받아서 씀으로 하느님을 안다. 그래서 말씀이다. 말씀은 하느님으로부터 받아서 써야 한다. 하느님과 교통이 끊어지면 생각이 결딴이 나서 그릇된 말을 생각하게 된다. 정신 세계에서 하느님과 연락이 끊어지면 이승의 짐승이다. 질컥질컥 지저분하게 사는 짐승이다."(류영모, 《다석어록》)

류영모는 하느님이 말하기 때문에 말은 마루 꼭대기이며, 따라서 하느님으로부터 받아서 써야 한다고 말하는 것이다. 그게 '말씀'이라는 것이다. 요한복음 1장 1절에는 이러한 말씀이 있다. "한처음 천지가 창조되기 전부터 말씀이 계셨다. 말씀은 하느님과 함께 계셨고 하느님과 똑같은 분이셨다."(요한 1:1)

'말씀은 하느님과 함께 계셨다.'라고 옮기면 말씀과 하느님이 각각인 것처럼 생각되므로 '하느님은 말씀으로 계신다.'라고 옮겨야 한다. 그래야 하느님이 말씀이고 말씀이 하느님이라고 해도 논리적으로 모순이 없다. 이 세상에 하느님과 말씀이 하나인 말은 우리말밖에 없을 것이다. 말은 '마루'의 줄임말이다. '그림'의 줄임이 글인 것과 같다. 마루와 머리와 마리는 같은 말이다. 말의 으뜸 말인 마루 곧 마루님이 바로 하느님이시기 때문이다. 마루 종(宗) 자는 하느님의 얼이 하늘 밑으로 내려와 인간이 하느님의 뜻을 뵌다는 뜻이다. 본디 가르치는 것은 하느님의 말씀을 알도록 가르치는 것이다. 종교(宗敎)는 순 우리말이 없다. '마루 가르침'이 종교이다. 종교는 사람이 하느님 말(얼)을 실천하고, 실천하도록 가르치는 것이다. 가르침은 곧 말씀(마루숨)이다. 종교란 낱말은 라틴어로 렐리기오(religio)이다. 인간과 하느님의 관계를 다시 묶어 결합시킨다는 뜻이다. 한자 제(帝) 자는 위 상(上) 자와 묶을 속(束) 자를 합친 글자인데, 하느님과의 관계를 다시금 결속시킨다는 뜻이다. 렐리기오도 이와 같은 뜻이다. 옛날엔 제(帝) 자가 하느님을 뜻하였다.

러시아의 종교철학자 베르댜예프(Nikolai Berdyaev)는 러시아제국의 귀족 출신이면서 공산주의자가 되어 볼세비키 혁명에 가담하였다. 혁명 후 모스크바 대학의 철학 교수가 되었으나 소련 정부와 대립하여 결국 국외로 추방당하였다. 러시아제정 때 두 번이나 투옥되었고 소련공산당 치하에서도 두 번이나 투옥된 기구한 운명을 겪은 철학자이다. 베르댜예프는 도스토예프스키를 아주 존경하였는가 하면 독일의 영성 신앙인 야코프 뵈메(Jokob Böhme)를 경애하였다. 베르댜예프는 하느님과 이어졌던 체험을 이렇게 말하였다.

"나는 경건한 자유사상가다. 내 사상은 자유다. 완전히 자유다. 그러나 이 사상은 본원적인 신앙, 근원적인 신앙과 맺어져 있다. 나는 본디부터 어떤 근원적 신앙의 확고 불변의 신념을 품고 있다. 나는 말로는 도저히 표현하기 어려운 한 가지 종교적 체험을 겪었다. 나는 깊은 곳에 침잠해서 세계의 신비, 실존하는 모든 것의 신비에 직면한다. 나는 세계의 현존성에 대해 그 자체로 만족할 수 없다. 따라서 세계의 밑바닥에 한층 심오한 비밀, 신비로운 의미가 내포되어 있으리라는 사실을 더욱 통절하게 느낀다. 이 최대의 신비는 하느님이다. 인류는 하느님이라는 말 이상의 숭고한 말을 생각해낼 수가 없었던 것이다. 하느님에 대한 부인(否認)은 다만 표면적으로만 가능하고 깊은 곳에서는 불가능한 것이다."(베르댜예프,《거대한 그물》)

베르댜예프처럼 생각과 느낌으로 하느님 아버지와 유대(rapport)를 쌓는 일이 종교이다. 하느님으로부터 말씀을 받고 하느님에게 사랑을 바치는 것이 종교이다. 마루숨(종교)이다. 종교를 가지려면 먼저 제나(몸나)를 부정해야 한다. '나'라는 것은 앞에도 없었고 뒤에도 없을 것이고 지금 있어도 없는 것이다.

"이 다섯 자(尺) 몸뚱이를 보면 한심하다. 이에서 박차고 나가야 한다. 우리의 머리가 위에 달린 게 위(하느님께)로 솟나자는 것이다. 머리는 생각한다. 하느님을 생각하는 것이 하느님께 머리를 두는 것이다. 하느님이 내 머리인 참나라는 것이다. 사람들이 이 세상에서 머리(元首)가 되겠다는 것도 이 때문이다. 으뜸이 되어야 하는데 철이 없어서 이 세상에 머리가 되려고 한다. 그러다가 머리가 무거워서 감당을 못하여 굴러 떨어진다.《주역(周易)》에서는 이 세상에서 머리(지배자)가 되지 말라 하였다. 예수도 섬기는 이가 되어야지 섬김을 받

으려 하지 말라고 하였다. 석가는 세상의 머리(임금) 되는 것을 그만 두었다."(류영모, 《다석어록》)

제나를 이기고(克己) 나서야 하느님 아버지로부터 얼나를 받아 얼로 하느님과 통할 수 있다. 극기영통(克己靈通) 하는 것이다. 이것이 마루숨(종교)의 마지막 목적이다. 얼로 통하여 말씀과 사랑이 넘쳐야 한다. 류영모는 이렇게 말하였다.

"경의를 표할 수 있는 인격은 하느님 아버지와 교통할 수 있는 하느님 아들의 자격을 갖추겠다는 거기에 있어서 그렇게 된다. 피와 살을 가진 짐승인 우리가 개나 소와 다른 것은 하느님하고 교통하는 얼을 가졌다는 것밖에는 없다. 예수는 하느님으로부터 얼(성령)을 받아 하느님 아들의 권능을 얻으면 영원한 생명인 얼나의 증인이 된다고 하였다. 얼을 받아 얼을 나타내 보이는 것이다. 얼이 말씀이요 참나이다. 진리의 얼을 받아 얼나로 몸나에서 자유함을, 보여주는 것이며 죽음에서조차 자유함을 보여주는 것이다. 우리가 얼을 받는 것은 얼나가 영원한 생명이기 때문이다. 영원한 생명이란 얼(성령)로 하느님의 아들이 되는 것이다."(류영모, 《다석어록》)

짐승들은 죽어서 복통위일(復通爲一)밖에 못하나 사람은 살아서도 도통위일(道通爲一)을 할 수 있다. 얼로 하느님과 교통할 수 있다는 말이다. 이것이 종교의 핵심이다. 이러한 도통위일이 없으면 엄격한 뜻으로는 종교라고 할 수 없다. 그러나 이 세상에는 종교라 할 수 없는 종교가 넘쳐난다. 기복(祈福) 신앙인 샤머니즘(shamanism)이 그렇다.

죽은 믿음의 시대

오강남이 깨달음 종교, 심층 종교라 하는 것은 예수, 석가가 이미 2천 년 전에 스스로 실천하고 남에게 전수한 신앙이다. 그런데 예수, 석가가 떠난 뒤에 다시 샤머니즘이 판을 치고 깨달음 종교, 심층 신앙인은 가물에 콩 나듯이 드문드문 나타났는데 이것을 또 이단이라면서 찔러 죽이고 베어 죽이고 태워 죽이고 따돌려 죽였다. 이렇게 이기적이고 폭력적이고 배타적인 종교에 대한 반동으로 무신(無神)의 공산(communism)교까지 생겨났다. 그런데 이기적이고 폭력적이고 배타적인 것은 기성 종교를 뺨치게 닮았다. 20세기에 나타나서 한 세기를 넘기지 못하고 자멸하였다.

비교종교학을 창시한 막스 뮐러(Friedrich Max Müller)는 "매일, 매주, 매 계절 가장 널리 읽히는 잡지들은, 종교의 시대는 과거고 신앙은 환상 혹은 유아기적 질병이며 신들은 마침내 사라지고 그 힘이 다 했음을 보게 될 것이라고 앞다투어 말하고 있다."고 말했다. 다큐멘터리 영화감독 피터 조셉(Peter Joseph)은 다음과 같이 일갈했다. "나는 지금부터 당신들에게 '사실' 하나를 말하고자 한다. 거짓말에 관한 이야기이다. 여기 엄청난 거짓말이 하나 있다. 역사상 가장 허풍이 세고 가장 잘 속여 온 으뜸의 거짓말, 그건 바로 종교다. 그동안 종교가 대중들을 계속 세뇌해 왔던 것을 한번 상기해보자. 저 하늘 위에 보이지 않는 한 남자가 있다. 하늘에서 살면서 당신들의 모든 행동을 항상 감시하고 있다. 그 투명인간은 당신이 특히 해서는 안 될 10대 금지 목록을 가지고 있다. 만일 당신이 이 십계명 가운데 하나라도 어기면 그는 불과 연기와 화형과 고뇌와 비명으로 가득 찬 지옥에 당신을 떨어뜨려 당신이 그 아비규환 속에서 영원히 고통받게 할 것이다. 하지만 그는 당신을 아주 사랑한다. 그는 당신을 사랑하지만 돈이 필요하다. 그런데 돈이 계속 필요하단다. 전지전능하고 현명하고 완벽한 존재지만 이상하게도 돈만큼은 스스로 해결할 줄을 모른다. 종교 집단은 엄청난 돈을 쓸어 담지만 세금은 하나도 내지 않으면서 항상 돈이 필요하다고 난리다. 이거 진짜 웃기는 구라가 아닌가?"(피터 조셉,《시대 정신》)

한 목사가《모든 종교는 구라다》라는 책을 썼는가 하면 한 언론인은《종교는 없다》라는 책을 냈다. 그러나 이미 2500년 전에 노자(老子)가 샤먼(司祭)들의 위선을 날카롭게 꾸짖었다. 샤먼들의 위선은 예나 지금이나 별로 다르지 않은 것이다. 샤먼들이 집단화하고 권력화하면 그 횡포는 두렵기 그지없다. 그 실례가 중세 가톨릭이다. 육체적인 독재에 정신적인 독재까지 겹쳐 사람들이 숨도 제대로 못 쉬고 생각도 마음대로 못했다. 노자가 말하였다.

"(거짓된) 거룩을 끊어버리고 (거짓된) 슬기를 버리면 씨알들이 온 곱이나 이로울 것이다.(絶聖棄智 民利百倍)."《도덕경》19장)

종교는 불안과 공포와 우울로 가위눌린 사람들에게 하느님의 말씀과 사랑으로 기쁨을 주고 자유를 주고 평안을 주어야 하는데 오히려 눈 위에 서리를 보태듯 사람들을 속이고 괴롭혔던 것이다. 신앙의 자유, 양심의 자유가 헌법으로 보장되어 있는 오늘날에도 종교가 없어져야 한다는 소리를 공공연히 하는 이가 적지 않다. 평화를 가져다주어야 할 종교가 크고 작은 분쟁의 불씨 노릇을 하고 있기 때문이다.

"종교의 지배적인 세계관 역시 과학적 지식에 의해 이미 기반이 허물어졌는데도 여전히 기승을 부리고 있다. 게다가 이슬람교, 기독교, 유대교, 힌두교 등의 모든 종교들이 서로를 향해 날카로운 대립각을 세우며 서로의 세계관을 배척하고 있다는 사실은 사회의 성장에 큰 장애 요소가 아닐 수 없다. 어쩌면 이 종교들이 지상에서 모두 깨끗이 사라지는 게 곧 우리 사회의 성장을 더욱 활기차게 만드는 기회일지도 모른다."(피터 조셉, 《시대 정신》)

그러나 이것은 하나만 알고 둘은 모르는 소리이다. 종교는 온통인 하느님과 그 부분으로 낱동인 사람의 관계를 밝히는 것이라 너무나 귀중하다. 종교를 모르면 사람은 티끌 먼지보다 못하다. 그렇게 귀중하기 때문에 거짓 종교가 많은 것이다. 가짜가 많다고 해서 진짜를 없애야 한다는 것은 지극히 어리석은 생각이다. 무가치한 것에 가짜가 있는 것을 보았는가?

예수는 자신을 아주 낮추는, 제나가 없는 지극히 겸손한 분이다. 예수에게 임금 대접을 하겠다는 것은 예수를 욕보이는 일이다. 예수에게 드린 '만왕의 왕'이란 칭호는 얼빠진 사람의 소리다. 예수는 자신을 메시아라고 생각한 적이 없었다. 우리가 예수를 그리스도라고 부르는 버릇도 삼가고 싶다. 예수는 하느님 아들로 만족할 것이다. 여러 왕들 위에 군림한 중세의 교황과는 근본적으로 다르다. 이제 바티칸도 정신이 들면 교황이라는 칭호를 내려놓게 될 것이다.

예수를 보고 선한 선생님이라고 부르자 예수는 "왜 나를 선하다고 하느냐? 선하신 분은 오직 하느님뿐이시다."(마르코 10:18)라고 말하였다. 또한 제자들이 스승인 예수의 측근이 되려고 서로 다투자 예수는 으뜸이 되고자 하는 이는 종이 되어야 한다고 하면서 "사람의 아들도 섬김을 받으려고 온 것이 아니라 섬기러 왔다."(마태오 20:28)고 말하였다. 그러한 예수가 이따금 듣는 이를 놀라게 하는 말을 거침없이 하였다. "나는 길이요 진리요 생명이다."(요한 14:6)라고 말하는가 하면 "(하느님) 아버지와 나는 하나이다."(요한 10:30)라고 말하였다. 얼핏 들으면 앞의 두 말과 뒤의 두 말이 서로 모순되는 듯하지만 앞의 두 마디 말은 예수가 제나의 자리에서 말한 것이고 뒤의 두 말은 얼나의 자리에서 한 말이다. 예수는 결코 멋대로 자신을 낮추었다 높였다 하는 이가 아니다. 아주 올바르고 귀한 말씀을 하신 것이다.

그런데 또 예수는 얼른 수긍하기 어려운 수수께끼 같은 말을 하였다. "나보다 먼저 온 사람은 모두 다 도둑이며 강도이다. 그래서 양들은 그들의 말을 듣지 않았다."(요한 10:8) 예수가 말한 '나보다 먼저 온 사람'이란 유대 민족을 이끌어 온 믿음의 선조 아브라함을 비롯하여 출애굽을 성공시킨 모세, 그리고 예레미야, 이사야 등 여러 선지자들을 모두 가리키는 말이다. 예수의 이 말은 듣는 이로 하여금 어안이 벙벙하게 만든다. 아브라함은 유대교, 기독교, 이슬람교가 똑같이 받드는 선조이다. 그런데 예수가 어떻게 그렇게 말할 수 있단 말인가? 이해하기 어려운 말이다.

그러나 깊이 생각해보면 예수의 이 말에 고개를 끄덕이는 정도가 아니라 고개를 숙이게 될 것이다. 야스퍼스(Karl Jaspers)는 예수, 석가, 공자, 소크라테스가 인류 문화의 기축 시대라고 말하였다. 기축 시대를 기준으로 그 앞 시대에는 얼나의 깨달음이 아닌 제나(몸나)의 기복 신앙, 명상 기도가 아닌 제사 의식, 자율이 아닌 타율적 종교만이 있었다. 제사를 맡은 샤먼(shaman, 司祭, 무당)들은 사실 짐승을 잡는 백정들이었다. 유대교의 예루살렘 성전도 거대한 상설 도살장이었다. 제사장들에게 제사는 막대한 수입원이었다. 반대로 서민들에게는 심각한 수탈이었다. 그러니 예수가 말한 도둑이요 강도란 말이 결코 틀린 말도 지나친 말도 아닌 것이다. 예수, 석가보다 먼저 온 이들이 만들어놓은 것이 바로 샤머니즘이었다.

사람들이 끊임없이 제물을 바치게 하려면 사람의 허물(죄)을 낱낱이 알아내어 벌을 내리는 무서운 신(神)이어야 하며, 또 한편으로는 제물을 바치면 노여움을 가라앉히고 용서해주는 신이어야 한다. 그래서 야훼처럼 한 신이 야누스적인 이중성을 지니거나, 조로아스터교처럼 아예 선신인 아후라 마즈다와 악신인 앙그라마이뉴로 나누어놓기도 한다.

오늘날까지도 세력을 유지하고 있는 구약성경(유대교 경전)의 야훼

(여호와) 신을 살펴본다.

샤머니즘의 스키마(schema) 즉 의식(意識)의 틀걸이는, 잘못(죄)에
는 신의 징벌이 내리고, 제물(祭物)에는 신의 용서가 따른다는 것이
다. 유대교, 기독교에서는 어느 종교보다 죄라는 말이 중시되어 왔
다. 아담과 하와의 죄는 원죄(元罪)가 되어 후손들은 스스로 죄를 안
지어도 이미 죄의 징벌 덫에 얽매인 채로 태어난다. 그러니 평생 제물
을 바치는 데 전전긍긍해야 한다. 부지런히 일해 재물을 모아 사제
(사먼)들에게 갖다 바쳐야 하는 것이다. 사제들은 '죄'라는 말만 하면
저절로 재물이 들어온다. '죄'가 종교가 치부하는 방편이 되었다. 예
수가 도무지 죄라는 말을 하지 않은 까닭을 이제야 짐작하였을 것이
다. '불신 지옥'을 외쳐대는 이들의 속셈도 헤아렸을 것이다.

창세기에서 아담과 하와가 선악과를 따 먹어서 원죄가 생겼다는
이야기도 어처구니없는 함정 수사와 같다. 무엇 때문에 에덴동산 한
가운데에 선악과 나무를 심어 탐스런 열매를 맺게 하였는가? 심었으
면 아담과 하와가 따서 먹도록 해야 그게 그들을 만든 조물주의 자
비가 아니겠는가? 그런데 절대로 따 먹지 말라고 명령을 내렸다. 그
러려면 아예 심지를 말았어야 했다. 게다가 아담과 하와가 그것을 따
먹으리라고 예측하지 못하였다면 신(神)의 자격도 없는 신일 것이다.
결국 아담과 하와는 야훼신이 깔아놓은 덫에 냉큼 걸려 원죄를 저지
르고 낙원에서 영원히 쫓겨나야 했다. 한마디로 이 이야기는 옛사람
들의 얕은 지혜가 엮은 신화에 지나지 않는 것이다. 그런데 이 설익

은 신화가 유대 민족은 말할 것도 없고 전 인류에게 끼친 부정적인 영향은 엄청난 것이었다. 다른 것은 제쳐 두고서라도 하느님 아들 예수를 죽이는 결과를 가져왔고, 예수의 영성 신앙을 파묻는 결과를 낳은 것이다.

야누스적인 야훼신은 이스라엘 백성을 자기의 백성으로 선택하여 엄청난 축복을 내렸다. 그리하여 이스라엘 민족은 다른 민족을 차별하고 멸시하고 배척하고 증오하고 살해하게 되었다. 우주를 창조했다는 신이 지구상의 수많은 민족 가운데 오직 이스라엘 민족만 선택하여 사랑하고 다른 민족은 이방인, 이교도라 하여 죽이라고 명령한단 말인가? 어느 부지런한 이가 야훼신의 악행을 조사하여 "사악한 악마를 왜 하느님이라 하는가?"라는 신문 광고를 냈다. 거기에 따르면 구약성경에서 야훼신의 명령에 따라 죽임을 당한 이가 90만 5154명이나 된다고 하였다. 죽은 이의 수가 불명확한 기록도 구약성경에는 14곳이 더 있다고 한다. 베르댜예프는 야훼신처럼 권력, 지배, 위력 등 인간 사회적인 범주를 신(神)에게 적용한 신관을 조치오몰피즘(Soziomorphismus)이라 이름하였다. 사람이 신을 닮은 것이 아니라 신이 사람을 닮은 것이다.

야훼신은 유대 민족이 생각해낸 이스라엘의 민족 신일 뿐이다. 마귀나 천사가 실제로는 없는 것과 마찬가지로 야훼신 같은 하느님은 없다. 이 땅 위에 폭군처럼 전쟁하기를 좋아하고 사람 죽이기를 좋아하고 시기하고 편애하고 보복하고 징벌하고 저주하기를 즐기는 그런

하느님이 어디에 있단 말인가? 인간들이 자신들의 수성(獸性)을 관념적
으로 신격화시킨 것에 불과하다. 신 아닌 것을 신으로 받들면 그게 우
상이다. 야훼신을 하느님으로 받들면 그게 우상 숭배다. 우상인 야훼신
을 믿는 크리스천이 불교를 우상 숭배교라 얕보는 것은 말도 안 된다.
눈에 안 보이는 우상(invisible idol)도 관념적인 우상이다. 하느님은 온
통이면서 없이 계신다. 하느님은 함이 없이 아니함이 없으시다.

　야훼신에게 그렇게 열심히 제사를 올리는 이들이 참으로 하느님을
사랑하는 마음이 있었다면, 인류 역사에서 예수처럼 하느님 아버지
를 사랑한 이가 없을 터인데 그러한 예수를 존경하고 본받기는커녕
모욕하고 박해하다 끝내 십자가에 못 박혀 죽게 하지는 않았을 것이
다. 그 심리를 어떻게 해석해야 하는가? 예수는 야훼신을 받든다는
유대교도들의 속마음을 바로 헤아리고 있었다. "너희에게 하느님을
사랑하는 마음이 없다는 것을 나는 잘 알고 있다."(요한 5:42) 야훼신
을 섬긴다면서 하느님 아버지께서 얼생명을 준 하느님의 아들 예수
를 핍박하고 살해한 유대인들의 야훼신은 대체 무엇이란 말인가? 예
수가 유대교의 신관을 부정하고 석가가 브라만교의 신관을 부정한
까닭이 여기에 있다. 그들의 주장이 진리에 가까이 이른 점이 전혀
없는 것은 아니지만 그 주장은 사람들이 자신들의 이기심을 채우려
고 생각해낸 것일 뿐이다. 예수나 석가처럼 제나(몸나)를 철저히 죽이
고 버려야 한다. 톨스토이는 이렇게 말하였다.

　"마음씨 고약한 야훼신이 선악과를 따 먹은 아담의 죄를 이유로

들어 그의 후손들까지 모두 저주로써 벌하였다. 그러고는 또 그들을 구하기 위하여 아들을 세상에 보냈는데 사람들이 그를 죽였다. 그 일로 저주받게 될 것을 미리 알고 있었으며 그 죄로부터 구원받으려면 교회에서 세례를 받아야 한다. 또한 이 같은 일이 실제로 일어났으며 야훼신의 아들이 사람들을 구원하기 위하여 사람들에 의해 죽임을 당했다는 것을 믿지 않는 이는 야훼신이 영원한 고통으로 벌한다는 것을 믿어야 한다고 한다. 이보다 부도덕한 일이 있을 것인가? 니케아 신경에 정해진 이것은 부조리하고 부도덕하여 건전한 감정과 이성으로는 용납되지 않는다. 사람은 어떠한 말도 입술로는 되풀이할 수 있어도 뜻 없는 것은 믿지 못한다. 왜곡된 기독교를 믿는 현대인은 실제로는 믿지 않고 있는 것과 같다."(톨스토이,《종교의 본질》)

예수는 이스라엘의 미래에 관해서는 예언하기를 삼갔다. 그러나 자신의 가르침이 어떻게 될 것인가는 비관적으로 본 것이 분명하다. 예수가 가르친 영성 신앙은 곧 제나를 넘어 얼나를 깨달아 하느님 아버지께로 돌아간다는 것이다. 예수가 말한 얼나의 깨달음 신앙은 자칭 예수의 사도라는 바울로가 만들어낸, 제나(몸나)의 구원과 속죄와 부활을 핵심으로 하는 '사도신경'이라는 교리 신앙으로 봉쇄되었다. 또한 바울로는 예수의 죽음을 야훼신과 사람의 불화(에덴동산에서의 추방)를 풀기 위한 제물로 만들었다. 예수를 하느님 아들이라면서 하느님이 제 자식 잡아먹고 기분이 좋아 사람의 잘못을 용서해준다는 말도 안 되는 교리를 만들어낸 것이다. 거기에다 이 교리를 안 믿으면 구원받지 못하고, 이 교리를 비난하면 저주를 받는다고 하였다.

예수는 야훼신을 언급한 일조차 없었다. 예수가 제자들에게 가르친 것처럼 보혜사(성령)에게 직접 가르침을 받는 자율 신앙은 흔적 없이 사라지고, 바울로의 해괴하고 타율적인 교리 신앙으로 바뀌어 버렸다. 바리새인, 사두개인 같은 유대교도와 예수는 외적인 대립 관계였다. 그런데 바울로의 대속 신앙은 마치 트로이 목마처럼 예수의 가르침을 따르는 듯하면서 안에서 공략한 셈이었다. 그만큼 더 치명적이었다. 톨스토이가 언급한 대로, 바울로의 타율적인 교리 신앙이 니케아 신경으로 정착되면서 예수교는 예수의 가르침은 없고 예수의 이름만 내세운 바울로교로 변한 것이다. 거기에 로마 황제로부터 인정받아 권력을 얻은 뒤 역사적으로 부침(浮沈)을 겪기는 했지만, 예수의 이름을 내세운 가공할 심신의 독재가 오늘에까지 종교의 황제(교황)라는 이름으로 이어지고 있다. 그러나 최후의 승리는 하느님의 진리에 있는 것을 확신한다.

어느 크리스천이 이 사람에게 바울로도 놀라운 영성 신앙을 지닌 것이 로마서에 쓰여 있지 않느냐고 물었다. 그럴듯한 영성적인 말이 있는 것을 이 사람도 읽었지만, 마지막에 가서 몸이 다시 사는 것을 믿는다고 분명히 말하였다. 그리하여 바울로 자신이 영성적인 말을 무효로 만든 것이다. 참된 영성인은 몸나에 미련이 깨끗이 없어야 한다. 예수, 석가가 그러하였다. "영원히 사는 것은 얼이니 몸은 쓸데없

다."(요한 6:63, 박영호 의역)

예수는 분명히 무엇이 가장 중요한지를 말하였다. 제나로 죽고 얼나로 솟나야 한다는 것이다. 그것은 하느님 아버지와 얼로 이어져야만 이룰 수 있다. 예수는 힘주어 말하였다.

"사람의 아들을 거역해서 말하는 사람은 용서받을 수 있어도 얼(성령)을 거역해서 말하는 사람은 현세에서도 내세에서도 용서받지 못할 것이다."(마태오 12:32, 박영호 의역)

용서받지 못한다는 것은 무슨 모진 벌을 받는다는 뜻이 아니다. 사람은 제나로 죽고 얼나로 솟나자는 것이 삶의 목적인데 삶의 목적을 이루지 못하니 안됐다는 말이다. 예수는 예수가 떠난 뒤에 이스라엘이 어떻게 되리라는 것을 짐작하였다. 알고 보면 이스라엘은 예수가 떠난 지 2천 년 동안 얼(성령)을 거역해 왔다. 영성 신앙이 나타나면 박해하고 소외시켰다.

"악령이 어떤 사람 안에 들어 있다가 그에게서 나오면 물 없는 광야에서 쉴 곳을 찾아 헤맨다. 그러다가 찾지 못하면 '전에 있던 집으로 되돌아가야지.' 하면서 다시 돌아간다. 돌아가서 그 집이 비어 있을 뿐만 아니라 말끔히 치워지고 잘 정돈되어 있는 것을 보고 그는 다시 나와 자기보다 더 흉악한 악령 일곱을 데리고 들어가 자리잡고 산다. 그러면 그 사람의 형편은 처음보다 더 비참하게 된다. 이 악한 세대도 그렇게 될 것이다."(마태오 12:43~45)

예수는 사람들에게 목숨을 걸고 가르치고 깨우쳐도 알아듣는 귀를 지닌 자가 극히 적은 것을 봐 왔기에 이렇게 예상할 수 있었을 것이다. 예수 때나 오늘날이나 하느님 말씀에 관심이 적은 것은 마찬가지다. 류영모는 이렇게 말하였다.

"이런 세상이 하느님의 말씀을 들을 리가 없다. 그것은 난 데가 다르기 때문이다. 이 땅 위에서 몸나의 사람으로 사는 이는 하느님 말씀을 모른다. 식색(食色)이 임자가 되면 하느님의 말씀은 모른다. 진리의 정신이 왕성해지면 식색을 자연히 끊게 된다. 정신의 얼나가 참나다. 사람의 얼나는 영원한 생명이다. 죽는 것은 짐승인 몸나뿐이다. 사람의 얼나는 영원히 산다. 영생은 몸나의 생사(生死)와는 관계없다. 정신이 깨서 얼나의 영원한 생명으로 살아야 한다."(류영모,《다석어록》)

샤먼화하고 권력화하여 하느님 아버지조차 바로 알지 못하는 유대교를 예수가 싫어하였듯이, 올바른 영성인과 지성인들은 기독교를 멀리하고 비판하였다. 그것은 예수가 싫어서가 아니라 예수를 경애하기 때문이다. 기독교회가 예수의 사상과 너무나 멀어졌기 때문이다. 그런 의미에서는 그들은 예수의 삶과 생각을 재현하는 것이라고 할 수 있다. 하느님의 얼(성령)이 예수에게 줄곧 왔듯이 이들에게도 온 것이다. 예수가 말한 가르침, 즉 하느님의 얼(성령)인 보혜사의 가르침을 받은 자율적인 신앙인이 된 것이다. 류영모는 "기독교인들이 타율적인 교리에 얽매여 정말 종노릇하고 있다."면서 안타까워하였다. 어디에 매이면 자기가 스스로 생각하지 못한다. 스스로 생각하는 것이 기도인데 어딘가에 매이면 기도도 못하는 죽은 신앙이 된다. 슈바이처가 기독교인들은 왜 생각을 안 하느냐고 걱정한 것이나 베르댜예프가 자신을 자유사상가라고 강조한 것은 그들이 교리의 노예가 아니었기 때문이다. 류영모가 말하였다.

"흔히 사람들은 내 정신을 어디에 매어놓으면 일이 잘될 것같이 생각한다. 기독교에서는 그리스도에게 정신을 붙들어 매어놓고 싶어 하지만 정신이란 어디 매어놓는 것이 아니다. 생각하는 마음은 자유로운 데 그 본질이 있다. 그 대상이 비록 예수 그리스도라 해도 거기에 매여 살면 그 대상인 예수는 우상이 되고 내 정신은 내려가 죽게 된다. 내 정신은 하느님 한 분을 우러를 수 있도록 이 세상 그 무엇에도 매여서는 안 된다. 매어놓지 말아야 할 것을 매어놓고 모으는 것이 아닌데도 모으려고 하는 것이 우상이다. 정신은 어디에다 묶어놓을 수 있는 것이 아니다.

이 사람도 몇십 년 전에 교회에 나가 예수를 믿었는데 요새 사람들이 나를 보고 '당신은 예수를 믿는다고 하는 것이 좋지 않으냐'고 말하는 것을 듣게 된다. 그래서 나도 보통 이 세상 사람들이 알아듣기 쉽게 '믿는다'고 그렇게 말하고 싶다. 그러면 요새 여러분들이 내 말을 듣고 '저렇게 이야기 하는 사람이 무슨 기독교 신자인가'라고 하면서 답답해할 것이다. 이렇게 생각하면 '나는 예수 안 믿는다. 무종교다.' 이렇게 말하는 것이 오히려 마음이 가볍지 않을까 생각된다."

(류영모, 《다석어록》)

중세 시대에는 류영모처럼 언행을 했다가는 이단으로 몰려 목숨을 잃었다.

"인류 역사에는 성직자로서 또는 믿음의 신도로서 하느님의 존재를 참으로 확신했지만 무신론자라는 누명을 쓰고 죽임을 당한 불운한 사람들이 많았다. 아브라함의 야훼나 알라를 믿었지만 정통적 규범과 율법에 따라 믿음을 고백하지 않았다는 이유로 사형당한 사람들도 많았다. 단지 그들은 사회적 권위와 감독에 구애받지 않고 지극히 개인적 사상과 생각을 추구한 사람이었다."(미셸 옹프레,《무신학의 탄생》)

레프 톨스토이는 50세에 삶의 회의에 빠져서 자살 직전에까지 이르렀다. 높은 명성과 재산을 가진 자신에 비하면 보잘것없는 가난한 농부들이 힘들게 살면서도 즐거워하고 감사하며 행복해하는 모습을 보고 그 행복의 비밀이 뭔지 궁금했다. 여러 날 동안 관찰하고 물어본 결과, 비밀이 신앙 생활에 있음을 알게 되었다. 그러나 톨스토이는 기독교 교리에 순종할 성격도 아니었고 그럴 상황도 아니었다. 관습적으로 교회에 나가는 이른바 정조(情操)적인 신앙생활로 만족할 수 없는 것은 당연하였다. 삶의 보람을 찾아 사느냐 죽느냐를 결심해야 할 궁지에 몰려 있었기 때문이다. 교회에서 일어나는 일마다, 신부가 가르치는 말마다 명심해 두었다가 가치관의 저울에 달아보는 식이었다. 그리하여 이제까지 몰두해 온 문학은 돌려놓고 성경을 비롯한 종교 서적을 읽었다. 그런데 톨스토이는 연구를 할수록 고민이 커졌다. 기독교가 예수의 가르침을 멀리하고 교회 세력을 키우고 방어하는 데만 골몰한다는 것을 알게 된 것이다. 그런 경향은 자칭 사도 바울로에서 시작되어 교회 전통이 되어 있었다. 예수가 말한 얼나의 깨달음이라는 차원 높은 신앙은 어딘가로 사라지고 샤머니즘화하고 권력화한 기복 신앙이 되어 있음을 확인하였다. 그것을 다 알고는 교회에 더 다닐 수 없어 교회 나가기를 그만두었다. 그러고는 기독교 교리를 비판하는 《교의 신학 해부 비판》(1880)이란 저서까지 출간했다. 결국 톨스토이는 1901년에 러시아 정교회에서 파문을 당했다.

톨스토이는 러시아제국의 귀족인 백작이요 러시아가 낳은 세계적인 작가였는데도 이렇게 핍박을 받은 것을 교회의 권력과 횡포가 어느 정도였는지 짐작할 수 있다. 섬김을 받으러 온 것이 아니라 섬기러 왔다는 예수의 정신은 어디 가고 사람 위에 군림하여 사람을 짓밟는 것이 예사롭게 된 것이다.

어디 그뿐인가? 권력에 골몰하는 것도 모자라 기독교는 자기들끼리 편을 갈라 다투어 왔다. 내가 옳으니 네가 그르니 하면서 다투는 종파니 교파니 하는 것이 대체 뭐란 말인가? 예수는 이렇게 말하였다.

"율법학자들과 바리새파 사람들아, 너희 같은 위선자들은 화를 입을 것이다. 너희는 하늘나라의 문을 닫아놓고는 사람들을 가로막아서서 자기도 들어가지 않으면서 들어가려는 사람마저 못 들어가게 한다. …… 너희는 겨우 한 사람을 개종시키려고 바다와 육지를 두루 다니다가 개종시킨 다음에는 그 사람을 너희보다 갑절이나 더 악

한 지옥의 자식으로 만들고 있다."(마태오 23:13~15)

예수와 석가는 종파나 교파를 만든 일이 없다. 그저 오는 이들에게 하느님(니르바나님)의 말씀을 가르쳐주었을 뿐이다. 함께 예배를 본 적도 없고 회비를 거둔 일도 없다. 도무지 조직을 만들지 않았다. 그런데 우후죽순처럼 생기는 종파, 교파가 왜 이리도 많단 말인가. 지나친 비유가 될지 모르겠으나 거미들이 거미줄을 쳐놓고 먹이가 걸려들기를 기다리고 있는 것처럼 보여 측은한 생각마저 든다. 거룩한 얘기를 하고 돈 받지 말라고 하였다. 그런데 돈 많이 받는 것을 자랑으로 아는 이들도 있으니 어이가 없다. 사는 길은 이마에 땀 흘리며 일하는 길이라는 류영모의 말에 새삼스럽게 고개가 숙여진다.

류영모는 35년 동안 서울 YMCA 연경반을 지도하면서도 주소록을 만든 일조차 없다.

"내 생각으로는 종지가 뭐라고 내놓는 것도 우상입니다. 그것도 엄연한 우상입니다. 그것이 우상인 줄 알면 종파를 자꾸 만들지 않을 텐데 자꾸 종파를 만들어요. 모든 사람이 그래요. 꼭 바른 소리만 해야 해요. 예수가 먼저 나타낸 것을 설명만 하고 서로 알아야 해요. 그러면 그만인데. …… 사도신경 같은 것으로는 하느님의 뜻을 나타낼 수 없습니다. 어릴 때, 처음 교회에 다닐 때, 그때는 더러 외어야겠지요. 그러나 외었다가도 쪼르르 외는 게 재주가 아닙니다. 그러니까 그거 잊어버려도 그만이에요. 그거 외는 것 잊어버렸다고 생명 속에 들어가 있는 얼(성령)이 없어진 게 아니에요. 어제 들어간 얼이 그대로 살아서 만날 힘 있게 살면 돼요. 그게 제일이지. 사도신경 쪼르르 외는 게 무슨 영생 들어가는 게 아니에요. 하느님 밑동에 의견이 나오는 데는 불언지(不言旨)라 그 맛을 말하지 않습니다. 정말 항상 먹어야 하는 것은 달고 고소하고 그런 게 아닙니다. 달고 고소하고 새콤한 것은 잠깐잠깐입니다. 그것을 먹고 사는 것이 아니에요. 기본으로 먹는 것은 심심한 얼의 말씀입니다."(류영모,《다석 마지막 강의》)

예수의 가르침이 세상에 바로 전파되기를 바라며 또 한편으로 교회가 하느님께서 기뻐하시는 '엑클레시아(교회)'가 되기를 바라는 뜻에서 톨스토이처럼 비난과 박해조차 두려워하지 않고 바른소리를 한 이들이 소수나마 있었다. 칼라일(Thomas Carlyle)은 기독교 교의가 벗어던져야 할 낡은 의상(衣裳)이라고 하였다. 톨스토이는 기독교 교의는 바로잡아야 할 의식적인 허위라고 말하였다. 토인비(Arnold Toynbee)는 기독교 교의는 믿고 싶어도 믿을 수 없는 거짓으로서 더 없는 무지와 회의(懷疑)의 표상이라고 말하였다.

정통 신앙에 가장 가까운 자리에 서 있었다고 보이는 파스칼(Blaise Pascal)은 이렇게 말하였다.

"참된 기독교 신자는 얼마 되지 않는다. 믿고 있는 사람은 많지만 미신에 의해서 믿고 있는 것이다."(파스칼,《팡세》)

힌두교도들로부터 힌두교도로 위장한 기독교도라는 비난을 들은 마하트마 간디는 이렇게 말했다.

"하느님이 예수를 낳았다는 말은 나에게는 예수의 진리 정신을 두고 하는 말로 들린다. 예수는 누구도 하기 어려운 말씀과 행위로 하느님의 뜻을 실천하였다. 이러한 뜻에서 나는 예수의 진리 정신을 하느님의 아들로 생각한다. 오늘날 서구에서 많은 사람들이 예수를 내세우지만, 그들의 삶을 지배하고 있는 것은 반(反)예수적인 생각이다."(간디, 《간디의 마음》)

철학자이면서도 인류가 예수, 석가에게로 돌아가야 한다고 말한 이가 야스퍼스다. 야스퍼스는 철학자답게 기독교가 반예수적으로 나아가는 것을 꿰뚫어보았다.

"인간 예수는 언제나 예수를 기초로 하여 세워진 기독교에 대립되는 강력한 힘으로 남아 있었고, 세속적인 교회로 응결된 기독교를 폭파시키려는 다이너마이트로 남아 있다."(야스퍼스, 《위대한 사상가들—소크라테스, 석가모니, 공자, 예수》)

예수를 전적으로 의지한다는 기독교회가 예수를 가장 두려워한다는 이 아이러니야말로 종교의 비극이요 또한 인류의 비극이다. 예수를 죽이고 석가를 박해한 이들은 제나(몸나)의 복을 비는 기복 신앙(샤머니즘)의 사제(샤먼)들이었다. 오강남은 역사의 비극은 차원 낮은 종교인이 차원 높은 종교인을 따돌리고 괴롭히고 죽인 일이라고 하였다. 그런 일이 아직도 계속되고 있는 것이 현실이다.

기복 신앙과 깨달음 신앙

예수, 석가, 노자가 참나인 얼나의 깨달음을 이루고 가르치고 간지 2천 년이 지났건만 아직도 깨달음의 신앙을 아는 이가 극히 적다. 거의 모두가 제나의 복빎에 정신이 없다. 그런데 북아메리카 대륙의 원주민 오히예사(1858~1939)의 저술을 보면, 예수와 석가의 존재를 모르던 원주민들도 자각 신앙과 기복 신앙을 분명히 구분하고 있었다는 것을 알 수 있다.

"기도는 보이지 않는 영원한 존재(하느님)를 날마다 인식하는 일입니다. 우리에게는 필수적인 의무의 하나이지요. 전통적으로 우리 인디언들은 마음을 영적인 것과 육적인 것으로 나누었습니다. 영적인 마음은 모든 사물의 본질에 초점을 두고 있습니다. 우리는 단식과 고행으로 나약한 육체를 다스리듯 기도로 이 마음을 굳건히 다집니다. 이런 영적인 마음의 기도는 은혜나 도움을 구하지 않습니다.

육적인 마음은 정신적인 마음보다 차원이 낮습니다. 사냥에 성공하거나 전쟁에 승리하고 병에서 회복되며 사랑하는 이의 목숨을 구하는 것과 같이 개인적인 소망에 관심을 쏟는 마음입니다. 복(福)을 지키거나 액(厄)을 피하려고 의식(儀式)과 주문(呪文) 마법 등을 행하는 것은 육적인 마음에서 비롯됩니다."(오히예사, 《교회로 간 인디언》)

여기에서 '영적인 마음의 기도'가 깨달음의 신앙이고 '육적인 마음의 기도'가 복빎의 신앙이다. 곧 자각적인 신앙과 기복적인 신앙이 확연이 구분된다. 하물며 예수, 석가와 같은 영성 신앙의 대가(大家)를 스승으로 받드는 우리가 이 구분을 제대로 못한다는 것은 말이 안 된다.

예수, 석가가 오기 전에는 깨달음 신앙이 거의 없었다. 오직 복빎 신앙(샤머니즘)뿐이었다. 그런데 예수, 석가가 떠난 뒤에 깨달음 신앙을 버리고 도로 복빎 신앙으로 돌아가버린 것이다. 엄격한 의미로 말하면 깨달음 신앙만이 종교라 할 수 있다. 이 나라에는 기독교와 불교의 신자 수를 합하면 총인구의 51%에 이른다고 한다. 그런데 종교 인구가 사회적·도덕적 기강을 세우는 데 아무런 역할을 못하고 있다. 지금의 종교는 깨달음 신앙이 못 되고 복빎 신앙에 머물러 있기 때문이다. 그런 점에서 이 사회는 무종교 사회이다.

깨달음 신앙(자각 신앙)과 복빎 신앙(기복 신앙)을 비교해본다.

첫째, 기원하는 대상이 다르다.

자각 신앙은 온통인 없음(무극)과 빈탕(허공)에 충만한 얼(성령, 법성)인 하느님이 자각의 대상이다. 하느님이 존재의 근원으로서 참나이다. 하느님의 생명인 얼의 일부를 받아 인격의 주체로 삼는다. 이를 '제나로 죽고 얼나를 깨달음'이라고 한다. 이것이 삶의 목적이요 완성이다. 예수가 "하늘에 계신 너희 아버지의 온전하심과 같이 너희도 온전하라."(마태 5:48, 한글개역)고 말씀하신 것은 하느님이 주시는 얼나를 깨닫고 하느님의 뜻을 좇아 사는 사람이 되라는 것이다.

기복 신앙에서는 이 세상 만물에 정령(精靈, anima)이 있다고 믿는다. 따라서 만물이 모두 기원의 대상이 될 수 있다. 이를 애니미즘(animism)이라고도 한다. 야훼신도 온통(全體)의 절대 유일의 신이 아니다. 그래서 나 외에 다른 신을 섬기지 말라고 하였다. 조상신도 기복의 대상이 된다. 우리나라 무당은 최영 장군 신을 좋아한다. 티베트 사람들은 히말라야 산을 기원의 대상으로 삼는다. 마다가스카르 섬 사람들은 악어를 신으로 섬긴다. 하늘의 해도 널리 숭배되어 왔다. 달과 별도 뒤따른다. 사람의 손으로 빚은 불상, 마리아상, 천하대장군 장승도 기원의 대상이다. 엄격하게 말하면 없이 계시는 하느님만이 신앙의 대상이다. 예수, 석가조차도 신앙의 대상으로 삼으면 우상 숭배가 될 수밖에 없다. 그래서 예수, 석가도 섬김을 받는 것을 거절하였다.

둘째, 기원의 내용도 완전히 다르다.

자각 신앙은 바라는 것이 단 한 가지이다. 오직 하느님의 생명인 얼(성령)을 주시기를 바란다. 그리하여 제나의 짐승 노릇을 그만두고 하느님 아들 노릇을 잘하게 해 달라고 빈다. 예수가 말하기를 "구하여라 받을 것이다. 찾아라, 얻을 것이다. 문을 두드려라, 열릴 것이다. 누구든지 구하면 받고, 찾으면 얻고, 문을 두드리면 열릴 것이다. 너희 중에 아들이 빵을 달라는데 돌을 줄 사람이 어디 있으며 생선을 달라는데 뱀을 줄 사람이 어디 있겠느냐? 너희는 악하면서도 자기 자녀에게 좋은 것을 줄 줄 알거든 하물며 하늘에 계신 너희 아버지께서야 구하는 사람에게 더 좋은 것을 주시지 않겠느냐."(마태오 7:7~11)

그런데 이는 복음서 기자가 잘못 쓴 것이다. 여기서 구하라, 찾아라, 문을 두드려라 하는 것은 하느님 아버지께 영원한 생명인 얼나를 깨닫기를 구하고 찾고 문을 두드리라는 말인데 그 말을 빼버렸으니 사람들이 현혹된다. 앞 장에서 무엇을 먹을까 무엇을 마실까 또 무엇을 입을까 걱정하지 말라고 하였는데, 새삼스럽게 물질을 구하고 찾고 문을 두드리라고 할 까닭이 없다. 예수는 머리 둘 곳 없이 사는 무소유자였음을 잊지 말아야 한다.

기복 신앙인들은 병을 낫게 해 달라, 부자 되게 해 달라, 출세하게 해 달라, 시집가게 해 달라, 합격하게 해 달라는 등 온갖 소원이 꼬리를 물고 이어진다. 부족과 결핍이 많은 불안한 세상이니 빌 것도 많을 것이다. 그러나 그런 것은 모두 다 쓸데없는 것이다. 예수는 말하였다. "사는 것은 얼뿐이니 몸은 부질없도다."(요한 6:63, 박영호 의역) 제나(몸나)의 삶에 만족하면 제나를 의심하지 않는다. 제나의 삶이 불만스럽고 불행할 때 비로소 제나를 의심하게 된다. 제나를 의심하게 되면 제나를 부정하게 된다. 제나를 부정하게 되면 얼나의 아침을 맞이하게 된다. 그러므로 제나가 고통과 시련을 겪는 불행은, 제나가 참나가 아닌 거짓나임을 깨닫게 하려는 하느님의 은총인 것이다. 그러므로 제나가 불행을 겪을 때가 제나의 거짓을 알게 되어 영원한 생명인 얼나를 깨달을 수 있는 절호의 기회다. 그러므로 이 세상의 삶이 무상할수록 오히려 은혜로운 것이다. 류영모는 이렇게 말하였다.

"사람들은 알아야 할 것을 모르면 인식 부족(認識不足)이라고 말하는데 절대자(하느님) 한 분 계시는 것을 있느니 없느니 하고 떠드는 무식한 이 세상 사람들은 무엇이 인식 부족인지도 모르고 있다. 절대자 하느님은 계신다. 다른 것은 다 몰라도 절대자 하느님만은 인식하고 인식하여야 한다. 그러나 하느님이 계시는 것을 누가 아느냐고 하면 아무도 모른다. 그런데 이 세상이 괴롭고 어떻게 할 줄 모르는 사람에게, 그리하여 하느님을 알려고 하는 사람에게는 하느님께서 걸어오신다. 절대자 하느님께서 우리로 하여금 하느님 당신을 알고 싶은 생각을 일으켜준다. 아버지가 자신이 아버지라는 것을 아들에게 알게 하고 싶어 하는 것과 같다. 말로는 할 수 없는 일이다. 세상을 사랑하는 사람은 하느님을 모른다. 세상을 미워하는 사람에게만 하느님이 가까이 다가오신다. 하느님께서 우리들에게 하느님을 알고 싶은 생각을 일으켜준다."(류영모, 《다석어록》)

마하트마 간디도 가장 어려운 시련에 부딪혔을 때 하느님을 가장 가까이 느낄 수 있었다고 말하였다. 그러니 가장 어려운 시련이 부딪혔을 때가 가장 뜻깊은 은총의 시간인 것이다. "나는 하느님이 대답해 오지 않는 경우를 겪은 적이 없다. 나는 내 삶이 가장 어려운 시련에 부딪혀 삶의 지평선이 캄캄한 어둠 속에 묻혀 있다고 생각될 때 하느님을 가장 가깝게 느꼈다. 나는 살아오면서 한순간도 하느님으

로부터 버림받았다는 느낌을 가졌던 적이 없다."(간디, 《간디문집》)

세상에서 겪는 불운이나 불행이 하느님에게 가까이 다가갈 수 있는 계기가 되고 힘이 된다면 그보다 더 복된 일이 어디에 있단 말인가? 세상 사람들이 상식적으로 말하는 복은 복이 아니요, 화는 화가 아닌 것이다. 예수가 그 끔찍한 십자가의 죽음을 기쁨으로 받아들일 수 있었던 비밀을 알 수 있을 것 같다. 류영모가 예수의 비밀을 시원스럽게 밝혔다.

"해가 빛이 안 된다는 이건(이사야, 60:19) 성경에만 있는 훌륭한 사상이다. 얼나의 생명의 본자리가 바로 영광이다. 이렇게 된다면 저 하늘의 해도 더럽게 여겨진다. 그렇다면 그밖에 훈장이나 명예가 무슨 영광될 까닭이 없다. 조금 있다가 서쪽으로 지고 수증기(구름)가 가리면 어두워지고 하는 햇빛이 무슨 빛인가? 조금 다치면 아프고 조금 일하면 피로하고 시시하게 쉽게도 죽고 마는 몸뚱이가 무슨 생명이라 하겠는가?

말숨(말씀)은 숨의 마지막이요 죽음 뒤의 삶이라고 할 수 있다. 말숨 쉼은 영원을 사는 것이다. 말숨을 생각하는 것은 영원을 생각하는 것이요 말숨이 곧 하느님이시다. 말숨(성령) 쉬는 것이 하느님을 믿는 것이요 하느님을 사는 것이다. 말숨은 우리 마음속에서 타는 참(얼)의 불이다. 속에서 땔감으로 쓰여지는 것이 말숨(씀)이다. 속에서 태워지는 땔감 그것이 말씀이다. 참(얼)이란 마음속에 쓰여지는 것이다. 중용(中庸)이란 우리 마음속에서 쓰여진다는 말이다. 우리 마음속에 영원한 생명의 불꽃이 타고 있다. 하느님의 말씀이 타고 있다. 그것이 생각이다. 사람은 하느님의 말숨이 불타는 성화로(聖火爐)이다. 하느님의 말숨을 숨쉬지 못하면 사람이라고 하기 어렵다."(류영모, 《다석어록》)

이런 생각을 마음속에 피우고 있으면 복을 내려 달라고 빌고 화를 멀리하려고 비는 것 따위는 웃기는 어리석은 짓일 뿐이다. 예수처럼 하느님께 드릴 말씀은 '아버지 뜻대로 하시옵고 제 뜻대로 마옵소서.'라는 한마디뿐이다.

셋째, 기원의 방법에도 뚜렷하게 차이가 난다.

신앙의 생명은 기도에 있다. 기도는 하느님과 얼(성령)로 이어지는 것이다. 이어지지 못하면 기도가 아닌 것이다. 석가가 출가하여 6년 동안 결사적인 고행을 한 것도 하느님(니르바나님)과 얼로 이어지기 위함이었다. 예수가 40일간 밤낮으로 광야에서 헤맨 것도 하느님과 얼로 이어지기 위함이었다. 예수와 석가는 기도를 이루었다. 류영모는 이런 말을 하였다.

"나는 삼각산(북한산) 골짝 골짜기에 '성령을 받으면 권능을 얻고'라는 글을 써 붙이고 산기도를 하는 것을 보는데 그것은 성령이 될 이치가 없다. 벌써 욕심으로 성령을 찾고 있기 때문이다. 이런 사람에게는 얼(靈)이 내려도 덜(魔)이 될 수밖에 없다."(류영모,《다석어록》)

하느님과 얼로 교통하기를 바라면서도 이루지 못하는 것은 제나

(몸나) 때문이다. 생사(生死)에 걸린 제나를 송두리째 버려야 한다. 그 제나가 하느님과 얼로 교통하겠다고 해서 그 바람이 이뤄질 까닭이 없다. 제나를 송두리째 하느님께 바쳐 제나가 없어져야 한다. 그리하여 나의 하느님이 있어야 하는 것이 아니라, 하느님이 나가 되어야 한다. 어떻게 제나가 없어져 얼나로 솟나는지 류영모의 말을 들어본다.

"우리는 으뜸으로 돌아간다. 맨 처음 나온 데로 돌아간다. 복원(復元)하는 것이다. 하느님 아버지께로 돌아간다. 자신에게 가까운 것은 다 버려야 한다. 집도 나라도 지구도 다 버리고 간다. 지나가는 한순간밖에 안 되는 이 세상을 버리고 간다면 섭섭하다고 한다. 그러한 바보들이 어디 있는가. 이 세상에 정든 지가 얼마나 되었다고 섭섭하단 말인가. 사람은 생사의 제나를 벗어나야 한다. 몸과 맘의 제나를 벗어나야 한다. 그러지 못하면 빛나고 힘 있게 살 수가 없다. 사람은 좀 더 빛나고 힘 있게 살아야 한다.

하느님은 우리 맘속에 영원한 생명(얼나)을 깊이 감추어 두었다. 이 영원한 생명의 얼씨앗을 잘 길러서 물신(物神)을 초월해야 한다. 깊이 느끼고 깊이 생각하여 마음을 비우게 하고 마음을 밝게 하면 우리 마음속에 깨닫게 되는 것이 있으니 그것은 하느님이 주신 영원한 생명인 얼나를 키워 가는 것이다."(류영모, 《다석어록》)

예수와 석가는 조용한 곳에서 명상 기도를 하였다. 집단으로 하지도 않고 오직 홀로 명상 기도를 하였다. 류영모도 마찬가지로 홀로 침묵의 기도를 하였다. 다른 사람들과 함께 공기도 하기를 언짢게 생각하였다. 공기도를 하면 거짓 기도를 올리기 쉽다고 하였다. 예수가 골방에서 혼자 기도하라고 한 것도 같은 뜻이다.

그런데 제나의 기복 신앙인들은 남들 보라는 듯이 요란스런 기도를 곧잘 한다. 그것은 명상 기도라기보다는 의식(儀式)의 제사(祭祀)이다. 북 치고 장구 치고 요령을 흔들며 춤을 춘다. 때로는 작두 위에서 춤을 추기도 한다. 제단을 차려놓고 절을 하기도 한다. 반복적인 주문을 외기도 한다. 동방 정교회에서도 "주 예수 그리스도여 제게 자비를 베푸소서."를 수천 번 되풀이해서 왼다. 이슬람교의 수피들은 회전무(回轉舞)를 추기도 한다.

제나 종교의 사제(샤먼)들은 어떤 예술적 행동으로 엑스터시(ecstasy, 무아경)에 이른다는 공통점을 갖고 있다. 샤먼들뿐만 아니라 국악 사물놀이를 하는 이들도 엑스터시의 지경에 이르러야 만족스럽다고 말하였다.

시인 이태백(李太白)은 "술 석 잔이면 도에 통하고 술 한 말이면 자연과 하나가 된다(三盃通大道 一斗合自然)."고 하였다. 엑스터시에 이른다고 하느님과 영통이 되는 것은 아니다. 겉으로 보기에 황홀해지는 것이 비슷할 뿐이다. 얼로 하느님과 통하면 나 잘났다는 제나가 없어지고, 하느님의 말씀이 나오고, 차별 없는 사랑이 나온다. 샤먼(무당)들에게서는 그러한 것을 못 본다.

그런데 샤머니즘을 연구한 미르체아 엘리아데(Mircea Eliade)는 샤먼들의 엑스터시에 어떤 가치가 있다고 보고 거기에서 종교의 원형을 찾아보려고 했다. 그것은 헛된 노력이다. 제나를 초극하지 못하고는 얼나의 깨달음에 이를 수 없기 때문이다. 한 마디로 '비슷하나 아니다 (似而非)'이다. 샤먼들은 병을 고치느니 미리 알아맞히느니 하는 사기성 짙은 말을 곧잘 한다. 깨달은 이는 그런 말을 아예 하지 않는다.

"특별히 일관성 있는 신비 체험은 어떠한 문명의 수준과 종교적 상황에서도 발생할 가능성이 있다. 말하자면 이는 어떤 종교 의식이 위기에 놓일 때 도저히 달리 접근할 도리가 없는 정신적인 위치에서 도달할 수 있게 만드는 역사적인 비약이 일어날 가능성이 언제나 있다는 말이다. 확실히 역사, 곧 문제되고 있는 부족의 종교적 전통 의식은 종교적으로는 어느 특정한 사람들의 엑스터시의 체험을 그들 자신의 종교적 경전에 순응하도록 조정하게 마련이다. 그러나 이들의 체험은 때때로 동서양의 위대한 신비주의자들의 체험과 그 정밀성과 기품 면에서 동일한 것임을 보여준다. 그런데 샤머니즘은 엄격하게는 엑스터시의 원초적 기술의 하나이지만 동시에 넓은 의미로 신비주의이며 주술(magic)이며 종교이기도 하다."(엘리아데,《샤머니즘》)

사람은 사랑하는 애인의 품에 안길 때 자신을 잊어버릴 정도로 황홀해진다. 신나는 운동 경기에 빠져도 무아지경에 이른다. 그러니 신(神)의 품에 안겨서 엑스터시에 이른다는 것은 자연스런 일이다. 류영모는 하느님의 성령이 꼭 기독교인에게만 오는 것은 아니라고 하였다. 성령은 모습을 달리해 수학자, 과학자에게도 온다고 하였다. 이른바 영감이라는 것이다. 그러므로 사람은 반드시 하느님과 이어져야 한다. 류영모는 이렇게 말하였다.

"사람이 참된 생각을 하게 되는 것은 하느님(神, 얼)이 계시어 이루어진다. 하느님이 내게 건네주는 얼(성령)이 참된 거룩한 생각이다. 하느님께서 건네주는 얼이 없으면 참생각을 얻을 수 없다. 참된 거룩한 생각은 하느님과 연락하는 데서 생겨난다. 몸의 욕망에 사로잡힌 사람은 못된 생각이 일어날 수밖에 없다. 생각하는 곳에 하느님이 계신다고 해서 염재신재(念在神在)라 한다. 그러면 생각이 하느님(神)인가? 나로서는 모른다.

생각만의 나라가 있어서 하느님 나라 니르바나님의 나라라 하는 것이 아니겠는가. 신하고 관계가 되면 말하지 않아도 생각하면 알게 된다 하여 신이지래(神以知來)라 한다. 생각이 앞으로 나아가 제 인격이 신과 같이 의논하고 생각하면 생각에서 깨닫지 못한 것이 어느 만큼 은근한 중에 인도하는 것이 있다. 나를 인도해주는 것이 있다. 믿음으로 간다고 하는 것이 있다. 그쯤 하는 것이 이것이 신과 통해서 신이지래가 되는 것이다.

우리가 안다고 하는 것은 실상 오늘 알고 내일 가서 모르는 것이 아니다. 다시 말하면 언제나 알다가 모르고 모르다가 아는 것이 아니다. 사람의 지식의 영역을 넓혀 가는 것이 참으로 아는 것이다. 이것을 실마리를 잡아 비집는다고 한다. 그 밖의 것을 안다고 하는 것은 우스운 얘기다. 다 거짓말이다."(류영모,《다석어록》)

샤먼(무당, 사제)들이 거룩한 신령(神靈)을 찾는 것은 못할 일도 아니고 나무랄 일도 아니다. 엘리아데의 말처럼 샤먼들이 신령을 찾는 것은 성현들과 다르지 않다. 다만 무엇 때문에 신령을 찾는지, 신령을 찾아 무엇을 하느냐가 중요한 것이다. 류영모는 미신도 미신인 줄 모르고 정말로 믿으면 효과가 있을 수 있다고 하였는가 하면, 무당도 온전한 무당이면 모르지만 선무당이 들끓으면 백성이 못살게 된다고 말하였다. 병 고치고 점치려고 신령을 찾으면 사람을 속이는 나쁜 무당이 된다. 스님이고 목사라도 병 고치고 점쳐서 돈 받으면 나쁜 무당과 다를 게 없다. 류영모는 샤먼들의 신유(神癒)를 두고 이렇게 말하였다.

"얼(성령)은 우리의 정신적인 숨 쉼과 같다. 하느님 얼(성령)이 내 맘속의 얼나이다. 하느님이 주신 얼이 참나인 영원한 생명이다. 이것을 하느님의 성령이 임해 무슨 권능을 얻으면 독을 마셔도 몸에 해롭지 않고 사람에게 손을 대면 병이 낫는다고 한다. 성령이 임한 권능은 그런 것이 아니다. 마가복음 끝 장인 16장 12절부터 20절을 읽고서 마지막에 적혀 있으니 중요한 것같이 생각하여 이 구절을 읽는 사람은 늘 그것을 바라는 마음이 일어 그 짓을 해보려고 한다. 사실 그 구절은 뒤에 사람이 덧붙인 것이라고 한다.

모든 것은 하느님의 뜻에 있고 하느님께서 이루시는 목적이 있으니 그냥 되기를 기다리는 것이 옳은 일이다. 우리가 할 일은 하느님 아버지와 얼로 통하여 하느님 아들의 권리를 얻고 영원한 생명으로 안심입명(安心立命)하여 예수처럼 영원한 진리 정신을 이어 가는 것이다. 예수가 우리에게 가르쳐준 것은 영원한 생명인 얼나이다. 이 껍데기 몸이 죽는 거지 얼나가 죽는 게 아니다. 그러므로 몸의 죽음을 싫어하고 무서워할 까닭이 없다. 죽음이라고 하는 것은 이 몸이 픽 쓰러져서 못 일어나는 것밖에 더 있는가? 이 몸이 그렇게 되면 어떤가? 진리의 생명인 얼나는 영원하다."(류영모, 《다석어록》)

류영모가 '나이'라는 주제로 시조를 지은 것을 일기(《다석일지》)에 적어놓았다.

> 나이 적다고 헴(철) 날 줄을 모르는 젊은이와
> 나이 높다며 죽을 줄은 안 여기는 늙은이
> 노릇이 사람 노릇이 되기 어렵 참 어렵
> (류영모, 《다석일지》)

사람은 이 세상에 늙고 병들어 죽기 위해 났다. 그러니 늙고 병드는 것이 당연한 일이요 자연스런 일이다. 이 세상일이 뜻대로 되든 안 되든 늙고 병들어 죽는 것은 변함없는 사실이요 진리이다.

이미 다 정해진 일인데 궁금할 게 뭐 있는가? 그러나 사람들은 무척 궁금해한다. 옆에 있는 사람들을 보면 모든 걸 짐작할 수 있다. 그런데 몸나에 매달려 하루라도 더 오래 살고 싶은 생각에서 자신의 미래를 점치기를 좋아한다. 참으로 한심한 일이다. 모든 걸 내 생명의 임자이신 하느님 아버지의 뜻에 맡겨놓고 하느님 뜻을 따르면 되는 것이다. "영원히 사는 것은 얼나다. 몸나는 부질없다."(요한 6:63, 박영호 의역) 거저 안 죽겠다면서 무사 안녕을 빌러 교회에 다니고 절에 다닌다. 또 무병장수를 위해 병원에 다닌다. 옛사람이 말한 속담이 있다. "오래 사는 것이 욕이니라." 안 죽으려는 욕심 때문에 이래 속고 저래 속는다.

"사람들이 보통 수로는 알 수 없는 일을 무당 같은 영(靈)한 사람에게 알아보려고 무척 애를 쓴다. 모든 이들이 거의가 다 그렇다. 아무리 그가 현대과학에 능한 사람일지라도 어떤 경우에는 특별한 신앙이 있고 특별한 신조가 있다 해도 그 사람이 삶에 어려운 시험을 받거나 몹시 궁핍하여 절망 상태에 가서는 그 짓(점치기)을 해보고 싶은 마음이 일어난다. 그러할 때 그 꾀임에 빠지게 된다. 알아맞힌다니 혹시 해볼까 이렇게 된다. 이것이 다른 나라는 몰라도 우리 동포들의 마음에는 제오열(第五列)의 마귀로서 들어앉아 있다. 그래서 지금도 백백교를 해 먹을 수 있고 종말론의 휴거(들어올림)가 먹힌다. 제각기 그러한 알 수 없는 것을 알려고 하는 것이 가슴속에 있기 때문에 곧잘 속아 넘어간다. 겉으로 보면 똑똑하고 상당한 지식과 무슨 주의니 무슨 신념이 있다는 신앙인들이 그 모양이다. 우리는 이 모양 이 꼴에 지나지 않는다. 예수에게 이스라엘 언제 회복됩니까? 라고 물으니 예수가 대답하기를 그것은 하느님 아버지께서만 아시지 나는 모른다고 한 것을 기독교인들이 잊어버렸는지 모르고 있는 것 같다."(류영모, 《다석어록》)

류영모가 말한 백백교란, 조선 말에 나라가 쇠망의 길에 들어서자 민심이 흉흉해져 사람들이 불안에 떨게 되었을 때 유불선(儒佛仙)의 교리를 받들어 퇴폐한 세상 인심을 교화 순도하여 광명낙원의 새 세상을 열겠다는 교지를 내세웠던 백도교(白道敎)에서 갈라져 나온 사교(邪敎)였다. 전정예가 세운 백도교에서 배운 우광현이 경기도 가평에서 1923년에 창건하였으나, 처음 내세운 교지와는 달리 어리석은 대중을 현혹해 재물을 갈취하여 가정을 무너뜨리는 일이 비일비재하였다. 심지어 여기에 반발하는 교도들을 살해하여 암매장하기까지 하였다. 결국 경찰의 수사로 관련자들이 검거되고 처형되어 세상에서는 백백교가 자취를 감추었으나 그 폐해가 막심하여 사교의 대명사처럼 이름이 전해지고 있다.

1992년에는 휴거 소동이 일어나기도 했다. 당시 '다미선교회'는 10월 28일 밤에 예수가 천사를 이끌고 재림하여 공중에 천년왕국을 세울 때 선교회 신자들이 공중으로 들어올림(휴거)을 받아 천년왕국에서 살게 된다고 주장했다. 그 주장의 장본인이 바로 목사 이장림이다. 그러나 약속했던 그날이 되어도 종말의 휴거 사건은 일어나지 않고 조용하기만 하였다. 이장림 목사는 이 세상에 종말이 오면 지금 사용하는 돈은 필요가 없어지니 내게 맡기라 하여 교도들의 돈을 45억이나 착복하고는 교도소에 들어가게 되었다. 휴거 이야기는 기독교 초기에서부터 있었다. 예수가 오기 전후에 이스라엘의 민족적인 위기가 계속되자 그 탈출구로서 세상의 종말 후에 야훼신이 친정한다는 천년왕국설이 세력을 떨치게 되었다. 그것이 복음서 기자들에게 영향을 끼쳐 기독교에까지 영향을 준 것이다. 20세기에 가장 예수를 닮은 신앙과 자선을 행한 슈바이처조차도 예수의 신앙을 종말관 신앙으로 보았다. 예수의 신앙은 영원한 생명인 얼나를 깨닫자는 자각 신앙이지 종말 신앙이 아니다.

예수는 영원한 생명인 얼나를 깨달으라고 가르쳤다. 영원한 생명인 얼나를 깨달은 이는 얼나로 하느님과 하나 된다. 그런데 천년왕국이 무슨 소용이 있단 말인가? 얼나를 깨달은 이는 시작도 없고 종말도 없는 영원한 생명이 아닌가?

류영모의 말을 들어보고도 제나(몸나)에 집착하는 마음이 여전히 있는지 살펴보아야 한다. 그러고도 제나를 버릴 수 없다면 기도를 바로 해야 한다. 그렇지 않으면 두 번 없는 인생을 헛살게 된다.

"이 세상에서 바로 살 줄 알고 하느님의 말씀을 아는 사람은 사는 것이 좋은 것인지 나쁜 것인지 그리고 기쁜 것인지 슬픈 것인지 잘 모르고 산다. 죽는 것이야말로 축하할 일인지도 모른다고 생각하면서 산다. 이렇게 사는 것을 부지지생(不知之生)이라고 한다. 살려준다고 해서 좋아할 것도 없고 죽이겠다고 해서 흔들릴 것도 없다. 나는 모름지기 이 세상을 떠나도 좋다고 생각한다. 나는 일흔 살에 가깝다. 일흔이라는 말뜻은 인생을 잊는다(忘)는 뜻이라고 본다. 그래서 내게는 이 세상을 좀 더 살았으면 하는 생각은 없다. 있다가는 어떻게 될지 모르겠으나 더 살고 싶다고 소리소리 지르지는 않을 것이다.

말을 하고 말을 알려고 하고 그 사람이 한 말이 그 사람 자신을 심판을 한다는 사실을 믿는 나로서는 결코 그런 일이 없을 것이다."(류영모, 《다석어록》)

류영모 같은 인생관에 다다른 이가 샤머니즘에 기웃거릴 까닭이 없다. 무엇 때문에 여기저기 이곳저곳 찾아다니면서 내 병 고쳐주시오, 내 병 낫게 해주시오, 나 안 죽게 해주시오, 나 오래 살게 해주시오 하고 빌겠는가. 예수의 말처럼 "제 뜻대로 마시고 아버지의 뜻대로 하소서."(마태오 26:39)인 것이다. 류영모는 말하였다.

"나는 하느님을 찾는데 무엇을 바라고 찾는 것은 아니다. 하느님께 복종하는 나다. 내가 이쯤하면 하느님께서 은혜를 주시겠지. 이것이 아니다. 하느님에게 복종하는 것이다. 하느님을 향하여 무엇을 바라며 믿는 것은 섬기는 것이 안 된다. 이 나를 죽이든 살리든 이것은 하느님의 하시는 일이고 죽이든 살리든 간에 하느님의 뜻을 좇아가는 것이 하늘로 머리 두고 사는 사람의 할 일이다."(류영모, 《다석어록》)

류영모는 《주역(周易)》을 혼자서 연구하고 강의도 하였다. 《주역》은 옛날의 물리학이라고 말하면서 '계사전'을 읽어야 한다고 하였다. 서양 학자들은 《주역》을 읽고서 점치는 글이 있어 실망하였다고 말하였다. 류영모 자신은 점치는 일을 미워한다고 말하였다. 그래서 역서(易書)나 역학(易學)이 점치는 도구가 된 것을 안타깝게 생각하였다.

"《주역》은 중국에서 오래된 경전 가운데 하나다. 이상하게도 우리

나라에서도 이 주역을 많이 배워 오고 또 이것을 가지고 자기가 무엇을 안다는 것을 나타내려고 하는 사람이 많다. 그런 이들이 너무 많아서 사람들이 주역을 미신으로 만들어버렸다. 늙은이가 주역을 이죽거리면 요새 사람들은 괘사를 한다고들 한다. 이리저리 돌려대기를 잘해서 그렇게 말하는지 모르겠다."(류영모,《다석어록》)

류영모가 종로 YMCA 연경반에 강의하러 나올 때면 한복에 두루마기까지 입고 천으로 지은 손가방을 들고 왔다. 손가방에는 성경 한 권과 백노지에 붓글씨로 쓴 자작 한시나 시조를 가지고 와서 칠판에 핀으로 꽂아놓고 그것을 읽으면서 강의를 했다. 류영모가 하루는 웃으면서 말하길 오늘 걸어오는데 어떤 이가 자기를 보고 관상을 보느냐고 묻더라는 것이다. "여러분, 내가 관상 보는 관상쟁이로 보이는 모양이죠."라면서 크게 웃었다. 류영모는 그렇게 묻는 사람에게 "내가 관상을 보는 것은 맞는데 사람 관상은 안 보고 하느님 관상만 본다."고 대답해주었다고 했다.

이 사람은 다음과 같이 스스로 내 관상을 보았다.

나쁜 놈 나쁜 님

나서 짐승 노릇에 골몰하다 죽을 몸나
알고 보니 참나도 아닌 거짓나인 것을
가짜 나의 씨앗을 이으려고 죽을 안간힘

탐·진·치의 짐승 성질 많이도 부렸어라
죽을 때까지 짐승 노릇을 못 버릴 것인가
질긴 인연 깨끗이 끊어버리자 이 나쁜 놈
하느님이 주신 영원한 생명인 신격의 나
그 얼나를 스스로 깨달아 하늘 아바 찾아오라
아버지 아버지 부르며 탕자가 돌아가옵니다
온통 우주의 임자인 아버지께선 부족이란 없다
이 땅의 모든 것 버리고 벗고서 얼나로 님께로
그립고 그리웠어라 당신뿐이옵니다 나뿐 님

(2013. 3. 26. 박영호)

이 세상이 바로 되는 길은 제나의 삶을 목적으로 하는 제나의 기복 신앙(샤머니즘)을 극복하고 하느님이 주신 얼나의 깨달음인 자각 신앙을 이루는 데 있다. 그것을 위해 예수, 석가는 이 세상에 와서 삶의 목적으로 삼고 생애를 바쳤던 것이다. 그 진리 정신을 부활시키고 이어야 한다. 이기(利己)에 뿌리를 둔 면액(免厄) 기복(祈福)의 신앙심을 깨끗이 버려야 한다. 류영모는 샤머니즘을 끝까지 깨뜨려버리는 것을 '깨끗(깨끝)'이라고 말하였다.

소탐대실(小貪大失)이란 말이 있다. 작은 것에 욕심을 부리다가 큰 것을 잃는다는 말이다. 어리석은 이가 저지르는 짓이다. 멸망할 생명인 제나에 집착하여 영원한 생명인 얼나를 놓치면 그것처럼 어리석은 노릇이 없을 것이다. 그런데 세상에서 똑똑하다는 이들도 아는 게 많다는 이들도 이 문제에서는 어리석기가 여느 사람과 다르지 않다. 그래서 예수가 말하기를 "그대로 버려두어라. 그들은 눈먼 길잡이들이다. 소경이 소경을 인도하면 둘 다 구렁에 빠진다."(마태오 15:14)고 하였다. 이 세상의 실상이 바로 이러하다. 참으로 안타깝기 그지없다.

의료 전도 사업을 하려고 1840년에 아프리카로 건너간 리빙스턴 (David Livingstone)은 선교 사업에도 큰 공헌을 하였지만 오지 탐험가로 더욱 이름을 떨쳤다. 당시에 아프리카 오지 탐험이란 매 순간 목숨이 왔다 갔다 하는 위험한 여정이었다. 그때 리빙스턴에게는 한 가지 신조가 있었다. "할 일이 있는 이는 죽지 않는다." 리빙스턴은 결국 1873년에 아프리카에서 죽었지만 그의 신념과 용기는 놀랍다. 날마다 별로 할 일도 없으면서 죽을까 봐 두려워하기만 하는 못난 삶을 오래 이어서 무엇하겠는가? 다른 이는 다 죽어도 나는 안 죽게 하여 달라고 빌고, 병에 걸려도 나만은 하느님께서 기적을 일으켜서라도 살려 달라고 빈다. 그러한 기적을 바라는 것이 기복 신앙이다. 예수가 죽은 라자로를 살렸다지만 예수는 라자로 한 사람만 편애할 분이 아니다. 죽음에서 살려줄 능력이 있다면 라자로만이 아니라 그때 죽는 이들 모두를 살려주었을 것이다. 예수가 라자로를 살렸다면 지금까지 살아 있어야 기적이지 곧 다시 죽어버렸다면 기적의 의미가 무엇인가. 그런 기적은 요즘 의사들도 무수히 행하고 있다. 이미 60년 전에 일본의 가가와 도요히코(賀川豊彦)는 우리의 몸은 스스로 재활할 수 있는 저력을 지니고 있기에 함부로 약을 쓰지 말고 병이 더 악화되지 않게만 해주면 된다는 말을 하였다. 거기에 하느님을 사랑하는 두터운 믿음을 가져 짜증 없는 삶을 사는 것이 더없는 건강의 비결이다.

몸은 짐승처럼 길러야 한다고 류영모는 말하였다. 기를 때는 사랑하면서 길러야 하지만 지나치게 사랑할 필요는 없다는 것이다. 애완견을 지나치게 사랑하여 개의 화장터에서 죽은 개가 화장되는 것을 보고 주인이 기절을 하였다. 그것은 가치관이 전도된 것이다. 자식이 죽었다 해도 기절을 하는 것은 아니다. 류영모는 말하였다.

"몸이 성하면 다른 것은 바라지 말아야 한다. 감투를 줄 터이니 병들라 하면 나는 싫다. 아침저녁으로 끙끙 앓고 있는 것은 나는 싫다. 몸 성하면 다른 것은 생각하지 말자. 내 몸이 성하면 성하지 않는 사람을 도와주어야 한다."(류영모, 《다석어록》)

류영모는 같은 사람의 말이라고 믿어지지 않는 말도 했다.

"사람의 몸뚱이는 벗어버릴 허물이요 옷이지 별것 아니다. 속옷 겉옷 아무리 겹겹이 입었더라도 벗어버릴 것밖에 아무것도 아니다. 요새 사람들이 모두 애쓰는 것은 육체의 건강, 수명의 연장에만 신경을 쓴다. 모든 것을 살몸(肉身)을 위해 일하다가 죽어 그만두게 된다면 정말 서운한 일일 거다. 나는 이를 부정한다. 결국 사람의 임자는 얼(靈)이다."(류영모, 《다석어록》)

류영모는 말하기를 "사람이 짐승 노릇하게 만드는 몸이 생각하면 원수이지만 몸이 건강해야지 건강을 잃으면 이중(二重)으로 갇힌다."
고 하였다. 또 "몸이 건강한 것은 소건강에 지나지 않는다. 몸을 훌
렁 벗어버리는 것이 대건강이다."라고도 하였다. 이것은 몸을 위해
전전긍긍하면서 하느님에게까지 살려 달라고 매달리는 기복 신앙인
들에게서는 들을 수 없는 말이다. 류영모에게서 한 차원 높은 깨달음
신앙의 모습을 볼 수 있다.

오강남은 샤머니즘에 대해 이렇게 말하였다.

"미국 시카고 대학의 종교학자 엘리아데가 쓴 책으로《Shamanism:
Archaic Techniques of Ecstasy》라는 것이 있습니다. 샤머니즘을 '엑
스터시에 이르는 옛날식 기술'이라 한 것입니다. 여기서 무아경, 황홀
경을 뜻하는 영어의 엑스터시(ecstasy)는 '밖에 나와서 선다'라는 의
미인데, 일상적인 자아에서 벗어나 그 밖에 선다는 뜻이에요. 앞에서
언급한 특수 인식능력의 활성화를 이룬 사람들이 갖는 능력을 말합
니다. ……

인도의 힌두이즘도 그렇고 불교도 수행 과정에서 우리의 의식이
더 깊은 층위로 들어가게 된다고 얘기합니다. 그리고 이 과정에서 일
상적인 상태에서는 얻을 수 없었던 특수한 능력이 생긴다고 합니다.
그 능력을 힌두이즘에서는 싯디(siddhi)라고 하는데, 이것은 궁극적
인 것이 아니기에 주의해야 한다고 하지요. 즉 싯디를 수행의 길을
가다가 만나는 도로 표시판 정도로 보고 계속 나가면 깨달음에 도달
하지만, 이 능력을 개인이나 집단의 이익을 위해 사용하고 거기에 매

달리기 시작하면 문제가 있다는 겁니다. ……

예수님 역시 치유의 능력이 있었음에도 불구하고 그 힘의 사용을 최소한으로 제한했습니다. 하물며 예수도 그럴 진대 자기의 이기적인 목적을 위해 종교적 수행 과정에서 얻게 된 능력을 함부로 사용해서는 안 되겠지요. 샤먼에게 이 윤리적 차원이 결여되면 문제가 커집니다."(오강남·성해영,《종교, 이제는 깨달음이다》)

샤머니즘과 관련해 류영모의 다음 말을 새겨들을 필요가 있다.

"우리의 얼생명을 키울 생각으로 하느님과의 영통(靈通)을 찾으면 그것은 진리를 찾는 것과 조금도 다를 것이 없다. 그러나 우리의 몸나가 지닌 짐승의 욕심을 위해서 얼을 찾으면 그것은 마귀에 떨어지고 만다. 영통, 신통이 문제가 아니고 우리의 마음이 문제이다. 마음이 깨끗하면 성령이 되고 마음이 더러우면 악마가 된다. 하느님의 얼은 없는 곳 없이 우주 어디서나 일하고 있다. 우리의 정신이 정직하면 그것은 하느님의 얼이 임했기 때문이다. 하느님이란 없다면서 하느님께 마음의 문을 닫는 이는 하느님의 얼과 아무런 상관이 없다. 그래서 예수가 말하기를 '사람들이 어떤 죄를 짓든 입으로 어떤 욕설을 하든 그것은 다 용서받을 수 있으나 얼(성령)을 모독하는 사람은 영원히 용서받지 못할 것이며 그 죄는 영원히 벗어날 길이 없을 것이다.'(마르코 3:28~29) 하느님의 얼을 거스르는 것은 마음을 닫고서 하느님의 의(義)를 생각하지 않는 사람이다. 얼이 권능을 나타낼 수 있도록 '먼저 하느님의 나라와 하느님의 의를 구하여라.'(마태오 6:33,

박영호 의역)고 했다."(류영모,《다석어록》)

류영모는 무당(샤먼)들이 얼(靈)을 찾는 것에 대해서 옳고 그름을 따진 것이 아니다. 하느님의 얼을 찾는 데 무슨 자격이나 방편이 있는 것이 아니다. 그런데 한 가지 선행되어야 할 것은 제나를 완전히 죽여야 한다는 것이다. 제나를 죽이지 못하면 얼나를 올바르게 깨닫지 못한다는 말이다.

"제 맘속에 나라는 생각이 아직 남았다면 마음의 불안(不安)을 못 면한다. 제 속이라곤 없을 만큼 작아져야 한다. 그리하여 제나가 온전히 없어져야 한다. 그러면 참나인 얼나가 드러난다. 참나인 얼나는 속의 속에 있다. 이 마음속 깊은 속에 있다. 제나가 죽으면 하느님 아버지 마음대로 하십시오라고 하는 이게 아들의 마음이다."(류영모, 《다석어록》)

우리가 기복 신앙(샤머니즘)을 극복해야 하는 것은 영원한 생명인 얼나를 깨닫기 위한 전제 조건이요 필수 조건이다. 제나를 삶의 목적으로 삼고서는 얼나를 깨달을 생각이 나지 않는다. 제나를 삶의 목적으로 삼는 것, 즉 몸나의 건강과 행복을 비는 것을 그만두어야 한다. "영원히 사는 것은 얼나이며 몸나는 부질없다."(요한 6:63, 박영호 의역) 그렇게 몸뚱이를 위해 비는 결과가 무엇인가? 모두 송장이 되어 흙으로 돌아갈 뿐이다. 쓸데없는 일을 하는 것이다.

그런데 한 가지 부정 못할 일이 있다. 얼나의 깨달음 신앙보다 제나의 복빎 신앙이 시간으로 앞서고 수적으로 많다는 것이다. 예수가 말하였다.

"좁은 문으로 들어가거라. 멸망에 이르는 문은 크고 또 그 길이 넓어서 그리로 가는 사람이 많지만 생명에 이르는 문은 좁고 또 그 길이 험해서 그리로 찾아드는 사람이 적다."(마태오 7:13~14)

예수와 석가는 영원한 생명인 얼나를 깨달은 자율적인 신앙인이 되라고 하였다. 예수와 석가는 타율적인 종교 조직을 만든 일이 없다. 그 뒤에 생긴 조직적인 기독교와 불교는 예수, 석가와는 관련이 없다. 예수는 얼(보혜사)을 좇으라고 말하였고 석가도 얼(다르마)을 좇으라고 가르치고 세상을 떠났다. 예수와 석가는 후계자를 세운 일이 없다. 조직이 없었으니 후계자가 있을 리 없었던 것이다. 하느님과 얼로 교통하는 자율적인 신앙이 참된 종교이다. 조직에 이름을 올리는 타율적인 종교를 믿는 사람은 미숙한 신앙인이다. 세상에서 말하는 종교는 자율적인(자립적인) 신앙인이 되지 못한 이들을 위한 인큐베이터(保育器)라고 하겠다. 인큐베이터에서 빨리 자라서 밖으로 나와야 사람 노릇을 할 수 있다. 물론 성장을 억제하는 보육기도 없지 않다. 그래서 예수가 "거짓 예언자들을 조심하여라."(마태오 7:15)라고 말하였다.

류영모는 예수, 석가의 참된 얼나의 깨달음 신앙을 가리고 더럽힌 샤머니즘을 버리라고 가르치고 깨우치기를 주저하지 아니하였다.

"부흥회를 해서 병을 고치고 돈이 쏟아지는 것이 얼(성령)이 아니다. 하느님의 생명인 얼나를 깨달아 한 사람 한 사람이 하느님 아들로 거룩하게 하는 것이 하느님의 얼(성령)이다. 요새 교회가 얼(성령)을 팔아서 사람들을 미혹하는 것은 좋지 못하다. 사람들은 사람이 할 수 없는 것을 하고 싶어서 얼(성령)의 권능(엑수시아, authority)이라 하는데, 요한복음 17장 2절에서 예수가 말한 얼(성령)의 권능이란 사람이 지닌 수성(獸性)을 다스리는 권능을 말한 것이다. 이적 기사를 일으키겠다는 권능 생각은 아주 없어져야 한다. 요새 어떤 이들이 얼(성령)의 권능을 받아 사람 몸에 난 병을 고친다고 거들먹거리고 그의 뒤를 여인들이 따라다닌다는데 그것은 마귀의 짓이다.

사람이 귀하다는 것은 하느님의 생명인 얼을 지닐 수 있기 때문이다. 사람은 하느님이 주신 얼로 위로 오르고 올라 만물 가운데서 가장 높은 데까지 올라 만물의 영장(靈長)이라고 한다. 짐승들은 아직도 기어다니는데 사람은 하늘을 이고 바로 서서 다니는 것만 해도 신통한 것이다. 우리의 모든 것이 결딴이 날지라도 하느님이 주신 얼 하나만은 결딴이 나서는 안 된다. 우리가 산다는 것은 얼 하나 가지고 사는 것이다. 우리의 진리 정신이 얼에서 나온다. 이 얼나가 바로 영원한 생명인 참나이다.

사람이 반드시 이루어야 하는 것은 얼나이다. 몸이 지닌 육욕(肉慾)의 덜(魔)을 눌러 다스리는 힘이다. 덜은 제나가 지닌 짐승의 본능으로서 우리가 얼나의 뜻을 행하려는 것을 막는다. 우리는 얼나를 받들고 가야 한다. 얼나가 참나인 하느님이시기 때문이다. 우리는 짐승의 본능에서 나오는 탐·진·치(貪瞋痴)의 삼독(三毒)을 씻고 거룩하고 깨끗하게 되기 위해 얼님을 이어야 한다. 우리가 얼나님을 일 때 하느님 아버지처럼 온전해질 수가 있다. 몸의 욕망인 짐승 성질에 휩쓸리면 요사스런 짐승이 될 뿐이다. 그러면 영원한 생명인 얼나와는 아무런 상관도 없다."(류영모,《다석어록》)

3장

생각하는 삶

지나치게 친절히 하는 것도 잘못이고 지나치게 무시하는 것도 잘못이다. 친압(親押)이나 모멸(侮蔑)은 속알이 모자라는 데 일어난다. 친압처럼 간사한 것은 없고 모멸처럼 어리석은 일은 없다. 사람은 인격이 중심이 되어야지 재간이나 인물이 중심이 되면 친압과 모멸을 막을 길 없다. - 류영모

살아가는 이유

하이데거는 '나'란 무엇인가에 의해 세상에 던져진 존재라고 하면서 나를 이 세상에 던진 그 무엇에 대해서는 말을 아꼈다. 나를 이 세상에 던진 그 무엇을 아는 것이 나에겐 가장 시급한 일이요 중대한 일이다.

"내가 나온 것을 도로 물릴 수 없고 외길 인생을 보내기만 해야 하니 어쩔 수 없이 이것을 정업(定業)이라 한다. 누가 정(定)했는지 누가 마름질한 것이지는 몰라도 마련해놓은 것이다. 무슨 대리자가 있어서 한 것은 아니고 없이 계신 이(하느님)가 한 것이다. 이 일은 누구나 빼놓을 수 없이 당해야 할 일이고 여기서 도망가지는 못하는 정한 노릇이다."(류영모,《다석어록》)

류영모는 없이 계시는 이(하느님)가 나를 이때 이 자리에 갖다놓은 이 생명의 임자인 것을 알았다. 그 사실을 류영모가 처음 알아낸 것

은 아니다. 2천 년 전 예수, 석가, 노자, 공자 등 여러 영성의 사람들
이 알아낸 것이다. 류영모는 없이 계시는 하느님과 얼로 통하여 내가
이 세상에 태어나 사는 목적에 대해서 이러한 생각을 얻었다.

우리는 어찌 돼 가는 길?

> 감각(感覺)으로 살려들지 말라. 감각으로 사는 것은 벌레니라.
> 물색(物色)으로만 살려들지 말라. 물색으로 사는 것은 나비 벌이니라.
> 자기(自己)의 자기(自己)로 살어라. 자기로 사는 것은 몸이니라.
> 태공(太空)의 대공(大公)으로 살어라. 태공으로 사는 것은 신(神)이니라.
> 인생(人生)의 길은 신(神)이 되는 길이니라.
> (류영모,《다석일지》1957. 2. 15.)

류영모는 내가 사는 목적이 짐승처럼 종족 보존하는 데 있는 것이
아니라 어버이로부터 받은 제나로는 죽고 하느님으로부터 얼(성령)
을 받아 하느님 아들로 사는 것이라고 보았다. 땅(어버이)에서 받은
몸은 땅으로 돌아가고, 하느님으로부터 받은 얼은 하느님께로 돌아
가는 것이다. 이것이 참되게 사는 길이요 살아가는 목적인 것이다.
이와 같은 류영모의 생각은 바로 예수, 석가, 노자가 깨달은 생각
과 일치한다. 그러나 예수, 석가, 노자가 이러한 말씀을 전한 지 2천
년이 지났건만 이 가르침을 아는 사람이 지극히 적다. 예수, 석가의

가르침을 좇는다고 공언하면서 사는 사람도 사실은 이것을 잘 모르고 있다. 류영모가 "자기로 살어라. 자기로 사는 것은 몸이니라."라고 한 것은 생각한다는 말이다. 류영모가 맘을 '몸'으로 쓴 데는 뜻이 있다. '맘'은 짐승인 제나가 임자가 되어 탐·진·치의 수성(獸性)을 좇아 그릇된 생각을 한다. '몸'은 짐승인 제나가 죽고 하느님이 보내주신 얼로 생명의 근원이며 온통(우주)의 임자이신 하느님을 생각한다. 이렇게 생각하는 것이 기도요 선정(禪定)이다. 그런데 이렇게 올바른 기도와 선정을 하는 사람이 이 땅 위에 몇 사람이나 있겠는가?

옛날엔 한적한 시골 구석이었던 옛터(舊基)골에 살면서 대문에 '참을 찾고자 하는 이는 들어오시오.'라고 써 붙여 놓기도 하고 종로 YMCA에서 35년 동안 줄곧 강의를 하였는데도 하느님이 주신 씨(얼)를 싹 틔운 이를 보지 못하였다는 것이 류영모의 꾸밈 없고 거짓 없는 고백이었다. 류영모는 분명하게 말하였다.

"우리는 세상에서 성공과 출세를 삶의 목적으로 알고 있지만 이 세상 여기가 목적이 아니다. 여기는 수단이다. 여기서 살고 그치는 것이 아니다. 여기는 얼생명을 기르는 방편이요 수단이다. 여기서 제나(몸나)로 살다가 죽고 마는 것이 아니다. 여기는 지나가는 길이고 목적은 얼의 나라인 하느님의 나라이다. 얼의 나라로 돌아가는 것을 믿는 것이 신앙이다. 신앙은 하느님의 나라를 그리고 바라는 것이다. 하느님의 얼나라가 삶의 목적인 것을 어떻게 아는가? 그것은 참(진리)의 정신이 목적인 것을 알기 때문이다. 얼의 정신이 인생의 목적이고 제나의 몸은 수단이지 목적이 아니다. 몸은 얼의 정신의 수단이요 거름이다. 몸이 거름이 될 때 얼의 정신이 살아난다. 얼의 정신이 사는 것이 참 사는 것이다. 얼의 정신이 깰 때 인생은 한없이 기쁘다."
(류영모, 《다석어록》)

그러나 세상 사람들은 짐승들처럼 서로 잡아먹고 다투고 자녀 낳기가 삶의 목적이 되어 있을 뿐 생각하기를 귀찮게 여긴다. 이것은 짐승의 삶이지 사람의 삶이라고 할 수 없다. 류영모는 이를 식색(食色)을 위주로 하는 잘못된 삶이라고 하였다.

"이 세상은 잘못되었다. 세상 사람은 삶의 법칙을 식색(食色)으로 생각하고 있으니 잘못되었다는 것이다. 사람들은 재물에 대한 애착과 남녀에 대한 애착이 인생이라고 생각하고 있다. 이것이 못된 것이다. 사람들은 그것이 못된 것인 줄도 모른 채로 살고 있다. 못된 것을 바로잡자면 밥도 처자(妻子)도 잊어야 한다. 잊어버려야 한다. 식색으로 사는 것은 전란이요 음란이다. 잘못된 세상을 바로 살게 하는 것이 구원이다. 예수를 믿는다는 것은 이 세상이 잘못되었으니 바로잡자는 것이다. 예수는 말하기를 '영원히 사는 것은 얼이요 몸은 부질없다.'(요한 6:63, 박영호 의역)고 하였다. 사람은 식색으로 사는 것이 아니라 하느님의 말씀으로 사는 것이다. 본 생명인 얼은 한없이 풍성하다. 그래서 예수가 목마르지 않다고 말하였다. 얼(성령)의 운동이 말씀이다. 얼나가 영원한 생명임을 알면 당장 시원해진다.

요새 글자나 알고 글귀나 읽고 글을 써 낸다는 이들의 짓이 무엇인가? 도리어 세상을 어지럽게 하고 젊은이들을 타락하게 하고 국민 정신을 죽이고 있지 않는가? 참으로 참된 말에는 뜻이 깊어 그 속엔 사람의 갈 길이 훤하게 보여야 하지 않는가. 요새 세상을 지배하는 것이 성령인가 악마인가 도무지 알 수가 없지 않은가. 참으로 맑은 샘물이 있어야 하듯이 세상에는 정신을 살릴 참말이 있어야 한다."
(류영모, 《다석어록》)

먹고, 싸우고, 새끼 치는 일로 하루하루 일생을 보내면 바로 그게 짐승살이다. 짐승이 하는 일이 이것뿐이다. 예수는 이러한 짐승살이를 땅과 친하고 땅에 속한 사람이라고 하였다. 하느님을 생각하는 이를 하늘과 친하고 하늘에 속한 사람이라고 하였다. 땅에 속한 이는 멸망의 생명이고 하늘에 속한 이는 영원한 생명이라 하였다. 땅에 속한 이의 삶의 목적은 땅의 짐승살이에 있다. 그래서 식색의 풍부함이 목적이라 부귀(富貴)를 추구한다. 남을 이기기 위해 힘(체력, 금력, 권력)을 독차지하려 든다. 류영모는 이렇게 말하였다.

"부귀일(富貴日)이란 말은 세상 사람들이 돈과 감투만을 찾는 시대란 말이다. 아는 사람이나 모르는 사람이나 다 마찬가지다. 모르는 사람은 몰라서 그렇다고 하지만 아는 사람은 참을 아느냐 하면 참을 모른다. 아는 것은 부귀뿐이다. 부귀란 식색(食色)의 사회적 표현이다. 시간·공간에 사로잡힌 것이다. 그것은 참(진리)을 아는 것이 아니다. 참(얼나)이란 부귀를 넘어서야 한다. 식색을 넘어서야 한다. 시간·공간의 상대 세계를 넘어선 사람이 양지(良知)를 지닌 사람이다.

옛사람이 쓰던 말에 위인불부(爲人不富)라는 말이 있다. 사람이 되어야지 부자가 되는 것이 아니란 말이다. 사람과 부자를 가릴 줄 아는 것이 양지(良知)이다.

부귀는 힘과 빛 때문에 사람에게 필요하다. 그러나 사람에게는 정신력인 얼빛이 있는 줄을 알아야 한다. 그것이 힘 있고 빛나야 사람이다. 정신력의 얼빛이 어두워진 뒤에 부귀를 가지고 대신하려면 그것은 인류 멸망의 징조다."(류영모, 《다석어록》)

짐승들도 저희끼리 생존에 필요한 의사 교환을 위해 소리말(voice language), 몸짓말(body language)로 소통을 한다. 도구를 쓰거나 협동을 해서 문제를 해결하기도 한다. 그런데 사람인데도 짐승들보다 조금 나은 생활의 사고를 할 뿐 이른바 사상이나 철학이라고 할 만한 깊은 생각, 높은 생각을 못하는 이들이 많다. 예수가 광야에 나아가고 석가가 산속에 들어가 고행을 한 것은 생각을 하고자 함이었다. 깨달음이란 나의 생명의 근원에 닿는 것이다.

안톤 체호프가 쓴 〈귀여운 여인〉이란 단편소설이 있다. 이 소설에 나오는 여자 주인공의 이름이 올렌카이다. 올렌카는 예쁘장한 모습에 상냥한 마음씨를 지닌, 소설 제목 그대로 사랑스런 여인이다. 그런데 도무지 자기를 생각할 줄 모르고 자기 생각이라고는 없는 여인이다. 오로지 남에게 관심을 쏟는 데서 자기 삶의 보람을 느낀다. 한마디로 올렌카는 주관이라고는 없는 여자다. 마음 쓸 대상이 나타나면 삶에 활기가 돌지만 그런 대상이 없을 때는 삶이 시들해진다. 그러므로 당연히 그녀가 가장 싫고 두려운 것은 윗홀(孤獨)이다. 아이처럼 짐승처럼 자기 생각인 주관이 없이 사는 여인이 이 사람은 가엾게 생각된다. 사람이라면 생각을 남에게(밖으로) 돌리기에 앞서 자기 자신에게 돌릴 줄 알아야 한다. 소크라테스가 한마디 남기고 간 말이 "너 자신을 알라."였다. 이것은 곧 나 자신을 알자는 말이다. 생각을 자신의 내면으로 돌릴 줄 모르면 배워서라도 나를 알아야 한다. 예수가 "하느님 나라는 바로 너희 가운데 있다."(루가 17:21)고 한 것은 생각을 맘속으로 돌리라는 뜻이다. 내 맘속에 영원한 생명인 얼나가 있기 때문이다. 얼나는 곧 빛이다. 노자가 말하기를 "사람(남)을 아는 이는 슬기롭고 참나(얼)를 아는 이는 (마음이) 밝다(知人者智 自知者明)."(《도덕경》 33장)고 하였다. 남을 알기에 앞서 나를 알아야지 나를 모르면서 남을 안다는 것은 거죽만 아는 것이지 참으로 아는 것이 못 된다. 나를 아는 사람은 "지게문을 안 나가도 세상을 알고 들창을 안 내다보아도 하늘 길을 본다(不出戶知天下 不窺牖見天道)."(《도덕경》 47장)고 하였다. 그래서 류영모는 남의 객관(客觀)이 문제가 아니고 나의 주관(主觀)이 중요하다고 말하였다.

"남을 기준으로 생각지 말고 자기에게 자신의 주관을 물어야 한다. 정신을 물어라, 참나를 물어라. 나는 정신인 얼나다. 나는 위에서 하느님으로부터 왔다. 먹으러 온 것도 아니고 자식을 낳고자 온 것도 아니다. 하느님이 있느냐, 영혼이 있느냐고 하는데 그런 것은 다 객관적인 생각이요, 육체적인 생각이다. 객관이 아니라 주관이다. 몸이 아니라 맘이다. 생각이 문제다. 말씀이 문제다. 몸나의 생(生)도 문제가 아니요 사(死)도 문제가 아니다. 그것은 객관적인 생각이다. 생각이 문제다. 생각이 올라가는 것이 문제이다. 생각이 올라가면 참이다. 나를 통한 성령의 운동이 말씀이다. 성령은 내 마음속에 바람처럼 불어온다. 내 생각에 하느님 아버지의 뜻을 실은 것이 말씀이다.

세상은 못됐다, 틀렸다 하고 위로 올라가면 시원하다. 위로 오르면 마음이 한없이 넓어진다. 하늘로 머리를 들면 시원하다. 시원하니까 생각이 난다. 그리하여 백두산에서 물이 흐르듯이 마음에서 생각이 나온다. 객관이 아니다. 주관뿐이다. 몸은 쓸데없다. 얼뿐이다. 주관뿐이다. 주관은 내 주관이 아니라 하느님의 주관이다. 하느님은 만유보다 크시다. 주관까지도 하느님께로부터 나왔다."(류영모,《다석어록》)

류영모는 '나'를 통해 나오는 하느님의 뜻이 실린 말씀을 주관이라 하며 그 말씀은 남의 소리(객관)가 아닌 '제소리'라고 하였다. 석가가 말한 팔정도(八正道)를 거쳐 나온 말씀이 주관에서 나온 제소리이다. 예수가 샘솟는 물(요한 7:38 참조)에 비유하고 또 밝히는 빛(요한 12:46 참조)에 비유한 것은 주관에서 나오는 제소리를 가리키는 말이다. 석가의 말씀, 노자의 말씀, 예수의 말씀이 하느님으로부터 나온 말씀이라 하느님이 계신다는 것을 증거한다. 제소리를 하는 것이 삶의 참된 목적이다. 류영모는 이렇게 말하였다.

"얼의 나는 보이지 않지만 얼의 나가 있다는 것을 알아야 한다. 이 얼의 나는 예수의 얼나, 하느님의 얼나가 한생명이다. 눈은 눈 자신을 보지 못하지만 다른 것을 봄으로써 눈이 있는 것을 알 수 있듯이 얼나는 얼을 볼 수 없지만 생각이 솟아 나오니까 얼나가 있는 줄 안다. 생각이 나오는 것이 얼나가 있다는 증거이다. 얼나가 없다는 것은 자기 무시요 자기 모독이다. 얼나가 있으면 하느님도 계신다."(류영모,《다석어록》)

예수, 석가, 그리고 노자가 이 세상에 나와서 한 일이라고는 사람들에게 말씀을 한 것뿐이다. 그밖에는 한 일이 없었다. 그들은 하느님(니르바나님)의 말씀을 세상에 알리는 것을 사명으로 알았다. 예수는 빌라도 앞에서 당당하게 말하였다. "나는 오직 진리를 증언하려고 났으며 그 때문에 세상에 왔다. 진리 편에 선 사람은 내 말을 귀담아듣는다."(요한 18:37)고 하였다. 그 말을 들은 빌라도가 예수에게 묻기를 진리가 무엇이냐고 하였다. 예수는 진리에 대한 풀이를 하지 않은 것으로 되어 있다. 예수가 말한 진리란 곧 하느님의 말씀이다. 바꾸어 말하면 말씀을 하는 얼나이다. 곧 하느님이시다. 류영모는 이렇게 말하였다.

"사람이 사는 목적이 있어야 한다. 우리가 돈을 써도 삶의 목적을 위해서 써야 한다. 돈을 함부로 내버린다는 것은 말이 안 된다. 자기의 생명을 나라를 위해 바친다든가 하느님을 위해 바치지 않고 짐승인 몸을 위해서 생명을 낭비한다는 것은 있을 수 없는 일이다. 하물며 자기를 위한 일이 아니라 저를 죽이는 일에 제 정력을 소모한다면 그것은 자살 행위요 자독(自瀆) 행위다. 사람에게는 타고난 천직(天職)이 있다. 타고난 매인 곳이 있다. 이 천직에 매여 있으면 그 천직으로 살고 있는 것이다. 이 세상이 어수선한 것은 타고난 천직을 업신여겨서이다. 그 까닭은 좀 쉽게 살고 편하게 살아보자는 욕심 때문이다. 돈 좀 벌어보겠다고 천직을 버리고 다른 길로 가는 사람들이 있다. 그것은 참으로 스스로 자신을 묶는 일이다. 오로지 참마음으로 하느님이 맡기신 일인 천직에 매어달린 이는 예수이다. 십자가에 달린 예수는 하느님이 맡기신 사명을 다한 효성스런 하느님 아들이다."(류영모, 《다석어록》)

이 지구라는 땅 위에 사는 70억이 넘는 사람들이 정도의 차이는 있지만 체호프의 '귀여운 여인'처럼 주관 없이 객관에 이끌리며 살고 있다. 장자(莊子)는 이를 측은하게 생각하고 슬프게 느꼈다.

"(사람이란 누구나) 한 기운을 받아 꼴(몸)을 이루었다. (그리하여) 죽지 못하고 (목숨이) 다하기를 기다린다. 몬(몸)을 좋아해 서로 싸우고 서로 물크러진다. (삶이) 말 달리듯 다 지나가는데도 멈추게 하지를 못한다. 또한 슬프지 않은가? 몸이 죽도록 힘쓰고 애쓰지만 일을 이루는 것을 못 본다. 일에 지쳐 나른한데 돌아갈 곳조차 알지 못하니 가히 서럽지 않은가? 사람들이 이르기를 죽지 않는 게 뭐가 좋은가? 몸은 죽는다. 그 맘도 몸과 더불어 죽는다. 가히 크게 서럽다고 이르지 않겠는가? 사람의 삶이란 참으로 이같이 시시한 것일까? 나 홀로만 시시하고 사람들은 시시하지 않기라도 한 걸까?"(《장자》 제물

론 편)

장자가 한 이 말에서 특별히 눈길을 끄는 한마디가 있다. "몬(몸)을 좋아해 서로 싸우고 서로 물크러진다(與物相刃相靡)."이다. 서로 싸우거나 음란해진다는 말이다. 체호프가 그린 귀여운 여인 올렌카는 싸우지는 않고 물크러지기(음란)만 하였다. 그러니 귀엽다고 하였을 것이다. 싸우기까지 했다면 귀엽다는 말 대신에 '밉살맞은 여인'이라 했을 것이다. 이게 짐승 노릇하면서 사는 일이다. 장자가 말하기를 짐승 성질에서 자유로워진, 얼나를 깨달은 이는 마음 씀씀이가 이렇다고 하였다.

"깨달음에 이른 이의 마음 씀은 거울 같아서 송별하지도 않고 출영하지도 않는다. 응하기는 해도 잡지 않는다. 므로 몸(몬)을 이길 수 있어 마음 다치지 않는다.(至人之用心若鏡 不將不迎 應而不藏 故能勝物而不傷)"(《장자》 응제왕 편)

아름다운 꽃이 피어 있으면 눈으로 감상만 할 것이지 만지거나 꺾지 말아야 한다. 아름다운 여인을 만나면 눈으로 감상만 하고 건드리거나 품으려고 하지 말라는 것이다. 사람의 마음은 따뜻해야 할 때는 따뜻해야 하지만 싸늘해야 할 때는 싸늘해야 한다는 것이다. 우리가 다다라야 할 삶의 목적은 저 높은 곳에 있기 때문이다. 이 땅의 것에 마음을 뺏기면 삶을 그르치게 된다. 류영모는 이렇게 말하였다.

"사람들은 거의 쓸데없는 일에 정신을 다 소모하고 참으로 쓸데있는 일에는 거의 정신을 쓰지 않는다. 시간도 재력도 마찬가지다.

그러니까 무엇이 쓸데 있는 일인가를 아는 것이 덕성(德性)이다. 마하트마 간디가 말한 사티아그라하(진리파지)이다. 진리파지(眞理把持)란 사람이 이뤄야 할 것을 이루고 지녀야 할 것을 가지는 것이다. 예쁘다, 귀엽다 하는 것을 귀하게 여기면 소용없는 것들에 시간과 재정을 낭비하게 된다. 이상한 물건이라고 흥미를 느끼고 받아들이면 필요한 물건을 무시하게 된다. 누구든지 귀와 눈에 빠져서는 안 된다. 예쁜 모습에 빠지고 고운 소리에 홀리면 망한다. 사람과 사물에 끌리지 않고 빠지지 않으면 온갖 법도가 다 꼭 바르게 된다. 사람을 무시하게 되고 사람을 노리개로 여기면 자기의 인격을 상실하게 되고 물건에 마음이 끌리면 정신을 잃게 된다. 속알(德)이란 지혜, 정신, 인격이 충만한 사람이다. 그런 사람은 무엇을 생각 없이 가까이하든가 멀리하든가 하지 않는다. 지나치게 친절히 하는 것도 잘못이고 지나치게 무시하는 것도 잘못이다. 친압(親押)이나 모멸(侮蔑)은 속알이 모자라는 데 일어난다. 친압처럼 간사한 것은 없고 모멸처럼 어리석은 일은 없다. 사람은 인격이 중심이 되어야지 재간이나 인물이 중심이 되면 친압과 모멸을 막을 길 없다. 자라는 사람인데 장차 무엇이 될지 모른다. 모두 예수나 부처가 될 수 있는 사람인데 어떻게 멸시할 수 있겠는가? 성인을 존경하는 것은 쉬운데 소인들을 모멸하면 일을 안 해준다. 소인들도 사랑을 받는다고 게을러지면 또 안 된다."(류영모, 《다석어록》)

"죽음의 종이 되지 말라."

짐승 성질을 좇아 짐승으로 사는 데 만족하는 사람들이 많은데, 이 사람들에게도 값어치가 있다. 나를 낳아준 어머니 아버지도 일생 동안 제대로 된 정신 생활을 못하신 채 생을 마치셨다. 내가 겨자씨만 한 믿음을 얻어 하느님 아버지를 그리며 받들고 살게 된 데는 어머니 아버지의 공로가 작다고 말할 수 없다. 나의 먹이가 되어 내가 살 수 있게 해준 식물과 동물의 은공도 결코 과소평가해서는 안 될 것이다. 동식물계도 들여다보면 층층 겹겹이 먹이사슬이 있어 생태계가 유지되고 있다. 먹이가 되는 연약한 생물일수록 번식력이 놀랍게 왕성해 먹이로 희생되고도 종족이 유지된다. 지구에서 가장 높은 에베레스트 정상에 한국 사람으로는 처음으로 오른 이가 산악인 고상돈이었다. 정상에 오르기는 고상돈 혼자였지만 그 뒤에는 많은 산악인의 뒷받침이 있었다. 그러므로 고상돈의 성공은 곧 전 등반대원의 승리이자 나아가 한국인 모두의 자랑이었다. 이와 마찬가지로 예수, 석가, 노자가 최고의 깨달음을 얻은 것이 본인의 성취임에 틀림없지만, 또한 많은 구도자들의 승리요, 모든 인류의 기쁨이요, 나아가 모든 생물의 보람이요 우주의 영광이다. 모두의 협력과 협조에 힘입은 것이기 때문이다. 비록 부정적인 협조가 없지 않았지만 말이다. 류영모는 이렇게 말하였다.

"우리의 몸도 하느님이 먹여주시고 길러주시기 때문에 있는 것뿐이다. 우리는 하느님의 작품이다. 어떤 작품인가 하면 하느님께서 미리 마련하신 대로 선한 삶을 살도록 하느님의 말씀으로 창조된 작품이다. 우리도 하느님의 뜻을 이루기 위하여 만들어진 작품이다. 우리가 밥 먹고 거저 가만히 있으라는 것이 아니다. 우리는 성숙하여 밥이 될 수 있도록 태초부터 계획적으로 만들어진 작품이다. 하느님의 밥이 되는 것이 우리의 목적이다. 사람뿐만 아니라 일체가 하느님에게 바쳐지기 위한 제물(祭物)이다. 일체가 하느님께 바쳐질 밥이란 말이다. 인생이란 밥에는 말씀이 있다. 하느님 아버지의 생명인 성령의 말씀이 있다. 온 인류를 살리는 우주의 힘이 되는 성령의 말씀이 있다.

사람은 짐승처럼 자기의 육체를 바치는 밥이 아니다. 사람은 밥을 먹고 몸을 기르고 이 몸속에 다시 성령의 말씀이 영글어 정신적인 밥인 말씀을 내놓을 수 있는 존재다. 사람이 제물이 되는 것은 육체적인 제물이 아니라 얼의 제물이다. 사람이 제물이 되는 것은 말씀이지 목숨이 아니다. 목숨은 껍데기요 말씀이 속알이다.

사람의 정신은 사람들이 향불을 피우듯이 생각을 피워 올리는 것을 먹고 산다. 우주에 사람들이 있는 것도 필요가 있어서일 것이다. 사람들이 진리의 사상을 향불 모양으로 피워 올리는 것을 받아먹고 지내는 하느님이 계시는지 모르겠다. 제나의 생사(生死)는 문제가 아니다. 그것은 객관적인 생각이다. 주관적인 생각이 문제이다. 나의 참된 생각이 하느님이 계시는 위로 올라가는 것이 문제이다. 생각이 우로 올라가면 참이다. 또 우(하느님)로부터 오는 말씀이 참이다. 나를 통한 하느님의 성령 운동이 말씀이다. 하느님의 생명인 얼이 내 마음속에 바람과 같이 불어온다. 나의 생각에 하느님 아버지의 뜻을 실은 것이 하느님의 말씀이다."(류영모, 《다석어록》)

사람은 짐승처럼 새끼를 낳아 먹이사슬을 잇는 것이 생존의 목적이 아니고 생각으로 말씀의 사상을 내놓는 것이 삶의 목적이다. 그것이 예수, 석가, 노자가 밝힌 사람의 목적이다. 예수, 석가, 노자는 짐승처럼 종족 번식을 그만두고 생명의 근원이요 임자 되시는 하느님의 계심을 뚜렷이 밝히고 높이 받들었다. 그리하여 사람에게는 생각하는 것이 가장 소중하고 값진 것임을 알게 되었다. 예수, 석가, 노자가 내어놓은 생각은 인류의 정신적인 먹거리가 되고 보배가 되었다.

사람에게 생각이 값진 것을 파스칼은 이렇게 말하였다.

"사람은 자연 속에서 가장 약한 한 개의 갈대에 지나지 않는다. 그러나 사람은 생각하는 갈대이다. 사람을 멸망시키고자 온 우주가 나설 필요도 없다. 한 오리의 김, 한 방울의 물이면 너끈하다. 그러나 가령 사람을 죽여 없앤다 해도 사람은 사람을 죽이는 존재보다 훨씬 존귀하다. 왜냐하면 사람은 자기가 죽을 것을 알고 있다. 우주는 사람에 대한 자신의 우월에 관해서 아무것도 모르기 때문이다. 이렇듯 우리 사람의 값어치는 모두 사람의 생각 속에 있다. 우리들은 높고 참된 사상으로 자신을 높여야 하지 우리 사람이 어떻게 할 수 없는 공간과 시간에 의하여서가 아니다. 그러므로 우리들은 올바르게 생각하도록 애써야 한다. 이것이야말로 올바른 삶의 길이다."(파스칼, 《팡세》)

파스칼이 한 말 가운데 "사람은 생각하는 갈대"라는 말이 사람들의 머리에 깊숙이 박혀 잊히지 않고 있다면, 소로가 한 말 중에서는 "지혜는 그 시대의 이단 사상이었다."는 말이 사람들의 머리에 깊숙이 박히기를 바란다. 종족 보존을 삶의 목적으로 삼는 제나(몸나)의 사람들은 생각하기를 싫어하고 생각하는 이도 싫어한다. 생각하는 이들이 종족 보존의 짐승살이를 훼방하고 비난한다고 여기기 때문이다. 또 제나의 삶을 보호하고 축복해주는 기복 신앙의 사제들은 얼나의 깨달음 사상을 싫어하고 미워한다. 그래서 브라만들이 석가를 모함하려 하였고 바리새인(유대교인)들이 예수를 죽였다. 제나의 기복 신앙인들에게는 얼나의 깨달음 신앙은 이단 사상에 지나지 않는 것이다. 소로도 외롭게 살았다.

"물질적인 부(富), 특히 집이나 땅을 사 모으는 데 열중하는 사람은 바보 같은 사람이다. 우리 인생의 값진 자산인 부동산은 우리가 애써 생각해내서 얻은 생각(사상)의 총량이다. 그렇게 만들어진 정신적인 대지(大地)는 우리의 생각이 먹고 자랄 영원한 목초지가 된다. 그밖에 무엇이 내 소유물을 늘여 나를 부자로 만들 수 있겠는가? 상상과 공상과 이성(理性)이란 아주 훌륭한 생각의 도구로 어떠한 생각을 해냈다면 그것은 정신적인 새로운 창조이고 영원한 보배로 하늘에 쌓은 것이므로 세상이 도저히 빼앗을 수 없다."(소로,《소로의 일기》)

석가의 사성제(四聖諦), 팔정도(八正道)도 우주의 임자이며 참나인 니르바나님을 생각하라는 말이고, 예수가 구하고 찾으라고, 문을 두드리라(마태오 7:7 참조)고 한 것도 온통이시며 참나인 하느님 아버지를 생각하라는 말이다. 류영모의 생각을 들어본다.

"우리의 머리 위에 큰 님(하느님)을 이고서 거룩한 생각을 피워야지 다른 생각을 피울 것 없다. 하느님 아버지를 뚜렷이 할 것과 하느님 아들로 뚜렷할 일이다. 우리 사람의 값어치가 무엇인가? 몇천 년 몇만 년이 가도 하느님 아버지와 같아야 한다는 것이 아니겠는가? 우리는 하늘나라에서 떨어진 천인(天人)이란 말을 익혀 두어야 한다. 이것은 하느님께서 허락하신 거룩한 일이다. '솟아나갈 뚜렷은' 얼나로 솟난다는 소리와 같다. 이것도 하느님에게 아들로 뚜렷해서만이 나올 수 있는 말이다.

하느님을 생각하는 것은 기쁜 것이다. 하느님을 생각하는 것이 하느님께로 올라가는 것이다. 하느님을 생각하는 것이 기도이다. 기도는 하느님에게 올라가는 것이다. 참으로 하느님의 뜻을 좇아 하느님 아버지께로 올라간다는 것이 그렇게 기쁘고 즐거울 수가 없다. 인생은 허무한 것만은 아니다. 사람의 생각은 진실한 것이다. 몸 삶이 덧없어도 얼 삶은 영원하다."(류영모, 《다석어록》)

자녀를 낳는 일보다 우위에 둔 삶의 목적이라고 다 좋은 것이 아니다. 어떤 일은 자녀를 정성스럽게 기르는 일보다 못하다. 그러므로 종족 보존 이상의 삶의 목적은 반드시 본인은 말할 것 없고 사람들에게도 유익한 살신성인(殺身成仁)의 사상이 전제되어야 한다. 아널드 토인비가 바른 말을 하였다. 토인비는 사람이 이룩해야 할 세 가지 목적을 가르쳤다.

"나는 사람이 사는 목적을 첫째, 영지(靈智)를 활동시키는 일, 둘째, 인류를 사랑하는 일, 셋째, 문화를 창조하는 일이라고 말하고 싶다. 사람은 이 세 가지 삶의 목적을 이루기 위하여 자기 자신을 바칠 수 있어야 한다고 생각한다. 이 목적이 자신의 희생 없이 이루어진다면 더 좋지만 목숨과 바꿀 만한 가치가 있다고 생각되면 살신성인함이 바람직하다."(토인비, 《역사의 잔존》)

토인비가 지적한 이 세 가지 목적을 위하여 자녀를 낳아 기르는 일을 포기하였다면 그것은 존경받을 삶일 것이다. 그렇지도 못한 일에 빠져 자녀 양육에 소홀하였다면 그것은 크게 잘못된 삶이다. 류영모는 "할 수 있다면 혼인하지 말고 고디(순결)를 간직하고 살라, 혼인을 하더라도 자식 낳지 마라, 낳더라도 적게 낳아라, 성생활을 빨리 그만두라."고 주장하였다.

종족 보존의 본능을 떨쳐버린 사람들 중에 이름난 두 사람이 있다. 디오게네스와 알렉산드로스가 그들이다. 디오게네스는 거지 철인(哲人)으로, 알렉산드로스는 정복의 황제로 이름이 난 사람들이다. 두 사람은 같은 시대 같은 곳에 태어나 서로 만나기도 하였다.

개라는 별명으로 불리던 거지 철인 디오게네스는 그날 아침에도 집이면서 침실인 술통 안에서 자고 일어나 아침 햇살을 쬐며 밤새 추위에 오그라든 몸을 녹이고 있었다. 그때 젊은 황제 알렉산드로스가 디오게네스 앞에 나타났다. "나는 알렉산드로스요. 당신 소원을 말하면 그 소원을 들어주겠소."라고 말하였다. 디오게네스는 미동도 하지 않은 채 "나에겐 아무런 소원이 없소. 당신이 지금 햇살을 가리고 있으니 비켜주기나 하시오."라고 말하였다. 그러자 알렉산드로스는 "황제가 아니었으면 나도 당신처럼 자유롭게 살고 싶소."라는 말을 남기고 그 자리를 떠났다고 한다. 두 사람은 극과 극의 대조를 보이면서도 공통적으로 예사롭지 않은 초인의 모습을 보여준다.

디오게네스는 아내와 자식이 없었고 알렉산드로스도 아내와 자식 없이 일생을 마쳤다. 두 사람은 인생의 목적을 어디에 두었을까? 거의 모든 사람들이 후손을 잇는 데 삶의 목적을 두고 살아가는데, 이 두 사람은 그런 데에는 전혀 관심이 없었으니 말이다. 디오게네스는 삶의 목적을 자유에 두었던 게 아닌가 싶다. 물질로부터 자유, 사람들로부터 자유, 제신(諸神)들로부터 자유, 제나로부터 자유를 추구하는 것이 그의 삶의 목적이었다. 그렇게 얻은 자유를 어디에 썼는지는 분명치 않다. 예수, 석가는 하느님(니르바나님)을 사랑하기 위해 자유를 얻으려 하였다. 어떤 이는 디오게네스가 예수와 석가의 반열에 설 수 있다고 하지만, 자유를 어디에 썼는지 분명치 않아 예수와 석가 옆에 서지 못하게 된 것이다.

"디오게네스는 자기 단련을 강조하였다. 그는 여름에 뜨거운 모래 위를 뒹굴거나 겨울에 눈으로 뒤덮인 조각상을 껴안거나 해서 온갖 수단을 다해 자신을 단련했고 늙어서도 마찬가지였다. 늙었으니 편하게 지내라는 사람들에게 그는 골인 지점에 다 왔는데 힘을 빼라는 것이냐고 응수했다. ……

　디오게네스는 자신이 가지고 다닌 동냥자루를 자신과 같은 '현인이자 자유로운 인간'의 상징이라고 보았고, 그것을 지니지 않은 자를 '열악한 자'로 보았다. 그가 대낮에 램프에 불을 켜고 '나는 인간을 찾고 있는 것'이라고 말했을 때의 '인간'은 그런 자유로운 인간을 뜻하는 것이었다. ……

　디오게네스는 '열악한 자' 중에서도 가장 '열악한 자'는 권력자, 특히 독재자라고 생각했다. 그가 보기에는 알렉산드로스처럼 끝없는 정복욕과 명예욕의 포로가 되어 타인을 자신에게 예속시키고 타인에게 자신을 숭배하도록 강요하는 교만하고 방자한 사람이 가장 열악한 자였다."(박홍규, 《디오게네스와 아리스토텔레스》)

　알렉산드로스와 칭기즈 칸은 인류 역사에서 보기 드물게 강한 진성(瞋性)을 타고난 사람이다. 죽는 날까지도 땅 끝까지 정복하겠다는 의지로 싸우고 또 싸웠다. 사람이 지닌 광기 어린 수성(獸性)의 토네이도였다. 알렉산드로스가 타고난 진성은 어머니와 스승 아리스토텔레스에 의해 부추겨졌다. 필리포스 왕에게서 버림받은 알렉산드로스의 어머니는 아들에게 복수라는 증오심을 심어주었고, 스승 아리스토텔레스는 야만 국가에 그리스 문화를 전파한다는 대의명분을 세워주었다. 부왕 필리포스가 승전하여 돌아오면 알렉산드로스는 기뻐하기보다 자신이 정복할 땅이 줄어들었다고 불평을 하였다니 더 말을 해서 무엇하겠는가? 그런데 오랫동안 서양사에서는 알렉산드로스가 행한 부질없는 전쟁이 세계 평화를 가져왔다고 미화하고 알렉산드로스를 역사적 영웅으로 치켜세웠다. 그리하여 알렉산드로스 같은 영웅이 되겠다며 나폴레옹, 히틀러 같은 이들이 나오게 된 것이다. 알렉산드로스는 전쟁을 할 때면 사기충천하여 수많은 병사를 이끌고 비호처럼 용맹한 장군의 모습을 보였지만, 전쟁이 끝나면 우울증이 도져 풀이 죽은 상태로 술만 마시며 지냈다고 한다. 그가 33세에 갑자기 죽은 것도 지루한 전쟁 준비를 견디지 못해서라는 말이 있다.

알렉산드로스 같은 전쟁광이 될 바엔 차라리 짐승처럼 처자식이나 착실히 부양하는 지아비가 되는 것이 백배 천배 나을 것이다. 그런데 류영모는 사람이 짐승 노릇인 새끼 낳기도 못할 노릇이라고 말하였다. 또 석가는 출가 전에 이미 아들 라훌라가 있었지만, 자신이 출가한 뒤에 외아들 라훌라도 출가시켜 석가의 손이 끊어졌다. 남근을 여자의 음부에 넣을 바에는 차라리 독사의 아가리에 넣으라는 말이 《법구경》에 나온다. 그러나 석가는 다른 재가(在家) 신자들의 가정은 적극 보호하였다. 예수는 아예 가정을 이루지 않았다. 그러나 따르는 이들에게 무조건 금욕을 요구하지는 아니하였다. 금욕의 계명을 따를 만한 이는 따르라고 말하였다. 그래도 예수와 석가가 가정을 부정한 것은 분명하다. 집안 식구가 너희 원수라고 말했다. 하느님께로 나아가는 길을 피붙이의 집착 때문에 방해받게 된다는 말이다. 가정이 중요하고 국가가 중요하고 역사가 중요하다면 예수, 석가처럼 살아서는 안 된다. 예수, 석가는 가정, 국가, 역사를 부정적으로 본 것이 틀림없다. 예수와 석가의 속마음을 류영모가 잘 말해주었다. 제나 부정 → 출가, 국가 부정 → 세계주의, 우주 부정 → 하늘나라이다.

"나는 이 세상을 다 살아 그런지 몰라도 이 세상에서 뭐가 된다는 것은 우습다. 이 세상에서 되는 게 뭐가 있는가? 장사가 잘된다는 등 이 따위 것이 있을지 몰라도 그러나 그게 되는 건가? 이 세상이 달라진 게 있다면 사람 수효가 많아진 것, 그리고 세상이 좁아진 것, 이것뿐이다. 어리석은 것들은 역시 어리석은 그대로 있고 달라지는 게 없다. 한 10년 전에는 이렇게까지 생각하지 않았으나 지금은 분명하다. 나는 태양계를 부정한다. 결코 참생명은 해 아래 있는 것은 아니다. 이 몸뚱이는 날마다 다른 생명을 잡아먹어야 한다. 우리 몸의 입이란 열린 무덤이다. 식물, 동물의 시체가 들어가는 문이다. 식사(食事)는 장사(葬事)이다. 우리 몸을 더럼 타지 않게 한다고 씻고 씻지만 이 몸은 자체가 온통 더럼이다."(류영모, 《다석어록》)

토인비는 인류가 핵전쟁으로 멸망할까 걱정하면서 세상을 떠났다. 류영모는 인류가 인구 폭발로 멸망할 것을 걱정하면서 세상을 떠났다. 그러면서도 태초(하느님)의 의지가 이 세상을 오래 두려고 하는 것이 아닌 것을 확신하였다. 우리는 이상 기후로 인류가 멸망할까 봐 걱정하면서 이 세상을 떠나게 될 것이다. 지각 변동이 일어나고 이상 기후가 덮치면 70억 인류의 멸망도 순식간에 일어날 수 있다. 쥐라기, 백악기에 번성하던 공룡이 일시에 지구상에서 사라진 것을 우리는 잘 안다. 그런 일이 인류에게 닥치지 않는다고 누가 장담할 수 있겠는가? 그렇다고 들어올림(휴거)을 주장하는 종말론을 지지하자는 말이 아니다. 기독교 역사에는 종말론을 주장하는 사람들이 줄곧 있어 왔다. 복음서 기자들이 예수조차도 종말론 신봉자나 예언자로 그려놓았으니 종말론이 끊이지 않고 나오는 것이 자연스런 일이다. 그러나 예수의 가르침은 제나로 죽고 얼나로 솟나 영원한 생명을 얻자는 생각이었다. 종말론과는 근본부터 다른 것이다. 그러므로 우리는 종말론과는 다른 차원에서 인류 역사의 종언을 생각하고 그것에 대비해야 한다. 예수, 석가가 몸으로 죽으면서 보여준 것처럼 죽음에 대한 마음가짐을 배워야 한다. 석가가 몸으로 죽기 전에 외아들 라홀라와 고별 인사를 나누었다. 그때 석가가 라홀라에게 말하였다.

"라홀라야, 슬퍼하지도 말고 탄식하지도 말아라. 나는 아비에게 할 것도 다 하였고 너에게 할 것도 다 하였다. 라홀라야, 마음을 언짢게 하여서는 안 된다. 나는 너희들과 같은 일체중생을 위하여 두려움이 없이 가르침에 전력하여 원망도 사지 않고 해로움도 끼치지 않았다. 라홀라야, 나는 이제 니르바나에 들면 다시 다른 이의 아버지가 되지 않을 것이요, 너도 반드시 니르바나에 들어 다시 다른 이의 아들이 되지 않을 것이다. 나와 너는 함께 어지러워지지도 말고 또 성질도 내지 말아야 한다. 라홀라야, 여래의 얼나(Dharma, 法)는 언제나 있는 것이다. 너는 덧없는 몸나를 버리고 오직 수성(獸性)으로부터 자유함(해탈)을 찾지 않으면 안 된다. 이것이 곧 나의 가르침이다."(《불반열반경》)

석가 붓다는 오직 얼의 나라인 니르바나의 나라만이 영원하고 참된 기쁨의 나라라고 분명히 밝혔다. 또 내 맘속에 품고 있는 얼나만이 니르바나에 속하였음을 분명히 가르쳤다. 이 세상에 속한 제나는 아무것도 아니므로 제나(몸나)의 죽음은 기뻐할 일이지 슬퍼할 일이 아니라고 말한 것이다. 얼의 나라(니르바나)에서 온 얼나는 오직 니르바나님을 가까이하고 기뻐함을 보여준다. 류영모는 석가 붓다에 대해서 이렇게 말하였다.

　　"얼나(Dharma, 法)로는 붓다(佛)는 난 것도 아니고 죽는 것도 아니다. 얼나란 영원한 생명이기 때문이다. 그러므로 석가 붓다의 몸나가 아닌 얼나로는 늘 얼나라(니르바나)에 있는 것이지 새삼스럽게 니르바나에 들어가는 것도 아니요 나온 것도 아니다. 석가가 몸나로 태어났다가 니르바나로 돌아가고 하는 것은 중생을 깨닫게 하는 방편인 것이다. 예수도 마찬가지다. 예수는 이 몸을 벗어버리고 하느님 아버지께로 가면 한량없는 기쁨이 있다고 말하였다. 이것은 이 세상만 들여다보고 있는 사람들에게서 들을 수 있는 말씀이 아니다. 이 몸나는 거짓생명의 탈을 쓴 것이다. 이 몸을 버리고 얼나로 하느님 아버지께로 가는 게 영원한 생명이다."(류영모,《다석어록》)

　　개인의 생명만 그런 것이 아니라 인류의 종말 또한 그런 것이다. 개인의 죽음이 영광된 것이라면 인류의 종말 또한 더없이 영광된 것이다. 인류의 종말이 온다고, 지구의 종말이 온다고 두려워할 일도 놀랄 일도 아니다. 류영모는 이렇게 말했다.

"해안선을 떠난다는 육리(陸離)라는 말은 영광이 찬란하다는 말이다. 인생의 종말은 찬란한 육리가 되어야 한다. 난삽한 인생의 마지막이 육리가 되어야 한다. 그러기 위해서는 우리 모두가 몸나에서 얼나로 솟나야 한다.

땅 위의 인간이란 아무것도 아니다. 인간이란 벌레가 이 우주안에 없다고 해서 어떻다는 것인가. 지구도 달과 같이 생물이 없이 빤빤하게 있다고 해서 무슨 서운한 것이 있는가? 우주조차도 마침내 다 타버린다는 사상이 있다. 우리가 옷에 묻어 있는 먼지 하나를 털어버린다고 해서 누가 눈 하나 깜짝할 것인가? 마찬가지로 지구에서 인류를 털어버린다고 해서 무엇이 서운하겠는가? 똥벌레 같은 인류지만 생각함으로써 사상을 내놓아 여느 동물과 다르다고 하는데 이 사상이 문제이다."(류영모,《다석어록》)

장자는 "죽음을 가까이 하는 마음은 다시 거짓을 하지 못한다(近死之心 莫使復陽也)."(《장자》 제물론 편)고 말했다. 인류의 종말을 가까이하는 마음이야말로 하느님의 뜻을 거스르지 못한다. 그러므로 인류의 종말, 지구의 종말, 역사의 종말을 잊지 말고 생각해야 한다. 그래야만 이 땅 위에서 싸움이 없어질 것이다.

믿음(신앙)이란 짐승인 개체(個體) 의식을 깨뜨려버리고 하느님의 전체(全體) 의식으로 바뀌는 것이다. 이것을 예수는 "하느님이 온전한 것처럼 너희도 온전하라."(마태오 6:48)고 하였다. 예수는 모든 것을 하느님의 자리에서 생각하고 판단하였다. 예수의 피붙이인 어머니와 동생들이 찾아왔을 때 움쩍도 안 하면서 "'누가 내 어머니이고 내 형제들이냐?' 하고 물으셨다. 그리고 제자들을 가리키시며 '바로 이 사람들이 내 어머니이고 내 형제들이다. 하늘에 계신 내 아버지의 뜻을 실천하는 사람이면 누구나 다 내 형제요 자매요 어머니이다.' 하고 말씀하셨다."(마태오 12:49) 지나가는 예수에게 어떤 여인이 소리 높여 말하기를 "'당신을 낳아서 젖을 먹인 여인은 얼마나 행복합니까!' 하고 외치자 예수께서는 '하느님의 말씀을 듣고 그 말씀을 지키는 사람들이 오히려 행복하다.' 하고 대답하셨다."(루가 11:27~28) 이것은 제나의 사(私)를 떠나 얼나의 공(公)의 자리, 곧 하느님의 자리에서 보고 판단하는 것이다. 장자(莊子)는 얼나를 깨닫지 못한 제나의 사람이 옳고 그름의 시비를 판단한다는 것은 오늘 월나라로 출발하였는데 어제 도착했다는 것과 같이 타당하지 못한 말이라고 하였다. 제나를 버리는 것은 핏줄(가족)을 넘어서고 민족(국가)을 넘어서고 세상(천지)을 넘어서, 내 안에 오직 빔(허공)이시며 얼(성령)로 영원무한하신 하느님 한 분만 모시고자 함이다. 류영모는 이렇게 말하였다. "죽음은 없다. 그런데 죽음이 있는 줄 알고 무서워한다. 죽음을 무서워하는 육체적인 생각을 내던져야 한다. 죽음의 종이 되지 말라. 죽기를 무서워하여 육체에 매여 종노릇하는 이는 모든 이를 죽음에서 풀어 놓아주려 하는 것이 하느님의 말씀이다."(류영모, 《다석어록》)

종족 보존은 짐승인 제나의 목적일 뿐, 하느님 아들인 얼나의 삶의 목적은 하느님을 사모하고 높이는 사상을 내놓는 것임을 알고 받아들여야 한다. 이제는 "불효에 세 가지가 있으니 뒤(후손) 없는 것이 가장 큰 불효이다."(《맹자》 이루 상편)라는 맹자의 말은 버려야 한다. 오히려 그 반대일 것이다. 자식에 대한 류영모의 생각이다.

못할 노릇

차마 남의 못할 노릇 하는 것이 새끼 낳이
욋홀(孤獨) 고디(貞) 몸 빛웋로 제계근이 바로 된 이
첨부터 안 못해서랍 사람 안해(아내)라던가?
(류영모, 《다석일지》 1961. 2. 12.)

고난과 시련의 인토(忍土, 사바 세계)에 자식들을 불러내어 고달픈 인생살이를 시키는 것은 차마 못할 노릇인 것을 알게 되었다는 말이다. 자식을 낳는 일이야말로 자식에게 무자비한 일로 생각된다는 것이다. 그래서 안해(아내)라는 말이 좋다고 말하였다. 부부 사이에 그 짓을 안 해야 안해(아내)라는 것이다. "첨부터 안 못해서랍 사람 안해라던가?" 처음부터 그 짓은 하지 말아야 하는데 어리석게 해버리고 나니 뉘우쳐져 안 해야지 안 해야지 다짐하느라 안해(아내)라 부르게 되었다는 말이다. 혼인하지 않고 홀로 외롭게 살면서 정조를 지키며 마음의 생각을 하느님께로만 향하다가 하느님께로 돌아가는 사람이

바로 된 삶을 사는 이라는 것이다. 류영모는 이렇게 말하였다.

"어머니 배에서 나온 나는 참나는 아니다. 속알(德)인 얼나가 참나다. 겉몸은 흙 한 줌이요 재 한 줌이다. 그러나 하느님이 주신 얼나는 하늘나라를 세울 수 있다. 얼나는 한없이 크고 세다. 이 얼나가 자라는 것이 참으로 사는 것이다. 이 우주 안팎을 가득 채우는 호연지기(浩然之氣)의 얼나는 지강지대(至剛至大)하여 누구도 헤아릴 수 없고 그 무엇도 비길 수 없다. 그것이 참나인 얼나이다."(류영모, 《다석어록》)

제나를 이기면(克己) 상대 세계는 저절로 사라진다. 집을 나와(出家) 너와 나가 없고, 나라를 벗어나(脫國) 네 나라 내 나라가 없고, 세상을 벗어나(出世) 이 세상 저 세상이 없고, 우주를 넘어서(超宇宙) 빔얼의 하느님 나라에 이른다. 류영모는 이렇게 말하였다.

"우리는 본디부터 여기 있는 게 아니고 어디서 떨어져 나왔다는 느낌이 이 속에 있다. 고독하고 비천한 이곳에 낮아지고 떨어졌다는 생각이 든다. 이렇게 타락된 느낌이 있으니까 본디의 모습으로 오르려고 한다. 어디서 이 땅에 떨어졌을까 거기가 있으리라 생각된다. 거기가 곧 '계'다. '계'서 떨어졌으니 '계'로 올라가자는 게 하늘 사상이다. 떨어졌다는 것은 한 점이 된 것이다. 떨어진 나는 한 점(點)에 불과하다는 느낌이 든다. '계'는 원대한 태공(太空)으로 생각된다. 이 세상에 떨어진 것은 다 태공의 찌꺼기다. 안락의자에 올라앉으니 위로 올라간 것 같으나 모두가 떨어진 찌꺼기다. '계'는 하느님 아버지 계

시는 데다. '계'는 절대(絕對)라 모든 것이 그 속에 다 들어 있다. '계'
는 내재(內在)인지 초월(超越)인지 모르는 그 둘이 합한 곳이다. 스승
께 얼마 동안 못 가 뵈어서 죄송하다는 생각으로 스승을 찾아가듯
'제계'로 가야 한다.

우리의 생명이 피어 한없이 넓어지면 빔(太空)에 다다를 것이다. 곧
얼나로 영생하는 것이다. 빔(太空)은 맨 처음인 생명의 근원이요 일체
의 근원인 하느님이다. 나도 인격적인 하느님을 생각한다. 하느님은
인격적이지만 우리 사람 같은 인격은 아니다. 있·없(有·無)을 초월
하였다. 하느님을 찾는데 물질에 만족하면 안 된다. 있는 유(有)에 만
족 못하니까 없는 하느님을 찾는다. 그래서 하느님은 없이 계신다."
(류영모, 《다석어록》)

짐승의 제나(몸나)로 멸망(죽음)하는 것으로 만족할 수 없다면 하
느님이 주신 얼나(참나)로 솟나 하느님 아버지께로 돌아가야 한다.
짐승처럼 자손 잇는 것이 삶의 목적이 아니라 얼나로 솟나 하느님께
로 돌아가는 것이 삶의 목적임을 분명하게 깨닫게 된다.

생사를 넘어서는 생각

예수가 이런 말을 하였다. "재물을 땅에 쌓아 두지 마라. 땅에서는
좀먹거나 녹이 슬어 못쓰게 되며 도둑이 뚫고 들어와 훔쳐 간다. 그
러므로 재물을 하늘에 쌓아 두어라. 거기서는 좀먹거나 녹슬어 못쓰

게 되는 일도 없고 도둑이 뚫고 들어와 훔쳐 가지도 못한다. 너희의 재물이 있는 곳에 너희의 마음도 있다."(마태오 6:19~21) 예수는 "부자가 하느님 나라에 들어가는 것보다는 낙타가 바늘귀로 빠져나가는 것이 더 쉬울 것이다."(마태오 19:24)라고 말한 이인데, 갑자기 보물 얘기를 하니 어리둥절하다. 보물이라고는 하나도 없는 사람은 어떻게 하란 말인가? 또 보물을 땅에 쌓아두지 말고 하늘에 쌓아 두라는 말은 어떻게 알아들어야 한단 말인가? 예수 시대에는 인공위성도 하늘로 쏘아 올리지 못하였으니 보물을 로켓에 넣어 하늘로 쏘아 올리라는 말은 물론 아닐 것이다. 이 말씀의 수수께끼를 푸는 열쇠는 "너희의 재물이 있는 곳에 너희의 마음도 있다."이다. 마음이 많이 가면 그 물건이 무엇인가와 상관없이 보물이다. 보물이 있는 곳에 마음이 있다는 말을 뒤집으면 마음이 가 있는 것이 곧 보물이라는 말이 된다. 저마다 가슴에 손을 얹고 하루 종일 마음이 가장 많이 가는 곳이 어딘가를 반성해보면 무엇이 내게 보물처럼 귀한 것인지를 알 수 있다. 보물을 땅에 쌓아 두지 말고 하늘에 쌓아 두라는 예수의 말은 땅에 있는 누구보다 또는 땅에 있는 무엇보다 하느님을 더 많이 생각하라는 말이다. 그러나 현실에서는 하느님을 바르고 참되게 생각하는 사람이 매우 드물다. 류영모는 이런 현실을 몹시 서운해하였다.

"온통인 하느님을 걱정하는 사람이 없다. 절대인 하느님을 생각하는 사람이 없다. 모두가 중간에다 희망을 걸어놓고 그에 맞는 진·선·미(眞善美)를 만들어놓고 거기에 다다르면 만족한다. 그러나 예수, 석가같이 인생을 깊숙이 보는 이는 하느님(니르바나님)밖에는 모든 걸 거짓으로 보았다. 하느님만이 참나요 영생이라 하였다. 그런데 우리는 이미 정신 세계에서 하느님과 연락이 끊어진 지 오래다. 그리하여 사람들이 이승의 짐승이 되었다. 우리들이 산다는 것은 혈육(血肉)의 몸인 짐승이다. 질척질척 지저분하게 먹고 싸기만 하는 짐승이다. 하느님으로부터 얼(성령)을 받을 때 짐승에서 사람이 회복된다. 얼나를 참나로 깨달을 때 짐승 성질을 이겨낸 얼나가 하느님 아들이다."(류영모,《다석어록》)

20세기에 보물을 하늘에 쌓고자 한 사람들 가운데 일곱 명을 골라 보았다.

톨스토이 _ "종교마다 그 외적인 형식은 여러 가지로 다르지만 근본적인 주장은 다 같다. 참된 종교의 가르침은 사람들이 그것을 사람들에게 듣자마자 무언가 이미 알고 있었던 것처럼 당연한 것으로 받아들일 만큼 자연스럽다. 이들의 주장은 이러하다. 한 분만 계시는 하느님은 만물(萬物)의 근본이다. 사람에게는 하느님의 생명인 얼의 한 긋(부분)이 있다. 그리하여 사람은 자신의 생활 태도에 따라 자기 마음속에 신성(神性)의 얼을 더할 수도 있고 덜할 수도 있다. 이 신성(얼)의 근원을 증대시키려면 자신이 지닌 수욕(獸慾)을 누르고 제 맘속에 하느님을 향한 사랑을 북돋워야 한다. 이것을 달성하는 실제적 방법은 공자(孔子)의 말처럼 다른 사람들에게 받고 싶은 대로 다른

사람에게 해주라는 것이다. 이 방법은 모든 종교에 공통된다."(톨스토이, 《종교란 무엇인가》)

헤르만 헤세 _ "내게 아주 중요한 이 정신적인 경험들, 즉 인도 사상이나 중국 사상, 기독교 사상에서 인간 존재의 의미가 똑같다는 것을 십여 일의 간격을 두고서 거듭 거듭 발견하였다. 사람의 사고(思考)와 경험에 대한 종교적·철학적 표현을 오늘날에는 이미 사라져버린 옛 시대의 표현으로 여기느냐의 여부는 상관없다. 예술도 언어도 아마 인간 역사의 어느 특정한 단계에만 적합한 표현 수단일지도 모르지만, 이것 역시 다른 수단에 의해 타파될 수도 있고 대치될 수도 있다. 그러나 인류 역사의 어떤 단계에서 사람들의 인종과 피부색, 또 언어와 문화가 각각 달라도 진리를 추구하는 그 밑바닥엔 단 한 가지가 있다. 그러므로 여러 가지 종류의 인간이나 정신이 존재하는 것이 아니라 단 하나의 정신이 존재한다는 사실을 인지(認知)하는 것이 무엇보다 중요하고 기쁜 일이라 생각된다."(헤세, 《禪·나의 신앙》)

토인비 _ "모든 종교의 영원한 본질은 같다. 이런 점에서 통일된 세계 종교가 늘 있어 왔다고 말할 수 있다. 물론 이러한 말은 논란의 여지가 있을 것이다. 어떤 고등 종교의 대부분의 신자들은 이 주장을 단호하게 부정할 것이다. 그러나 나는 그것이 사실이라고 확신한다. 모든 고등 종교와 철학의 윤리적인 교의(敎義)는 실질적으로 동일하다는 것이 의심할 여지도 없는 사실이다. 내가 말하는 고등 종교란 각각의 개인을 궁극의 정신적 실체인 하느님과 직접 영적인 교통을 하게 하는 종교를 말한다. 하등 종교란 무엇인가? 무엇인가 중간의 매개를 통해서 간접적으로 정신적 실체(하느님)와 교통시키려고 하는 종교를 말한다."(토인비, 《역사의 잔존》)

소로 _ "하늘의 메시지를 전하던 바람이 전신선 위에 메시지를 내려놓고 지나갔다. 전신선은 몸을 떨고 있었다. 나는 즉시 전신주 아래 바위에 앉아 그 소식에 귀를 기울였다. 그 소리는 내게 다음과 같이 말해주었다. '아이야, 마음에 깊이 새겨 절대로 잊지 말아야 한다. 지금 네가 걷고 있는 삶보다 더 높은 단계의 삶, 무한히 더 높은 단계의 삶이 있다. 그 길은 멀고 험하지만 네 인생을 모두 바쳐서라도 꼭 도달해야 할 소중한 길임을 결코 잊지 말아라.' 그리고 그 소리는 멈추었다. 얼마 동안 더 앉아 있었지만 더는 아무 소리도 들리지 않았다.

나의 직업은 자연 속에서 하느님을 찾고 하느님이 숨어 계신 장소를 알아내려 자연의 모든 오라토리오와 오페라에 부지런히 귀 기울이는 일이다.

지식욕은 가끔 시들해질 때가 있다. 하지만 우주 정신(하느님)과 교류하고 신의 나라의 신선한 물 향기에 취하고 싶은 욕망과, 대기를 뚫고 일어서서 높다란 미지의 세계까지 머리를 치켜들고 싶은 욕망

은 사시사철 끊일 날이 없다."(소로,《소로의 일기》)

슈바이처 _ "이 몇 시간 동안 우리들을 몰두하게 한 동양 사상과 우리의 기독교 사이에서 대조적인 면을 볼 수 있다. 동양 사상의 대표적 사상가들이 우리보다 우월한 점은 그것이 브라만이든지 붓다이든지 혹은 노자와 장자이든지 모두가 그들의 생각에서 얻어져 이루어졌다는 것이다. 그 사상이 비관적이든 낙관적이든 종교적인 자연 철학 사상이다. 동양 사상의 장점은 여기에 있다. 우리 서구인들에게 끊임없이 커다란 자극이 되는 것도 바로 이 점에 있다. 이러한 논리적이고 철학적인 동양의 여러 종교 사상은 우리들에게 자의식을 깨우쳐준다. 여러분 가운데 인도나 중국에서 일하는 분들이 있다면 동양 사상에 대하여 많든 적든 이미 알고 있을 것이다. 우리가 볼 수 있는 동양 사상의 인물이나 고전은 모두 경외할 만한 것이다. 우주와 세계에 대한 사유로서 동양의 여러 종교 사상은 헐뜯을 데가 없다. 서구의 모든 종교 철학도 비관적이건 낙관적이건 동양의 종교·철학 사상과 같은 길을 가고 있다. 스토아주의, 그노시즘(영지주의), 스피노자의 철학, 사변적인 독일 철학들도 궁극적인 사상에 있어서는 동양의 종교 사상과 가까이 접해 있다."(슈바이처,《나의 세계관 신앙관》)

타고르 _ "사람이 생각하는 범위는 온통(하느님)에까지 넓혀야 한다. 그리하여 온통의 생각이며 온통의 생명인 얼 안에서 살며 기뻐하자는 것이 옛 인도 사람들의 간절한 바람이었음을 우리는 알고 있다. 그러나 사람의 생각이 여기까지 이른다는 것은 참으로 어렵다. 사람의 모든 이기적 충동과 자기 중심적인 욕망은 얼나에 대한 직관력을 흐리게 한다. 그것은 짐승인 제나(몸나)의 짓이다. 우리가 얼나를 의식할 때에야 비로소 제나를 초월하고 얼나를 참나로 깨달아 온통의 님(하느님)과 더욱 친화(親和)하게 된다. 우리는 나의 생각이 제나의 수성(獸性)으로부터 자유를 얻는 데 대하여 값을 치러야 한다. 그 값이란 무엇인가? 짐승인 제나를 버리는 일이다. 제나(몸나)를 부정함으로써 참나인 얼나를 깨달을 수 있다."(타고르, 《삶의 실현》)

마하트마 간디 _ "우리는 제나(몸나)를 버리기 전에는 우리 가슴속에 있는 짐승 성질의 뿌리를 뽑을 수 없다. 하느님은 가치 있는 자유를 주는 대가로 우리가 제나를 완전히 포기하기를 요구한다. 우리가 제나를 버리는 그 순간 우리는 살아 있는 모든 것을 위해 봉사하고 있음을 알게 된다. 그것은 다시 얼나로 태어나는 기쁨이다. 우리는 새로 난 생명인 얼나로 하느님의 일에 봉사하면서 결코 희망을 버리지 않는다. 기도는 늙은 부인들만 즐기는 일이 아니다. 바르게 이해하고 하면 기도야말로 가장 훌륭한 일이다. 우리의 마음이 하느님의 얼로 가득 채워지면 우리는 누구에게도 악의나 미움을 품지 않는다. 또한 적이었던 사람도 그의 적의(敵意)를 거두고 나와 벗이 된다. 나는 나의 적을 벗으로 바꾸진 못했지만, 내 가슴이 하느님의 얼뜻으로 가득 찼을 때 내 속에 있는 모든 미움은 사라졌다. 인류의 역사를 통해 지금까지 이러한 증언을 해온 스승이 헤아릴 수 없이 많다. 나는 그런 것을 자랑삼지 않는다. 나는 그런 모든 것이 하느님으로부터 비롯된 것임을 믿기 때문이다."(간디, 《간디의 마음》)

일곱 사람 가운데는 제나로 죽고 얼나를 깨달은 이도 있고 거의 깨달음에 이른 이도 있다. 그런데 모두가 기독교나 불교, 유교 등 모든 종교와 철학이 겉으로는 달라도 속으로는 똑같이 하느님에 이르고 있음을 헤아렸던 것이다. 예수, 석가, 공자, 노자가 하느님을 참나로 깨달은 것은 다름이 없다는 것을 보여준 것이다. 그것이야말로 바로 본(正見) 것이라 아니할 수 없다. 그러나 예수의 가르침에서 멀어진 기독교, 석가의 가르침에서 멀어진 불교, 공자의 가르침에서 멀어진 유교, 노자의 가르침에서 멀어진 도교는 이제 서로 다른 점이 많아질 수밖에 없다. 그래서 서로 배타적이 되었다. 류영모는 이렇게 말하였다.

"참으로 두 사람의 생각이 하나가 되려면 두 사람 모두가 제나로는 죽고 하느님이 주시는 얼나로 솟나야 한다. 영원한 생명인 얼나에는 너와 나라는 나눔이 없다. 하느님으로부터 받은 얼나로는 너와 나가 없는 공통의 한 생명인 것이다. 얼나로 둘이 한 생명이 되면 부르고 답할 필요가 없다. 거기서 이견(異見)이 나올 리가 없다. ……

이 사람의 생각은 언제나 얼나에서 떠나지 않는다. 얼나에서 모든 하느님의 말씀이 나온다. 이것을 깨닫지 못하면 내 말을 못 알아듣는다. 알긴 무엇을 아는가? 우리가 아는 것이라고는 없다. 예수교 믿는 사람은 유교를 이단시하고 불교를 우상 숭배라 한다. 불교에서는 예수를 비난하고 유교를 나쁘다고 한다. 유교는 불교를 욕지거리하고 기독교를 천시한다. 그러고도 무엇을 안다고들 하는지 모르겠다. 남을 모르면 자기도 모른다. 자기가 그이(君子)가 되려면 다른 그이(君子)도 알아야 한다. 그것을 모르는 지금은 참 멍텅구리 시대이다."(류영모, 《다석어록》)

석가 붓다가 살아 있을 때 연등을 만들어 걸어놓았다는 일은 없었다. 연등은 얼나를 깨달은 석가 붓다를 형이하로 나타낸 상징물이다. 석가 붓다처럼 얼나를 깨달은 붓다가 될 생각은 안 하고 연등만 만들고 있으면 그게 뭣하는 일인가? 그야말로 쓸데없는 일을 하는 것이다. 연등이나 만들지 말고 스스로 얼나로 깨달아 붓다가 되어야 한다. 자식을 자꾸 낳는 것은 연등을 자꾸 만드는 것과 같은 부질없는 짓이다. 사람이 사는 목적은 자식 낳아 기르는 것이 아니라, 석가처럼 자기가 얼나를 깨달아 하느님(니르바나님)께로 돌아가는 것이다. 류영모는 말하였다.

"맘놓이(解脫)를 가지려면 치정(癡情)을 아주 끊는 것이다. 정조(貞操)라고 하지만 참으로 정조를 지키는 것은 치정을 아주 딱 끊어버리는 것이다. 석가의 출가(出家)는 맘 놓게 하는 가장 곧은 길이다. 석가가 언제나 곧이 곧장 앉아 있는 것도 치정을 끊었기 때문이다.

석가가 명상하는 것을 선정(禪定)이라고 한다. 세상에서 가장 마음을 움직여 미혹케 하는 것이 남녀 관계이다. 남녀 관계를 끊으면 마음은 저절로 가라앉는다. 인격의 온전함이 능히 금욕의 독신(獨身) 생활을 가능하게 한다. 금욕은 누구를 의지하거나 기대거나 하는 것이 없이 남녀 문제를 초월하게 되고 남녀 문제를 초월하게 되면 생사의 문제도 초월하게 된다. 제나가 죽은 맘은 남녀를 깨끗이 초월한다. 남녀의 바람이 자고 생각의 호수가 깊으면 그것이 하느님 나라요 니르바나의 나라이다. 남녀 유별 부부 유별 해야지 밤낮으로 사랑이니 섹스(sex)니 하는 것은 사랑도 천성(天性)도 아니다. 그것은 오줌싸개 똥싸개이다. 똥오줌을 싸서 뭉개는 어리석은 짓은 벗어나야 한다. 남녀를 끊고 생사를 넘어선 이가 깨달은 이, 곧 붓다이다.”(류영모,《다석 어록》)

물론 자녀를 안 낳는다고 저절로 깨달음에 이르는 것은 아니다. 제나가 죽어야 얼나를 깨닫는다. 피붙이를 떠나 수녀 생활을 한 마더 테레사가 했던 신앙의 고백을 들어본다.

“49년이나 50년경 이후로 끔찍한 상실감, 말로 표현할 수 없는 어둠과 외로움, 주님을 향한 끊임없는 갈망이 마음 깊은 곳에서 저를 괴롭히고 있습니다. 어둠이 너무 깊어서 제 마음으로도 이성으로도 아무것도 보이지 않습니다. 제 영혼 안 주님이 계셔야 할 자리에 아무도 없습니다. 제 안에는 주님이 계시지 않습니다. 갈망의 고통이 몹시 커질 때마다 저는 단지 주님을 바라고 또 바랍니다. 하지만 주님은 저를 원하지 않으시나 봅니다. 주님은 그곳에 계시지 않습니다. …… 하느님은 저를 원하지 않으십니다."(《마더 테레사, 나의 빛이 되어라》)

이렇게 괴로운 마음을 품고 어떻게 수많은 어려운 사람들을 지극정성으로 돌볼 수 있었을까. 토인비가 말한 사람이 이루어야 할 세 가지 일 가운데서 문화를 창조하는 일이나 영지(靈智) 활동이 어땠는지는 잘 모르겠으나 사람을 사랑하는 일에서는 큰 업적을 남겼다.

몸에 장애를 입어 자살하고 싶은 고비를 넘기고 사랑 베풀기에 최선을 다해 토인비가 말한 것처럼 삶의 목적에 이른 사람의 얘기를 하고자 한다.

가톨릭 집안의 맏이로 태어난 방상복(房相福)은 자의반 타의반으로 가톨릭 사제인 신부(神父)가 되었다. 철이 없을 때 집안 분위기에 휩쓸려 신부가 된 방상복은 세상을 알게 되자 고독과 싸워야 하는 신부의 삶이 십자가처럼 버거워지기 시작하였다. 방상복은 가톨릭에서는 묵인되고 있는 술을 마시기 시작했다. 술을 마실수록 자꾸만 주량이 늘어나 알코올 중독이 되었다. 이래서는 안 되겠다는 생각이 든 방상복은 남태평양의 파푸아뉴기니에 파견되는 선교사로 나가겠다고 지원하였다. 그 섬의 원주민들의 생활은 원시 그대로였다. 방상복은 그곳 사람들에게 헌신적으로 봉사하였다. 그런데 불행하게도 풍토병에 걸려 사경을 헤매게 되었다. 치료를 받고서 겨우 나았으나 후유증으로 청력을 거의 다 잃어 보청기를 끼고도 남의 말을 잘 알아듣지 못하게 되었다. 그 일로 귀국한 후 방상복의 개인적인 사정은 선교 파견을 나가기 전보다 더 어려워졌다.

그는 좌절했고 다시 술을 마셨으며 심지어 자살을 생각할 만큼 우울한 나날을 보냈다고 한다. 경기도 광주에 있는 한 성당의 주임신부가 되었을 때는 하느님 앞에서 굳은 결심을 했다. 자기보다 더 어려운 사람들을 가족처럼 사랑하겠다고 마음먹었다. 그리하여 신부가 거처하는 사제관을 개방하여 오갈 데 없는 거지들을 받아들여 함께 살기로 하였다. 얼마 후 찾아오는 사람이 자꾸만 늘어나 사제관만으로는 감당을 못하게 되자 경기도 광주시 도척면 유정리에 '작은 안나의 집'을 세워 심신장애자들이 살아갈 수 있는 터전을 마련하고 수녀님들이 돌보게 하였다. 그렇게 하기까지 행정기관의 도움도 컸지만 가톨릭 신도들의 사랑의 헌금이 주춧돌이 되어주었다.

방상복이 안성 성당의 주임신부가 되었을 때 안성시 사곡동에 노인 장기 요양 기관인 '성 베드로의 집'을 세웠다. 방상복은 직접 사회복지사 자격증을 취득하였을 뿐 아니라 동국대학교 불교학과에서 수학하여 이웃 종교인 불교에 대한 이해도 넓혔다. 또 방상복은 한국에 시집 왔다가 이혼을 하자 오갈 데 없게 된 이주 여성들을 받아들여 자활할 수 있게 도와주는 복지 시설(성모의 집)을 만들기도 하였다. 그리하여 사람들에게 자비의 보살 신부로 존경을 받고 있다. 방상복은 머리도 삭발을 하고 개량 한복을 입는다. 방상복에게 머리 둘 곳 없는 이는 곧 예수님이었다. 예수는 살아 계실 때 동쪽 집에서 잠자고 서쪽 집에서 얻어먹어 자신을 머리 둘 곳 없는 이라고 하였다. 방상복은 머리 둘 곳 없는 이들에게 잠자리가 되어 주겠다는 뜻에서 자신의 이름을 '방(房)구들장'이라고 고치기도 하였다. 그의 이웃 사랑의 깊이를 헤아리고도 남는다. 류영모는 사랑에 대해서 이렇게 말하였다.

"사람이 이 세상에서 평생을 지나가는데 마침내 참나(얼나)를 찾아 서로 사랑하는 것으로 끝을 맺게 될 것이다. 본래 하느님께서 내게 주신 얼의 몫을 영글게 노력하면 반드시 얼사랑(仁愛)에 이르게 될 것이다. 사랑을 잘못하면 죄가 될 수도 있다. 짝사랑으로 인해서 서로 험담하고 때리다가 살인에까지 이른다면 그것은 독한 탄산가스와 같은 죄악이다. 그렇지만 사랑을 너무 에누리해서 사랑의 죄악만을 강조한다면 사랑의 본질을 놓치기 쉽다. 우리가 사랑으로 살면서 사랑의 본원(本源)에 들면 결코 해로운 것이 될 수 없다."(류영모, 《다석어록》)

조로아스터교를 비롯하여 여러 종교에서 사후 심판을 받는다는 교의를 내세우는 종교들이 있다. 그것은 사람들이 생각해낸 허황한 생각일 뿐이다. 사람의 잘못이나 따지고 있을 하느님이 아니다. 그러나 각자가 자신의 삶을 평가할 수는 있다. 토인비의 말대로 자신이 영지(靈智) 활동을 얼마나 하였는가, 또 이웃을 얼마나 사랑하였는가, 마지막으로 문화 창조에 얼마나 기여했는가를 따져보면 금방 성적이 나온다. 여기에 점수가 보잘것없었다면 지금부터라도 이 세 가지 일에 열성을 기울여야 인생을 헛되게 살지 않을 수 있다.

삶의 눈마치(目的)

이 누리에 나는 무엇하러 왔지?
짐승처럼 새끼 낳아 핏줄 이으려고
자식들 낳아 길러놓으면 죽잖은가?
부끄럽게 짐승 노릇이나 하다 그만둬
꼭 알아야 할 임을 만나러 온 것이라

만나야 할 임은 어디에 계시는 누구?
높은 자리 차고앉아 내 잘났다는 이
아니 그런 잘난 체하는 이는 아예 아니라
물처럼 늘 낮은 곳에 몸 두는 물 같은 임
만인 만물을 이롭게만 하는 어지신 임이라

예수와 석가는 바른 삶의 길을 가르친 이
위로 하느님 받들어 높이고 아래로 이웃 섬겨
하느님 사랑 이웃 사랑에 목숨조차 버려
욕망의 바다 위로도 뭍 위처럼 가볍게 건너가
세상 사람들이 두려워하리만큼 놀라웠다

예수 석가 본받고 따르고자 하였는데
예수 석가 이르기를 나는 높일 이가 아니라
저 위에 계시는 하느님 한 분만이 높일 임
나는 너희 곁을 떠나는 게 너희를 위하는 길
하느님께서 스스로 찾아오는 탕자를 높여

예수 석가의 일치된 가르침 좇아서
제나를 죽이고 마음을 텅 비우나니
하느님의 얼생명이 내 맘속에 들어와
얼시구 절시구 넘치는 은혜요 기쁨이라
하느님 품속에 품고 하느님 품속 안겨 하나
(2007. 8. 25. 박영호)

4장

깨달음의 길

말씀밖에 믿을 게 없다. 말씀이란 하느님으로부터 오는 얼(성령)이다.
나는 말씀밖에 아무것도 안 믿는다. 예수만이 말씀이 아니다. 석가도
마찬가지로 말씀이다. 불교에서는 설법(說法)이라 하는데 법(法)이란
진리의 말씀이란 뜻이다. 말씀의 임자가 누구인가? 하느님의 생명인
얼이 말씀의 주인공이다. – 류영모

없이 계시는 하느님

예수가 한 말 가운데 가장 엄숙한 말이 있다면 이 말일 것이다.

"나는 분명히 말한다. 사람들이 어떤 죄를 짓든 입으로 어떤 욕설을 하든 그것은 다 용서를 받을 수 있으나 성령(얼)을 모독하는 사람은 영원히 용서받지 못할 것이며 그 죄는 영원히 벗어날 길이 없을 것이다."(마르코 3:28~29)

역사적으로나 민족적으로나 이스라엘의 가장 큰 걱정이자 두려움이 야훼신으로부터 받은 징벌의 저주인 원죄(原罪)이다. 야훼신은 에덴동산 한가운데에 선악과를 심어놓고 그 사실을 아담에게 말하면서 절대로 따 먹지 말라고 경고한다. 아담과 하와가 선악과를 따 먹을 것을 몰랐다면 신(神)의 자격이 없다 할 것이고 선악과를 따 먹을 것을 알면서도 심었다면 그 고약한 심보 때문에 또한 신의 자격이 없다고 할 수밖에 없다. 원죄 문제는 이스라엘 민족에게는 큰 숙제요 화두인데 예수는 아예 원죄라는 말을 입에 올린 일도 없었다. 예수는 원죄설을 믿지 않았음이 분명하다고 할 것이다.

그런데 예수와 달리 바울로는 원죄에 관심을 두는 정도를 넘어, 원죄로 모든 것을 이해하려 했다. 바울로가 본 이스라엘 역사는 원죄라는 포승줄에 묶이고 엮여 끌려가는 모습이었음이 틀림없다. 바울로는 예수의 십자가 죽음을 통해 이스라엘 민족이 원죄에서 풀려나는 것으로 보았다. 짐승을 제물로 바쳐 개인의 잘못을 용서해준다면 하느님의 아들이라는 특별한 제물로는 원죄를 대속해줄 수 있어야 한다고 생각한 것 같다. 바울로의 발상은 무자비하기 그지없다. 신이 사랑하는 아들이 참혹하게 죽임을 당해 제물로 바쳐졌다면 상식적인 신이라면 더 노여워할 것이다. 교리를 내세워도 믿을 만한 교리를 내세워야 믿을 것이 아닌가라는 토인비의 말은 지극히 상식적인 말이다. 예수는 "사람들이 어떤 죄를 짓든 입으로 어떤 욕설을 하든 그것은 다 용서를 받을 수 있으나"라고 말하였다. 하느님은 사람들이 죄를 짓다가도 다시 죄를 안 지으면 그것으로 괜찮다고 여기셨다. 하느님 아버지의 마음을 가장 잘 나타낸 것이 루가복음 15장 탕자의 비유이다.

그런데 예수가 예외적으로 놀랍고 무서운 말을 한 적이 있다. 성령(얼)을 모독하는 사람은 영원히 용서받지 못할 것이며 그 죄는 영원히 벗어나지 못하리라는 것이다. 예수답지 않게 냉정함과 엄숙함이 느껴지는 말이다. 예수가 이렇게 말한 데에는 까닭이 있다. 예수가 말하기를 "하느님은 얼이시라 기도하는 이가 얼로 참되게 기도하여야 한다."(요한 4:24, 박영호 의역)라고 하였다. 하느님은 얼이시라고 말한 것이다. 하느님이 곧 성령이란 뜻이다. 하느님 아버지 따로 있고 하느님의 얼이 따로 있는 것 아니다. 다시 말하면 성부가 따로 있고 성령(성신)이 따로 있는 게 아니란 말이다. 하느님이 성령이시다. 하느님은 아니 계시는 곳이 없는 얼이시다. 예수나 석가를 비롯한 하느님 아들은 하느님(니르바나님)으로부터 하느님의 생명인 얼을 받았다. 그 얼이 하느님 아들이다. 얼(성령)을 모독하는 것은 얼의 존재를 부정하는 것이므로 하느님의 얼을 부정하면 하느님의 얼로 솟날 수 없다. 이는 더없는 손실이요 과오이다. 그러므로 예수가 냉정하고 엄숙하게 말하지 않을 수 없었던 것이다. 그런데 기독교는 예수의 대속만 내세운다. 얼로 솟나야 한다는 소리는 요한복음에만 실려 있을 뿐이다. 바울로의 교의 신앙에 홀린 기독교인들에게 요한복음은 있으나 마나 한 것이 되었다. 이것을 알아차린 야스퍼스는 이렇게 말하였다

"비록 예수 그리스도가 이 신앙의 시작이며 중심이긴 하지만 예수 자신은 기독교적인 세계에서 단지 기독교의 한 가지 요소에 지나지 않는다. 예수는 기독교의 창설자가 아니다. 예수에 의해서 기독교가 태어난 것이 아니다. 오히려 예수의 실체는 예수와는 전혀 상관없는 여러 가지 이념적인 교의에 의하여 가려져 있다. 기독교에 의하여 예수는 완전히 다른 실체가 되어버렸다. 그럼에도 불구하고 그의 실

체의 발자취는 언제나 우리에게 남아 있다."(야스퍼스, 《위대한 사상가들—소크라테스, 석가모니, 공자, 예수》)

예수는 하느님이신 얼(성령)의 외적인 성상(性狀)을 이렇게 말하였다.

"(하느님께서) 드리워주시는 얼(성령)로 새로 나지 아니하면 하느님 나라에 들어갈 수 없다.(어버이의) 몸에서 나온 것은 몸나이며 (하느님의) 얼에서 나온 것은 얼나이다. 위로부터 얼로 나야 한다는 내 말을 이상하게 듣지 말라. 바람은 제가 불고 싶은 대로 분다. 너는 그 소리를 듣고도 어디서 불어와서 어디로 가는지를 모른다. 얼로 난 사람은 누구든지 이와 마찬가지다."(요한 3:5~8, 박영호 의역)

이는 매우 중요한 말씀이요 가르침이다. 하느님은 바람처럼 형상이 없다는 것이다. 류영모는 예수의 이 말을 받아서 이렇게 말하였다.

"예수는 바람을 갖다가 성령의 영원한 생명 운동으로 비유하고 있다. 성령의 바람은 범신(汎神)이다. 범신이야말로 진정한 생명 운동이다. 무한대의 허공에 충만한 성령(얼)이 아버지 하느님이시다. 하느님은 있다 없다 하는 상대적 존재가 아니고 모든 상대적 존재를 포용한다. 하느님하고 나하고 무슨 관계가 있다.

삼독(三毒)이 든 몸이 아닌 얼로는 하느님과 하나이다. 이 얼나가 참으로 더없는 나, 대적할 것 없는 나다. 배타적이 아닌 공통의 나다. 빈탕한데(허공)의 하느님과 하나인 얼나를 모르기 때문에 탐·진·치를 지닌 몸나(제나)를 나라고 내세운다. 내가 얼나로는 하느님의 아들인 것을 알고 이것을 붙잡고 줄곧 위로 올라가면 내가 하늘로 가는지 하늘이 내게로 오는지 모르겠지만 하느님 나라는 가까워지고 있다. 이것을 깨달으면 이 세상이 그대로 하느님 나라이다. 영원 무한을 얼생명으로 알면 하느님의 참사랑을 느낄 수 있다."(류영모,《다석어록》)

하느님의 생명인 얼(성령)이 바람과 같다는 말은 없으면서 있다는 말이다. 유대교의 인태(人態) 신관과는 전혀 다른 것으로서, 바람같이 없이 계시는 하느님이 예수의 신관이다. 류영모가 말한, 없이 계신 하느님은 이미 2천 년 전에 예수가 밝혔다. 예수는 말로만 밝힌 것이 아니라, 체험으로 증명하였다. 예수에게서는 짐승 성질인 탐·진·치가 사라졌다. 수성(獸性)을 예수의 맘속에 온 얼나가 다스렸기 때문이다. 이 사실은 요한복음 17장 2절에 밝혀져 있다. 그런데 이 구절은 그 뜻을 모르는 이들이 베끼는 과정에서 문맥이 바뀌어 엉뚱한 말로 적혀 있어 여기서 바로잡아 의역한다.

"하느님 아버지께서 얼나인 아들에게 온몸의 짐승 성질을 다스리는 권능을 주시어 얼나로 모든 이에게 영원한 생명을 주시고자 하였습니다."(요한 17:2, 박영호 의역)

'만민' 혹은 '모든 사람'으로 옮겨진 파세스 사르코스(πασης σαρκος, all flesh)는 '온몸'으로 옮겨야 맞다. 예수는 얼나를 깨닫고 나서는 짐승 성질을 온전히 극복하여 몸은 지녔어도 짐승 냄새가 나지 않았다. 무소유로 탐욕이 없고, 무폭력으로 폭행도 없었고, 무육욕으로 음행도 없었다. 짐승인 제나가 온전히 죽어 얼나의 심부름꾼이 된 것이다. 이것을 공자는 극기복례(克己復禮)라 하였다. 석가는 고집멸도(苦集滅道)라 하였다. 뜻은 하나이다. 제나로 죽고 얼나로 솟나 하느님 아버지와 얼로 뚫린 것이다. 류영모는 이렇게 말하였다.

"내가 얼숨을 쉰다는 것은 하느님의 생명인 얼을 숨 쉬어 진리인 얼나를 체득하는 것이다. 이것은 기도로 이루어진다. 기도는 하느님을 생각하는 것이다. 하느님을 생각하는 사람에게 주시는 하느님의 얼은 몸나의 짐승 성질을 다스리는 권능(authority)을 가져 짐승 성질을 이김으로 새사람이 되게 한다. 그러므로 하느님이 주시는 얼(성령)을 마음의 생각으로 숨 쉬어 얼나를 깨달아야 한다."(류영모,《다석어록》)

얼나를 깨달은 사람은 예수, 석가를 비롯하여 누구나 짐승 성질을 극복할 수 있었다. 이것으로도 얼(성령)이 실재하는 것을 믿지 않을 수 없다. 얼이 하느님이시라 얼이 있으면 하느님이 계시는 것이다. 얼나를 깨닫는 바른 길은 땅의 어버이가 낳아준 제나(몸나)가 거짓나인 것을 실감하고 그것을 철저하게 부정하는 것이 전제되어야 한다. 제나가 살아 있는데 그 상태에서 얼나를 깨닫겠다는 것은 있을 수 없는 일이다. 얼(성령) 받기를 간절히 바라면서도 얼나를 깨닫지 못하는 까닭이 여기에 있다. 내 몸의 죽음이 기쁨이 되고 희망이 되고 영광이 될 때 얼나를 깨닫게 된다. 류영모는 이렇게 말하였다.

"이 몸나는 가짜 생명이다. 우리는 참나인 얼나를 찾아야 한다. 우리의 일이 얼생명인 참나를 찾는 것이다. 하느님 나라에는 참나인 얼나가 들어간다. 예수가 이르기를 '얼로 새로 나지 않으면 아무도 하느님 나라에 들어갈 수 없다.'(요한 3:5, 박영호 의역)고 했다. 가짜 생명인 제나는 죽어야 한다. 반드시 죽음이 있어야 한다. 그런데 사람들이 이 세상에서 가짜 생명인 몸나를 연명하는 데만 궁리하고 골몰하고 있다. 그래서는 안 된다. 나에겐 얼이라는 생각밖에는 다른 생각이 없다.

얼나가 중심(中心)이다. 불교의 중도(中道), 노자(老子)의 수중(守中), 유교의 중용(中庸)은 일체가 하느님께 돌아가는 것이다. 얼나는 예사롭게 저거니 하고 갈 게 아니다. 이 얼나가 대실존(大實存)일 것이다. 이 사람 생각은 늘 얼나를 떠나지 않고 얼나에서 모든 생각이 나온다. 이것을 모르면 내 말은 못 알아듣는다."(류영모, 《다석어록》)

내 마음속에 온 하느님의 얼(성령)이 내 마음속의 수성(獸性)을 다스릴 뿐 아니라 한편으로는 하느님의 말씀을 대변한다. 필립보가 스승인 예수에게 하느님 아버지를 뵙게 해주면 더 바랄 것이 없겠다고 말하자, 예수가 필립보에게 대답하였다.

"필립보야, 들어라. 내가 이토록 오랫동안 너희와 같이 지냈는데도 너는 나(얼나)를 모른다는 말이냐? 나를 보았으면 (얼나를 깨달았으면) 곧 아버지를 본 것이다. 그런데도 아버지를 뵙게 해 달라니 무슨 말이냐? 너는 내(얼나)가 아버지 안에 있고 아버지께서 내 안에 계시다는 것을 믿지 않느냐? 내가 너희에게 하는 말도 나 스스로 하

는 말이 아니라 아버지께서 내(얼나) 안에 계시면서 몸소 하시는 일이다."(요한 14:9~10)

예수의 입에서 나오는 말도 예수의 제나가 하는 말이 아니라 예수 안에 있는 얼나(하느님)가 직접 말하는 것이라고 하였다. 예수의 제나는 얼나(하느님)의 뜻을 전하는 역할만 할 뿐이다. 류영모도 같은 체험을 하고 이렇게 말하였다.

"내 맘속에 거룩한 생각이 자꾸 살리어 나오는데 이 나(얼나)라는 것이 그리 쉽게 이해되는 것은 아니다. 이 생각이 살리어 나오는 것은 상대의 유무(有無)인 제나를 초월한 데서 나오는 것 같으니 말이다. 알게 하는 것은 참인 성령(얼나)이다. 이것을 보면 내가 하느님 아들(얼나)이 되어야 한다."(류영모,《다석강의》)

사람의 이성(理性)으로는 하느님(하느님 나라)을 찾지 못한다. 마치 호미나 모종삽으로 땅을 파서는 지구의 지각 아래 있는 맨틀에 이르지 못하는 것과 같다. 그러나 마그마가 지각을 뚫고 분출해 나옴으로써 우리는 지각 밑에 맨틀이 있는 것을 알 수 있다. 이처럼 제나가 죽은 빈 마음에서 얼의 말씀이 터져 나오는 것을 보고서 하느님의 얼(성령)의 나라가 있다는 것을 알게 된다. 이러한 정신 현상은 예수, 석가, 노자처럼 얼나를 깨달은 이들에게만 일어난 일이다. 류영모도 예수, 석가, 노자와 같은 체험을 한 뒤에 말하기를 "하느님 말씀밖에 믿을 게 없다."고 하였다. 내 맘속에 솟아나오는 하느님의 말씀밖에 믿을 게 없다는 말이다.

"말씀밖에 믿을 게 없다. 말씀이란 하느님으로부터 오는 얼(성령)이다. 나는 말씀밖에 아무것도 안 믿는다. 예수만이 말씀이 아니다. 석가도 마찬가지로 말씀이다. 불교에서는 설법(說法)이라 하는데 법(法, Dharma)이란 진리의 말씀이란 뜻이다. 말씀의 임자가 누구인가? 하느님의 생명인 얼(성령)이 말씀의 주인공이다. 마태오 10장 20절에는 '말하는 이는 너희가 아니라 너희 안에서 말씀하시는 아버지의 성령(얼)이시다.'라고 했다. 우리의 마음속에서 말하는 이는 하느님이시다. 우리가 말하는 것이 아니라 하느님이 말씀하신다. 하느님의 말씀이 참 말씀이다. 하느님 아버지께서 우리에게 이르신 말씀이 정직하게 살라는 것이다. 정직한 길은 예로부터 하늘에서 주어진 길로 모든 성현들이 걸어간 길이다. 이 길만이 마음 놓고 턱턱 걸어갈 수 있는 길이요, 이 길만이 언제나 머리를 들고 떳떳하게 걸어갈 길이다. 모든 상대(相對)를 툭툭 털어버리고 오로지 갈 수 있는 길은 곧은 길뿐이다. 이 곧은 길만이 일체(一切)를 이기는 길이다. 하느님의 말씀은 맨 꼭대기(元)이다. 사람이 진리의 말씀에 순종하는 것이 하느님을 따르는 길이다. 세상을 사랑하면 멸망이지만 진리의 말씀을 좇으면 영생이다."(류영모, 《다석어록》)

하느님의 얼나라로 가는 것이 삶의 목적이다. 삶의 목적도 모르면서 방황하는 일은 없어야 한다. 돈 좀 모았다고 오락장이나 들락거리고 경기장이나 돌고 관광이나 다닌다고 잘 사는 것이 결코 아니다. 사람이 사는 목적은 류영모가 분명히 밝혀주었다.

"우리는 으뜸으로 돌아간다. 복원(復元)하는 것이다. 우리는 하나로 돌아간다. 귀일(歸一)하는 것이다. 우리는 맨 처음 나온 데로 돌아간다. 회초(回初)하는 것이다. 하느님과 하나 되고자 하느님께로 돌아간다는 말이다. 그렇다고 세상의 집으로 돌아가는 것이 아니다. 집은 쉬기 위해 지나가다가 들르는 곳일 뿐이다. 이 세상에서는 자신에게 가까운 것은 다 버려야 한다.

집에 대한 것은 버리고 싶다. 그러니까 이 지구(地球)도 집에 지나지 않는다. 마침내는 집을 내버리고 가야 한다. 지나가는 한순간밖에 안 되는 이 세상을 버리고 간다면 섭섭하다고 한다. 그런 바보들이 어디 있는가? 우리는 한번 가면 다시 오지 못한다. 일왕불복(一往不復)이라 한번 가면 다시 못 오는 길을 우리가 가고 있다."(류영모,《다석어록》)

하느님의 얼 나라는 또한 빔(空)의 나라이다. 가장자리 없는 절대허공이라 태허공(太虛空)이라고 부른다. 류영모는 태허공을 '빈탕한데'라고 이름하였다. 빈탕한데에 얼이 가득 찬(충만) 것이 하느님이시다.

"우리가 알아야 할 것은 빈탕한데(허공)이다. '빈탕한데'란 무한대의 허공을 내가 순우리말로 말해본 것이다. 백 간짜리 집이라도 고루고루 쓸 줄 알아야 하듯 우주 또는 그 이상의 것도 내 것으로 쓸 줄 알아야 한다. 그래서 빈탕한데인 하느님 아버지 품에서 살아야 하는 것이다.

단 하나밖에 없는 하나(絶對)는 허공(虛空)이다. 색계(色界)는 물질 계이다. 단일(單一) 허공에 색계가 눈에 티검지와 같이 섞여 있다. 이 사람은 단일 허공을 확실히 느끼는데 하느님의 마음이 있다면 하느님의 마음이 허공으로 느껴진다.

참(truth)이라는 것은 상대 세계인 이 세상에서는 볼 수 없다. 빈탕한데에 들어가야만 참을 볼 수 있을 것이다. 그러지 않고서는 참을 생각할 수 없다. 그래서 이 세상의 것은 모두가 거짓이다. 거짓에 집착할 필요가 없다. 잠깐 우리가 빌려 쓰는 것이다. 절대공(絶對空)을 사모한다. 우리가 죽으면 어떻게 되나? 아무것도 없다. 아무것도 없는 허공이라야 참이 될 수 있다. 참으로 무서운 것은 허공이다. 허공이 참인 하느님이기 때문이다. 허공 없이 실존이고 진실이고 어디에 있는가? 우주조차도 허공 없이 어떻게 존재할 수 있는가? 허공 없이 존재할 수 있는 것은 아무것도 없다."(류영모,《다석어록》)

내가 있으므로 있(有)의 자리에서는 없(無)과 빔(空)을 보고 없이라 빔이라 하여 그야말로 업신여기게 된다. 그러나 없(無)과 빔(空)의 자리에서 있(有)을 보면 있의 물질이란 없빔이 변질된 찌꺼기에 지나지 않는다. 없빔은 스스로 있어서 있지만 물질인 있(有)은 없빔인 하느님이 있게 해서 있는 것이다. 없빔이 있(有)의 임자요 근원이요 생명이다. 없빔(無空)이 모든 있음(有)의 물질을 내놓았다. 엄밀히 말하면 창조가 아니라 없빔의 생명인 얼(성령)의 일부가 스스로 절대성을 버리고 상대적인 물질로 변한 것이다. 창조가 아니고 변화이다.

노자는 이를 유생어무(有生於無)라고 말하였다. 있(有)은 없(無)에서 났다는 뜻이다.

"맨 처음 천지가 창조되기 전에 말씀이 계셨다. 말씀은 하느님과 함께 계셨고 하느님이시다. 말씀은 맨 처음 천지가 창조되기 전부터 하느님과 함께 계셨다. 모든 것은 말씀을 통하여 생겨났고 이 말씀 없이 생겨난 것이 하나도 없다."(요한 1:1~3, 박영호 의역)

여기에서 말씀이란 얼(성령)이다. 얼은 없빔(無空)이신 하느님의 생명이다. 그러니 하느님이시다. 말씀이 하느님과 함께 있었다는 말은 어색하게 들리지만 말이 전혀 안 되는 말은 아니다. 천지가 창조되기 전부터, 곧 빅뱅(Big Bang)이 일어나기 전이라 하느님은 없빔(無空)이심을 암시하고 있는 것이다. 이것은 예수의 말씀이 아니고 요한복음 기자의 말이다. 예수가 직접 한 말이 있다.

"저희를 주신 내 아버지는 만유(萬有)보다 크시매 아무도 아버지 손에서 빼앗을 수 없느니라."(요한 10:29, 한글개역)

여기서 '내 아버지 하느님은 만유보다 크시다'고 한 것은 하느님의 성상(性狀)에 관한 예수의 귀중한 말이다. 예수는 하느님 성상에 대해서는 거의 말을 안 했기 때문이다. 예수와 달리 석가와 노자, 장자는 하느님의 성상에 관해 많은 말을 했다. 그러나 예수는 이 한마디만으로 충분했다. 만유보다 큰 것은 허공밖에 없기 때문이다. 만유를 내고 안고 거두는 허공이 온통이신 하느님이시다. 류영모는 이렇게 말하였다.

"사람은 우주 만물의 맨 처음(太初)을 잘 모른다. 그것은 온통 하나(허공)가 되어서 그렇다. 사람은 온통(전체)을 알 수가 없다. 사람은 완전(完全)을 알 수가 없다. 그러나 사람은 완전을 그리워한다." (류영모, 《다석어록》)

장자도 같은 생각을 하였다.

"옛사람의 그 앎은 지극한 곳에 이름(다다름)이 있다. 이른 곳이 어디인가? 만물이 비롯하기 앞(無)을 생각함으로써 이르렀다. 이른 곳은 온통이다. (절대라) 더 하려고 해도 할 수 없다. 그다음에 있는 만물을 생각하는 것이다."(《장자》 제물론 편)

예수가 한 말에서 하느님의 성상(性狀)에 대한 말이 또 있다. "하늘에 계신 아버지께서 완전하신 것같이 너희도 완전한 사람이 되어라." (마태오 5:48)에서 '하늘에 계신'이 그것이다. '하늘에 계신'이란 말은 마태오복음 6장에 나오는 예수의 기도문(주기도문) 첫머리에(마태오 6:9 참조) 나온다. 기독교인들에게는 대단히 익숙한 구절이어서 대부분 아예 깊이 생각해보려고 하지도 않는다. 그런데 우리가 크게 착각을 하고 있었다. 여기 나오는 '하늘'의 원어(그리스어)는 우라노스(ου ρανοζ)이다. 우라노스는 허공, 창공이다. 여기에서는 우라니오니오스(ουρανιοζ)로, '허공이신' 또는 '허공으로 계시는'으로 옮겨야 옳다. 톨스토이는 자신의 통일복음서에 이미 그렇게 옮겨놓았다. 지금처럼 '하늘에 계신'이라고 옮기면 하느님이 하늘보다 작은 해나 달이나 별 같은 존재가 되고 만다. 허공(하늘)이신 하느님이라고 옮겨야

하는데 하늘에 계신 하느님이라고 옮기게 된 것은 알게 모르게 유대
민족의 인태 신관이 예수의 신관에까지 영향을 끼친 것으로 미루어
짐작된다. 예수의 신관은 온통인 허공 신관이지 사람 모습의 인태 신
관이 아니다. 이것으로도 예수의 신관도 석가, 노자, 장자와 궤를 같
이하는 없빔(無空)의 절대 유일 존재의 신관인 것을 확인할 수 있다.
류영모는 이렇게 말하였다.

"우리의 얼생명이 한없이 넓어지고 높아지면 빔(허공)에 다다를 것
이다. 곧 영원한 생명(하느님)으로 돌아가는 것이다. 빔(허공)은 생명
의 근원이요 일체의 근원이다. 하느님은 신격(神格)이지만 사람 같은
인격이 아니다. 있없(有無)을 초월하였다. 하느님을 찾는 데 물질에
만족하면 안 된다. 있는(有) 것에 만족 못하니까 없이 계시는 하느님
을 찾는 것이다. 그래서 하느님은 없이 계신다."(류영모,《다석어록》)

석가 붓다는 예수, 공자, 노자보다 먼저 여러 번 빔(sunyata, 空)에
대한 가르침을 베풀었다. 석가 붓다는, 물질 세계를 부정하면 빔(空)
만 있는데 이 빔이 니르바나님이라고 말하였다. 얼이요 빔이신 니르
바나님(하느님)이시다. 불경 가운데 석가 붓다가 돌아가신 후 바로
첫 결집으로 이뤄져 석가 붓다의 말씀에 가장 가깝다는《잡아함경》
의 청정경, 괴법경, 법인경에 빔에 관한 말씀이 나와 있다.

청정경(清淨經) (잡아함경 84경)
물질은 덧없는 것이다. 덧없으면 괴로운 것이며 괴로우면 참나가

아니다. …… 이렇게 관찰하면 모든 세간에서 전연 취할 것이 없고 취할 것이 없기 때문에 저절로 니르바나님을 깨닫는다.

괴법경(壞法經) (잡아함경 51경)

나는 지금 너희들을 위하여 무너지는 법과 무너지지 않는 법을 설명하리니 자세히 듣고 잘 생각하라. 이제 너희들을 위하여 설명할 것이다. 모든 비구들이여, 물질은 무너지는 법이요 그 물질이 멸하면 니르바나님이니, 이것은 무너지지 않는 법이다. 느낌(受), 생각(想), 지어감(行), 의식(識)은 무너지는 법이요 그것들이 멸하면 니르바나님이니, 이것은 무너지지 않는 법이니라.

법인경(法印經) (잡아함경 80경)

거룩한 법인(法印)과 생각의 청정(淸淨)함을 설명하리니 만일 어떤 비구가 나는 공삼매(空三昧)에서 아직 깨달은 바 없지마는 모양 없음(無相)과 가진 바 없음(無所有)과 거만을 떠난 지견(離慢知見)을 일으킨다고 말한다면 그것은 말이 되지 않는다. 왜 그러냐 하면 만일 공(空)에 이르지 못하고서 나는 모양이 없음과 가진 바 없음과 거만을 떠난 지견을 일으킨다고 말한다면 그럴 이치가 없기 때문이다. 만일 어떤 비구가 나는 공(空)을 깨달아 능히 모양의 없음과 가진 바 없음과 거만을 떠난 지견을 일으킨다고 말한다면 그것은 옳은 말이다. 왜냐하면 공(空)에 이른 뒤에 능히 모양 없음과 가진 바 없음과 거만을 떠난 지견을 일으킨다면 그것은 그럴 이치가 있기 때문이다.

물고기들은 물로 인해 태어나고 물 덕분에 살면서도 물을 잘 모른다. 우리 사람들은 빔(허공)에 의해 생겨나고 빔 덕분에 살면서 빔을 잘 몰랐다. 그런데 석가, 노자, 예수가 나타나서 빔(없)의 존재가 생명의 근원이요 인간이 빔(없)의 은혜로 산다는 것을 비로소 알아냈다. 노자는 말하였다.

"세상의 모든 것은 있음에서 생겨났고 있음은 없음에서 태어났다 (天下萬物生於有 有生於無)."(《도덕경》40장)

구약성경의 창세기에 비기면,《도덕경》은 글자 수는 몇 자 안 되지만 참으로 훌륭한 말씀이다. 노자는 얼나(道)를 깨달은 바를 이렇게 말하였다.

"보아도 안 뵈니 이름하여 얼나의 모습, 들어도 안 들리니 이름하여 얼나의 소리, 잡아도 안 잡히니 이름하여 없이 있는 얼나. 이 세 가지는 따지고 물어서는 아니 된다. 그러므로 온통(전체)으로 하나 됨이여 그 위로도 밝지 않고 그 아래도 어둡지 않다. 다시 아무것도 없는 데(하느님)로 돌아간다. 이를 일러 모습 없는 모습이라 하며, 이를 일러 황홀(환빛)이라 한다. 없이 계시는 얼님을 맞이하여도 그 머리를 못 보고 따라가도 그 궁둥이를 못 본다. 예로부터 오는 얼을 잡아 이제 있음(有)을 다스리는 데 쓰니 옛 비롯(하느님)을 잘 안다. 이를 일러 얼나의 벼리(권위)라 한다.(視之不見 名曰夷 聽之不聞 名曰希 搏

之不得 名曰微 此三者 不可致詰 故混而爲一 其上不皦 其下不昧 繩繩不可名
復歸於無物 是謂無狀之狀 無物之象 是謂惚恍 迎之不見其首 隨之不見其後
執古之道 以御今之有 能知古始 是謂道紀)"(《도덕경》14장)

노자는 없이 계시는 하느님을 아주 없음(無極), 온통이라 하여 등
걸님(樸), 근원이라 하여 어머님(母)이라고 하였다. 류영모는 없이 계
시는 하느님은 개체(낱동)인 있음(有)과 없음(無), 삶(生)과 죽음(死)
을 넘어선 분이며, 본디 없음이라 하여 본무(本無)라고 하였다. 류영
모는 본무에 대해서 이렇게 말하였다.

"본래 없는(本無) 이것은 있다고 하고 싶다. 본래 없는 것만이 참
있는 것이라고 생각된다. 본래 없는 것(本無)이 바로 없이 계시는 하
느님이다. 이렇게 없다, 있다를 생각하면 철학이 나온다. 철학 중에
도 유무(有無)의 관(觀)을 말하려고 하면 한(限)이 없다. 그 까닭을 알
수 없는 걸로 어떻게 할 수 없다. 있다는 것도 생각으로 있다는 것인
데 있는 내가 없어져 본무(本無, 하느님)로 돌아가야 한다. 없어진다
면 아주 실패하고 마는 것같이 생각이 드나 여기서도 본래 없는 곳
으로 가는 것이다. 본무(本無)로 가자는 것이다. 이같이 하는 것이 곧
덕(德)을 높이는 것이다. 덕(德)이라는 것은 속알(얼나)이다. 속알을
높이자는(崇德) 삶이다."(류영모,《다석어록》)

나는 어찌할고? 몬(物)에 갇혀 있으니 생각으로라도 몬을 벗어던
지고 본무(本無)로 돌아가는 것이 우리가 할 일이다. 이것을 예수는
하느님 아버지께로 돌아간다고 말하였다. 석가는 니르바나님에게로

돌아간다고 말하였다. 노자는 무극(無極)으로 돌아간다고 말하였다. 예수의 아버지나, 석가의 니르바나나, 노자의 무극이나 이름만 다르지 실체는 하나인 하느님이시다. 없이 계시는 없(無), 빔(空)의 하느님이 참된 하느님이다. 이밖의 하느님은 사람들이 만들어낸 거짓 하느님이라 그야말로 우상이다. 없이 계시는 얼(성령)과 빔(허공)의 하느님을 모르는 이는 우상의 하느님을 믿는 것이다.

예수, 석가, 노자에게는 없이 계시는 하느님(니르바나님)만이 분명하였다. 하느님에 대한 의심은 조금도 없었다. 하느님에 대한 그와 같은 확신을 얻은 류영모는 이렇게 말하였다.

"아버지! 아버지! 하느님 아버지를 부르는 것은 내가 부른다. 아버지의 모습을 이승에서는 볼 수 없으나 아버지를 부르는 내 맘에 있다. 아무것도 없는 내 맘속에 오신다. 나의 임자(主) 되시는 하느님은 과대망상이 아닌 극기명상(克己瞑想)으로 찾아 간직할 것이다. 하느님이 참나임을 믿는 이는 이것을 계속 믿는다. 하느님 아버지를 생각하는 것이 참 사는 것이다. 하느님 아버지는 내가 생각한다. 그러나 나만이 생각하는 것이 아니다. 하느님께서도 생각하신다. 그리하여 나도 하느님 아버지를 생각하게 된 것이다.

상대 없는 절대자 하느님에게 아직도 너라고 말하면 불경(不敬)이라고 할 것이다. 하느님을 '영원한 너'라고 한 이도 있다. 하느님 아버지와 나는 나와 너 사이다. 나 속에 너를 넣어서 나가 나아진다. 예수는 '내가 아버지 안에 있고 아버지께서 내 안에 계시다고 한 말을 믿어라.'(요한 14:11)고 했다. 우리가 하느님을 부르는 것은 하느님을 잊지 않기 위해서다. 순간이라도 하느님을 잊으면 그 틈으로 다른 생각이 들어오기 때문이다. 우리는 하느님을 잊지 않으려고 하느님을 찾아 늘 기도를 올린다."(류영모,《다석어록》)

짐승인 사람에게 짐승 노릇을 거부하라고 얼을 주신 하느님보다 더 뚜렷이 계시는 이가 어디에 있는가? 이보다 더 분명한 증거가 어디 있는가? 석가나 예수의 얼굴 뒤에 나타나는 배광(背光)이 바로 하느님(니르바나님)을 나타낸 것이다. 류영모의 얼굴 뒤에도 배광이 있음을 느낀다. 그 배광을 뒤집으면 다석 사상이다. 다석 사상을 뒤집으면 하느님이시다. 류영모는 얼나로는 '나'가 허공(하느님)의 아들임을 깨달았다.

"허공밖에 없는 이 세계에 얼나는 허공의 아들이다. 절대(絶對, 하느님)의 아들이다. 절대의 아들이 참나인 것을 깨닫고, 요망한 몸나에 눈이 멀어서 애착함이 가시어지는가가 문제이다. 그래서 다시 하느님 아버지를 부르면서 올라간다. 말하는 것은 몸이 아니라 얼의 나가 상달(上達)한다. 그때가 되면 하나인 허공이 나를 차지할 것이고 허공을 차지한 얼나가 될 것이다. 이러한 얼나의 아침은 분명히 밝아올 것이다."(류영모,《다석어록》)

이러한 생각이 떠올랐을 때 류영모의 마음이 얼마나 기뻤을까는 헤아릴 수 있다. 이 세상의 어떤 기쁨이 하느님 아버지의 품속에 안기는 기쁨에 비길 수 있겠는가? 석가도 그것이 몸의 오욕에서 얻는 기쁨과는 비길 거리도 안 된다고 하였다. 하느님 아버지의 품속에 안기는 기쁨을 느껴보기 전에는 기쁨에 대해 함부로 말해서는 안 될 것이다. 그 판단이 거짓이 될 것이기 때문이다.

생명의 길, 죽음의 길

탕자가 세상에 나가 돌아다니다가 아버지(하느님)가 그리워져 아버지께로 돌아가기를 결심하고 돌아서는 것이 메타노이아(μετανοια)이다. 불교식으로 말하면 회향(回向)이라고 하겠다. 회향하는 길은 한 길인데 안으로 본 길은 아버지에서 스승으로, 스승에서 하느님께로, 곧 부·사·천(父師天)으로 오르는 길이다. 밖으로 본 길은 제나를 이기고 집을 버리고 나라를 넘고 세상을 끊은 후 하느님과 뚫리는 길이다. 극기(克己), 출가(出家), 초국(超國), 절세(絶世), 통천(通天)이다.

사람이 15세가 넘으면 아버지 어머니보다 더 존경하는 스승이 마음속에 자리 잡아야 마음이 중심을 잡는다. 소년 소녀들에겐 15세가 되면 아버지 어머니의 권위가 사라진다. 그 자리를 스승이 메꾸어주어야 한다. 청소년들이 쉽게 자살하게 되는 것이 마음에 중심이 되는 스승이 없기 때문이다. 스승이 있으면 어떤 시련도 이겨낼 수 있는 용기가 생긴다. 그러나 30세가 되면 스승에게서 하느님께로 나아가야 한다. 하느님께 나아가는 길은 얼나를 깨닫는 길이다. 이때 참된 스승은 제자와 단사(斷辭)를 하고 제자의 정신적 자립을 격려한다.

젊어서는 존경하는 스승이 없었고 늙어서는 귀의할 하느님을 모른다면 그 인생은 보나마나이다. 류영모는 이렇게 말하였다.

"사람들은 알아야 할 것을 모르면 인식 부족(認識不足)이라고 말한다. 하느님 한 분만 계시는 것을 있느니 없느니 하고 떠드는, 그야말로 무식한 세상 사람들은 무엇이 인식 부족인지도 모르고 있다. 절대자 하느님은 계신다. 절대자 하느님밖에는 아무것도 없다. 그러므로 절대자 하느님만은 우리가 인식하고 인식해야 한다. 절대자 하느님이 우리의 본질이기 때문이다.

그러나 하느님을 누가 아느냐고 하면 아무도 모른다. 그런데 이 세상이 괴롭고 어떻게 할 줄 모르는 사람이 하느님을 알려고 할 때 하느님께서 다가오신다. 하느님 아버지께서 자신이 아버지라는 것을 아들에게 알게 하고 싶은 것 같다. 그리하여 하느님께서 우리로 하여금 하느님 당신을 알고 싶어 하는 생각을 일으켜준다. 말로는 할 수 없는 일이다."(류영모, 《다석어록》)

제나가 죽으면 그것이 바로 극기(克己)이다. 극기하면 제나가 없어지기 때문에 다음 차례인 출가, 초국, 절세는 저절로 이뤄진다. '나'가 없어지는 마당에 집이 어디 있고 나라가 어디 있고 세계가 어디 있단 말인가? 그러나 밖에서 보면 한 계단씩 위로 오르는 것이 엄청난 차이를 보인다. 얼나를 깨닫지 못한 이들이 얼나를 깨달은 이의 속생각을 헤아리는 데 도움이 된다.

제나 이기기(克己)

제나는 참나가 아님을 알기 때문에 제나의 태어남을 기뻐할 까닭도 없고 제나의 죽음을 언짢아할 까닭도 없다. 다만 하루의 삶이 고달프기도 하고 은혜롭기도 할 뿐이다.

예수가 "하루의 괴로움은 그날에 겪는 것만으로 족하다."(마태오 6:34)라고 했던 말뜻을 알게 된다. 시시한 인생이 괴로운 맛이라도 있어서 덜 시시하게 느껴진다. 죽은 셈 치고 살면 괴로움도 즐겁다.

"제나가 죽어야 참나인 얼나가 드러난다. 제나가 온전히 없어져야 참나인 얼나가 우주의 중심이요 제나의 임자다. 제나의 임자란 제나를 지배하고 책임지는 자유인이라는 것이다. 이런 사람만이 남을 나로 생각해줄 수 있다. 제나가 죽어 마음이 깨끗해지면 하느님을 볼 수 있다. 마음이 깨끗하다는 말은 부귀를 추구하는 짐승 성질인 수성(獸性)을 초월했다는 말이다. 참나인 얼나와 하느님은 하나이다. 참나인 얼나와 하느님은 이어져 있다. 그리하여 유한(有限)과 무한(無限)이 연결되어야 한다. 그것이 진·선·미(眞善美)한 영원한 생명이다.

사람의 몸은 죽어도 얼은 산다. 몸나는 진·선·미가 아니고 노·병·사(老病死)이다. 얼나는 노·병·사를 여읜 진·선·미한 영원한 생명이다. 몸은 죽어 썩지만 얼은 살아 빛난다. 그러므로 몸으로는 죽어야 한다. '하늘에서 이룬 것같이 땅에서도 이루어지이다.' 하고 죽는 거다. 그것이 하느님 아버지의 뜻이다. 밀알 한 알이 땅에 떨어져 죽으러 온 것이다. 몸나로는 죽으러 온 줄 알아야 한다. 안 죽는 것은 얼인 하느님뿐이다. 하느님은 얼(성령)이다. 하느님의 얼이 내 맘에서 하느님의 말씀으로 샘솟았다."(류영모,《다석어록》)

집을 벗어나기(脫家)

스님들은 출가(出家)를 한다. 성천 류달영은 고타마 태자의 출가처럼 시원스런 일이 없다고 하였다. 류달영은 작은 불상을 2백 개 넘게 수집해 집무실에 전시해놓기도 했다. 재단법인 성천아카데미를 세운 것은 성천 류달영이 탈가의 정신을 드러낸 것이다. 땅에 있는 아버지를 아버지라 하지 말라고 하였다. 전도 중에 자신을 찾아온 어머니와 아우들을 옆에 두고도 제자들을 가리키며 여러분이 내 어머니요 형제라고 말한 예수야말로 출가를 한 사람이다. 출가를 했다는 스님들이 절집을 차지하려고 서로 다투고 목사들은 교회를 자식에게 물려주려고 온갖 수단을 동원한다. 이것은 석가, 예수의 출가 정신과는 거리가 멀다. 그들은 전가(轉家)를 한 것뿐이다. 여인이 시집가는 것도 출가라 하지만 사실 집에서 집으로 옮긴 전가에 지나지 않은 것과 다르지 않다. 혈연 관계를 벗어나야 한다. 탈가(脫家)를 해야 하느님 나라에 오르게 된다. 예수는 석가 못지않게 아주 깨끗이 집을 벗어나 자신은 머리 둘 곳이 없다고 하였는데 후세 사람들은 예수의 가르침을 바로 알아듣지 못하였다. 그리하여 예수를 핏줄로 얽어매려고 거짓으로 꾸며대기도 하였다. 신부 정양모는 그 거짓을 시원스레 치워버렸다. 정양모는 예수의 족보는 거짓이라고 잘라 말하였다. 예수의 베들레헴 탄생도 거짓이며, 어린 예수의 이집트 피신도 거짓이라고 주장했다. 얼마나 통쾌한 일인가? 얼나로 하느님 아들인데 다윗의 핏줄, 아브라함의 핏줄이 무슨 쓸데가 있단 말인가? 류영모는 집에 대해서 이렇게 말하였다.

"우리는 세상에서 가정(家庭)이라는 데서 살림을 하지만 지나간 뒤에 보면 빈껍데기 살림을 가지고 실생활로 여기고 산 것이다. 물질 생활은 변화하여 지나가는 것뿐이다. 예수와 석가는 가정에서 갇혀 살지 않았다. 하느님의 속인 무한대에서 살았다. 이를 나는 '속한데'라 '빈탕한데'라 한다. 영원한 하느님 아버지를 드러내는 데 대표할 만한 하느님 아들인 예수는 참으로 혼자 산 사람이다. 예수는 대자연처럼 아무 말 없이 십자가를 지고 가시었다. 혼인하지 않고 혼자 살아 온전한 사람 노릇을 했다. 공자(孔子)의 인(仁)도 예수의 사랑이다. 독신성인(獨身成仁)이 이것이다. 그리스어로 사랑을 아가페(agape)라 하는데 我可蔽(아가폐)이다. 제나를 버려야 참사랑이 나온다."(류영모,《다석어록》)

나라를 넘어서기(超國)

예수는 말하기를 "내 나라는 땅에 속한 나라가 아니다."(요한 18:36, 박영호 의역)라고 하였다. 예수가 제자들에게 가르쳐준 기도의 말씀에 나오는 "나라가 임하옵시며"도 세상의 나라가 아니라 하느님 나라, 곧 얼(성령)의 나라를 뜻한다. 그런데 사람들은 이 말을 무슨 유토피아를 열어 달라고 비는 것으로 잘못 생각하고 있다. 예수도 석가도 땅의 나라를 초월하였다. 땅의 나라는 사람이 지닌 수성(獸性)의 산물일 뿐이다. 그래서 권력을 잡은 이들이 특권을 누리고 서민을 내리누른다. 예수와 석가는 수성을 버렸기에 나라의 관리가 되어 권력을 휘두르는 자리에 오르는 것을 거부하였다. 톨스토이는 이렇게 말하였다.

"자신의 조건뿐 아니라 모든 사람들의 보편적인 조건을 향상시키고자 한다면 자신과 이웃을 노예화시키는 옳지 못한 일들을 더는 하지 말아야 한다. 자신과 형제·동포들에게 불행을 가져오는 옳지 못한 일들을 중단하려면 먼저 자의로든 타의로든 정부가 하는 일에 참여하는 일은 그만두어야 한다."(톨스토이, 《국가는 폭력이다》)

세계의 평화를 깨뜨리는 것은 배타적인 애국심이다. 배타적이지 않은 애국심은 이웃 사랑이 된다. 톨스토이는 예수, 석가처럼 땅의 나라를 벗어났고 넘어섰다. 그리하여 참된 세계 평화의 길을 알려주었다. 그러나 세상에는 톨스토이의 말에 귀를 기울이는 이가 아주 적다. 일찍이 예수가 말하였다. "너도 오늘날 평화에 관한 일을 알았더면 좋을 뻔 하였거니와 지금 네 눈에 숨기웠도다."(누가 19:42, 한글개역) 톨스토이는 말하였다.

"사실 오늘날 대부분의 사람들이 애국심에 지배당하고 있으며 이로 인해 인류는 큰 고난을 겪고 있다. 우리가 아는, 허상이 아닌 진정한 애국심은 자신의 국민에게 영적인 은총이 내려지기를 바라는 마음이 아니다(자신의 국민만 영적인 은총을 입는 것을 바랄 수는 없을 것이다).

그것은 다른 국가와 국민에 대해 자신의 국가와 국민을 더 좋아하는 매우 분명한 감정이며, 이에 따라 가능한 최상의 이익과 힘을 자신의 국가와 국민에게 바치고자 하는 소망이다. 이것은 오로지 다른 국민이나 국가의 이익과 힘을 희생시킨 대가로 얻을 수 있는 것이다.

따라서 감정으로서의 애국심은 바람직하지 못하며 유해하고, 원리로서의 애국심은 어리석다. 각 국민과 각 국가가 스스로를 최상의 국민과 국가로 여긴다면, 모두가 해악을 낳는 거대한 망상 속에서 살아갈 게 분명하기 때문이다."(톨스토이,《국가는 폭력이다》)

류영모도 예수와 석가처럼 땅의 나라의 국가주의를 좋아하지 아니하였을 뿐 아니라 멀리하였다. 말할 것도 없이 톨스토이와 간디처럼 하느님 나라를 땅의 나라보다 우위에 두었다.

"처음부터 생명의 말씀 줄을 이어 오기를 온전히 했더라면 지금쯤은 이상 국가가 이루어졌을지도 모를 것이다. 그러나 잘 이어 오지를 못하여 토막난 시대가 되고 말았다. 붓다가 나타난다, 예수가 다시 온다느니 하지만 그런 분이 나타났다고 해서 사람들이 잘 살았다는 것은 아니다. 한 줄기 이어 내려오는 영원한 생명의 줄을 올바르게 이어 온 시대가 좋은 시대이고 그 시대를 올바르게 지도한 이가 붓다가 되고 하느님 아들이 되었던 것이다. 태초부터 이어 오는 생명의 한 줄이 이어 닿는 여기가 '예'다. 예는 하느님 아들이 하느님 아버지께로 돌아가는 자리이다. 또 영원에서 상대계에 떨어져서 몸부림치는 곳이 예(여기)이다.

성령이 충만하다는 말을 흔히 쓰는데 우리의 정신에 성령이 충만하려면 정신과 마음이 위로 끌리는 것이 있어야 한다. 위로 끌린다는 것은 몸을 초월하고 세상을 초월하는 것이다. 예수가 가르쳐준 기도문의 나라는 얼의 나라, 얼의 나이다. 얼에는 나라와 나가 다르지 않다. 얼이란 유일 절대하기 때문이다. 땅 위에서 이루는 나라는 쫓아갈 필요가 없다. 세상의 나라를 쫓아간 것이 오늘날 이러한 나라를 만들고 말았다. 본 생명의 자리인 얼나를 세워 나가야 한다. 그러지 않으면 나라는 서지 않는다. 자기의 참나를 찾은 다음에야 그 참나에서 떠날 수 없다. 그렇게 되면 영원한 생명을 얻은 것이다. 입신출세하여 부귀공명을 누리겠다는 것은 이 사회가 병들었다는 증거이다. 언제 사라질지 모르는 사형수의 몸으로 서로 잘났다고 다투다니 사람이 무슨 도깨비 같은 존재인지 모르겠다. 제각기 관(官)이 되기를 싫어하고 오히려 백성으로 있는 것을 더 좋은 것으로 알아야 하는데 그렇지 않고 관(官)을 탐내고 탐관오리 되기를 바란다. 죄다 사절반(邪折半)이기 때문에 그렇다."(류영모, 《다석어록》)

세상을 잊어버리기(絶世)

이 세상 모든 것이 신비하지 않은 것이 없다. 그리하여 지구의 지붕이라는 히말라야 고봉에 목숨을 걸고 오르는 발길이 끊이지 않는다. 저 하늘에 별을 보고 감탄해 마지않는다. 그러나 알고 보면 눈에 보이는 모든 것은 안개요 신기루요 환상이요 꿈에 지나지 않는다. 류 영모는 태허공(太虛空) 속의 뭇별인 우주란 눈에 들어간 티끌 같은 것이라고 말하였다. 더구나 지구 위에서 벌어지고 있는 금수(짐승)의 역사는 한마디로 징그럽기 그지없다. 이런 세상살이는 사절(辭絶)하 고 싶고 단절(斷絶)하고 싶고 잊어버리고(坐忘) 싶을 뿐이다. 이 세상 에 오래 살고 싶다는 것과 윤회하여 다시 살고 싶다는 것이 정신 나 간 생각이 아니고 무엇인가? 오로지 본고향인 허공으로 돌아가고 싶 을 뿐이다. 류영모는 이렇게 말하였다.

"내 사상은 통히 부정하는 것이다. 이 세상만이 아니라 태양계를 부정하는 거다. 이 세상은 물질로 된 더러운 데다. 거룩을 구하는 내 가 머무를 곳이 아니다. 볕 양(陽) 자가 거짓 양 자라고 한 것은 한 40년 전에 얘기하였는데 나의 사상은 거기서 시작했다.

태양의 빛은 가(假) 빛이다. 태양의 빛은 가리는 빛이다. 우리 눈앞 에 전등불을 바짝 대는 것과 같다. 먼지라는 장난꾼 때문이다. 먼지 가 빛을 받아 우리 눈에 넣어주기 때문에 우리는 가까운 것만 보고 먼 것을 보지 못한다. 우리는 풍광(風光)이라는 장막 속에 갇혀 산다. 그런데도 우리는 세상의 풍광이나 경치를 좋다고 한다. 그러므로 우 리의 눈은 눈이랄 것이 못 된다. 영원한 소식은 저 멀리 무수한 별에 서 오는데 저 별들을 태양이 가리고 못 보게 한다. 이 세상은 온통 먼 지의 허영에 홀린 것이다. 거짓된 것은 온통 이 세상에 있다. 이 가짜 빛 같은 우리의 원수는 없다. 이것을 실감으로 느껴야 한다. 진리는 이치만이 아니다. 실감을 해야 한다. 이 세상은 온통 먼지다. 태양도 알고 보면 큰 먼지 덩어리에 지나지 않는다. 참빛은 이 세상을 초월하여 있다. 태양은 빛이 아닌 빛깔(色)이다. 별빛은 영원에서 오는 점자(點字) 통신이다. 영원한 님인 하느님을 잊지 말고 찾으라는 통신이다. 우리는 소경처럼 더듬어 영원의 소식을 짐작해야 한다.

우리가 알자는 것은 참빛이다. 빛의 근원은 밝음이다. 거룩한 것은 밝은 것이다. 거룩한 님(하느님)이야말로 우리가 알고 믿자는 것이다. 그런데 우리가 안다는 것은 빛이 아니라 빛깔(色)의 꾀임을 받아 하느님 아버지께로 바로 뚫리지 못하고 비뚤어져 막히고 갇혀 있다."
(류영모,《다석어록》)

밖으로는 거짓된 현상 세계를 부정해야 하고 안으로는 잘못된 삼독의 수성(獸性)을 부정해야 한다.

"상대 세계에서 몹쓸 삼독(三毒)을 우리에게서부터 뽑아내야 한다. 삼독은 우리의 원수이다. 이 삼독이 없으면 이 세상은 없다. 어리석은 치정(癡情)이 없으면 분명히 이 세상은 계속하지 못한다. 이 세상이 계속하는 것은 그 어리석은 치정이 발동하기 때문이다. 이러한 세상을 버릴 만한 곳이 없어서 걱정이 아니다. 이러한 세상은 없어져도 조금도 아까울 것이 하나도 없다. 매미는 유충 시대만 17년 동안이나 땅속에 살다가 성충(成蟲)이 된 지 얼마 안 되어 죽어 없어져버린다. 우리도 나라는 존재로 나오기에 앞서 이전 매미 유충 시대와 같은 잠복의 기간이 있었다면 유충이 성충이 되어야 하는 사명(使命)이 있을 것이다. 잠깐 있는 이 세상 한때를 영원하다고 생각할 수 없다. 절세 숙명(絶世宿命)이란 것이 참으로 이상하지 않은가? 우리는 짐승인 몸나로 이 세상에 태어나서 하느님 아들인 얼나로 거듭나야 저 세상에 계시는 하느님께로 올라가자는 뜻이다. 영원한 생명에 이르지 못하여 뒤떨어져 버림받지 않도록 해야 한다. 이 뜻을 알면 옆사람에게도 알게 해서 구해야 할 임무가 있다. 이것이 예수의 이러한 가르침을 좇겠다는 신앙인의 사명인 것이다."(류영모,《다석어록》)

하느님과 얼로 뚫림(通天)

하느님의 생명인 얼(성령)이다. 내 생각이 얼로 하느님과 뚫리면 참나를 깨달음이다. 깨달음이란 다른 모든 생각보다 하느님을 생각하면 마음이 밝아지고 시원해지고 기쁜 것이다. "아침에 하느님 말씀을 듣는다면 저녁에 죽어도 좋다(朝聞道夕死可矣)."(《논어》이인 편) "하느님의 얼을 받으면 반드시 말을 한다(有德者必有言)."(《논어》헌문 편) 공자가 얼마나 하느님의 얼이 그리웠으면 이런 말들을 하였겠는가? 석가가 나고 죽는 제나를 없애고서(넘어서) 니르바나님을 기뻐한다(生滅滅已 寂滅爲樂)고 한 것은 니르바나님(하느님)과 얼로 교통하는 것으로 기쁨을 느낀다는 말이다. 류영모는 이렇게 말하였다.

"우리의 얼생명을 키울 생각으로 신통(神通)을 찾으면 그것은 진리를 찾는 것과 조금도 다를 것이 없다. 그러나 우리의 욕심을 위해서 얼을 찾으면 그것은 마귀에 떨어지고 만다. 신통이 문제가 아니고 우리의 마음이 문제이다. 마음이 깨끗하면 성령이 되고 마음이 더러우면 악마가 된다. 기독교인들은 오순절을 성령의 강림으로 보지만 성부(聖父)와 성자(聖子) 사이에는 언제나 하느님의 생명인 성령이 이어져 있다. 사람의 마음속에 온 하느님의 성령인 얼나를 예수는 하느님 아들이라고 했다. 그러므로 우리는 계속 성령을 받아서 살고 있다. 우리의 마음에 하느님의 성령이 충만하지 않으면 우(하느님께)로 올라간다는 생각을 할 수가 없다. 사람은 가끔 정의(正義)를 위하여 목숨을 내놓을 때가 있다. 성경 사사기에는 힘을 잃었던 삼손이 마지막에 성령이 임하여 다리곤의 신전을 쓰러뜨리는 큰일을 했다. 성령은 없는 곳 없이 우주 어디서나 일하고 있다. 우리의 정신이 정직하면 그것은 하느님의 성령이 임했기 때문이다. 하느님이 없다면서 하느님께 마음의 문을 닫는 사람은 성령과 아무 상관이 없다. 그래서 예수가 이르기를 '나는 분명히 말한다. 사람들이 어떤 죄를 짓든 입으로 어떤 욕설을 하든 그것은 다 용서받을 수 있으나 성령을 모독하는 사람은 영원히 용서받지 못할 것이며 그 죄는 영원히 벗어날 길이 없을 것이다.'(마르코 3:28~29)라고 했다. 성령을 거역하는 것은 마음을 닫고서 하느님의 의(義)를 생각하지 않는 사람이다. 성령이 권능을 나타낼 수 있도록 '먼저 하느님의 나라와 하느님께서 의롭게 여기시는 것을 구하여라.'(마태오 6:33)고 했다.

하느님의 뜻은 하느님께서 이루시는 것이니 우리는 하느님의 뜻이 이루어지도록 기다리는 수밖에 없다. 우리는 다만 하느님의 성령을 받아 영원한 생명인 얼나를 깨닫고 얼나를 나무를 가꾸듯이, 아기를 기르듯이 키워 나가야 한다. 그럴 때에만 우리는 하느님의 성령을 입고 성령(얼나)으로 새로 나는 것이다.(요한 3:5 참조) 사람이 귀하다는 것은 하느님의 생명인 얼을 지닐 수 있기 때문이다. 하느님이 주시는 얼로 우리는 오르고 올라 만물 가운데서 가장 높은 데까지 올라 만물의 영장(靈長)이라 한다. 짐승들은 아직도 기어다니는데 사람은 하늘을 이고 바로 서서 다니는 것만 해도 신통한 것이다. 우리의 모든 것이 결딴이 나더라도 하느님이 주시는 얼 하나만은 결딴이 나서는 안 된다. 우리가 산다는 것은 얼 하나 가지고 사는 것이다. 우리의 진리 정신이 얼나에서 나온다. 이 얼나가 바로 영원한 생명인 참나이다."(류영모, 《다석어록》)

예수가 한 말을 바로 알아들어야 한다. "동쪽에서 번개가 치면 서쪽까지 번쩍이듯이 사람의 아들도 그렇게 나타날 것이다."(마태오 24:27) 사람의 아들이 나타난다는 것은 얼나의 깨달음으로 읽어야 한다. 그리고 우리가 어떻게 하여야 하느님의 일을 하오리까라고 물었을 때 예수의 대답인 "하느님께서 보내신 이를 믿는 것이 곧 하느님의 일을 하는 것이다."(요한 6:29)에서 하느님이 보내신 자도 얼나를 두고 하는 말이다. 예수의 이 말을 바로 알아듣지 못하여 2천 년 동안 예수의 가르침을 잘못 알았던 것이다.

예수의 프뉴마와 석가의 다르마는 얼(靈)로서 하나이다. 같은 하느님(니르바나님)의 생명인 얼이 예수, 석가의 마음속에 나타난 것이다. 그것을 참나의 깨달음이라 한다. 어버이에게서 받은 몸과 맘의 제나는 나서는 죽는 거짓나이다. 그러나 하느님(니르바나님)으로부터 받은 얼나는 나지 않고 죽지 않는, 생사(生死)를 넘어선 생명으로 영원한 생명이다. 전구는 달라도 전원(電源)은 하나이듯 예수와 석가의 인격은 달라도 생각을 일으키는 영적인 근원은 하나라 그 생각이 같을 수밖에 없는 것이다.

예수의 프뉴마는 얼로 바르게 옮겨졌다. 그런데 석가의 다르마는 얼(靈)이 아닌 법(法)으로 옮겨져 사람들이 알기 어렵다. 法이라는 글자는 '灋'라는 복잡한 글자의 약자로 만들어진 것이다. 본래 灋는 중국 고사에 나오는, 머리는 사슴(鹿)을 닮고 발은 말(馬)을 닮은 상상의 동물을 가리켰는데, 이 신비한 동물은 물(水)로 둘러싸인 섬에서 살았기 때문에 섬 안에서는 자유롭지만 밖으로는 나올(去) 수 없었다고 한다. 사람의 얼이 마음속에 있는 상황을 상징한 것이다. 쉽게 말하자면 양심(良心)을 드러낸 것이다. 그런데 나중에는 세상의 율법을 뜻하는 법 자가 되어버렸다. 옥스퍼드판 산스크리트어 사전을 보면 '다르마'의 첫 번째 뜻이 'established order'로 되어 있다. 물론 'law'라는 뜻도 있다. 이는 유교에서 말하는 성명(性命)이다. 이 '성명'을 한 글자로 나타낸 것이 悳(덕)이다. 덕은 직심(直心), 곧은 마음이다. 悳(덕)이 나중에 德(덕)이 되었다. 나로 하여금 곧고 올바르게 살도록 하는 힘이 얼(성령)이라고 류영모가 말하였다. 그런데 다르마 (Dharma)를 법(法)으로 옮겨놓고 자세한 풀이가 없으면 법률이나 원칙이 떠올라 얼나임을 알기 어렵다. 석가 붓다가 말한 생신(生身)은 몸나이고 법신(法身)은 얼나이다. 그 얼은 니르바나님(하느님)이 주신 영원한 생명이다.

"카사파야 여래(如來)에 대하여 두 가지가 있다. 하나는 생신(生身) 이요 하나는 법신(法身)이다. 생신의 여래는 곧 응화신(應化身)으로서 생로병사(生老病死)를 가진 육체이다. 내 제자들은 이 말을 듣고도 내 생각을 알지 못하기 때문에 여래에 대해서 흔히 육신으로 알고 유위 (有爲)한 것으로 생각하는 것 같다. 법신(法身)의 여래는 곧 상(常)·락(樂)·아(我)·정(淨)의 얼나로서 길이 생로병사의 상(相)을 여읜 것 이다. 그러므로 여래의 법신은 여래가 이 세상에 오거나 안 오거나 변함이 없다."(《대승열반경》)

석가(여래)의 제나(몸나)는 나서 죽지만 석가가 깨달은 참나인 얼나는 나고 죽음이 없는 영원한 생명이라 항상 있다는 것이다. 그 얼나는 석가와 같이 깨달은 이가 나타나거나 안 나타나거나 항상 이 세상에 있다는 것이다. 그 얼나는 없는 곳이 없는 온통인 얼나로서 그 이름은 니르바나님(하느님)이다. 그러므로 붓다(여래)가 나타났을 때에도 그 몸나(제나)가 붓다인 것이 아니다. 그 얼나가 붓다이다. 어느 날 석가는 모진 병에 걸려 격리 치료를 받고 있는 박칼리가 석가 붓다를 뵙지 못하고 말씀도 듣지 못함을 한탄한다는 소식을 듣고 곧 찾아가서 박칼리에게 일러주었다. 제 마음속의 얼나(다르마)를 깨닫는 것이 붓다를 보는 것이지 붓다의 육신을 보거나 목소리 듣는 것을 중요하게 여기는 것은 어리석은 잘못 봄이라고 알려 주었다. 석가 붓다의 몸도 붓다가 아닌데 하물며 쇠붙이나 나무로 만든 불상을 어찌 붓다라 하겠는가. 그래서 단하 선사가 나무로 만든 불상을 부수어 땔감으로 아궁이에 불을 지폈던 것이다. 예불에만 골몰하는 것은 그 여인의 사진만 사랑하고 실제 그 여인은 멀리하는 것과 같은 어리석은 짓이다. 그런데 어이가 없는 것은 얼나조차 불상으로 나타낸다는 것이다. 그게 말이 되는 소리인가?

예수가 자신이 깨달은 얼나를 빛이라고 말하였다. "나는 빛으로서 이 세상에 왔다. 그러므로 누구든지 나를 믿는 사람은 어둠 속에서 살지 않을 것이다."(요한 12:46) 이 말씀은 이러한 뜻이다. '하느님이 내게 주신 생명인 얼나는 빛이다. 그러므로 누구든지 하느님으로부터 얼나를 받아 참나로 깨닫는 이는 어둠 속에서 살지 않고 빛으로 살 것이다.'

불교에서도 법신(法身)인 얼나를 빛으로 생각하였다. 얼나의 빛은 태양의 빛과는 다른 니르바나님(하느님)의 빛이라 '적광(寂光)'이라고 하였다. 그리하여 적광전(寂光殿)이라 하여 비로자나불을 모신 것이다. 비로자나는 산스크리트어 '비로카나(virokana)'로 빛(광채)이란 뜻이다. 곧 생신불(生身佛)이 아닌 법신불(法身佛)이라는 뜻이다. 얼나를 형상화하였다는 것이 놀라울 뿐이다. 형상이 없는 얼까지도 형상화하고야 마는 그 어리석음은 어둠(盲目)의 짓이지 밝음(寂光)의 짓이 아니다. 이 나라에는 금강산을 비롯해 높은 산마다 비로봉이 있다. 물론 비로자나불에서 딴 이름이다. 그런데 어찌된 일인지 비로봉은 많은데 비로인이 없다.

탄허 스님이 재미있는 말을 했다. "경전을 3년 읽으니 참선을 3시간 하는 게 낫고 기독교 3년 하느니 불교 석 달 하는 게 낫다." 예불을 일생 동안 하는 것보다 한순간의 깨달음이 더 낫다는 것이다. 얼나를 깨닫는 것이 니르바나에 이르는 것이다. 석가는 이렇게 말하였다.

"비구여, 자세히 듣고 잘 생각하라. 나는 너를 위해 설명하리라. 비구여, 물질을 싫어하고 욕심과 번뇌를 일으키지 않아 마음이 해탈하면 이것을 가리켜 비구가 얼나(法)를 깨달아 니르바나님에 이르는 것이라 한다. 이와 같이 느낌, 생각, 지어감(行), 의식을 싫어하고 욕심을 없애고 모든 번뇌를 일으키지 않아 마음이 바로 해탈하면, 이것을 가리켜 비구가 얼나(다르마)를 깨달아 니르바나님에 이르는 것이라 하느니라."(《잡아함경》 열반경)

석가 붓다의 이 말씀이 석가의 기본 사상인 사성제(苦集滅道)의 내용이다. 제나로 죽고서 얼나로 솟나는 것이다.

예수가 말한 "누구든지 얼나로 새로 나지 아니하면 아무도 하느님 나라를 볼 수 없다."(요한 3:3, 박영호 의역)와 "부어주시는 얼나로 새로 나지 아니하면 아무도 하느님 나라에 들어갈 수 없다."(요한 3:5, 박영호 의역)고 한 말과 똑같은 말이다.

석가는 삶의 목적이 니르바나 나라(니르바나님)에 들어가는 것이었고 예수는 삶의 목적이 하늘나라(하느님)에 들어가는 것이었다. 석가의 니르바나 나라와 예수의 하늘나라는 똑같은 얼의 나라이다. 그 얼의 나라에는 얼나를 깨달은 이만이 들어갈 수 있다. 깨달은 얼나가 얼나라에 속하기 때문에 사실은 들어가고 나오고가 없이 얼나라에 있는 것이다. 얼나를 깨닫는 것이 곧 얼나라에 들어간 것이 되고 니르바나에 돌아간 것이다. 예수나 석가의 가르침의 핵심이 바로 이것이다. 얼나를 깨닫지 못하면 나서 죽는 제나의 삶으로 마친다. 제나를 버리고 얼나를 깨달아 니르바나님께로 가자는 것이 석가 붓다의 신앙인데 불교가 석가 붓다의 신앙을 버린 것이다. 그러고도 석가의 가르침을 좇고 있다고 말하니 어이가 없다. 그런데 석가 붓다의 니르바나 신앙의 자취가 남아 있는 곳이 있다. 바로 적멸보궁이 그것이다. 적멸(寂滅)이란 니르바나의 의역(意譯)이다. 적멸은 절대 침묵이라는 뜻이다. 곧 하느님이다. 적멸보궁의 뜻은 니르바나님(하느님)을 모신 보배로운 궁전이란 뜻이다. 그래서 어떤 불상도 없다. 기독교 쪽에서 불교를 우상 종교라고 하지만 석가의 신앙은 우상 신앙이 아니다. 그런 불교가 니르바나님을 버리고 그야말로 불상을 섬기는 신앙으로 떨어졌다.

"만약 불교가 변화 가운데 어떤 불변의 실재자(實在者, 하느님) 따위를 인정한다면 그것은 브라만교와 원리적으로 아무런 다른 점도 있을 수 없게 되고 만다. 불교의 입장에서 볼 때 그런 불변자(하느님)

는 변화하는 사실의 어느 한 면만 고집함에 의하여 생기는 망념에 지나지 않는다. 불교의 그러한 특징을 지적하여 크리스마스 험프리스(Christmas Humphreys)는 말하기를 불교는 무신(無神) 무령(無靈)의 종교철학이라고 하였다. 빌헬름 군데르트(Wilhelm Gundert)는 불교의 니르바나는 무아(無我)일 뿐 아니라 무신(無神)의 경지라 하였다. 다른 종교들의 신관(神觀)과 같은 그런 신(神)은 불교에는 없다. 그러므로 인격적 유일신관을 버린 사람이야라만 비로소 불교를 알 수 있을 것이다."(원의범,《현대불교사상》)

소크라테스는 그리스 신화에 나오는 신들을 안 믿는다는 이유로 무신론자라는 말을 들었다. 석가는 샤머니즘적인 신과 의식(儀式)을 부정해서 무신론자라는 말을 들었다. 유대교의 야훼신조차도 샤머니즘적인 잘못된 신관이다. 조로아스터교의 신관도 샤머니즘적인 신관이다. 석가 붓다의 니르바나야말로 참되고 바른 신관이다. 유신, 무신을 초월한, 없이 계시는 하느님이 예수와 석가의 하느님(니르바나님)이다. 예수, 석가야말로 참으로 하느님을 알았다. 그런데 스님들이 니르바나님에 대해서 말하는 것은 듣기 어렵다. 법정 스님조차도 니르바나에 대해서 말문을 닫았다. 석가 붓다는 입만 열면 니르바나님이었다. 예수가 아버지(하느님)를 찾는 것과 같았다. 그런데 어떻게 니르바나님 소리가 사라지게 되었는가? 사람이 죽었을 때만 겨우 열반(니르바나)에 들었다는 말을 들을 수 있다. 니르바나 소리가 불교에서 사라진 까닭을 헤르만 헤세는 이렇게 말하였다.

"불교도들에게는 니르바나에 대한 토론이 금지되어 있다. 니르바나를 부정적으로 적멸(寂滅)이라고만 이해할 것인가? 아니면 긍정적으로 기쁨(悅樂)으로 이해할 것인가? 이와 비슷한 어떤 질문이 여기에 가능한가? 석가 붓다는 이러한 점을 언급하기를 거절하고 금지하였다. 니르바나에 대한 논쟁도 물론 쓸데없는 일이다. 내가 이해하는 니르바나란 개체와 원칙 너머에 있는 온통의 얼로 되돌아가는 구원의 발걸음이다. 우리가 이러한 돌아감을 갈망하고 구도하고 촉진시킬 것인가의 여부는 별개의 문제이다. 니르바나님이 나를 세상으로 내보내 한 개인으로 존재하도록 했다면, 이제는 가능한 한 빨리, 그리고 가볍게 전체로 하나인 니르바나님께로 되돌아가는 것이 나의 과제이다."(헤세,《일기》)

불경을 읽어보았지만 니르바나님을 입에 올리지 말라고 함구령이 내렸다는 말은 헤세에게서 처음 듣는다.

석가 붓다는 제나로 죽고 얼나로 솟나는 것이 니르바나님께 이르는 길이라고 가르쳐주었다. 니르바나님께 나아가려면 니르바나님을 그리고 생각해야 한다.

마하트마 간디, 타고르, 톨스토이, 아널드 토인비의 니르바나관을 들어본다.

마하트마 간디의 니르바나 관
"나는 여러 차례에 걸쳐, 그리고 많은 기록을 통해서 석가 붓다는 하느님을 믿지 않는다는 말을 들었다. 이러한 주장은 석가의 핵심 사상과는 정면으로 어긋난다고 생각한다. 이러한 문제가 일어나게 된 까닭은 석가 붓다가 그때 하느님 이름 아래 행해지던 불필요한 종교 의식(儀式)들을 거부하였기 때문이다. 석가는 사람들이 믿는 신(神)들이 사람들처럼 악의를 품고 행동하기도 하여 자신의 행위를 후회하거나, 땅 위의 임금들과 같이 유혹에 약하고 뇌물도 받으며 총애하는 신하도 있다는 생각은 부정하였다. 석가는 신이 자신의 만족을 위하여 짐승들의 피를 필요로 한다고 생각하는 미신에 분노를 표했다. 석가는 그동안 신으로 잘못 알았던 존재를 몰아내고 올바른 하느님인 니르바나님을 절대의 자리에 되돌려놓았다. 석가는 이 우주에 영원한 진리인 얼의 나라가 있음을 밝혔다. 석가는 주저 없이 얼의 능력이 바로 니르바나님이라고 말했다."(간디,《간디의 마음》)

타고르의 니르바나 관

"석가 붓다의 가르침은 최고의 목적으로서 니르바나님을 말한다. 니르바나님의 참된 특징을 이해하고자 한다면 우리는 그것에 도달하는 길을 알아야 한다. 그것은 단순히 죄악으로 가득한 생각과 행위의 부정을 통해서가 아니라 사랑에 대한 모든 한계를 제거해야만 가능한 것이다. 그것은 사랑 자체인 진리 속에 있다. 그 핵심 속에 우리가 우리의 동정과 봉사를 제공해야 하는 모든 사람들을 연결하는 제나가 얼나로 솟나는 것이어야 한다."(타고르,《인간의 종교》)

톨스토이의 니르바나 관

"불교는 사람이 어울려 하나(융합) 될 수 있는 존재인 니르바나님에게 다다라 그 속에 빠져들 수 있는 것을 인정한다. 그리하여 사람이 니르바나님에 다다라 그 속에서 니르바나님과 하나 되는 것은, 예수가 하느님 아버지라 하는 우주의 근원과 같은 것이다."(톨스토이, 《종교의 본질》)

아널드 토인비의 니르바나 관

"나는 기독교의 인격신보다 높은 존재와 교류하고 그것과 조화를 이뤄서 생활하고 행동하기를 원한다. 내 마음에 그리고 있는 이 궁극적인 실재(實在)는 그리스도교에서 하느님 아버지의 아들인 예수가 아니다. 그리스도교의 성령(얼)의 비전 같은 것이다. 그것은 불교의 니르바나님이나 힌두교의 초인격적인 브라흐만의 비전을 닮았다. 나는 어떠한 인격신의 존재도 믿지 않는다. 우리들 사람이 직접적인 경험으로 알고 있는 하느님의 정신은 사랑뿐이라는 게 내 생각이다."(토인비, 《나의 사상 편력》)

불교 신자들이 아닌 이들이 오히려 니르바나님(하느님)을 알고 있다. 석가 붓다를 섬기고 모신다는 불교도들이 오히려 니르바나님를 외면하고 있다는 것은 이해할 수 없는 일이다. 그래서 등잔 밑이 어둡다는 속담이 있나 보다. 류영모는 니르바나에 대해서 이렇게 말하였다.

"원일물(元一物, 본디의 으뜸 하나)이라는 것은 있는(有) 것은 아니다. 불이즉무(不二卽無), 둘 아니면 곧 없는 것이다. 소유한다는 것이 도무지 없고 있었던 소유도 잊어야 하는 원일(元一)이다. 원래(元來)나 본래(本來)나 같은 말이지만, 몸뚱이나 초목(草木)적인 사고(思考)를 말할 때는 본래(本來)라 하고 인생적(人生的) 사고(思考)를 말할 때는 원래(元來)이다.*

원래는 무일물(無一物)이 아니겠는가? 본래는 아무것도 없었지 않았겠는가? 불교에서는 원래무일물(元來無一物)을 말한다. 그런데 원래물불이(元來物不二)와 원래무일물(元來無一物)이라고 하면 같은 말로 생각되나 그렇지 않다. '원래무일물'은 소극적인 뜻이고 '원래물불이'는 적극적인 요소가 포함되어 있다. 원일물불이(元一物不二) 이것이 하느님이요 니르바나님이다. 나는 원일물불이를 모든 존재의 근원이요 돌아갈 곳으로 믿는다."(류영모,《다석어록》)

영성 신앙이 배척당한 이유

예수의 고향은 이스라엘의 북쪽 지방인 갈릴리 지방이다. 예수는 그의 가르침을 좇는 이들과 함께, 야훼신에게 희생의 제를 올리는 성

---

* 本 자는 나무의 밑둥을 뜻하는 글자이고 元 자는 사람이 하늘을 이고 있는 모양에서 유래한 글자이다.

전이 있는 남쪽 지방의 예루살렘을 해마다 드나들었다. 그렇다고 예수가 제물을 바친 것은 아니다. 여러 사람이 모이는 명절인 과월절을 예수 자신의 신앙 사상을 사람들에게 알리는 기회로 삼았다. 대단히 슬기로운 선교 수단이었다. 한번은 예루살렘에서 선교 일정을 마치고 고향인 갈릴리로 돌아가고 있었다. 예루살렘에서 갈릴리로 갈 때 팔레스타인 쪽으로 돌아가지 않는다면 반드시 사마리아 지방을 거쳐야 한다. 예수 일행은 정오쯤 되었을 때 사마리아 지방의 '수가'는 마을을 지나게 되었다. 마을 근처에 야곱의 우물이 있었다. 옛날에 야곱이 아들 요셉에게 준 땅이 있던 곳이다. 물이 귀한 곳이라 약수가 나는 샘도 아니고 보통의 우물에 이름까지 붙여 야곱의 우물이 되었다. 우물물이 그대로 생명수였던 것이다.

예수도 몸으로는 여느 사람과 다름이 없었으니 목이 말라 물을 마시고자 야곱의 우물에 들렀다. 그러나 두레박이 없어 우물물을 길어 마실 수가 없어 우물가에 앉아 쉬고 있었다. 그때 마침 그곳에 사는 한 여인이 야곱의 우물로 물을 길러 나왔다. 목마름을 참고 있던 예수는 얼른 그 여인에게 목이 마르니 물을 좀 달라고 청하였다. 그러자 그 사마리아 여인이 엉뚱한 말을 했다.

"당신은 유다인이고 저는 사마리아 여자인데 어떻게 저더러 물을 달라고 하십니까?"(요한 4:9) 기원전 721년에 이스라엘이 아시리아에 점령되자 이스라엘 민족은 포로가 되어 아시리아로 끌려갔다. 그때 아시리아 사람들도 이스라엘에 들어와 살았다. 그리하여 아시리아 사람과 이스라엘에 남아 있던 히브리 사람 사이에 태어난 혼혈족이 사마리아인이다. 순혈을 긍지로 여기는 이스라엘 사람들은 혼혈족인 사마리아인을 천대하여 상종하지 않았다. 심지어 사마리아 지역에는 발도 들여놓지 않았다. 예수는 이스라엘 민족의 배타성이 잘못임을 아는지라 사마리아 여인과도 거리낌 없이 상대했던 것이다. 예수는 이스라엘 민족을 초월해 하느님의 자리에서 모든 것을 판단하는 하느님 아들이다. 하느님에게는 국가나 민족의 구별이나 차별이 있을 수 없다. 지구 위의 모든 사람이 하나같이 소중하다. 하느님 아들인 예수도 마찬가지였다. 하느님을 섬기고 믿는다면서 국가 차별, 민족 차별, 종교 차별을 하는 것은 하느님을 믿는 태도라고 할 수 없다. 그런 행동은 하느님을 영광되게 하는 것이 아니라 모욕하는 것이다. 예수는 이렇게 대답하였다.

"하느님께서 주시는 선물이 무엇인지, 또 너에게 물을 청하는 내가 누구인지 알았더라면 오히려 네가 나에게 청했을 것이다. 그러면 내가 너에게 샘솟는 물을 주었을 것이다."(요한 4:10)

그러자 사마리아 여인이 말하였다.

"선생님, 우물이 이렇게 깊은 데다, 선생님께서는 두레박도 없으시면서 어디서 그 샘솟는 물을 떠다 주시겠다는 말씀입니까? 이 우물물은 우리 조상 야곱이 마셨고 그 자손들과 가축까지도 마셨습니다. 선생님께서는 이러한 우물을 우리에게 주신 야곱보다 더 훌륭하시다는 말씀입니까?"(요한 4:11~12)

예수는 또한 직접적인 대답은 피한 채 이렇게 대답하였다.

"이 우물물은 마시는 사람은 다시 목마르겠지만 내가 주는 물을 마시는 사람은 영원히 목마르지 않을 것이다. 내가 주는 물은 그 사람 속에서 샘물처럼 솟아올라 영원히 살게 할 것이다."(요한 4:13~14)

그러자 사마리아 여인은 예수에게 이렇게 요청하였다.

"선생님, 그 물을 저에게 좀 주십시오. 그러면 다시는 목마르지도 않고 물을 길으러 여기까지 나오지 않아도 되겠습니다."(요한 4:15)

예수와 사마리아 여인은 물이라는 같은 말을 썼으나, 각각의 물의 뜻은 전혀 다르다. 예수는 하느님로부터 나오는 얼(성령)을 말한 것이다. 사마리아 여인은 우물물을 말한 것이다. 이 내용을 예수는 알고 있었지만 구체적인 설명은 하지 않았다. 말을 해주어도 여인이 못 알아들을 것이 뻔했기 때문이다. 사마리아 여인은 예수가 하신 말씀을 알아듣지 못했을 수도 있지만, 지금 우리들은 이 복음에서 큰 깨우침을 얻을 수 있다.

사마리아 여인이 야곱의 우물가에서 예수를 만난 일은 비록 동문 서답의 선문답으로 그쳤지만 그 값어치는 헤아릴 수 없다. 사마리아 여인이 예수에게 말했다.

"우리 조상은 저 산에서 하느님께 예배 드렸는데 선생님네들은 예배 드릴 곳이 예루살렘에 있다고 합니다."(요한 4:20)

사마리아인들은 혼혈이라는 이유로 예루살렘 성전에 들어가지 못하게 되자 그리짐 산에 제단을 만들어 제사를 지내고 있었다. 그래서 사마리아 여인이 제사 지내는 장소에 대해서 말한 것이다. 예수의 입에서 인류 역사가 비롯되고서 처음 듣는 말이 쏟아져 나왔다.

"내 말을 믿어라. 사람들이 아버지께 예배를 드릴 때에 '이 산이다.' 또는 '예루살렘이다.' 하고 굳이 장소를 가리지 않아도 될 때가 올 것이다. 너희는 무엇인지도 모르고 예배하지만 우리는 우리가 예배 드리는 분을 잘 알고 있다. 구원은 유다인에게서 오기 때문이다. 그러나 참인 얼로 예배를 드릴 때가 올 터인데 바로 지금이 그때이다. 아버지께서는 이렇게 예배하는 사람들을 찾고 계신다."(요한 4:21~23, 박영호 의역)

예수는 여기서 매우 중요한 진리의 말씀을 하고 있다. 오랫동안 이어 오던 물질적인 제사를 완전히 부정한 것이다. 제물을 바치고 제사를 올려 신(神)의 노여움을 풀고 기쁨을 사서 재앙 대신 복을 받는다는 기복 신앙을 물리친 것이다. 이것은 종교의 혁명이었다. 마음속에서 얼(성령)이 샘물처럼 솟아 나오는 것이 참된 예배라는 것이다. 제물이 아닌 얼(성령)로 예배를 올리는 것이다. 얼로 예배를 올리는 것은 장소나 시간이 필요 없다. 언제 어디서나 하느님의 얼을 받고 얼의 말씀을 사뢰는 것이 참다운 기도요 예배인 것이다.

짐승의 피비린내를 즐기는 하느님은 없다. 그것은 얼을 깨닫지 못한 이들의 옹졸한 생각이 지어낸 것일 뿐이다. 예수가 얼로 예배를 올리라고 한 말과 "이 성전을 허물어라. 내가 사흘 안에 다시 세우겠다."(요한 2:19)고 한 말씀도 희생 제물을 바치는 유대교를 정면으로 부정한 것이다. 유대교를 부정한 것은 유대교의 야훼신을 부정한 것이다. 실제로 야훼신 같은 신은 없다. 그러한 신은 얼나를 깨닫지 못한 이스라엘 민족의 천박하고 이기적인 관념이 만들어낸 우상에 지나지 않는다. 그래서 예수가 너희는 알지 못하는 우상신인 야훼신을 예배하지만 우리는 아는 얼(성령)의 하느님, 빔(허공)의 하느님에게 얼로 예배를 올린다고 말한 것이다. 얼로써 기도하는 예배는 석가, 노자, 예수로부터 비롯했다. 그전에는 샤머니즘의 물질적인 제사, 예배뿐이었다.

예수는 말하였다. "나는 양이 드나드는 문이다. 나보다 먼저 온 사람은 모두 다 도둑이며 강도이다. 그래서 양들은 그들의 말을 듣지 않았다. 나는 문이다. 누구든지 나를 거쳐서 들어오면 안전할뿐더러 마음대로 드나들며 좋은 풀을 먹을 수 있다. 도둑은 다만 양을 훔쳐다가 죽여서 없애려고 오지만 나는 양들이 생명을 얻고 더 얻어 풍성하게 하려고 왔다. 나는 착한 목자이다. 착한 목자는 자기 양을 위하여 목숨을 바친다."(요한 10:7~11)

우리 민족도 단일 민족으로서 민족 정신이 대단하다고 할 수 있다. 그러나 이스라엘의 민족 정신에는 따라가지 못할 것이다. 어떤 의미에서는 이스라엘 민족의 민족 정신을 신격화한 것이 야훼신의 유대교라고 할 수 있다. 모세를 비롯한 민족의 지도자, 다윗을 비롯한 열왕, 이사야를 비롯한 선지자 등 이들의 공통점은 이들이 모두 열렬한 민족 정신을 품고 있었다는 것이다. 그 경쟁적이고 이기적인 민족 정신이 신격화되어 야훼신이 된 것이다. 야훼신이 천지를 창조하였다는 것은 민족 정신의 우주화에 이른 것일 뿐이다. 우주 정신(The Spirit of Universe)의 하느님이 어떻게 이스라엘 민족만 편애하고 다른 민족은 미워해서 죽여버리라고 명령을 내린단 말인가? 야훼신이 이스라엘 민족에게는 자신들을 수호해주는 어버이 같은 선신일지 몰라도 다른 민족에게는 악마 같은 악신에 지나지 않았다.

너희는 모르는 것을 예배한다는 예수의 말은 사마리아 여인만을 두고 한 말이 아니라, 그리짐 산에서 제사 올리는 사마리아 사람들과 예루살렘에서 제사 올리는 유대인 모두를 두고 한 말이다. 아니, 인류 전체를 두고 한 말이다. 아들 이사악을 제물로 바치고자 한 이스라엘 민족이 믿음의 선조로 받드는 아브라함, 시나이 산에서 야훼신과 만났다는 모세를 비롯해 이스라엘의 모든 걸출한 예언자들을 한데 뭉뚱그려 그들이 전부 참된 하느님을 모르는 이들이라고 말한 것이다. 그들이 참된 하느님을 알았다면 짐승들의 멱을 따 선지피를 흘리는 제사는 벌써 그만두었을 것이다. 우리나라에서 가끔 볼 수 있는 풍경처럼, 돼지머리의 콧구멍에 지폐를 꽂아놓고 제사를 올리는 이들이 참된 하느님을 아는 사람들이 아닌 것과 같다. 이스라엘 민족의 신관도 얼나의 깨달음을 모르는 유치하고 잘못된 신관인 것이다.

예수는 십자가의 죽음조차 두려워하지 않고서, 이스라엘 민족이 몇천 년 동안 지녀 온 유치하고 사악한 신관인 야훼신으로부터 그들을 해방시켜주려고 하였는데, 그들은 오히려 예수를 죽였다. 예수의 가르침을 받아들인 사람들도 소수 있었으나, 전형적인 바리새인인 바울로가 교활하게도 예수의 이름으로 예수의 참된 영성과 자비의 아버지 하느님을 다시 원죄를 내세워 트집 잡는 야훼신으로 바꾸어 버렸다. 그리하여 바울로의 포악하고 사악한 야훼신이 기독교의 하느님이 되어 2천 년을 내려오면서 기독교 죄악사를 엮어 오게 된 것이다.

바티칸의 교황이 참회한다고 끝날 일이 아니다. 바울로의 야훼신관을 버리고 예수의 아버지 신관으로 전환해야 참된 참회가 될 수 있다. 그런데 뜻밖에도 존 셸비 스퐁이라는 성공회 주교가 쓴 《기독교 변하지 않으면 죽는다》라는, 300쪽도 안 되는 책 한 권이 놀라운 일을 해냈다. 그 책의 핵심이 바로 그동안 기독교의 초석 노릇을 한 사도신경을 깨뜨려버리는 일이었다. 기독교인들은 존 셸비 스퐁에게 반드시 경의를 표해야 할 것이다.

사도신경에서 예수를 초인으로 만든 가장 비중 있는 이야기가 동정녀 탄생설과 육체부활설이다. 존 셸비 스퐁은 이 두 가지 설화에 대해서 이렇게 말하였다.

"예수 출생의 이야기는 문자적으로 보았을 때 전설적인 요소들로 가득 찬 이야기이다. 그러나 고전적 신학은 이런 전설들의 내용을 기독교의 기본적 신조들 속에 집어넣었으며, 교회는 역사적으로 이런 구절들을 문자적으로 사실인 것처럼 가르쳐 왔다. 오늘날 우리의 과학 지식이 발전함으로써, 그런 구절들이 객관적인 진리를 설명한다는 주장이 가당치 않은 주장임을 드러내었다. ……

성서 저자들은 예수가 이 세상 속에 들어온 방식이 비정상적이었다고 볼 뿐 아니라, 사도신경은 계속해서 예수가 이 세상을 빠져나간 방식도 비정상적이었다고 주장한다. 즉 우리는 그가 하늘에 올라가셨다고 말함으로써, 예수의 원래 고향이었던 하늘로부터 시작된 하느님의 왕복 여행이 끝난 것으로 말한다. 예수의 처녀 출생 이야기와 마찬가지로, 그가 승천했다는 이야기 역시 우리의 지식이 확대됨으로써 믿을 수 없는 이야기가 되었다."(존 셀비 스퐁, 《기독교 변하지 않으면 죽는다》)

복음서 기자들이 예수를 신격화하려고 자연 법칙을 깨뜨리는 이야기를 엮은 것이다. 자연 법칙을 깨는 이야기가 신비한 것이라고 생각했던 것이다. 복음서 기자들이 예수를 신격화하려 한 것은 예수가 사마리아 여인에게 말한 것처럼 그들이 하느님을 몰랐기 때문이다. 류영모는 이러한 말을 하였다.

"사람을 숭배하여서는 안 된다. 그 앞에 절을 할 것은 참되신 하느님뿐이다. 종교는 사람을 숭배하자는 것이 아니다. 하느님을 바로 하느님으로 깨닫지 못하니까 사람더러 하느님 되어 달라는 게 사람을 숭배하는 까닭이다. 예수를 하느님 자리에 올려놓은 것도 이 때문이고 가톨릭이 마리아를 숭배하는 것이 이 까닭이다."(류영모, 《다석어록》)

하느님을 하느님으로 바로 안다면 예수를 신격화할 까닭이 없다.

복음서 기자들이 하느님을 바로 알지 못하니 예수를 하느님으로 만들려고 한 것이다. 그런데 그것보다도 더 한심스러운 것은 바울로가 예수의 십자가 죽음을 야훼신에게 바치는 제물로 둔갑시킨 것뿐만 아니라, 야훼신이 그것을 기뻐하여 아담과 하와가 선악과를 따 먹은 후 그 후손들에게까지 내려진 저주의 원죄를 용서했다는 논리이다. 그런 잔혹한 신이 어디 있단 말인가? 그런 허황된 교의를 만들어서는 이것을 믿는 자들은 죄 사함을 받지만 안 믿는 자들은 계속 형벌을 받는다고 협박한다. 그런 도깨비 같은 교의를 맹종하는 노릇을 2천 년 동안이나 이어 온 일이야말로 통탄스럽기 그지없다. 그래서 기독교의 역사는 예수의 가르침이 소멸한 역사라고 말한 이도 있다. 그런 유치하고 사악한 교의는 치워버려야 한다. 그런 신은 본디부터 없었다. 자승자박이라더니 사람들이 만든 교의에 사람들의 정신이 묶여 꼼짝을 못하였으니 웃어야 할 일인지 울어야 할 일인지 모르겠다.

예수의 입에서는 야훼신이란 말이 나온 일이 없다. 하늘이신 아버지 하느님이 계실 뿐이다. 그분은 돌아온 탕자를 무조건 반겨 맞이하여 아들의 권리를 회복시켜주었다. 왜 집을 나갔는가, 나눠준 재산은 어떻게 했는가 따위의 문책도 없었다. 문책이 없으니 징벌도 없다. 그저 아버지와 아들 사이에 사랑과 평화와 기쁨이 넘칠 뿐이다.

야훼신이 내리는 저주, 징벌, 추방 같은 것은 있을 수 없다. 전쟁을 일으키게 하고 살해할 것을 명령하고 박해를 지시하는 신 따위는 있을 수 없다. 의도적으로 지진으로 죽이고 우박으로 죽이고 홍수로 죽이고 벼락으로 죽이는 신 따위는 없다. 예수는 말하였다.

"원수를 사랑하고 너희를 박해하는 사람들을 위하여 기도하여라. 그래야만 너희는 하늘에 계신 아버지의 아들이 될 것이다. 아버지께서는 악한 사람에게나 선한 사람에게나 똑같이 햇빛을 주시고 옳은 사람에게나 옳지 못한 사람에게나 똑같이 비를 내려주신다. 너희가 자기를 사랑하는 사람들만 사랑한다면 무슨 상을 받겠느냐? 세리들도 그만큼은 하지 않느냐? 또 너희가 자기 형제들에게만 인사를 한다면 남보다 나을 것이 무엇이냐? 이방인들도 그만큼은 하지 않느냐? 하늘에 계신 아버지께서 완전하신 것같이 너희도 완전한 사람이 되어라."(마태오 5:44~48)

"하늘에 계신 아버지께서 완전하신 것같이 너희도 완전한 사람이 되어라."는 말은 대단히 중요한 말씀이다. 하늘에 계신 하느님 아버지는 유무(有無)와 생사(生死)를 초월하신 영원한 생명이듯이 이해(利害)와 선악(善惡)을 초월하신 절대선이시다. 그러므로 났다 죽었다 아니하고 늘 계시듯이, 악했다 선했다 아니하고 늘 선하시다. 그것이 예수가 말한 완전함이다. 텔레이오스(τελειοζ)는 영어로는 'perfect' 로 완전무결하다는 뜻이다. 예수께서 길을 떠나시는데 어떤 사람이 달려와서 그 앞에 무릎을 꿇더니 "선하신 선생님, 제가 무엇을 해야 영원한 생명을 얻겠습니까?" 하고 물었다. 예수께서는 이렇게 대답하였다. "왜 나를 선하다고 하느냐? 선하신 분은 오직 하느님뿐이시다."(마르코 10:18)라고 하였다. 여기에서 선하신 하느님이란 절대선이란 뜻이다. 그는 저주하고 보복하고 분노하고 징벌하고 살해하고 증오하는 야훼신 같은 짓은 하지 않는다. 쉽게 말하면 하느님이 지옥을 만들어놓고 거기에 사람들을 밀어 넣는 것을 즐기는 일 따위를 한다고 생각하는 것은 하느님 아버지에 대한 불경이다. 하느님은 무한히 참고 무한히 용서하는 절대선이다. 예수는 말하였다.

"너희 중에 아들이 빵을 달라는데 돌을 줄 사람이 어디 있으며 생선을 달라는데 뱀을 줄 사람이 어디 있겠느냐? 너희는 악하면서도 자기 자녀에게 좋은 것을 줄 줄 알거든 하물며 하늘에 계신 너희의 아버지께서야 구하는 사람에게 더 좋은 것을 주시지 않겠느냐?"(마태오 7:9~11)

예수, 석가, 노자의 빔(허공)의 하느님은 절대 유일신일 수밖에 없다. 태공(太空)은 하나밖에 없기 때문이다.

빔(허공)의 하느님 말고 다른 신들은 절대 유일의 신이 아니다. 그래서 다신(多神)이다. 야훼신도 절대 유일의 신이 아니다. 야훼신 외에 다른 신을 섬기지 말라고 한 것은 이미 야훼신 말고 다른 여러 신이 있음을 인정하는 것이다. 야훼신은 이스라엘 민족에게는 유일한 신이다. 그들의 민족 신이요 부족 신이기 때문이다. 그리고 제물을 받아먹고 기분이 좋으면 잘 해주고 섭섭하게 하면 천벌을 내리는 선악의 신이다. 천사와 사탄을 인정한다는 것이 이미 다신을 인정한다는 증거다. 이슬람교에서는 기독교의 삼위일체를 두고 다신이라 한다지만 천사와 사탄을 인정하면 어느 종교든 다신을 인정하는 것이다. 그러나 하느님의 얼(성령)이 있을 뿐이다. 천사도 하느님의 얼을 인격화한 것으로 보인다. 선조의 영인 조령(祖靈)도 있을 수 없다. 조로아스터교는 아예 선신(아후라마즈다), 악신(앙그라마이뉴)을 따로 두어 경쟁을 하게 한다. 이것은 모두 제나의 관념이 만들어낸 거짓신들이다. 이런 잡신 잡귀를 인정하는 것이 이른바 샤머니즘이다.

예수는 유대교의 샤머니즘적인 신관을 부정하였다. 그리고 어떠한 제사 의식, 종교 의식도 배제하였다. 골방에 들어가서 하느님과 얼로 교통하는 기도를 하라고 했다. 예수는 자기 집이 없으니 골방도 없어 저녁이나 새벽 일찍 조용한 산속에 들어가 홀로 기도를 올렸다. 바리새인들이 예수와 예수의 제자들이 종교적인 의식(儀式)을 무시한다고 시비를 걸어 오자 예수는 이렇게 말하였다.

"새 옷에서 조각을 찢어내어 헌 옷을 깁는 사람은 없다. 그렇게 하면 새 옷을 못 쓰게 만들 뿐 아니라 새 옷 조각이 헌 옷에 어울리지도 않을 것이다. 그리고 새 술을 헌 가죽부대에 담는 사람도 없다. 그렇게 하면 새 포도주가 부대를 터뜨릴 것이니 포도주는 쏟아지고 부대는 못 쓰게 된다. 그러므로 새 포도주는 새 부대에 넣어야 한다. 또 묵은 포도주를 마셔본 사람은 '묵은 것이 더 좋다.'고 하면서 새것을 마시려 하지 않는다."(루가 5:36~39)

예수가 말하기를 "내가 율법이나 예언서의 말씀을 없애러 온 줄로 생각하지 마라. 없애러 온 것이 아니라 오히려 완성하러 왔다."(마태오 5:17)고 하였다. 어떠한 사람도 신앙 생활은 기복 신앙(샤머니즘)에서 시작한다. 남이 하는 대로, 누가 시키는 대로 따라 하는 타율적인 신앙이다. 모든 재앙을 막아주시고 나에게 행운을 내려 달라는 기복 신앙이다. 그러나 차차 나이를 먹고 세상 경험을 하고 지식이 많아지면 생각이 달라진다. 그리고 잘 모르던 하느님에 대한 생각도 차차 밝아져 온다. 그것을 슬기(지혜)라 한다. 그리하여 정신적으로 성장하면 드디어 스스로 하느님 아버지에 대한 깨달음에 도달해 자율적인 신앙인이 된다. 나무를 심으면 처음엔 받침목이 필요하지만 나중엔 그것을 치워줘야 한다. 치워주지 않으면 뿌리가 뻗지를 못하여 오히려 나무가 죽게 된다.

예수, 석가, 노자는 한마디로 말하면 자율적인 신앙인이다. 예수가 말하기를 "땅에 있는 아버지를 아버지라 부르지 말라. 땅에 있는 스승을 스승이라 부르지 말라. 하느님이 너희의 참아버지요 스승이라." (마태오 23:8~9 참조)고 하였다.

예수가 죽기 전에 제자들에게 보혜사(성령)의 가르침을 받으라고 하고 석가가 죽기 전에 다르마(얼나)를 의지하라고 한 것은 참나인 얼나를 깨달아 의지하라는 가르침이었다. 스승 류영모가 이 사람에게 찾아오지도 말고 편지도 하지 말라고 단사를 선언한 것은, 스스로 얼나를 깨달아 자율적인 신앙인이 되라는 뜻에서 제자에게 마지막 바른 가르침을 준 것이다.

홍성환은 어머니의 무속 신앙이 싫어 스스로 성경을 사서 교회에 나갔지만 교회에 열심히 다니다 보니 교회에 대한 환멸만이 남아 무교회 신앙으로 방향을 전환하였다. 그러나 또다시 무교회 신앙이 실망스러워져 씨알 사상을 공부하게 되었다. 그의 고백을 들어보자.

"이제 나의 종교는 씨알 사상이며 초종교적 영성이다. 나는 이제 한 종교에 매이기를 원치 않으며 어떤 종교 의식이나 교리에도 예속되고 싶지 않다. 종교란 한마디로 자아(自我, ego)가 죽어 생명과 의미와 가치의 근원인 궁극적 실재(하느님)와 하나가 되려는 것이고 그렇게 하나가 된 사람은 만물이 하나임을 알아 이웃을 자기로 알고 사랑하는 사람이다. 나는 이러한 씨알 사상과 영성이 종교의 핵심이라고 믿는다.

나는 이런 참된 종교를 가로막는 그릇된 두 가지가 기도와 예배에 대한 잘못된 생각이라고 본다. 기도를 하느님을 이용해 자기 욕망을 충족시키는 수단으로 보는 것은 기복 신앙의 온상이다. 하느님의 뜻을 알고 그 뜻을 따르고자 하는 순결한 마음이 기도이다. 내 욕심을 들어 달라 하느님께 조르는 것은 참된 신앙이 아니다. 예배를 하느님의 호의를 사려고 제물을 바치는 것으로 생각하는 것 역시 크게 잘못된 것이다. 예배란 예수님이 말한 것처럼 내 얼과 하느님의 얼이 하나로 통하는 시간이며 하느님의 뜻과 내 뜻이 일치하여 진리 안에서 하나 되는 것이다. 얼과 참으로 예배하라는 말이 그것이다. 종교가 계속 기복적인 예배 중독자들을 양산하는 한 그런 종교는 사람과 사회를 병들게 할 뿐이다. 지금은 개별 종교의 교리나 의식(儀式)을 넘어서 자아가 죽어 하늘과 하나 된, 진실로 깨어 살아 있는 영(靈)

이 절박한 시대이다."(홍성환, 〈씨알〉 통권 제22호 '나의 종교적 편력과 신앙')

멸망의 생명인 제나(몸나)를 위하여 하느님의 은총을 입겠다는 것이 기복 신앙이다. 영원한 생명인 얼나를 위하여 하느님과 영통(靈通)을 하는 것이 영성 신앙이다. 제나는 짐승이라 탐·진·치의 짐승의 욕망을 추구한다. 그 욕망은 밑 빠진 항아리와 같아 끝이 없다. 얼나는 하느님 아들이라 하느님의 뜻을 구현한다. 수욕(獸慾)을 다스리며 하느님의 말씀을 전하고 차별 없는 사랑을 베푼다. 종교 간에 갈등을 일으키는 것은 영성의 종교가 아니라 수성(獸性)의 종교가 되어서 그렇다. 신앙의 방향을 제나의 극기에 두지 않고 제나의 행복에 두니 종교가 종교성을 잃는 것이다. 세속 사회와 다른 것이 없다. 종교 간의 이해와 소통은 제나로 작아지고 없어졌다. 그러므로 얼나로 솟나 하느님 아버지 품속으로 돌아가야만 이해와 소통이 이루어진다. 제나를 조금만 극기하여도 사람이 달라진다.

악바르(1542~1605)는 인도 무굴제국의 제3대 왕이었다. 인도에 세운 이슬람 국가인 무굴제국은 이때 어느 정도 안정기에 들어섰다. 악바르는 백성들에게 선정을 베풀고자 심혈을 기울였으나 큰 장애는 있었으니 백성들 사이의 종교 갈등이었다. 마하트마 간디가 저격을 당하여 죽은 것도 힌두교와 이슬람교의 분쟁이 그 원인이다. 종교를 이용하여 국가의 정치 세력을 키우려 하니 종교 간에 갈등이 일어나고 분쟁이 일어나는 것은 뻔한 일이었다. 종교가 정치화하면 이미 종교가 아니라 정당이나 국가에 불과하다.

악바르는 왕이었지만 글자를 못 읽는 문맹자요 독실한 이슬람 신자였다. 악바르는 국왕의 권위로 인도의 힌두교와 자이나교, 페르시아에서 건너온 조로아스터교, 만디야교, 그리고 이슬람교의 시아파와 수니파를 대표하는 성직자들을 궁전에 불러 모았다. 악바르는 여러 종교의 대표자들로 하여금 그 종교의 핵심 교의를 설명하게 하고서 귀 기울여 들었다. 여러 종교 대표자들의 이야기를 다 듣고 난 후 악바르는 하느님에 대한 신앙이야말로 올바른 신앙이라는 결론에 도달했다. 그러나 종교 통일을 이루는 것은 지극히 어렵다는 것도 알게 되었다. 모든 종교에는 하느님을 받들어 섬긴다는 주장 뒤에 하나같이 이권이라는 욕심의 독사가 똬리를 틀고 있다는 것을 본 것이다. 악바르는 종교 통일의 야망을 버리고 자기 스스로 실천할 수 있는 일을 찾았다. 신분이나 종교에 구애됨이 없이 어떠한 사람이든 자애로운 눈빛으로 만날 수 있는 사랑의 힘을 기르자는 것이었다. 악바르는 이 일을 실천에 옮겼고, 그 너그러운 마음씨는 오늘날까지도 사람들의 입에서 입으로 전해져 오면서 칭송되고 있다. 악바르는 종교인들에게 이렇게 말하였다.

"과거에 우리는 힌두교도들에게 우리 조상의 신앙(이슬람교)을 받아들이라고 강요하였다. 이제 나는 분명히 깨달았다. 모순으로 가득찬 이 혼돈스런 세상에서 내가 믿는 신앙만이 유일한 진리라고 주장하는 것이 얼마나 어리석은 것인가를 깨달았다. 지혜로운 사람은 정직한 길을 삶의 지침으로 삼으며 어떤 것에서나 배운다. 이렇게 할 때 우리가 열쇠를 잃어 버려 열지 못하는 진리의 문이 열릴 것이다." (마이클 우드, 《인류 최초의 문명들》)

예수, 석가, 노자는 종교 사상의 대가요 원조로 알려져 있다. 그러나 사실은 예수도 석가도 노자도 종교를 만든 일이 없다. 그들 주위에 모여든 사람들에게 대가 없이 가르침을 주었을 뿐이다. 예수가 기독교를 만든 일이 없고 석가가 불교를 만든 일이 없고 노자가 도교를 만든 일이 없다. 이후에 사람들이 예수, 석가, 노자의 이름을 빌려서 만든 것이다. 제나로 죽고 얼나를 깨닫기는 쉬운 일이 아니다. 그러니 제나의 사람들이 샤머니즘의 샤먼과 다를 게 없는 재물을 얻는 오늘의 종교를 만든 것이다. 그들의 목적에 방해가 되는 것은 무엇이든 배척하고 파멸시켰다. 오강남의 말이다.

"프린스턴 대학의 종교학 교수 중에 일레인 페이절스(Elaine Pagels)라는 사람이 있는데, 하버드 대학에서 영지주의 연구로 박사 학위를 받고, 책이나 글을 통해 〈도마복음〉을 일반인들에게 널리 알린 학자입니다. 그녀에 의하면 깨침 중심의 영지주의가 사라진 것이 다분히 정치적인 이유 때문이라는 거예요. 영지주의 같은 심층 종교는 자기 속에서 신을 찾기에, 신과 직접적인 관계를 갖습니다. 그럴 경우 제도 종교의 중개 역할을 필요로 하지 않게 된다는 겁니다. 그런 이유로 당시 주교 등 성직에 있는 사람들은 위기 의식을 느꼈다는 거예요. 중간 상인 입장에서는 직거래하는 사람이 생기는 것이 자칫 자기들의 수지 타산에 좋지 않다고 생각했다는 이야기입니다. 결국 영지주의 같은 심층 종교가 지하로 숨은 중요한 이유 중 하나가 이런 정치적인 이유라는 겁니다.

물론, 심층 종교가 사라지거나 소수로 전락된 것에 정치적인 측면만 있는 것은 아니겠지요. 심층 종교가 보통 사람들이 알기에는 너무 어려운 것도 그 이유 중 하나로 볼 수 있습니다. …… 게다가 심층 종교를 추구하는 사람들은 자기 내면의 목소리를 따르니까 거만하게 보일 가능성도 높고요. 이런 모든 게 함께 작용해서 제도 종교는 심층 종교나 심층 종교를 추구하는 사람들을 불편하게 느끼게 된 거죠. 그래서 심층 종교가 제도 종교의 관점에서 보면 전복적이고, 신비주의를 비롯해 종교의 심층을 추구한 사람들이 이단으로 탄압받기 쉬웠던 겁니다."(오강남·성해영,《종교, 이제는 깨달음이다》)

이단이라는 이유로 배척당하고 말살된 그노시즘(영지주의)이 사실은 예수의 가르침인 영성 신앙이다. 영성 신앙은 곧 자율 신앙을 지향하기 때문에, 타율 신앙으로 존재 이유를 갖게 된 교회가 그노시즘을 적대시하게 된 것이다. 이것이야말로 목 놓아 통곡할 일이 아닌가? 예수가 바리새인들에게 박해를 당한 것은 그렇다 쳐도 예수를 받든다는 기독교인이 그 가르침을 이단으로 박해한 것은 어떻게 이해해야 할지 모르겠다. 예수의 이름만 내걸었지 기독교가 사실은 예수의 가르침은 치워버리고 기복해주는 샤먼으로 바뀐 것이다. 제나의 기복 신앙이 되고서 얼나의 깨달음 신앙은 땅속에 묻힌 것이다.

그리하여 예수의 일생이 성령의 인도로 나아간 것과 달리, 기독교 2천 년은 수성(獸性)에서 나온 권력에 이끌려 기독교 죄악사를 이루었으니 교황이 사과하기에 이르렀다. 예수의 가르침을 말살한 데 대한 참회와 사과가 있어야 한다.

바울로 사상의 핵심을 간추린 사도신경은 예수의 생애는 무시해버리고 예수를 인신의 제물로만 삼는다. 그리고는 이것을 안 믿으면 저주를 받아야 할 이단이라고 매도한다. 샤머니즘의 극치를 보이는 이런 교리를 2천 년 동안 이어 왔다. 예수의 영원한 생명인 얼나의 깨달음 신앙을 이단이고 마귀라며 죽이고 없애버렸다. 그러고는 예수와 인연이 있는 곳마다 교회를 세웠다. 신학자 정양모는 이렇게 말하였다. "예수와 인연이 있다고 전해지는 곳에는 그 전설이 사실이든 아니든 교회를 지어놓아야만 직성이 풀리는 기독교인들의 마음은 이해가 되면서도 이해가 안 된다. 성지는 그대로 보존하는 것이 옳기 때문이다."(정양모,《나는 예수를 이렇게 본다》)

사람이 지닌 이기적이고 배타적인 짐승 성질이 형이하의 경계를 만든 것이 국가이다. 형이상의 경계를 만든 것이 종교이다. 허공이시며 성령이신 하느님 아버지를 참나로 깨달은 예수, 석가, 노자는 국경(국가)도 교의(종교)도 인정치 않는다. 예수가 내 나라는 이 땅에 속한 나라가 아니라고 말한 것은 국경을 인정하지 않는 것이고, 성전을 허물어라, 사흘 안에 다시 짓겠다고 한 것은 기복적인 종교를 인정하지 않는 것이다. 사람이든지 짐승이든지 재물이든지 신에게 제물로 바치고 신의 노여움을 풀어 처벌의 재앙을 면하게 하고 은혜의 축복을 받게 한다는 기복의 샤머니즘은 버려야 한다. 사람의 제나(몸나)는 무상한 것이다. 그러므로 제나를 버리고 영원한 생명인 얼나를 참나로 깨달으라는 것이다. 제나(몸나)가 무상한 것은 물질의 법칙이다. 하느님께서 벌을 주고 상을 주는 것이 아니다. 재앙은 신의 노여움이고 신의 노여움을 푸는 길은 제물을 바치는 것이라는 스키마(schema)를 깨뜨려버려야 샤머니즘에서 풀려나 자유로운 인격이 된다.

제나(몸나)의 신앙인 샤머니즘을 넘어선 이는 예수, 석가, 노자의 가르침이 하나인 것을 알게 된다. 제나를 넘어서면 하느님의 생명인 얼나밖에 없기 때문이다. 하느님의 생명인 얼나에는 너와 나가 따로 없다. 류영모는 이렇게 말하였다.

"나는 우(하느님)에서 은혜가 쏟아지는 (기복적인) 믿음을 갖지 않는다. 여기서 이렇게 사는 이상의 은혜를 바라지 않는다. 이 정도라도 할 수 있는 게 위에서 오는 얼이 없으면 아무것도 안 된다. 이걸 생각하면 무한한 감사를 드린다. 이 세상에 머리 둘 곳 없이 산 예수인데 위로부터 얼을 받고서 이 세상에 필요한 건 다 있다고 말했다.

적어도 높이 생각하는 이는 높고 멀고 큰 님(하느님)을 생각해야 한다. 우리 머리보다 더 높고 멀고 크신 님(하느님)을 생각해야 한다. 몸나(제나)에서 얼나로 솟아 나가야만 참삶을 살 수 있다는 뜻이 우리 마음에 줄곧 있다. 이게 하느님 아버지의 뜻이다. 이 몸나(제나)는 가짜 생명이라 우리는 참나(얼나)를 찾아야 한다. 우리의 일이 얼생명인 참나를 찾는 것이다. 하늘나라에는 참나(얼나)가 들어간다. 예수가 이르기를 '성령으로 새로 나지 않으면 아무도 하느님 나라에 들어갈 수 없다.'(요한 3:5)고 했다. 가짜 생명인 몸나(제나)는 죽어야 한다. 반드시 죽음이 있어야 한다. 그런데 사람들은 이 세상에서 가짜 생명인 몸뚱이를 연명시키는 데만 궁리하고 골몰하고 있다. 그래서는 안 된다."(류영모, 《다석어록》)

제나는 제각기 다 다르지만 얼나는 하느님으로부터 받은 하느님의 생명이다. 아무리 많은 사람들이 얼나를 깨달아도 한 생명이다. 전구가 아무리 많아도 전원은 하나인 것과 같다. 그러므로 얼나에는 이름이 필요 없다. 정신이 높고 깊은 데 이른 이는 얼나의 진리 정신으로는 모두가 하나인 것을 직감하게 된다.

말할 것도 없이 너와 나는 다르다고 하는 이들이 더 많다. 그들은 아직 정신적으로 높은 데 이르지 못하고 낮은 데 머물러 있으며, 깊은 데 이르지 못하고 얕은 데 곧 짐승인 제나의 삶에 머물러 있는 것이다. 그들도 생각이 높고 깊은 데 미치면 모든 생명의 뿌리가 하나인 것을 느끼게 된다. 그러니 모두가 한 형제요 자매인 것이다. 생각이 높고 깊은 데 이른 마하트마 간디의 생각을 들어본다.

"나는 기독교나 그 밖의 다른 어떤 종교 경전에서도 진리를 발견하면 주저 없이 그 사실을 밝힌다. 두려움이 있으면 종교는 없다. 내 나름대로 성경이나 쿠란을 해석했을 때 내가 기독교인이라거나 이슬람교도라고 말해야 하면 나는 주저 없이 그렇게 할 것이다. 왜냐하면 그렇게 되면 힌두교나 기독교, 그리고 이슬람교는 모두 같은 뜻을 갖게 될 것이기 때문이다. 나는 저 세상(하늘)에는 기독교나 이슬람교, 힌두교의 구별이 없다고 믿는다. 그곳에서는 이름이나 직업으로 심판받는 것이 아니다. 행동에 의해 심판받게 된다. 이러한 이름의 차이는 우리가 이 땅 위에 있는 동안 계속될 것이다. 그러므로 나는 참을 배우는 데 지장이 없고 나의 성장에 방해가 되지 않는 한 내 조상들이 지켜 온 믿음을 따르고자 한다.

내가 독실한 힌두교 신자라고 하면 나에게서 독실한 신자의 모습을 발견하기가 어려우므로 많은 친구들이 자주 당혹해하곤 한다. 그 까닭은 내가 독실한 힌두교 신자이면서도 기독교나 이슬람교, 그리고 조로아스터교의 가르침들을 받아들이기 때문이다. 그러므로 나의 종교는 어떤 사람에게는 여러 종교의 복합체인 것으로 보이기도 하고, 어떤 사람에게는 절충주의로 보이기도 했다. 누군가를 절충주의자라고 부르는 것은 그가 믿음이 없다는 뜻이다. 그러나 나의 믿음은 열려 있으므로 기독교나 극렬한 이슬람교라도 반대하지 않는다. 나는 모든 사람을 그 사람의 관점에서 보려하기 때문에 비록 어떤 사람이 극단적인 광신자라고 해도 그를 나쁘게 대하지 않는다. 나는 그런 너그러운 믿음으로 살아간다. 그런 자세가 어떤 사람에게는 불편할지 모르지만 나는 전혀 그렇지 않다."(간디, 《간디의 마음》)

석가, 노자, 소크라테스, 예수를 인류 문화의 기축 시대(axial age)

를 연 대표 주자로 본 이가 야스퍼스이다. 그런데 이 사람이 야스퍼스가 이들 네 사람을 분석하고 비교하면서 아주 중요한 사실을 간과한 것을 발견했다.

"철학에 관한 한 그들은 사람이었다. 사람으로서 그들은 특수한 성격과 한계를 지니고 있었다. 그들은 역사의 일부였기 때문에 아무도 보편적인 타당성을 주장할 수 없었다. 더 나아가서 그들은 한 사람이 아니라 네 사람이었다. 그러므로 아무도 혼자서 네 사람을 전부 점령할 수 없었다. 그러므로 우리가 그중에서 한 사람을 유일한 진리로 절대화 한다면 우리는 그 순간부터 그에게서 모든 인간성을 박탈하는 것이 된다. …… 그러나 우리가 여기서 유의해야 될 일은 그들을 하나로 만들 수 없다는 사실이다. 그들을 하나의 종합된 진리를 만들 수 없다. 그들은 모두 인간의 가능성에 근거해서 살고 추구하고 답변했기 때문에 서로 연결되어 있다. 그러면서도 그들은 저마다 다른 인간이었다. 우리는 그들이 만든 각각의 길을 한 번에 갈 수 있도록 그들을 하나의 인간으로 만들 수는 없다."(야스퍼스,《위대한 사상가들—소크라테스, 석가모니, 공자, 예수》)

사람의 '나'에는 몸나, 맘나로 된 제나가 있다. 제나는 땅의 어버이로부터 받은 것이다. 이것은 짐승인 멸망의 생명이다. 소크라테스, 석가, 공자, 예수는 어버이로부터 받은 제나를 거짓나로 부정하였다. 그리고 하느님으로부터 받은 영원한 생명인 얼나를 참나로 깨달았다. 그러므로 얼나로는 네 사람이 한 사람이다. 야스퍼스는 중요한 이 사실을 모르고 있었다. 그래서 야스퍼스는 예수가 말한 "내가 곧 길이요 진리요 생명이니 나로 말미암지 않고는 아버지께로 올 자가 없느니라."(요한 14:6, 한글개역)의 나가 얼나인 것을 모르고서 이 말을 예수가 한 말이 아니라고까지 말하였다. 이쯤 되면 뭐라고 말할 수가 없다. 소크라테스의 다이몬, 석가의 다르마(法), 공자의 속알(德), 예수의 프뉴마(얼)는 말만 다르지 똑같이 하느님이 주신 얼나이다. 얼나로는 네 사람이 한 얼생명인 것이다.

류영모는 말하였다.

"참으로 두 사람의 생각이 하나가 되려면 두 사람 모두가 제나로 죽고, 얼나로 솟나야 한다. 영원한 생명인 얼나에는 너와 나라는 나눔이 없다. 하느님으로부터 받은 얼나로는 너와 나가 없는 공통의 한 생명인 것이다. 얼나로 둘이 한 생명이 되면 부르고 대답할 것도 없다."(류영모, 《다석어록》)

인류 문화의 기축 시대를 연 대표 주자 네 사람 모두가 제나를 죽이고 얼나를 깨달아 하느님의 말씀과 하느님의 사랑을 드러낸 살신성인(殺身成仁)을 한 것은 같지만, 소위 구경각이라고 하는 최고의 깨달음에 이른 사람은 예수와 석가이다. 두 사람의 언행이 거의 일치한다. 조금 못 미치는 이가 소크라테스와 공자인데, 두 사람은 사람들의 세상살이 즉 정치에 관심을 보인 점에서 비슷하다. 그러나 네 사람 모두 얼나를 깨달아 하느님을 알았고 사람이 해야 할 일을 알았다.

장자(莊子)가 말했다. "하느님이 하는 바를 알고서 사람이 해야 할 것을 알면 (하느님의 아들에) 이른 것이다. 하느님이 하는 바를 아는 이는 하느님이 낳았다. 사람이 해야 할 것을 아는 이는 아는 바의 앎을 가지고 알지 못하는 바의 앎을 기르니 마침내 영원한 생명으로 사는 가운데 죽지 않는다."(《장자》 대종사 편)

예수의 가르침은 한마디로 "사망에서 생명으로 옮겼느니라."(요한 5:24, 한글개역)에 있다고 할 수 있다. 이 말씀을 보완하면 "사망의 생명(제나)에서 영원한 생명(얼나)으로 옮겼느니라."이다. '회개하다'로 옮긴 메타노이아(μετανοια)가 사실은 생명(마음)의 옮김을 말한 것이다. 오늘날 기독교회에서는 예수의 이 말이 있는 것도 잘 모르면서 예수의 가르침을 좇는다고 생각하고 있다.

5장

기도하는 시간

두드려라, 찾으라는 것은 떼라도 쓰면서 자꾸 조르면 주신다는 말이
다. 종교를 잘 믿으려면 기도를 잘해야 한다. 그런데 나는 기도하라
는 말을 많이 하지 않는다. 하느님에게로 영원한 생명만 구해야 한다.
기도는 혼자서 해야 한다. 제 기도는 제가 해야 한다. 여럿이 모여 할
때는 암만해도 하는 척하게 된다. 거짓으로 하는 기도는 미워해야 한
다. - 류영모

홀로 고요히 기도하라

"너희는 아래서 났고 나는 위에서 났으며 너희는 이 세상에 속하였고 나는 이 세상에 속하지 아니하였느니라."(요한 8:23, 한글개역) 아래서 난 것은 어머니의 하문으로 난 몸나를 말한다. 위에서 난 것은 하느님의 얼로 태어난 얼나를 말한다. 예수도 몸나는 어머니 마리아의 하문으로 났다. 그러나 예수의 얼나는 하느님으로부터(위로부터) 난 것이다. 몸나는 아래 땅(상대 세계)에 속하므로 언젠가는 반드시 죽는 멸망의 생명이다. 그러나 얼나는 위(하느님 나라)에 속하므로 나지 않고, 죽지 않는 영원한 생명이다. 그러므로 얼나를 깨달아 얼나로 사는 이와 얼나를 깨닫지 못하여 제나로 사는 이의 삶은 전혀 다르다. 얼나는 하느님 아들이요 제나는 짐승 새끼다. 그 둘은 삶의 목적도 다르고 삶의 가치도 다르고 삶의 태도도 다르다. 그래서 예부터 이인(異人)이란 말이 있다. 여느 사람과 다른 사람을 이인이라고 불렸다. 예수는 말하자면 이인이다. 멸망의 생명인 짐승들이 우글거리는 데 영원한 생명인 하느님 아들이 나타났으니 다른 사람이 아닌가! 류영모는 이렇게 말하였다.

"예수는 니고데모가 예수의 기적에 대해서 궁금하여 말을 끄집어냈으나 못 들은 척 딴전을 부렸다. 그 표적에 대해서는 아무 말도 안 한 채 제나에서 얼나로 거듭 나라고 말하였다. 거듭 나라는 말은 위로부터 받은 얼로 나라는 말이다. 우리의 몸생명은 어머니의 하문으로 나는 것이다. 위로부터 나는 것은 하느님의 생명인 얼을 받아 나는 것이다. 얼이 아니면 영원 절대인 하느님과 상관할 수 없다. 예수는 하느님의 얼을 바람에 비겼다. 바람이 어디로 와서 어디로 가는지 모르지만 그 하는 일로 알 수 있듯이, 얼나로 새로 나는 것도 알 수 없으나 그 하는 일로 짐작할 수 있다."(류영모, 《다석어록》)

류영모는 "얼이 아니면 영원 절대인 하느님과 상관할 수 없다."고 했다. 하느님의 생명인 얼을 받아 얼나가 참나임을 깨달아야 하느님과 이어진다는 말이다. 그러니 얼나를 깨닫지 못한 이는 하느님을 바로 알지 못한다는 말이다. 예수는 이렇게 말하였다.

"하느님께서 보내주신 얼나를 깨달은 이 말고는 아버지를 아는 이가 없다. 얼나를 깨달은 이는 누구나 영원한 생명인 얼나를 누린다." (요한 6:46~47, 박영호 의역)

사마리아 여인이 야곱의 우물에 물 길러 왔다가 예수를 만나자 예배드리는 장소까지 언급하게 되었다. 예수는 거침없이 이렇게 말하였다.

"내 말을 믿어라. 사람들이 아버지께 예배를 드릴 때에 '이 산이다.' 또는 '예루살렘이다.' 하고 굳이 장소를 가리지 않아도 될 때가 올 것이다. 너희는 무엇인지도 모르고 예배하지만 우리는 우리가 예배드리는 분을 잘 알고 있다. 구원은 유대인에게서 오기 때문이다. 그러나 참인 얼로 예배를 드릴 때가 올 터인데 바로 지금이 그때이다. 아버지께서는 이렇게 예배하는 사람들을 찾고 계신다. 아버지께서는 이렇게 자기에게 예배하는 자들을 찾으시느니라. 하느님은 얼이시니 예배하는 자가 얼인 참으로 예배할지니라."(요한 4:21~24, 박영호 의역)

얼나를 깨닫지 못한 사람들은 얼로 예배할 줄을 모른다. 물질적인 것을 제단에 바치고서 절을 한다. 어른들을 대접하듯 하는 것이다. 이 이야기에서 예배(경배)라는 말은 사마리아 여인이 먼저 써서 예수도 받아 쓴 것이다. 제물을 바치고 절을 하는 샤머니즘적인 의례(儀禮)가 예배이다. 그리스어로 프로스쿠네오(προσκυνεω)이다. 얼로 예배드리는 것은 기도이다. 기도는 그리스어로는 프로슈케(προσευχη)인데, 가까이 한다는 뜻이 있다. 하느님께 가까이 다가가서 하느님으로부터 얼을 받고 얼로 영근 말씀을 사뢰는 것이 기도를 할 때다. 기도에는 제물을 바칠 필요도 없고 절할 필요도 없다. 예수가 사마리아 여인에게 그리짐 산도, 예루살렘 성전도 필요 없고 아무 때나 아무 곳에서나 기도할 수 있다고 한 것은, 사람이 하느님의 얼을 받고 얼로 얻은 말씀을 사뢸 수 있는 것은 생각으로 하는 것이라고 말한 것이다. 예수가 바리새인들이 그렇게 신성시하는 성전을 헐라고 말한 까닭이 바로 여기에 있다. 얼로 기도하는 것이 바른 예배인 것을 알고 있었기에 한 말이다. 그러니 예수가 보기에 성전에서 짐승을 잡아 바치는 제사는 하느님에게 쓸데없는 짓이요 사람에게는 해만 끼치는 일이었다. 어디든 걸어서 다니던 옛날에는 먼 곳에서 예루살렘까지 오고 가는 데 적지 않은 시간과 수고와 비용이 들었다. 거기에 제물로 양이나 소를 바치는 것도 큰 부담이었다. 해마다 의무적으로 해야 하는 성지 순례가 경제적인 수탈이 된 것이다. 반대로 제사장들은 막대한 재물을 모아 부유해졌다.

오늘날 교회에서 행하는 예배 의식은 아직 얼나를 깨닫지 못한 제나의 사람들을 위한 것이다. 예수의 참혹한 십자가 죽음이 신도 자신을 위한 것임을 강조하여 신도가 카타르시스를 느끼게 하고 경건한 의식을 통하여 하느님을 기쁘게 했다고 마음을 평안하게 해준다. 그러나 얼나를 깨달은 이에게는 필요가 없는 의식이다. 예수가 골방에서 홀로 하라고 한 기도는 얼나를 깨달은 이나 얼나를 깨닫고자 하는 이에게 필요한 예배이다.

"기도할 때에도 위선자들처럼 하지 마라. 그들은 남에게 보이려고 회당이나 한길 모퉁이에 서서 기도하기를 좋아한다. 나는 분명히 말한다. 그들은 이미 받을 상을 다 받았다. 너는 기도할 때에 골방에 들어가 문을 닫고 보이지 않는 네 아버지께 기도하여라. 그러면 숨은 일도 보시는 아버지께서 다 들어주실 것이다. 너희는 기도할 때에 이 방인들처럼 빈말을 되풀이하지 마라. 그들은 말을 많이 해야만 하느님께서 들어주시는 줄 안다. 그러니 그들을 본받지 마라. 너희의 아버지께서는 구하기도 전에 벌써 너희에게 필요한 것을 알고 계신다." (마태오 6:5~8)

하느님 아버지께서는 얼(성령)이시니 얼만 구해야 한다. 그밖에 필요한 것은 땅 위에 벌써 다 마련되어 있다. 일하면 얻을 수 있다. 몸의 안전을 빌고 몸에 필요한 물질을 구하는 것은 제나의 사람들이 찾는 기복 신앙이다. 주기도문에 나오는 일용할 양식은 정신적인 양식인 얼(성령)을 말한 것이다. 예수가 광야에서 그랬던 것처럼 굶는다고 기도를 하지 않아도 되는 게 아니다. 예수는 스스로 말한 것처럼 머리 둘 곳 없이 살았다. 소크라테스처럼 아주 작고 초라한 집(斗屋) 한 칸도 없었다. 그러니 골방도 있을 리가 없다. 그렇다고 예수가 하느님 아버지께 기도할 수 있는 골방 한 칸을 달라고 기도한 것도 아니다. 사람 없는 산속에 저녁이나 새벽에 가서 기도하였다. 아무도 없는 곳이면 예수의 기도 장소인 골방이 될 수 있었다. 류영모는 이렇게 예수의 말에 보충이 될 만한 말을 하였다.

"사람은 사랑의 대상을 늘 찾는다. 마음의 기량(器量)이 큰 사람은 영원 절대에 가서야 진·선·미가 있다고 한다. 기량이 작은 사람은 이 땅의 작은 걸로 만족해버린다. 그러나 기량이 커 감에 따라 자꾸 높은 것으로 바뀐다. 기량이 아주 크면 사랑의 대상을 영원 절대에 둔다.

기도하면서 살겠다는 게 종교이다. 암만해도 안 될 것 같은 걸 기를 쓰고 기도하라고 기독교에서 말한다.

두드려라, 찾으라는 것은 떼라도 쓰면서 자꾸 조르면 주신다는 말이다. 종교를 잘 믿으려면 기도를 잘해야 한다. 그런데 나는 기도하라는 말을 많이 하지 않는다. 하느님에게로 영원한 생명(얼나)만 구해야 한다. 기도는 혼자서 해야 한다. 제 기도는 제가 해야 한다. 여럿이 모여 할 때는 암만해도 하는 척하게 된다. 거짓으로 하는 기도는 미워해야 한다.

절대로 큰 것(하느님)을 우리는 못 본다. 아주 더할 수 없이 온전히 큰 것을 무(無)라고 한다. 나는 없(無)을 믿는다. 모르니까 믿는다. 있는 것은 아니까 안 믿는다. 기도할 때 하느님이 여기 오시는 게 아니다. 우리가 그 품속으로 들어가야 한다. 안 들어가지면 들어가려 힘써야 한다. 갈 때에는 이 세상 모든 것을 잊고 가야 한다."(류영모, 《다석어록》)

예수가 골방(타메이온)에 들어가서 기도하라고 한 데에는 뜻이 있다. 모든 것을 버리고 나만 외롭게 있는 곳이 골방이다. 골방에 들어앉아 있어도 머릿속이 가족, 친구, 직장 따위 세상 생각으로 가득 차 있으면 그것은 골방이 아니다. 마지막에 나조차도 버려야 한다. 그럴 때 하느님께서 가까이 오신다. 류영모는 이렇게 말하였다.

"몸나를 버리는 것, 세상을 버리는 것이 바른 신앙에 들어가는 것이다. 식욕과 정욕을 버리는 것이 바른 신앙에 들어가는 것이다. 세상을 미워하고 세상을 버려야 한다. 식욕과 정욕을 미워해야 한다. 모든 탐욕을 버리는 것이 세상을 버리는 것이다. 얼의 자유를 위해 몸은 죽어야 한다. 몸나의 죽음이 없으면 얼나의 자유는 없다. 거짓나인 몸이 부정될 때 얼나의 깨달음에 이른다. 바른 기도는 하느님의 생명인 얼(성령)이 내 생각을 채우고 있는 것이다. 하느님의 얼이 내 생각 속에 들어오려면 내 생각이 비워져야 한다. 내 생각을 채우고 있는 제나와 세상을 버리고 멀리해야 한다. 그리하여 거짓나인 제나로는 죽고 참나인 얼나로 솟나자는 것이다. 그래서 예수가 너희는 먼저 하느님의 나라와 하느님의 옳음(義)을 찾으라(마태오 6:33 참조)고 말한 것이다."(류영모,《다석어록》)

내 마음을 온전히 비우는 길은 내가 나기 전으로 돌아가고 내가 죽은 뒤로 가는 것이다. 내가 없어지는 것이 마음을 비우는 길이다. 류영모는 간단히 말하였다. "벗은 몸 불사를 뜻도 못해본 사람들은 맘빔(空心) 멀다."(《다석일지》) 내 몸이 죽어 송장으로 화장되는 일을 상상해보지 않고서는 빈 맘이 되지 못한다는 말이다. 예수가 40일간 광야를 헤매고 석가가 6년 동안 산속을 헤맨 것은 한마디로 말하면 죽음과 벌인 싸움이라고 할 수 있다. 그래서 마지막에 몸나의 죽음을 받아들인 것이다. 내가 죽으면 걸릴 것이 없다. 그때 하느님(니르바나님)의 얼이 내 마음속에 자리 잡게 된다. 그것을 참나인 얼나의 깨달음이라고 한다.

예수는 석가에 비하면 전도한 기간이 너무 짧아 남긴 말씀도 석가와는 비교도 안 되게 적다. 그런 중에도 예수는 제자들에게 자신의 신앙 사상의 핵심을 보여주는 기도의 말씀을 가르쳐주었다. 겨우 43개의 낱말에 지나지 않지만 기도의 말씀이라 더욱 중요하다. 예수의 말씀이 전반적으로 부정확하게 전달되었기에 주기도문 또한 의심스러운 부분이 있지만 예수의 뜻을 엿보는 중요한 자료가 되는 것만은 틀림없다. 사도신경과는 하늘과 땅만큼 다르다. 주기도문을 외우면 하느님 나라와 가까워짐을 느끼는데 사도신경을 외우면 미궁에 빠지는 느낌이 든다.

하늘에 계신 우리 아버지시여 (한글개역)
허공으로 계시는 우리 아버지시여 (박영호 의역)

'없이 계시는 하느님'에 대해서는 4장에서 언급하였다. 예수는 '내 아버지는 만유(萬有)보다 크시매'(요한 10:29, 한글개역)라고 하였다. 만유를 담아 둔 것이 허공이다. 만유보다 큰 것이 허공이다. 예수는 석가, 노자처럼 허공의 하느님에 이르러 최고의 깨달음을 이룬 이다. 허공의 하느님을 모르는 이는 하느님을 바로 알지 못하는 이다. 류영모는 이렇게 말하였다.

"우리의 얼생명이 한없이 넓어지고 높아지면 빔(허공)에 다다를 것이다. 곧 영원한 생명으로 돌아가는 것이다. 빔(허공)은 생명의 근원이요 일체의 근원이다. 하느님은 신격(神格)이지 우리 같은 인격이 아니다. 있·없(有無)을 초월하였다. 하느님을 찾는 데 물질에 만족하면 안 된다. 있는(有) 것에 만족을 못하니까 없이 계시는 하느님을 찾는 것이다. 그래서 하느님은 없이 계신다. 장엄(莊嚴)은 정말이지 빔(허공)이 장엄하다. 빔(허공)의 얼굴인 공상(空相)이 장엄하다. 이 우주는 무한 허공을 나타낸 것이다. 이 만물을 전부 동원해서 겨우 허공을 나타내고 있다. 그런데 붓끝 같은 물(物)만 보고 허공을 못 보다니, 제가 좀팽이 같은 것이라서 물(物)밖에 못 본다."(류영모, 《다석어록》)

모든 존재의 근원인 빔(허공)과 빔으로 말미암아 생긴 이 나는 어떤 관계가 있는가? 하느님은 무한의 허공이면서 그 허공에 충만한 얼이다. 그 얼의 한긋이 내 마음속에 나타났다. 그것이 얼나다. 깨달은 얼나가 빔과 얼의 하느님을 아버지로 느끼고 얼나인 자신은 하느님의 아들임을 깨달은 것이다. 류영모는 이렇게 말하였다.

"하느님이 없다면 어떠한가? 하느님은 없이 계시는 분이다. 몬(물질)으로는 없고 얼(성령)과 빔(허공)으로 계시기 때문에 없이 계신다. 그러나 모든 물질을 내고 거두신다. 하느님은 없이 계시기 때문에 언제나 시원하다. 하느님은 물질을 지녔으나 물질이 아니다. 하느님은 모든 물질을 이룬 얼이요 모든 물질을 담은 빔이다. 또한 모든 물질을 거둘 빔이다. 우리 하느님인 온통(전체)에서 나온 부분이다. 부분은 전체를 밝혀야 한다. 부분은 어디까지나 전체의 부분이기 때문이다. 부분은 전체 앞에서는 없다. 전체만 있기 때문이다. 그러므로 부분은 부분의 참나요 생명인 온통(전체)을 잊어서는 안 된다. 예수는 온통(전체)을 아버지라 했고 부분을 아들이라고 했다. 그런데 하느님이신 온통(전체)을 걱정하는 사람이 없다. 절대(하나)를 생각하는 사람이 없다. 모두가 중간에다 희망을 걸어놓고 그에 맞는 진·선·미를 만들어 놓고 거기에 다다르면 만족한다. 그러나 예수, 석가 같이 인생을 깊숙이 본 이는 절대 존재밖에는 아무것도 아닌 허깨비로 본다. 그들은 인생을 영원 절대에 비추어 보았기 때문이다."(류영모, 《다석어록》)

예수가 세상에 말씀을 전하려고 결심한 후 요르단 강에서 세례 요한에게 세례를 받았을 때, 하늘에서 "이는 내 사랑하는 아들, 내 마음에 드는 아들이다."(마태오 3:17)라는 소리가 예수에게 들려왔다. 변모산(다볼 산)에 갔을 때 베드로는 하늘에서 "이는 내 사랑하는 아들, 내 마음에 드는 아들이니 너희는 그의 말을 들어라."(마태오 17:5)라는 소리를 들었다. 유교에서는 인격의 완성을 안심입명(安心立命)으로 보는데 하느님을 아버지로 받든 예수에게서도 안심입명을 볼 수 있다. 하느님을 아버지로 둔 이에게 두려움이 어디 있으며 어려움이 어디 있겠는가? 공자는 군자(君子)는 두려워하는 것이 세 가지 있다고 하였다(君子有三畏). "천명을 두려워하고 대인을 두려워하고 성인의 말씀을 두려워한다(畏天命, 畏大人, 畏聖人之言)."(《논어》 계씨 편) 물론 하느님을 두려워해야 하지만 두려워하는 것으로는 부족하다. 아버지와 아들은 친해야 한다. 류영모는 하느님 아버지와도 부자유친(父子有親)해야 한다고 말하였다. 두려울 때, 어려울 때, 외로울 때,

아플 때 하느님 아버지의 품에 안겨야 한다. 예수가 말하기를 "아버지와 나는 하나이다."(요한 10:30) 이 한마디는 놀라운 말씀이다. 부자유친의 극치이다.

"사람들이 하느님의 존재를 느끼게 된 것은 왜소한 존재인 인간이 커다란 존재에게 두려움을 느끼기 때문이다. 머리 위에 끝없이 펼쳐진 하늘을 보자 무엇보다 숭고함을 느꼈다. 끝없이 높은 것은 사람을 초월하는 위대한 능력으로 생각되었다. 옛사람들은 끝없이 높은 하늘을 우러르며 인간을 초월하는 능력에 두려움을 품게 되었다. 그것이 가장 원초적인 종교 감정의 하나였다. 하늘은 무한성, 초월성, 지상성(至上性), 영원성의 상징이었다. 사람은 이렇게 숭고를 느끼는 가운데 하느님을 본 것이다."(고바야시 미치노리, 《종교란 무엇인가》)

예수는 이러한 원초적인 종교적 감정에서 더 나아갔다. 예수는 두려움을 넘어서 아버지로 느낀 것이다. 그뿐 아니라 자기 마음속에서 하느님 나라(얼나)를 깨달은 것이다. 그래서 "하느님 나라는 바로 너희 가운데 있다."(루가 17:21)고 말하였다. 생각으로 얼나를 깨달아야 한다는 말이다. 예수는 얼나의 깨달음 체험까지 밝혔다. "마치 번개가 번쩍하여 하늘 이 끝에서 저 끝까지 환하게 하는 것같이 사람의 아들(얼나)도 그날에 그렇게 올 것이다."(루가 17:24)

얼나의 깨달음은 하늘에서 번개가 치듯 번쩍하는 사이에 이뤄지기 때문에 기독교, 불교를 가리지 않고 번개를 비유로 사용한다. 금강경의 산스크리트어가 바즈라 체디카(Vajra Cchedika)인데, 바즈라(Vajra)

는 번개라는 뜻이고 체디카(Cchedika)는 승리(能斷)라는 뜻이다. 얼나가 제나를 자르고 이긴 것이 깨달음이다. 1억~10억 볼트가 넘는 고압 전기가 번개가 되어 내리치는 시간은 0.004초이다. 사람이 직접 번개를 맞으면 내장은 거의 상처를 입지 않는다. 다만 뇌와 신경을 다쳐 죽거나 장애가 남는다. 하느님의 얼이 사람의 생각에 번개처럼 스치면 제나는 죽고 하느님의 얼이 참나로 들어와서 짐승이 하느님 아들로 바뀐다. 환골탈태가 아니다. 정신이 확 바뀐다. 이를 메타노이아($\mu\epsilon\tau\alpha\nu\omicron\iota\alpha$, 회개)라 한다. 예수가 진리 전파를 시작하면서 한 첫 소리가 회개하라인데 회개하라가 메타노에오($\mu\epsilon\tau\alpha\nu\omicron\epsilon\omega$)이다. 메타노에오는 얼나를 깨달으라는 말이지 단순히 과거의 잘못을 회개하라는 말이 아니다.

　　이름이 거룩히 여기심을 받으시오며 (한글개역)
　　계심이 거룩히 빛나시오며 (박영호 의역)

　　상대적인 것에 이름이 붙지 유일 절대인 하느님에게는 이름이 필요 없다. 그리고 이름을 붙여서도 안 된다. 상대적 존재에게나 붙이는 이름을 하느님에게 붙이는 것은 더없는 불경이기 때문이다. 야훼는 스스로 계신다는 뜻이고 니르바나는 말이 없다(침묵)는 뜻이다. 예수는 아예 아버지라고 하였다. 하느님을 근원(뿌리)과 자비(사랑)의 뜻을 함축하고 있는 아버지라고 부른 것은 참으로 훌륭하고도 슬기로운 생각이다. 그러고는 땅의 아버지와 혼동할까 봐 땅에 있는 아버지를 아버지라 부르지 말라고 하였다.

"이 세상 누구를 보고도 아버지라 부르지 마라. 너희의 아버지는 하늘에 계신 아버지 한 분뿐이시다."(마태오 23:9) 그런데 예수의 가르침을 좇는다는 기독교에서, 섬김을 받으려고 온 것이 아니라 섬기려고 왔다는 예수의 가르침은 제쳐두고 사람의 목숨까지도 맘대로 좌우하는 교황 제도를 만들어 절대 권력을 휘둘렀다. 그 교황을 포프(pope)라 하는데 바로 '아버지'라는 뜻이다. 예수는 하느님을 아버지라고 했는데 어떻게 교황을 아버지라고 할 수 있을까? 더구나 예수는 땅에 있는 아버지는 참아버지가 아니라고 하였다. 아무리 생각해도 잘못된 것 같다. 더구나 동양에서 '교황'이라 옮긴 것은 더 큰 잘못으로 보인다.

여기에서 이름은 하느님의 계심(存在)이다. 하느님 아버지는 이름도 없거니와 이름을 거룩히 여기는 게 무슨 소용이 있단 말인가. 하느님이 죽기라도 했단 말인가? 죽은 조상의 위패처럼 모시겠다는 것인가? '名(명)' 자에는 어두운 저녁에 사람이 안 보여 소리로 찾는다는 뜻이 담겨 있다. 이름이 거룩히 여기심을 받는다는 것은 무슨 말을 하자는 것인지 모르겠다. 하느님이 계시므로 그 존재가 거룩하게 빛나는 것을 느껴야 한다. 《도덕경》 1장에 "이름 할 수 있는 존재는 영원한 존재가 아니다(名可名非常名)."라고 하였다. 이름 할 수 있는 존재는 영원한 존재가 아니다. 그러므로 영원한 존재인 하느님은 이름 할 수 없는 존재이다. 그러므로 "이름 없음(하느님)이 하늘땅의 비롯이다(無名天地之始)."라고 하였다. 이름 없음(無名)은 그대로 없음의 존재이다. 예수가 말하는 아버지는 하느님의 이름이 아니다. 생명의 근원인 아버지이다. 하느님 아버지가 없이 계시어 "모습 없는 모습이라 아무것도 없는 모습이라 눈부시게 빛남(惚恍)이라 이른다." '거룩히 여기다'로 옮겨진 낱말은 '하기아스테토'인데 거룩히 빛난다는 뜻이다. 류영모는 이렇게 말하였다.

"상(像) 가운데 상(像)은 없이 계시는 아버지 상이다. 하느님의 형상대로 지음 받은 사람이기에 마침내 찾는 상은 아버지 상이다. 아바 아버지의 상이다. 아버지의 형상을 찾는 것은 아버지의 형상과 같지 않은 불초자식이 될까 봐 걱정이 되어서 그렇다. '아바디'의 '아'는 감탄사요 '바'는 밝다는 것이요 '디'는 딛고 실천한다는 뜻이다. 하느님 아버지의 형상은 햇빛보다 밝은 영광스러운 모습일 것이다. 우리는 그것을 진리라고 말한다. 진리의 모습이다. 진리란 아버지의 모습이 드러난 것이 진리이다. 그 모습을 보고 우리도 그대로 따라 사는 것이 생명이다. 하느님 아버지의 공상(空相)의 모습을 보고 감탄 안 할 사람이 어디 있을까? 철학은 경탄에서부터 시작된다고 하지만 사람이 근본 경험을 가질 때에는 깜짝 놀라지 않을 수 없다. 갈 데는 뻔하지 아버지께로 가는 것이다."(류영모,《다석어록》)

결코 사람이 하느님을 거룩하게 만들 수 있는 게 아니다. 오히려 하느님이 사람을 거룩하게 만들 수 있다. 그것은 하느님께서 사람에게 얼(성령)을 주시기 때문이다.

요한복음 17장 '결별의 기도(앙탁 仰度의 기도)'에서도 이름이란 말을 썼다. "내가 이 사람들과 함께 있을 때에는 나에게 주신 아버지의 이름으로 내가 이 사람들을 지켰습니다."(요한 17:12)

여기에 나오는 이름도 '현존(現存)'이라는 뜻으로 옮겨야 한다. 나에게 주신, 현존하시는 하느님의 권능으로 제자들을 지켰다는 뜻이다. 하느님께서는 이름이 없으시다. 없는 이름으로 어떻게 제자들을 지킨다고 하겠는가?

나라이 임하옵시며 (한글개역)
하느님의 생명인 얼을 주옵시며 (박영호 의역)

예수가 말하는 나라가 무엇을 뜻하는 것인지를 밝혀야 한다. 사람들은 나라라면 땅의 나라인 줄 알고 이 땅 위에 이상 국가(유토피아)를 이뤄 달라고 빌어야 하는 것으로 잘못 아는 이들이 적지 않다. 그러나 그런 이상 국가는 2천 년이 지난 오늘날까지도 오지 않았고 앞으로도 올 것 같지 않다. 그렇다면 예수가 가르친 기도는 공기도(公祈禱)가 아니라 공기도(空祈禱)란 말인가? 그렇지 않다. 예수는 빌라도 앞에서 이렇게 말하였다. "내 나라는 이 세상에 속한 것이 아니다."(요한 18:36, 한글개역)라고 말하였다.

이 세상에 속한 나라가 아니면 무슨 나라인가? 하느님의 나라, 얼나라이다. "나라이 임하옵시며"는 곧 얼나라의 얼생명을 가리킨다. 류영모도 하느님과 하늘나라가 다르지 않다고 하였다. 그러므로 "나라이 임하옵시고"는 하느님의 생명인 얼(성령)이 내 마음속으로 온다는 뜻이다. 하느님의 얼(성령)을 받는 것이 기도이다. 예수가 하느님 나라는 너희 마음 속에 있다고 한 것은 하느님의 생명인 얼이 마음속, 곧 생각 속으로 온다는 말이다. "하느님의 나라는 너희 안에 있느니라."(누가 17:21, 한글개역)

류영모는 이렇게 말하였다.

"하느님께로 가는 길은 제 마음속으로 들어가는 길밖에 없다. 맘속으로 들어가는 길은 세상을 부정하고(눈을 감고) 제나를 초월하고(나를 죽이고) 지성(至誠)을 다하여 깊이 생각하는 것이다. 그리하여 제 맘이 밝아져 하느님이 주시는 얼이 참나임을 깨달으면 아무리 캄캄한 밤중 같은 세상을 걸어갈지라도 길을 잃어버리는 일은 없을 것이다."(류영모,《다석어록》)

뜻이 하늘에서 이룬 것같이 땅에서도 이루어지이다 (한글개역)
하느님 아버지의 뜻대로 좇겠나이다 (박영호 의역)

나침반의 자침이 외부의 약한 자극에도 움직이듯 흔들리기를 잘하는 게 내 마음인데, 자침이 북극과 일치를 이루어 미동도 하지 않듯이 아버지의 뜻과 내 뜻이 하나를 이루어 부동심으로 살아야 한다.

부동심은 예수가 보여준 "제 뜻대로 마시고 아버지의 뜻대로 하소서"(마태오 26:39)에서 볼 수 있다.

제나의 뜻이 없어지고 하느님의 뜻이 되는 것이 기도의 목적이요 참나의 깨달음이다.

류영모의 말이다.

"하느님 아들 노릇은 하느님이 주신 얼(성령)도 하느님 아버지와 같아지고 하나 되자는 것이다. 우리는 얼나로 하느님 아들 노릇을 착실히 해야 한다. 하느님 아들 노릇을 못하면 불초(不肖)가 되어 아버지와 같지 않은 사람이 된다. 여래(如來)라는 말도 같지 않는 것을 같게 한다는 뜻이다. 우리는 하느님으로부터 얼(성령)을 받아 얼나로 자꾸만 하느님 아버지와 같아지자는 존재이다. 예수는 아버지를 부르면서 아버지께서 온전하신 것같이 나도 온전하겠다고 한다. 그러면 사람들은 버릇없는 자식이라고 생각한다. 그 자리가 어디라고 기어 올라가려고 하느냐고 하지만 하느님 아버지의 뜻을 헤아려 하느님 아버지의 뜻대로 하겠다는 것이다."(류영모, 《다석어록》)

오늘날 우리에게 일용할 양식을 주옵시고 (한글개역)
오늘도 우리에게 살아갈 힘(보람)을 주십니다. (박영호 의역)

사랑할 님이 없으면 살아갈 힘이 나지 않아 우울증이 생긴다. 하느님은 우리가 사랑할, 그것도 목숨 바쳐 사랑할 님이시다. 하느님을 사랑하는 데서 참되게 살아갈 힘을 얻는다. 몸이 먹을 일용할 양식은 열심히 일하면 땅이 주게 되어 있다. 새삼스럽게 일용할 양식을 언급할 필요가 없다. 양식이 떨어져서 굶주리거나 금식을 하고자 하면 기도는 안 할 것인가? 일일 일식 하는 이는 하루에 한 번만 기도하자는 것인가? 몸의 먹거리와 기도는 직접적인 관계가 없다.

야곱의 우물가에서 예수가 물 길러 나온 사마리아 여인과 문답을 하고 있을 때 마을로 점심 먹을거리를 구하러 갔던 제자들이 돌아왔다. 제자들이 스승 예수에게 구해 온 음식을 권했다. "예수께서는 '나에게는 너희가 모르는 양식이 있다.' 하고 말씀하셨다. 이 말씀을 듣고 제자들은 '누가 선생님께 잡수실 것을 갖다 드렸을까?' 하고 수군거렸다. 그러자 예수께서는 '나를 보내신 분의 뜻을 이루고 그분의 일을 완성하는 것이 내 양식이다.'"(요한 4:32~34)라고 말씀하셨다. 예수에게는 하느님의 뜻을 받들고 하느님을 사랑하는 것이 그 자신의 먹거리라는 것이다. 사람은 하느님을 사랑하고 하느님의 사랑을 받는 힘으로 산다. 사랑이 일용할 양식인 것이다. 노자도 말하기를 "나 홀로 사람들과는 다르게 하느님의 사랑 먹기를 귀하게 여긴다(我獨異於人而貴食母)."(《도덕경》 20장)라고 하였다. 류영모는 이렇게 말하였다.

"우리는 하느님을 참나로 믿으매 하느님에게 아무것도 바라는 것이 없다. 무엇을 바라게 된다면 그야말로 그것은 우상이 되고 만다. 부분인 우리는 전체를 알 수 없고 불완전한 우리는 완전을 알 수 없다. 그러나 우리 사람은 전체요 완전인 하느님을 그리워한다. 그것은 전체와 완전이 생명의 근원, 우리의 하느님 아버지이기 때문이다. 우리가 하느님 아버지를 그리워하는 것이 참삶이다."(류영모,《다석어록》)

　우리가 우리에게 죄지은 자를 사하여 준 것같이 우리 죄를 사하여 주옵시고 (한글개역)
　서로가 서로의 잘못을 너그러이 보아주겠사오니 아버지께서도 저희를 사랑하여 주소서. (박영호 의역)

　예수는 "상한 갈대도 꺾지 않고 꺼져 가는 심지도 끄지 않으리라." (마태오 12:20)고 하였으며 남의 잘못도 "일곱 번뿐 아니라 일곱 번씩 일흔 번이라도 용서하여라."(마태오 18:22)라고 말하였다. 그러나 예수의 성품은 공명정대하여 분명하였다. "낡은 옷에다 새 천조각을 대고 깁는 사람은 없다. 그렇게 하면 낡은 옷이 새 천조각에 켕기어 더 찢어지게 된다. 또 낡은 가죽부대에 새 포도주를 담는 사람도 없다. 그렇게 하면 부대가 터져서 포도주는 쏟아지고 부대도 버리게 된다. 새 포도주는 새 부대에 담아야 둘 다 보존된다."(마태오 9:16~17)라고 한 말씀은 예수 자신의 가르침이 유대교와 다르다는 것을 분명히 밝힌 것이다. 그러한 예수도 다음과 같은 것은 유대교의 계명을 그대로 추인하며 승계함을 밝혔다. 한 율법사가 예수에게 물었다. "'선생님, 율법서에서 어느 계명이 가장 큰 계명입니까?' 하고 물었다. 예수께서 이렇게 대답하셨다. '네 마음을 다하고 목숨을 다하고 뜻을 다

하여 주님이신 너희 하느님을 사랑하여라. 이것이 가장 크고 첫째 가는 계명이고, 네 이웃을 네 몸같이 사랑하라고 한 둘째 계명도 이에 못지않게 중요하다. 이 두 계명이 모든 율법과 예언서의 골자이다.'" (마태오 22:36~40) 물론 예수와 유대인이 생각하는 하느님과 이웃은 사뭇 다르다.

예수가 가르쳐준 기도문도 앞쪽에서 하느님 사랑을 밝혔다면 뒤쪽에서는 사람 사랑을 밝힌 것이다. 부족한 사람끼리 서로 아끼고 용서하면서 살아가라는 것이다. 그러려면 애증(愛憎)과 이해(利害)를 초월해야 한다. 류영모는 이렇게 말하였다.

"사랑에는 원수가 없다. 원수까지 사랑하는데 적이 있을 리 없다. 언제나 힘이 없는 것 같지만 언제나 무서운 힘을 내놓는 것이 사랑이다. 대자대비(大慈大悲)의 세계는 곱다 밉다고 하는 애증의 세계를 넘어서야 한다. 그리고 남의 슬픔을 내 슬픔으로 가질 때에만 나와 남이 하나가 될 수 있다. 시원하고 좋은 세상을 가지기 위해서는 아픔과 쓴맛을 같이 맛볼 줄 알아야 한다. 그때에만 나와 남 사이를 가로막는 산과 골짜기를 넘어서 온 세상에 사랑이 넘치고 넘쳐서 늠실늠실 춤을 추는 꿈을 이룰 수가 있을 것이다."(류영모, 《다석어록》)

사람이 제나로 죽고 얼나로 솟나면 인격이 선다. 인격이 완성된다는 말이다. 완성된 인격의 특징은 부드럽고 너그럽다는 것이다. 마하트마 간디는 "성공적인 삶의 참된 증표는 그 사람의 인격이 부드럽고 너그럽게 성숙하는 것이다."(간디, 《날마다 한 생각》)라고 하였다.

류영모는 말하였다.

"사람은 이해타산으로 싸우기를 좋아하는데 싸울 대상은 자기이지 남이 아니다. 자기를 이겨야지 남을 이기면 무얼 하나. 그런데 세상에는 남 위에 서려고 하는 사람이 참으로 많다. 온 세상을 깔고 앉아보아도 자기를 이기지 못하면 무슨 유익이 있는가? 자기를 이기지 못하면 영원한 생명은 멀다.

남을 이기는 것은 나와 남을 죽이는 일이요 나를 이기는 것은 승리요 생명이다. 참을 찾아 올라가는 길이 나를 이기는 승리의 길이다. 남을 비웃고 사는 것을 자꾸 익히고 있다. 우로(하느님께로) 올라가는 옳은 일을 버리고 남 비웃기를 익히는 씨알들이 뭉친 나라는 불행한 나라이다."(류영모, 《다석어록》)

우리를 시험에 들게 하지 마옵시고 다만 악에서 구하옵소서. (한글개역)

짐승인 제나의 욕망에 끌려가지 말게 하옵시고 오직 얼나의 뜻을 좇게 하소서. (박영호 의역)

탐·진·치는 삼독(三毒)의 수욕(獸慾)을 지닌 제나가 자신을 부정하고 하느님이 보내신 얼나를 참나로 맞이하는 것이 시험에 들지 않는 유일한 길이다. 제나는 참나가 아닌 거짓나이다. 그런데 오늘도 제나가 나라고 하면서 주인 행세를 하고 있다. 얼마 전에도 없었고 조금 있다가 없어질 것이 당당하게 나라고 하면서 주인 행세하니 어이가 없다. 제나가 할 일은 "나는 참나가 아닌 거짓나입니다, 하느님이 보내신 얼나가 참나입니다."라고 선언하면서 물러서는 것이다. 마크 트웨인이 쓴 소설 《왕자와 거지》에서 가짜 왕자인 거지 톰 캔디는 돌아온 진짜 왕자 에드워드에게 왕자의 자리를 돌려주고 떠난다. 얼나가 참나로 인격의 주체가 되면 유혹에 빠지는 일은 없다. 류영모는 이렇게 말하였다.

"사람은 분명 짐승인데 짐승 될 생각을 하지 않음이 얼나로 솟나는 우리의 길이다. 다시 말하면 사람이란 짐승과 다름없이 어버이로부터 태어나서 짐승들처럼 직접, 간접으로 다른 생물들을 잡아먹으면서 살고 있다. 그런데 우로부터 얼나를 받고서 짐승이기를 거부하며 맘속에 수욕(獸慾)의 무명(無明)을 몰아내어 하느님의 아들이 된다. 하느님 아들인 얼나는 하느님께로 돌아가 하느님과 하나 되려는 게 참삶의 길이다. 제나를 버리는 것, 세상을 버리는 것이 바른 신앙, 바른 삶에 들어가는 것이다. 모든 탐욕을 버리는 것이 세상을 버리는 것이다. 얼나의 자유를 위해 제나(몸나)는 죽어야 한다. 제나(몸나)의 죽음이 없으면 얼나의 자유도 없다. 거짓나인 제나(몸나)가 부정될 때 참나인 얼나에 이른다."(류영모, 《다석어록》)

예수가 가르쳐준 기도문에는 기복적인 소원 성취의 말은 한마디도 없다. 하느님 아버지는 《아라비안나이트》에 나오는 램프의 요정처럼 무엇이라도 바라기만 하면 금방 이뤄주는 심부름꾼이 아니다. 기도는 오로지 하느님 아버지의 올바른 아들이 되겠다는 맹세요 다짐일 뿐이다. 기도의 내용만 보면 그 사람이 얼나를 깨달은 하느님의 아들인지 짐승살이를 하는 제나의 사람인지가 가려진다. 물론 얼나를 깨달은 뒤의 기도와 얼나를 깨닫기 전의 기도는 다를 수밖에 없다. 얼나를 깨닫기 전에는 하느님께 아버지라는 말도 할 수가 없다. 나를 있게 해서 이렇게 괴롭게 만든 당신은 누구냐고 물을 것이다.

예수의 기도는 골방에서 하느님과 얼로 교통하는 것으로 끝나지 않는다. 하느님으로부터 받은 얼을 세상에 구현하는 삶이 그대로 기도하는 삶이었다. 얼나로 제나를 다스려 제나가 탐·진·치에 빠지는 것을 제어한다. 이것이 얼을 통한 오성(悟性)의 자각이다.

예수의 기도는 하느님의 뜻이 담긴 말씀을 전한다. 이것이 얼을 통한 이성(理性)의 진리(로고스)이다. 또 하느님의 차별 없는 사랑을 사람들에게 베푼다. 이것이 얼을 통한 감성(感性)의 사랑(아가페)이다. 이러한 예수의 일생이 그대로 기도하는 삶이었다. 어떤 이가 말하기를 오늘날 예수를 믿는다는 기독교인들은 교회 안에서는 경건한 신자의 모습인데 교회 밖에 나오면 여느 사람과 다른 것이 없다는 것이다. 그 모습은 참된 기도와는 거리가 멀다. 독을 뿜는 독사처럼 자신을 내세워 사람들을 위협하고 온종일 많은 말을 해도 하느님의 뜻이 담긴 말 한마디를 못하며 사람들과 어울리면서 매양 네 편 내 편, 편 가르기만 한다면 예수와는 조금도 인연이 없는 사람들이다. 예수는 이렇게 말하였다. "원수를 사랑하고 너희를 박해하는 사람들을 위하여 기도하여라. 그래야만 너희는 하늘에 계신 아버지의 아들이 될 것이다. 아버지께서는 악한 사람에게나 선한 사람에게나 똑같이 햇빛을 주시고 옳은 사람에게나 옳지 못한 사람에게나 똑같이 비를 내려 주신다."(마태오 5:44~45)

예수처럼 원수를 위하여 기도하는 사람이라야 올바른 기도를 할 줄 아는 사람이라고 할 수 있을 것이다. 류영모는 인류를 위하여 기도하였다. "하느님께 기도드리고 싶은 것은 모든 인류가 하느님의 은혜로 마음속의 진리의 한 점을 깨치고 나오기를 빌 뿐이다. 그것을 위해서 하루 한 끼를 먹으면서 언제나 하느님께 나 자신을 불사른다."(류영모, 《다석어록》)

참기도는 침묵의 기도라 한 예수가 제자들의 간청에 못 이겨 기도문을 일러주었는가 하면 이 세상을 떠나기 전에는 '사세(辭世, 이 세상을 하직한다는 뜻으로 죽음을 일컫는 말)의 기도'를 남겼다. 이를 '결별의 기도'라 부르는데 그것은 잘못된 명칭이다. 예수가 이 기도를 바친 것은 버려두고 떠나는 제자들을 예수 자신을 대신하여 하느님 아버지께서 직접 돌보아 달라고 부탁하기 위해서였다. 영원한 생명인 얼나로 사는 이는 몸나의 이별은 이별로 여기지도 않는다. 얼나로 만나는 것만이 참만남이다. 몸나끼리 만난 것은 만난 것도 못 되니 작별이랄 것도 없다. 그러니 결별의 기도가 될 수 없다. 그래서 예수는 너희들이 얼나를 깨달으면 곧 다시 얼나로 만나게 된다고 말하였다.

기도는 몸나끼리의 만남이 아니고 얼나끼리의 만남이라 골방에서 눈 감고 올리는 것이다. 결별의 기도를 어떻게 남들이 알아듣게 되었는지는 알 수가 없다. 예수가 기도 내용으로 말씀(강론)한 것을 듣고 누군가 엮은 것인지도 모르겠다. 류영모는 기도 명상이 하느님 아버지가 그립고 그리워서 생각하는 것이라고 말하였다.

"나는 모름지기란 우리말을 좋아한다. 모름지기란 반드시 또는 꼭이란 말이다. 사람은 신비(神秘)이신 하느님이라 알 수 없는 모름의 하느님을 마음속에 꼭 지니고서 지켜야 한다. 하느님 아버지를 다 알겠다는 것은 말이 안 된다. 아무리 아들이 위대하여도 차원(次元)이 다르기 때문이다. 그러나 하느님 아버지를 그리워함은 막을 길이 없다. 그것은 아버지와 아들의 관계이기 때문이다. 하느님 아버지와 아들은 둘이면서 얼나로는 하나이다. 부자불이(父子不二)이다. 이것이 부자유친이라는 것이다. 모든 존재의 으뜸이시고 진리 되시는 아버지 하느님을 그리워함은 어쩔 수 없는 인간의 본성(本性)이다.

아직 얼나를 깨닫지 못해 하느님에 대해서 무관심한 이들이 많지만 깨달으면 모두가 하느님 아버지를 찾게 된다. 그것이 사람이 지닌 참뜻(誠意)이다. 그런데 이 뜻은 꼭 이루어진다. 사람이 생각을 깊게 하는 것은 하느님이 그리워서이다. 하느님이 그립고 그리워서 생각을 하게 된다. 하느님이 그리워서 생각하는 것이 기도요 명상이다." (류영모, 《다석어록》)

예수가 하느님 아버지와 하나임을 느끼는 지극히 가까운 사이였다는 것이 결별의 기도에도 잘 나타나 있다. 류영모는 예수와 하느님 아버지가 부자유친의 진수를 보여준다고 하였다. 그래서 우리도 예수처럼 하느님 아버지께 부자유친하자고 덤벼야 한다고 말하였다. 류영모는 결별의 기도를 아주 좋아하여 몽땅 외웠다. 외우는 데 8분이 걸린다고 말하였다. 그리고 요한복음 17장 3절은 복음서 기자의 주관이 들어간 것이 틀림없으니 고쳐야 한다고 말하였다. "영원한 생명은 곧 참되시고 오직 한 분이신 하느님 아버지를 알고 또 아버지께서 보내신 예수 그리스도를 아는 것입니다."에서 '예수'를 빼고 '그리스도'만 두든지 아니면 '예수 그리스도' 대신에 '성령'이라고 해야 한다는 것이다. 예수가 예수 자신을 알아야 한다고 할 분이 아니라고 말하였다.

요한복음 17장 2절부터 3절까지는 하느님 아버지께서 이 세상 모든 사람들에게 얼나를 깨닫게 하여 그들이 영원한 생명을 얻게 하려 한다는 핵심을 간추렸다. 그 나머지는 예수 자신이 가르치던 제자들을 이제 자기가 십자가에 못 박혀 죽게 되니 하느님 아버지께서 직접 보살펴 달라는 기도의 말씀이다.

"아버지께서 아들에게 주신 모든 자에게 영생을 주게 하시려고 만민을 다스리는 권세를 아들에게 주셨음이로소이다. 영생은 곧 유일하신 참하느님과 그의 보내신 자 예수 그리스도를 아는 것이니이다." (한글개역)

"(하느님) 아버지께서 모든 이에게 온몸의 짐승 성질(獸性)을 다스리는 나위힘(권능)을 지닌 얼나를 주어 영원한 생명인 아들이 되게 하였습니다. 영원한 생명은 절대 하나이시며 참이신 하느님과 하느님의 생명인 얼을 참나로 깨닫는 것입니다." (박영호 의역)

요한복음 12장 50절에는 "나는 그(하느님)의 명령이 영생인 줄 아노라."(한글개역)라고 하였다. 여기에 명령의 원어는 '엔톨레(εντολη)'로 계명이란 뜻이다. "나는 하느님의 말씀이 영원한 생명인 줄 아노라." 그러므로 그다음에 나오는 말씀이 이렇다. "그러므로 나의 이르는 것은 내 아버지께서 내게 말씀하신 그대로 이르노라 하시니라."(요한 12:50, 한글개역)고 하였다. 하느님의 생명인 얼이 내 마음속에 있어서 내가 이렇게 하느님의 말씀을 하게 된다는 말이다. 기도가 하느님의 생명인 얼을 받은 것이니 기도로 말미암지 않고는 영원한 생명에 이르지 못한다. 그러나 제나로 죽고 얼나로 솟나는 생명의 옮김(遷命)이 없는 기도로는 영원한 생명에 이를 수 없다. 멸망의 생명인 제나에서 영원한 생명인 얼나로 가는 것이 생명 옮김인데 이 생명 옮김이 기도의 완성이다. 예수는 이렇게 말하였다.

"내 말을 듣고 보내주신 얼나를 믿는 이는 영원한 생명을 얻은 것이다. 그 사람은 이미 생사(生死)를 넘어섰을 뿐 아니라 이미 죽음의 생명인 제나에서 벗어나 영원한 생명인 얼나로 옮겼다."(요한 5:24, 박영호 의역)

이것이 기도의 알파요 오메가다. 이러한 생명의 옮김이 없는 기도는 하나 마나이다. 마하트마 간디는 생명 옮김을 체득한 사람이다. 기도를 대하는 간디의 생각을 들어보자.

"예배나 기도는 결코 말잔치가 아니다. 그것은 입술로만 하는 찬송도 아니다. 기도는 가슴속 깊은 곳에서 나온다. 이를 통해 우리의 마음이 사랑으로만 가득 차서 그밖의 모든 욕심이 사라진다. 기도할 때는 마음 없는 말보다 말 없는 마음이 훨씬 중요하다. 기도할 때는 완전한 침묵을 지켜야 한다. 사람의 몸에 음식이 꼭 필요하듯이 마음에는 기도가 필요하다. 사람은 음식 없이 며칠 동안은 지낼 수가 있지만, 하느님을 믿는 사람은 한순간이라도 기도 없이는 살 수 없을 뿐 아니라 그렇게 살아서도 안 된다. 나는 누구라도 24시간 꼬박 영원한 존재와 함께 지내는 사람이라면 그에겐 별다른 기도의 시간이 필요치 않다는 사실에 동의한다. 그러나 이런 일은 평범한 우리들에게는 거의 불가능한 일이다. 혼탁한 일상생활은 우리에게 너무나 많은 시간과 정력을 요구한다. 그런 사람들에게 하루에 불과 몇 분만이라도 바깥세상의 어지러움으로부터 완전히 벗어날 수 있는 시간이 주어진다면 그런 시간은 대단히 중요한 의미를 띠게 될 것이다. 침묵 속에서 이루어지는 명상은 우리로 하여금 분노를 누르고 참을성을 기름으로써 혼란 속에서도 평화를 유지할 수 있는 나위힘(능력)을 얻게 하여 준다. 기도하는 사람은 어떤 이유에서라도 기도하기를 늦춰서는 안 된다. 시간은 멈추는 법이 없다. 그런데 어떻게 기도의 시간을 늦출 수 있는가? 하느님께서는 한 번도 내 기도에 응답해주지 않은 적이 없다. 아무 일도 이루어지지 않고 어려움을 당해 감옥에 있을 때와 같이 내가 가장 짙은 어둠 속에 놓였을 때 하느님이 오히려 가장 가까운 곳에 계심을 느꼈다. 나는 지금까지 살아오면서 하느님이 나를 버렸다고 느낀 적이 한 번도 없다."(간디,《간디의 마음》)

석가가 혼자 큰 나무 그늘 밑에서 명상 기도에 힘썼다는 이야기가 불경에 나온다. 명상 기도에 빠져 자기 옆으로 빈 수레가 300대나 지나가는데도 그것을 알아채지 못하였고, 근처 마을에 벼락이 쳤는데도 의식하지 못했다고 한다. 예수도 저녁 늦게까지 혼자 산속에서 기도하였고 새벽 일찍 집을 나가서 기도하였다는 말이 복음서에 씌여 있다. 기도하러 변모산에 올랐다는 이야기도 나온다. 그런데 공자는 묵묵히 알았다(黙而識之)는 말은 있어도 그가 기도 명상하였다는 말은 안 나온다. 천둥소리가 요란하면 방 가운데 정좌를 하고서 꿈쩍도 안 했다는 말이 전해 올 뿐이다. 그런데 공자의 말을 살펴보면 공자도 기도의 사람인 것을 알 수 있다.

공자의 간결한 자서전이라고 할 수 있는 회고의 말이 있다. "나는 15세에 배움에 뜻을 두었다. 30세에 스스로 섰다. 40에 흔들림이 없었다. 50에 하늘의 이르심을 알았다. 60에 (하느님 말씀에) 귀가 부드러워졌다. 70에는 마음에 하고 싶은 대로 해도 법도를 넘지 않았다 (子曰 吾十有五而志于學, 三十而立志, 四十而不惑, 五十而知天命, 六十而耳順, 七十而從心所慾不逾矩)."(《논어》위정 편) 공자는 어린 나이에 아버지 어머니를 여의고 10대 때부터 생계를 위해 나라 목장의 목부 노릇을 하기도 하고 창고 지킴이도 하였다. 그런 역경 속에서 학교 공부는 제대로 하지 못하였으나 스스로 익히며 줄곧 하늘을 향하여 올라가는 삶을 살았다. 사람의 마음이 하느님께로 끌리어 나아가는 것은 정신이 성숙해 가는 것이다. 그것이 기도의 삶이다. 30세에 스스로 서고 40세에 흔들지 않는 것은 매우 중요한 마음가짐이다. 마음으로 하느님의 생명인 얼(성령)을 맞을 준비가 되었다. 그러다 드디어 하느님의 생명(天命)인 얼나를 깨달았다. "하느님이 내게 속알(德)을 낳으셨다(天生德於予)."(《논어》술이 편)는 말씀은 이때 한 말일 것이다. 공자의 덕(德)은 천명(天命)이다. 60세에 하느님의 말씀을 부드럽게 알아들을 수 있었다는 말이다. 류영모는 이렇게 말하였다.

"사람이 다른 짐승과 다른 것은 자기 존재가 문제가 된다. 왜 문제가 되느냐 하면 사람은 자기 속에서 존재(하느님)의 소리를 들을 수 있다. 공자는 60살에 이순(耳順)이라고 하였다. 나이 60살이 되면 존재의 소리가 들린다. 그것은 공자뿐만 아니라 모든 사람이 다 그런 것이다. 존재의 소리를 듣고 말할 수 있는 것이 사람의 특징이다."(류영모,《다석어록》)

류영모는 이른 새벽에 일어나 일기를 썼다. 시조와 한시였다. 그 시조와 한시는 하느님에 대한 그리움과 사랑이 담긴 글이다. 그는 그러한 글을 쓰는 것이 기도라고 말하였다. 논어에 실린 말은 공자가 한 말이지만 거기에는 하느님의 뜻이 담겨 있다. 그것이 하느님의 말씀이기도 하다. 하느님께 말씀을 사뢰고 하느님의 말씀을 받는 것이 기도이다. 공자가 앓아눕자 자로가 걱정이 되어 병이 낫게 해 달라고 빌자고 말하였다. 그러자 공자가 대답하기를 "내가 빈 지가 오래되었다(丘之禱久矣)."라고 말하였다. 공자는 "나를 알아주는 이는 하느님뿐이시다(知我者天乎)."(《논어》 헌문 편)라고 말하였다. 공자는 자기를 알아주는 이가 하느님 한 분뿐인 것을 아는 사람이었다. 지극한 기도에 드는 것은 하느님께 사로잡혀 제나가 온전히 없어지는 것이다. 그 지경을 《논어》에서는 이렇게 말하였다. "공자님은 네 가지를 끊었다. 생각대로가 없다. 반드시가 없다. 뻗댐이 없다. 제나가 없다.(絶四母意母必母固母我)"(《논어》 자한 편)

이는 예수가 말한 "제 뜻대로 마옵시고 아버지 뜻대로 하옵소서."와 같은 말이다. 이 말은 공자가 신앙의 극치에 다다른 것을 보여준다. 누가 공자를 기도의 사람이 아니라고 한단 말인가? 예수, 석가는 말할 것 없이 공자까지도 하느님 아버지께 지성으로 기도를 올렸다. 한 하느님을 사모하면서 어찌 서로 사랑하지 않겠는가?

공자가 70세에는 마음이 하고 싶은 대로 해도 법도를 넘지 않았다는 것은 석가가 말한 대로 해탈을 하였다는 말이고 예수가 말한 대로 제나의 수욕에서 자유로워졌다는 말이다. 공자도 하느님 아들에 이르렀음이 분명하다.

이 사람이 1960년에 처음으로 종로구 구기동 150번지에 자리한 스승 류영모의 집을 혼자 찾았다. 서울 종로 YMCA 연경반에서는 여러 사람과 함께 만나고 헤어졌으므로 단둘만 만나기는 처음이었다. 그때 류영모가 던진 첫 물음이 잊혀지지 않는데, "생각이 나느냐?"였다. "생각이 조금씩 납니다."라고 대답하자 "그럼 됐어."라고 하면서 기뻐하였다. 류영모에게는 생각, 다시 말하면 거룩한 생각이 신앙생활의 전부였다. 그래서 그렇게 물은 것이다. 생각에 대한 류영모의 생각은 다음과 같다.

"사람이 참된 생각을 하게 되는 것은 하느님(神, 얼)이 계시어 이루어진다. 하느님이 내게 건네주는 얼(성령)이 참된 거룩한 생각이다. 하느님께서 건네주는 얼이 없으면 참생각을 얻을 수 없다. 참된 거룩한 생각은 하느님과 연락하는 데서 생겨난다. 몸의 욕망에 사로잡힌 사람은 못된 생각이 일어날 수밖에 없다. 생각하는 곳에 하느님이 계신다고 해서 염재신재(念在神在)라 한다. 그러면 생각이 하느님(神)인가? 나로서는 모른다.

이 사람은 아침저녁 기도에 밝은 속알에 더욱 얼나라 찾아지이다라고 외운다. 밝은 속알 밝아 하느님께로 뚫린다면 얼나로 하느님 아들이 될 것이다. 참으로 얼나라에서 예 있다 할 수 있어야 한다. 지극히 높은 데 계신 온전하신 하느님 아버지께로 가자는 게 예수의 인생관이라고 생각된다. 나도 이러한 인생관을 갖고 싶다. 이런 점에서 예수와 내가 관계가 있는 것이지 이밖에는 아무런 관계가 없다. 이걸 신앙이라 할지 어떨지 예수를 믿는다고 할지 어떨지 나는 모른다.

우리는 우리의 영원한 소식을 받아들이고 얼의 숨길로 들어가는 것이 참으로 우리가 위(하느님께)로 올라가는 것이다. 이 세상 밝은 날에 오래 사는 것이 좋은 줄만 알고 있다가 참으로 얼의 소식을 알고 보면 이 세상에서 사는 것은 아무것도 아니라는 생각이 든다. 참으로 영원한 얼의 나라로 가보았으면 좋겠다는 생각이다. 얼의 숨길로 들어가는 곳이 멀리 하느님 나라로 가는 것이 될 것이다."(류영모, 《다석어록》)

하느님은 몸의 감각으로 만날 수 없다. 오로지 제나를 죽인 생각으로만 만날 수 있다. 제나가 살아 있는 생각으로는 하느님을 만날 수 없다. 제나가 죽지 않는 생각으로는 안 된다. 제나가 죽은 마음으로 생각하는 것이 명상(참선)이고 명상이 곧 기도이다. 슈바이처가 "크리스천들은 왜 생각할 줄 모르는가?"라고 한탄한 까닭이 여기에 있다. 생각을 안 한다는 것은 기도를 안 한다는 말이고 기도를 안 하는 크리스천이 무슨 크리스천이라 하겠는가. 류영모가 말하였다.

"불경이니 성경이니 하는 것은 맘을 죽이는 거다. 살아 있어도 죽은 거다. 내가 한번 죽어야 맘이 텅 빈다. 한번 죽은 맘이 빈탕(太空)의 맘이다. 빈 맘에 하느님 나라 니르바나 나라를 가득 채우면 더 부족함이 없다."(류영모, 《다석어록》)

제나가 살아 있어서 생각을 하면 잡념만 일어난다. 제나가 죽은 마음으로 생각을 하면 하느님의 얼(성령)이 서린 거룩한 생각이 이루어진다. 거기에서 거룩한 말씀이 샘솟고 차별 없는 사랑이 샘솟는다.

노자가 기도에 대해 표현한 구절은《도덕경》19장에 나오는 "견소포박(見素抱樸) 소사과욕(小私寡慾)"이다. 소(素)는 하느님이신 온통(樸)에 안기면 온통에 드리워진 한 오리 실(얼나)을 보는 것이다. 그러려면 제나(私)는 없어지도록 작아지고 욕심은 없어지도록 적어져야 한다는 것이다. 이것이 기도의 이상적인 모습이다.

견소포박이 앞에 나오고 소사과욕이 뒤에 있으나 우선 소사과욕에 힘써야 견소포박에 이르게 되고 견소포박에 이르면 소사과욕이 더욱 깊게 이루어진다. 그리하여 무사무욕(無私無慾)이 되면 하느님 아버지와 하나가 된다.

류영모는 91세에 돌아갈 때까지 하느님 아버지만을 불렀다. 돌아가기 전 2년 동안은 기억상실 증세를 보였다. 그런데도 하느님 아버지를 불렀다. 류영모는 하느님을 부르는 까닭을 이렇게 밝혔다.

"상대 없는 절대자 하느님에게 아직도 너라고 말하면 불경(不敬)이라고 할 것이다. 하느님을 '영원한 너'라고 한 이도 있다. 하느님 아버지와 나는 나와 너 사이다. 나 속에 너를 넣어서 나가 나아진다. 예수는 '내가 아버지 안에 있고 아버지께서 내 안에 계시다고 한 말을 믿어라.'(요한 14:11)고 했다. 우리가 하느님을 부르는 것은 잊지 않게 하기 위해서다. 순간이라도 하느님을 잊으면 그 틈으로 다른 생각이 들어오기 때문이다. 우리는 하느님을 잊지 않으려고 하느님을 찾아 늘 기도를 올린다."(류영모,《다석어록》)

하느님의 생명인 얼 그 자체는 온전하지만 제나가 의식화되는 것은 얼나의 자람으로 보인다. 얼나가 온전히 자라면 하느님 아들이 된다. 류영모의 말이다.

"성숙이란 하느님의 아들이 되는 것이다. 하느님 아들이란 몸나의 죽음을 넘어선 얼의 나다. 진리인 얼나를 깨닫는 것과 죽음을 넘어선다는 것은 같은 말이다. 죽음을 넘어서는 것은 미성년을 넘어서는 것이다. 제나의 지식에 사로잡힌 사람은 미성년이다. 얼나와 성숙은 같은 말이다. 죽음과 깨달음은 같은 말이다."(류영모, 《다석어록》)

몸나의 신앙은 샤머니즘이다

서울 종로 YMCA 연경반에서 류영모의 강의를 들으면서 크게 놀란 적이 두 번 있었다. 첫 번째가 "어머니가 낳아준 나는 참나가 아니다."라는 말이었다. 죄수가 판사로부터 사형 언도를 받을 때가 바로 그런 느낌이 아닐까 하는 생각이 들었다. 아찔한 현기증이 일면서 생각하는 의식이 멈추어 한참 동안 어리둥절하였다. 이 사람이 26세 때였는데 그때까지 어머니가 낳아준 제나의 사람으로 살고 있었던 것이다. 그런데 어머니가 낳아준 나는 참나가 아니라는 말은 곧 제나에게 내린 사형 언도였다. 어머니가 낳아준 나는 참나가 아니라는 스승 류영모의 말은 하느님이 낳아준 얼나가 참나란 말의 앞말이었다. 앞말에 기가 질려서 뒷말은 귀에 들어오지도 않았던 것이다. 류영모의 말은 예수가 니고데모에게 한 말 "사람은 (하느님께서) 드리워주시는 얼(성령)로 나지 아니하면 하느님 나라에 들어갈 수 없느니라."(요한 3:5, 박영호 의역)를 더 직설적으로 표현한 것이었다.

"너희는 아래서 났고 나는 위에서 났으며 너희는 이 세상에 속하였고 나는 이 세상에 속하지 아니하였느니라."(요한 8:23, 한글개역)라는 말은, 너희는 어머니가 낳은 제나의 사람이고 나(예수)는 하느님의 얼(성령)로 태어난 얼나의 사람이란 말이다. 얼나는 하느님의 생명인 얼(성령)이라 영원한 생명이다. 제나(몸나)는 어머니에게서 나서 얼마 살다가 죽는 멸망의 생명이다. 예수도 제나(몸나)로는 어머니(마리아)에게서 나서 십자가에 죽은 멸망의 생명이었다. "예수를 따르고 그를 쳐다보는 것은 그의 몸을 보고 따르자는 것이 아니다. 예수는 내 맘 속에 있는 하느님의 씨인 얼나가 참나인 영원한 생명임을 가르쳐줬다. 그러므로 먼저 내 속에 있는 얼나를 깨달아야 한다. 그 얼나가 예수의 참생명이요 나의 참생명이다. 몸으로는 예수의 몸도 내 몸과 같이 죽은 껍데기일 별 수 없다."(류영모, 《다석어록》)

이 사람을 놀라게 한 스승 류영모의 두 번째 말은 "이 우주에 죽음이란 없다."는 말이었다. 전 세계를 놓고 보면 1초에 한 사람 이상 죽어가고 있다. 그런데 죽음이 없다니, 그런 거짓말이 어디 있는가? 참으로 황당하게 들렸다. 그러나 "어머니가 낳아준 나는 참나가 아니다."라는 말을 들을 때와는 달리 듣기가 좋았다. 죽지 않을 수 없는 나인데 죽음이 없다는 말이 희망적으로 들렸기 때문이다. 아직 알지는 못하지만 죽음에서 해방될 수 있는 길이 있나 보다 싶은 희망이었다. 이 사람은 그때까지도 여전히 제나의 사람이었다. 그 후로도 22년이 더 지나 48세에 이르러서야 마음속이 밝아지면서 얼나의 실존을 체험하기에 이르렀다. 그것도 그저 초심각이지 구경각은 아니었다.

얼나를 깨닫지 못한 제나일 때도 그 나름대로 신앙 생활을 하였다. 그러나 얼나를 깨닫기 전과 깨달은 후의 신앙관에는 큰 차이가 있다. 얼나를 깨닫고는 예수, 석가가 한 말씀의 참뜻을 분명히 알게 되었다. 전에는 예수는 예수이고 석가는 석가였다. 이제는 예수, 석가도 얼나로는 한 생명인 것을 알게 되었다. 가장 두드러진 의식의 변화는, 제나일 때 가장 두렵던 죽음이 얼나를 깨닫고 나니 가장 다정한 것으로 느껴진다는 것이다. 이를 장자는 근사지심(近死之心), 즉 죽음을 가까이하는 마음이라고 말하였다. 나에게 근사지심이 생긴 것이다. 근사지심이 생기자 없음(無), 빈탕(空)을 향한 그리움이 생기기 시작했다. 죽음이란 무(無)와 공(空)으로 돌아가는 것이기 때문이다.

얼나를 깨달은 사람의 신앙이 얼나의 근원인 하느님과 얼로 교통하는 것인 데 비하여 제나의 사람들의 신앙은 하느님의 보호를 바라는 기복 신앙이다. 복을 비는 의식(意識)은 이미 어릴 때 형성된다. 나약하게 태어난 아기는 아버지, 어머니의 보호 없이는 살지 못한다. 아버지, 어머니를 의지하는 마음이 기복 신앙의 원형이다. 그러므로 기복 신앙(샤머니즘)을 거치지 않은 이는 없다. 깨달음 신앙의 원조이자 표본인 석가, 예수도 그런 의미에서는 기복 신앙을 거친 이들이다. 어릴 때는 아버지, 어머니를 가장 위대한 보호자로 알았지만 자라고 보면 아버지, 어머니도 보잘것없는 존재일 뿐이고 훨씬 더 위대한 존재가 많은 것을 알게 된다.

막강한 권력을 휘두른 임금이 신격으로 받들어지는가 하면 유명한 장수들의 영혼이 수호신이 되기도 한다. 조상신도 후손을 보호하는 신격이 된다. 마을에는 오래된 큰 나무가 신목(神木)이 되어 수호신이 된다. 높은 산도 수호신이 된다. 히말라야의 에베레스트를 비롯해 고봉의 군거는 그야말로 신국(神國)을 이루었다. 남아메리카 페루에 있는 티티카카 호수는 해발 3,800미터 높이에 있는 호수인데, 깊이가 300미터에 가까워 기복의 대상인 신의 호수가 되었다. 사람들은 지니고 있던 보물도 아까워하지 않고 호수에 던지며 기원을 한다. 오스트레일리아에 있는 울룰루 바위는 세계에서 가장 큰 바위로서 원주민들의 수호신이었다. 호랑이, 침팬지, 곰, 뱀 등 맹수들도 수호신이 된다. 마다가스카르 섬 사람들 가운데 일부는 악어를 신으로 섬긴다. 하늘의 해, 달, 별도 수호신이 된다.

오늘날에도 정월 초하루에 해맞이를 하고 정월 대보름이나 팔월 한가위 달을 보고 절하면서 소원 성취를 비는 이들이 많다. 잉카 제국, 마야에서는 살아 있는 사람의 펄떡펄떡 뛰는 심장을 꺼내 태양신에게 바치기도 하였다. 아직도 야심한 때를 가려 상 위에 정화수를 떠놓고 북두칠성님께 소원 성취를 비는 아낙네들이 없지 않다. 이런 기복 의식을 제관(샤먼)에 의뢰하면 막대한 비용이 든다. 샤먼(제관)들은 현란한 의상과 장신구를 착용하고서 춤과 노래 등 예술적인 재능으로 신을 기쁘게 하여 재앙을 피하게 하고 축복을 내리도록 한다. 그런 샤먼의 역할을 각 종교의 사제들이 맡아서 하기에 이르렀다. 예수와 석가의 얼나 깨달음 신앙이 제물을 바치고 축복을 비는 기복 신앙이 되어버린 것이다. 얼나를 깨달은 사람이 가물에 콩 나듯이만 났어도 오늘의 종교가 이렇게까지 샤머니즘화 되지는 않았을 것이다. 1960년에 류영모는 이렇게 말하였다.

"먹는 것은 간단히 해야 한다. 먹는 것을 글자니 문화니 팔아먹지 말고 겨우겨우 살아가야 한다. 글이나 전도나 설교를 해서 돈을 벌어서는 안 된다. 예수가 너희는 거저 받았으니 거저 주라고 하였다. 일 안 하고 살겠다는 것보다 더 나쁜 게 없다. 그러면 노예밖에 안 된다. 미국같이 경제가 풍부한 나라에서는 그래도 좋지만 이 나라에서 지식을 지껄이고 신령한 무엇을 말하고서 돈을 받아먹는다는 건 참 못할 짓이다."(류영모,《다석어록》)

예수는 기복의 제사 종교(유대교)를 부정하여 죽임을 당하였다. 에르네스트 르낭(Ernest Renan)도 예수는 제사를 주재하는 사제가 아니라고 말하였다. 석가는 기복의 제사 종교(브라만교)를 부정하여 시련을 겪었다. 마하트마 간디는 석가가 의식(儀式) 종교를 거부하여 무신론자라는 오해를 받았으나 석가는 무신론자가 아니라고 말하였다. 그런 예수, 석가를 내세우는 오늘의 기독교, 불교는 샤머니즘 종교가 되어버렸다. 물론 그렇지 않은 기독교도나 불교도도 많다. 그런데 어떤 스님이나 목사들은 한술 더 떠서 신의 힘으로 병을 낫게 한

다는 신유(神癒)와 앞날을 본다는 예지(豫知)를 들먹이면서 제 호주
머니를 채우기에 열을 올린다. 류영모도 모두가 무당이 된 것 같다고
말하였다.

신흥종교 연구에 열성을 보였던 탁명환이라는 이가 있었다. 신흥
사교의 비리를 캐 잡지에 공개하다가 결국 그들의 손에 테러를 당하
여 죽었다. 가장 거룩한 신앙의 이면 세계가 얼마나 끔찍한 삼독(三
毒)의 소굴인지를 여실히 보여준 사건이었다.

선재(善財) 동자처럼 선지식을 찾아 많은 사람을 만난 이가 있다.
《깨끗한 마음》의 저자 박재환이 바로 그런 사람이다. 박재환의 말에
따르면 "이 사람은 참된 구도자이다."라고 생각되는 이들이 있었다
고 한다. 그런데 결론은 이렇다.

"거의 대부분의 종교나 교파들이 은밀하게 혹은 노골적으로 정신
적인 평안보다는 물질적인 행복을 추구하여 물질적인 빈곤을 지나
치게 꺼리고 두려워한다. 불교라면 깨달음의 성불(成佛)을, 기독교라
면 얼로 거듭나는 영적 부활을 지향해야 함에도 이는 온전히 무시하
거나 아니면 내걸기는 해도 실제로 바라는 것은 신통의 능력을 얻어
재물을 모으고 명성을 떨치려는 것이어서 여느 세속인들과 전혀 다
름이 없었다. 더욱 염려스러운 것은 그것이 극복해야 할 잘못인 줄을
그들이 모르고 있다는 것이다. 그리하여 자기 극복, 자기 초월을 해
야 한다는 것은 의식도 하지 못한 채로 자기 교회의 교세 확장에만

골몰한다."(박재환,《깨끗한 마음》)

류영모는 말하였다.

"나는 요새 부끄러워서 예수를 믿는다고 할 수 없다. 나는 늘 이단이라고 해서 안 믿는다고 하는 것이 간단하지만 이제는 그나마도 믿는다는 것이 부끄러워졌다. 믿는다면 무슨 외래(外來)의 무당같이 보인다.

탐관오리들이 백성을 등쳐 먹으려는 것도 마귀의 짓들인데 하물며 교회에서 재물(財物)을 탐내면 그것은 마귀라도 큰 마귀의 짓이다. 사람들은 예수를 믿는다면서도 바라는 것은 식색(食色)의 풍부함 뿐이다. 그것은 마귀의 생각이다." (류영모,《다석어록》)

몸나를 위해서 기적을 일으켜 질병을 낫게 하거나 재물이 생기게 하거나 미래를 점치는 일은 샤먼들이 전문적으로 하지 얼나를 깨달은 이는 하지 않는다. 예수, 석가는 그런 일을 아예 멀리하고 금하였다. 예수가 많은 병자를 고치는 기적을 행했다고 적은 것은 복음서 기자들의 소행이다. 르낭은 이렇게 말하였다. "그러므로 일반적인 의미에서 본의 아니게 예수는 기적을 행하고 마귀를 쫓은 자가 되었을 따름이었다고 말하는 것이 옳다. 위대한 신적(神的) 생애가 언제나 그렇듯 예수는 기적을 행했다기보다는 여론이 요구한 기적에 대한 신화를 입었던 것뿐이다. 기적은 보통 군중이 지어낸 작품이지 그것을 행했다고 사람들이 말하는 사람의 소행이 아니다. 예수는 군중이 그를 위하여 지어낸 기이한 일을 행하기를 완강히 거부했다. 가장 큰 기적은 그가 기적을 행하지 않았다고 말한 것이리라."(에르네스트 르낭,《예수의 생애》) 르낭도 예수의 이적 기사는 복음서 기자들이 예수를 초능력의 소유자로 부각하려다가 오히려 예수의 인격을 우스꽝스럽게 만든 것이라고 말하였다.

이 나라에는 아직도 목사의 안수 기도로 환자의 병을 고치는 신유의 기적을 믿는 이가 있는가 본데, 그것은 올바른 신앙에서 한참 거리가 먼 일이다. 사람이 걸리는 질병의 83퍼센트 이상은 그냥 두면 저절로 낫는 병이라고 한다. 저절로 낫는 병을 이적 기사로 자랑하면 안 된다. 몸나로서의 생로병사는 모든 사람에게 차별이 없다. 류영모는 말했다.

"하느님은 잡신(雜神) 노릇은 하지 않는다. 잠깐 보이는 이적 기사 같은 것을 하고자 영원한 하느님이 한곳 사람들 보는 앞에서 신통변화(神通變化)를 부릴 까닭이 없다. 이런 뜻에서 하느님은 우리가 바라고 생각하는 것 같은 신(神)은 아니다. 참이신 하느님은 없이 계신다. 신통괴변은 하느님이 하는 것이 아니다. 하느님은 무한한 시간과 무한한 공간이라 큰 늘이요 한 늘이다. 곧 무한우주이다. 우리의 머리 위에 계시는 하느님이시다. 이 하느님을 아버지로 모시는 아들은 큰나(大我)요 참나(眞我)라 남을 해칠 것도 없고 요구하는 것도 없다. 남이란 없기 때문이다. 그러니 자유(自由)이다. 남이 있으면 자유에 제한을 받게 된다."(류영모,《다석어록》)

노벨물리학상을 받은 퀴리 부인이 젊을 때 어머니가 결핵에 걸려

앓았다. 퀴리는 성당에 가서 어머니를 꼭 살려 달라고 간절히 기도하였다. 간절한 눈물의 기도도 소용없이 어머니는 죽고 말았다. 퀴리는 냉정한 하느님의 처사에 분노하였다. 그리하여 신앙을 버리고 여생을 신앙 없이 보냈다. 하느님의 존재에 대한 관심을 버리고 도덕만 있으면 된다고 하였다.

마야 부인은 친정인 골리 성에 가는 도중 룸비니 동산에서 아들 싯다르타를 낳고서 집으로 돌아온 후 이레 만에 사랑하는 아들을 남긴 채 세상을 떠났다. 석가는 어머니의 얼굴도 모른다. 석가에 비하면 퀴리 부인의 처지는 은혜롭다고 할 것이다. 그런데 그녀는 오히려 어머니의 죽음에 성을 내고 돌아섰다. 모든 생명의 임자는 하느님이시다. 살리든 죽이든 그것은 하느님에게 전적으로 맡길 일이지 거기에 간섭할 일이 아니다. 장횡거는 말하였다. "나는 살아서는 모든 일에 따르고 죽어서는 평안하리라(存吾順事 沒吾寧也)."(《서명(西銘)》)

예수는 "제 뜻대로 마시고 아버지 뜻대로 하소서."(마태오 26:39)라고 말했다. 거짓생명인 제나(몸나)가 괴롭고 아픈 것은 제나가 아무것도 아니라는 것을 깨달아 제나에 대한 집착을 버리고 하느님이 주신 얼나 생각을 하여 얼나가 참나임을 깨닫게 하시려는 것이다. 고통스럽고 허망한 몸나의 삶을 뒤집어보면 깊은 은총이 감추어져 있음을 알게 된다. 그것을 알아차린 마하트마 간디는 이렇게 말하였다.

"사실 시련과 죽음은 행복이나 삶보다 더 풍부한 정신적인 영양분을 나에게 주고 있다. 인생의 소금인 시련과 고난이 없다면 삶이 무슨 의미가 있겠는가? 하느님은 자신의 섭리에 따라 필요한 기간보다 내가 더 오래 사는 것을 허락하지 않을 것이다. 죽음은 동반자요 벗이다. 용감하게 죽는 사람에게는 죽음이 행복이다. 나는 삶 못지않게 죽음을 사랑한다. 모든 사람은 언젠가는 죽는다. 누구도 죽음을 피할 수 없다. 무엇 때문에 죽음을 두려워하고 싫어하는가? 사실 죽음은 고통 속에 빠져 있는 우리를 구해주는 구원이요 은혜이다. 내 존재만으로는 아무것도 아니다. 그러나 나를 하느님에게 내맡기면 하느님 속에서 전체가 된다. 하느님을 떠나 그 밖에서는 우리의 존재가 없다. 하느님의 존재를 부인하는 사람은 자신의 존재를 부인하는 것이다."(간디, 《간디의 마음》)

말할 것도 없이 이웃의 시련과 고통을 덜어줄 수 있으면 덜어주는 것도 나쁘다고는 할 수 없지만, 근본적으로는 얼나를 깨닫게 하는 것이 급선무요 중대한 일이다. 시련과 고통은 모두가 겪게 되어 있다. 근본적인 해결은 얼나를 깨닫게 하는 것이다. 병을 낫게 해준다고 해서 그 사람이 영원히 안 죽기라도 한단 말인가? 예수가 라자로를 살렸다고 하는데 그 라자로가 지금까지 살아 있는 것이 아니지 않은가? 며칠 더 살다가 죽었다면 다시 살렸다고 소란 떨 일이 아닌 것이다.

성공회 주교 존 셸비 스퐁은 자기 아내가 암에 걸려 죽은 일에 대하여 이렇게 말하였다.

"1981년에 나의 아내 조앤은 거의 치명적인 암 진단을 받았다. 우리 가족은 뉴저지에서 잘 알려진 집안이었기 때문에, 이 소식은 거의 즉각적으로 사람들에게 전해졌다. 곧바로 교회와 친구들의 종교적 후원이 이어졌다. 교구 전체의 기도 그룹들과 심지어 다른 교파 사람들도 특별히 나의 아내를 위해 기도했다. 우리 교회의 거의 모든 예배에서는 기도 시간에 으레 아내의 이름을 부르고 기도했다. 사람들은 관심과 염려, 사랑을 표현했으며 우리는 그들에게 매우 감사했다. 증세가 완화되어 내 아내는 치명적인 진단 후 6년 반을 더 살았다. 이것은 의사들이 가능하다고 말했던 것이 아니었다. 증세가 완화되기 시작했다는 것이 확실해지자 가장 열심히 기도했던 사람들은 자신들의 기도 덕택이라고 생각하기 시작했다. 그들은 '우리의 기도가 응답받고 있다!'고 주장했다. 하느님이 우리의 기도 때문에 이 악한 병이 더 퍼지지 못하게 하셨다고 말했다. 아마도 사람들 마음속에는 여전히 옛날 사람들의 가정, 곧 질병이 악마의 짓이며 하느님의 백성의 기도를 통해 나타난 하느님의 능력 때문에 그 악이 방해를 받고 있다는 가정이 자리 잡고 있는 것 같았다.

나와 나의 아내는 그 사람들이 보여준 사랑에 감사하면서도 그들의 주장에는 곤혹감을 느낄 수밖에 없었다. 나는 스스로에게 다음과 같이 질문하였다.

만일 미국에서 가장 낮은 1인당 평균 소득을 얻을, 뉴어크(Newark) 시에서 일하는 어느 청소부의 아내가 암 진단을 받았다고 상상해보라. 그 청소부는 사회적으로 지위가 높은 사람도 아니며 매스컴의 주목을 받을 일도 없으므로 그 아내의 질병은 결코 널리 알려지지 않을 것이다. 또한 그 청소부가 종교적인 사람이 아니라 그 아내를 위해 수많은 사람들이 기도하는 일도 없었다고 상상해보자. 그런 상황이 그녀의 질병 경과에 영향을 끼쳤을 것인가? 그것 때문에 그녀는 암 진단 뒤에 더욱 고통스러웠을 것이고, 더욱 짧은 기간을 살았을 것이며, 더욱 힘겨운 죽음을 맞이했을까? 만일 정말 그랬다면 그것은 하느님이 변덕스러운 성격을 지녔다고 말하는 것일 뿐 아니라 하느님도 엘리트주의라는 세속적 가치 체계를 갖고 있다고 말하는 것이 아닌가? 우리 부부가 그 청소부는 지니지 못한 기회를 갖고 있기 때문에 특별 대우를 하는 하느님이라면 내가 그런 하느님을 예배할 마음이 나겠는가? 하느님도 사람의 지위에 따라 달리 행하신다고 말해도 되는가? 이 모든 질문들에 대한 답은 절대 '아니오'이다. 그것은 천 부당만부당하다. 만일 그것이 유신론적인 신(神)에게 기도하는 행위의 종착점이라면, 그처럼 왜곡된 신 개념을 기성 종교에서 제거하는 것은 손실이 아니라 상당한 이득이 될 것이다.

나는 마침내 전통적인 틀에서 기도의 의미를 추구할 마음이 없어졌다. 나는 더는 그런 기도 형태를 따르려고 애쓰지 않게 되었다. 그런 결정을 하게 된 것은 고통스러운 순간이었지만 동시에 엄청난 안도의 순간이기도 했다. 나는 현재도 그렇게 확신한다. 만일 내가 기도 생활을 계속하려면 무엇보다도 하느님을 새롭게 바라볼 새로운 장소에서 시작해야만 한다는 점이다."(존 셸비 스퐁, 《기독교 변하지 않

으면 죽는다》)

예수가 "구하라 그러면 너희에게 주실 것이요 찾으라 그러면 찾을 것이요 문을 두드리라 그러면 너희에게 열릴 것이니 구하는 이마다 얻을 것이요 찾는 이가 찾을 것이요 두드리는 이에게 열릴 것이니라." (마태 7:7~9, 한글개역)고 말한 뜻은, 이 세상에서 무엇을 구하고 찾으라는 것이 아니라 하느님의 생명으로 영원한 생명인 얼(성령)을 하느님께 구하고 찾으면 하느님께서 그것을 주신다는 것이다. 멸망의 생명에게 가장 소중하고 급박한 것은 영원한 생명인 얼나이다. 하느님께서 가장 소중한 것을 준다는 말이 바로 얼나를 준다는 말이다.

"너희 중에 누가 아들이 떡을 달라 하면 돌을 주며 생선을 달라 하면 뱀을 줄 사람이 있겠느냐. 너희가 악한 자라도 좋은 것으로 자식에게 줄 줄 알거든 하물며 하늘에 계신 너희 아버지께서 구하는 자에게 좋은 것으로 주시지 않겠느냐."(마태 7:9~11, 한글개역)

얼나를 주는 데는 차별이 없다. 다만 제나를 버리고(죽이고) 오느냐 아니냐에 달려 있다. 제나를 버린 이는 얼나를 깨달을 수 있지만 제나를 버리지 못하면 얼나를 깨달을 수 없다.

이 세상에서 제나에 관한 것은 어떤 원칙에 따라 이루어진다. 거기에 차별이나 특혜는 없다. 그래서 노자는 "하느님과 땅은 어질지만은 않다(天地不仁)."(《도덕경》 5장)고 말하였다. 사사로운 정이 없다는 말이다. 하느님께서 사랑하는 아들 예수가 십자가에 못 박혀 죽게 내버려 둔 것이 그 예이다. 그런 어질지 않은 아버지를 어떻게 받들 수 있는가. 하느님은 영원한 생명인 얼나를 주시기에 사랑의 아버지인 것이다. 거짓나에게 자비를 베풀 까닭이 없다. 얼나를 위해 희생하는 것이 제나(몸나)의 존재 가치이다. 몸나(제나)는 무상할수록 얼나를 깨닫기에는 좋다. 다만 생각할 여유(시간)는 있어야 한다.

예수의 죽음이 인류의 원죄를 용서받기 위한 제물이라는 바울로의 교의는, 하느님을 제 자식이나 잡아먹고서 마음이 좋아 아담과 하와가 저지른 원죄까지 용서해주는 어리석고 잔인한 존재로 만들었다. 그런 하느님을 어찌 믿는단 말인가?

존 셀비 스퐁은 하느님을 우스꽝스런 존재로 만드는 어리석은 생각을 집어치우자고 말한다. 그리고 하느님 아버지께는 얼로 교통하는 기도를 해야 한다는 것이다.

"기도를 새롭게 체험하기 위한 나의 시도는, 내 안의 깊은 곳과 모든 사람들의 심중에 생명의 원천과 교제할 것을 요구하는 무엇인가가 있다는 사실을 주장하는 것으로 시작한다. 아마도 그것은 찬송가 작사자가 '나를 떠나지 않게 하는 사랑'이라 불렀던 것이라 생각된다. 아마도 그것은 단지 환상에 불과한 것일지도 모르지만 그것이 환상이든 실재든 간에 우리는 그것이 존재한다는 사실을 알고 있다. 그것은 설명할 수도 없으며 부정할 수도 없는 생명의 신비한 중심과 같은 것이다.(얼나를 말한다.—인용자) 그것은 나를 초월해 있는 무엇이지만 언제나 나 자신의 심층 속에서 나를 만나기를 간구한다. 나 자신의 안전과 심지어 내 인간성의 장벽 너머로 나를 불러내는 듯하

다."(존 셀비 스퐁, 《기독교 변하지 않으면 죽는다》)

　존 셀비 스퐁은 예수가 얼이신 하느님과 얼로 교통하는 영성의 신앙임을 분명하게 깨달았다. 그래서 스퐁 자신도 하느님과 만나는 체험, 하느님과 이어지는 것이 기도라는 것을 깨달았다.

　기도의 핵심은 예수처럼 하느님의 생명인 얼숨을 쉬는 것이다. 생명체는 처음에 바다(물)에서 숨 쉬면서 살았다. 그다음에는 짐승들이 뭍에서 공기를 숨 쉬면서 살기 시작했다. 기축 시대 후에는 얼나라에 올라 얼(성령)을 숨 쉬면서 사는 하느님 아들이 나타났다. 예수는 하느님의 얼을 숨 쉬면서 사는 하느님 아들이다. 기도는 하느님의 생명인 얼을 숨 쉬는 것이다. 류영모도 얼숨을 쉬면서 사는 하느님 아들의 삶을 살았다. 류영모는 이렇게 말하였다.

　"내가 숨을 쉰다는 것은 성령의 얼숨을 쉬는 것이다. 그리하여 진리를 체득하는 것이다. 이 모든 것은 기도에 있다. 기도는 생각이요 성령은 권능이다. 성령의 얼숨을 쉬고 얼나로 솟나는 것이다. 세상에 빠진 내가 미혹에서 벗어나서 뚜렷하게 나서야 한다. 예수는 뚜렷이 하느님을 모시고 태초부터 자기가 모신 아버지라고 불렀다. 나도 이제 성령의 얼숨을 쉼으로 뚜렷이 하느님의 아들로 사람답게 살겠다는 말씀 한마디만 하고 싶은 것이다."(류영모, 《다석어록》)

　최고의 깨달음에 이른 류영모는 사람이 할 일은 하느님 아버지를 사랑하는 것이라고 말하였다. 다시 한 번 더 인용한다.

　"아버지! 아버지! 하느님 아버지를 부르는 것은 내가 부른다. 아버지의 모습은 이승에서는 볼 수 없으나 아버지를 부르는 내 맘에 있다. 아무것도 없는 내 마음속에 오신다. 나의 임자 되시는 하느님은 이것을 계속 믿는다. 하느님 아버지를 생각하는 것이 참 사는 것이다. 하느님 아버지는 내가 생각한다. 그러나 나만이 생각하는 것이 아니다. 하느님께서도 생각하신다. 그리하여 나도 하느님 아버지를 한순간이라도 하느님을 잊으면 그 틈으로 다른 생각이 들어오기 때문이다. 우리는 하느님 아버지를 잊지 않으려고 하느님을 찾아 늘 기도를 올린다."(류영모, 《다석어록》)

종교학자 오강남에게 깨달음의 신앙인이 하는 기도는 어떤 것이냐고 물었더니 명상이라고 대답하였다. 명상은 관상, 묵상이라고도 하는데, 불교에서는 선정(禪定)이라 한다. 선정에 드는 것을 입정(入定)이라 하고 선정을 그만두는 것을 출정(出定)이라고 한다. 사람들은 흔히 명상이라면 주로 단전 호흡을 하면서 호흡에 날숨, 들숨을 의식하는 호흡 명상을 주로 한다. 미간에 털이 있다고 가정하고 집중적으로 생각을 모으는 것을 집중 명상이라고 한다. 자기의 의식을 객관화하는 관심 명상을 할 수도 있다. 어떤 공안(화두)을 추리하는 명상은 간화선이라 한다.

그러나 참된 기도 명상은 아버지 하느님을 생각하는 것이다. 하느님 아버지의 품속에 안기면 제나가 없어져 무념무상(無念無想)에 이른다. 하느님께서 나를 온전히 차지하는 것이 바른 기도이다. 제나가 털끝만큼이라도 남아 있으면 올바른 기도가 못 된다. 바른 기도를 하고 나면 기쁨이 넘치고 말씀이 샘솟고 사랑이 넘친다. 류영모는 '명존재상원(命存在上元)'이라 하였다. 얼숨길은 으뜸이요 맨 위인 하느님에게 있다는 말이다. 하느님을 생각하고 하느님을 사랑하는 것이 명상의 기도이다. 참선하는 스님들이 곧잘 조니까 죽비로 어깨를 쳐서 깨운다. 생명의 근원이요 우주의 임자인 하느님을 생각하고 사랑하면 마음에 기쁨이 샘솟고 말씀이 쏟아지고 사랑이 넘친다. 이를 불교에서는 법열(法悅)이라고 한다. 니르바나님을 사랑하는 데서 오는 기쁨이라는 것이다. 그런데 불교는 석가의 니르바나님 신앙을 내버렸다. 겨우 죽을 때만 열반(니르바나)에 든다고 한다. 하느님을 생각하고 사랑하는 명상 기도를 하면 뇌에서 베타 엔돌핀이라는 뇌내 몰핀이 분비되어 몸의 면역력을 높여주고 스트레스를 받지 않게 한다. 석가가 남의 집 방을 빌려서 하루 한 끼씩 먹고도 80년을 산 비결은 평소에 늘 명상 기도를 하였기 때문일 것이다. 2500년 전에 80년을 산 것은 오늘날 120년을 산 것이나 다름이 없다. 이것이야말로 합리적인 기적이라 하겠다. 비합리적인 기적을 찾는 어리석은 생각은 버리고 합리적인 기적을 찾아야 한다. 비합리적인 기적을 찾는 것은 욕심 아니면 사기이다.

이 사람이 술도 안 마신다, 담배도 안 피운다, 취미 생활도 없다, 연애도 안 한다, 구경도 안 다닌다고 하면 사람들은 무슨 재미로 사느냐고 가엾게 여긴다. 나는 하느님을 사랑하는 재미로 산다. 하느님만 생각하면 기쁨이 샘솟는다. 류영모가 말하였다.

"사람이 정말로 모른다고 하는 하느님에 대한 영원한 영성과 연결되어 하느님을 사랑하여 하느님이 무엇인지 모르는 일은 끝내야 한다. 하느님의 생명인 얼나가 참나임을 깨달은 이는 누구나 얼나로는 하느님 아들이다. 하느님 아들이 아버지인 하느님을 사랑하는 것은 당연한 일이요 자연스런 일이다. 하느님에 대한 사랑의 정신이 나와야 참으로 내 맘속에서 하느님의 얼(성령)이 진리의 불꽃, 말씀의 불꽃이 되어 살리어 나온다. 생각의 불꽃밖에 없다. 얼의 나라에서는 말씀의 불꽃을 태우고 사랑의 샘물이 솟는다."(류영모,《다석어록》)

기도는 하느님과 얼로 교통하여 얼을 참나로 깨닫고 짐승 성질을 죽이고 하느님 아들인 인격을 세워 하느님 아들 노릇을 한다. 그러므로 제나(몸나)의 죽음에 대해서는 걱정할 까닭이 없다. 죽음이 걱정 없으면 다른 걸 걱정할 필요가 없다. 류영모는 죽음은 없다고 말하였다.

"하느님 나라에 죽음은 없다. 하느님께서는 비롯도 없고 마침도 없는데 죽음이 있을 리가 없다. 하느님께서 지금도 안고 계시는 상대적 존재들이 변화하여 생멸할 뿐이다. 그런데 그 변화를 보고 죽음이 있을 줄 알고 무서워한다. 죽음의 종이 되지 말아야 한다. 죽음이 무서워 몸에 매여 종노릇하는 모든 이를 놓아주려는 것이 하느님의 말씀이다. 왜 밥을 못 잊을까? 죽을까 봐 그런 것이다. 죽지 않겠다고 야단쳐도 안 되고 죽으면 끝이라고 해도 안 된다. 몸이 죽는 것은 확실히 인정하고 죽음이 끝이 아니라는 것을 깨닫는 것이 신앙이다. 몸나는 죽어도 얼나로는 하느님께로 간다고 믿는 것이다. 얼은 하느님의 생명인 것이다. 그 얼을 우리에게 깨닫도록 주신 것이 하느님의 사랑인 것이다."(류영모, 《다석어록》)

류영모는 얼나로 솟나면 몸나(제나)는 언제 죽어도 좋다고 생각했다. 52세에 얼나로 솟났으니 52세 뒤로는 언제나 죽어도 좋다고 말하였다. 65세가 된 1955년 4월 26일에 그는 1년 뒤인 1956년 4월 26일에 죽는다고 사망 가정(假定)의 날을 선언하였다. 거짓말이라고는 안 하는 스승 류영모가 1년 뒤에 죽는다니 모두가 깜짝 놀랐다. 모두가 그 사망 가정의 날을 틀림없는 사실로 받아들였다. 그 사망 가정일이 잡히게 된 데는 눈물겨운 사연이 있다. 함석헌과 김교신은 동갑 나이로 1901년에 태어났다. 1890년 류영모가 태어나고 11년 후였다. 그런 김교신이 1945년 4월 25일에 먼저 죽었다. 함흥에 있는 비료 공장에서 일하던 김교신이 죽었다는 부음이 다음 날인 4월 26일에 류영모에게 전해졌다. 자기를 가깝게 따르던 44세의 길벗이 발진티푸스에 걸려 요절을 하였으니 류영모가 얼마나 놀라고 안타까웠을지 짐작이 가는 일이다. 길벗의 죽음을 자신의 죽음으로 받아들인 류영모가 부음을 받고 바로 그 자리에서 자신이 죽을 날짜를 받은 것이다. 가정(假定)이라 '빌어잡음'이라고 하였다. 죽음을 멀리하려는 마음(遠死之心)은 속인(俗人)의 심리요, 죽음을 가까이하려는 마음(近死之心)은 도인(道人)의 심성이다. 류영모는 사망 가정일을 넘겨 25년을 더 살고 1981년에 91세로 세상을 떠났다. 생사(生死)를 초월한 류영모의 삶은 영성 도심(道心)으로 빛이 난다. 류영모는 자신이 오래 살게 된 데 대하여 이렇게 말하였다.

"이 몸은 멸망할 물질이지만 건강하면 영원한 생명 비슷하다. 이 몸도 영원한 생명(얼나)하고 만나면 꽤 부지해 간다. 위(하느님)에서 쓴다면 나처럼 이렇게 오래간다. 이게 내가 잘해서 된 것이 아니다. 나는 어떤 게 잘한 건지 못한 건지 분간을 못한다. 어디까지가 위에서 하는 것인지 어디까지가 내가 하는 것인지 나는 모른다."(류영모, 《다석어록》)

참사람은 제나(몸나)를 보면 죽음을 생각하고 얼나를 깨면 하느님을 생각한다. 예수가 입만 열면 아버지 하느님을 말씀한 것은 예수가 하느님이 주신 얼나로 하느님 아들 노릇을 한 것이다. 류영모도 그가 남긴 일기(다석일지)를 보면 날마다 쓴 일기의 문장마다 하느님이 나온다. 류영모는 기도에 대해서 이렇게 말하였다.

"생각하는 것은 기쁜 것이다. 생각하는 것은 위로 올라가는 것이다. 생각하는 것이 기도이다. 기도는 하느님께 올라가는 것이다. 참으로 하느님의 뜻을 좇아 하느님 아버지께로 올라간다는 것이 그렇게 기쁘고 즐거울 수가 없다. 인생은 허무한 것이 아니다. 생각은 진실한 것이다. 몸삶이 덧없어도 얼삶은 영원하다.

우리의 머리 위에 큰 님(하느님)을 이고서 거룩한 생각을 피워야지 다른 생각을 피울 것 없다. 하느님을 뚜렷이 할 것과 하느님 아들로 뚜렷할 일이다. 우리 사람의 값어치가 무엇인가? 몇천 년 몇만 년이

가도 하느님과 같아야 한다는 것이 아니겠는가. 우리는 하늘나라에서 떨어진 천인(天人)이란 말을 익혀 두어야 한다. 이것은 하느님께서 허락하신 거룩한 일이다. '솟아 나갈 뚜렷'은 얼나로 거듭난다는 소리와 같다. 이것도 하느님에게 아들로 뚜렷해서만이 나올 수 있는 말이다.

하늘땅 사이에 벌여놓은 물건이나 벌어지는 일들도 생각해보면 모든 것이 다 하느님께서 우리에게 보내신 편지다. 반가운 일이나 싫은 일이나 다 내게 온 편지이다. 모든 것이 다 하느님께서 우리에게 하느님 당신 생각을 좀 해보라는 것이다. 위대한 것(하느님)을 섬기는 데는 많은 재물이 안 든다. 먼 것(하느님)을 잊어버리지만 않으면 섬기는 것이다. 신앙은 추리(推理)하는 사색(思索) 없이는 안 된다. 추리하는 동안에 생각이 발전한다. 밀(推)에서 밑(本)을 보는 게 믿(信)음이다. 마침내 밑(本)이 훤하게 터지면 하느님 아버지께 다다른다."(류영모,《다석어록》)

신의 노예가 된 사람들

한자에 무당 무(巫) 자가 있다. 손짓 발짓으로 신(神)을 부르는 사람을 뜻하는 회의문자이다. 여기에 신이라는 말은 하느님이라기보다는 조상신이나 죽은 이의 신을 뜻한다. 무당들은 대개 요란스럽게 춤을 춘다. 그것이 강신(降神)의 기술이다. 춤출 무(舞) 자와 같은 뜻이다. 춤출 무(舞) 자도 장식품을 들고 손짓 발짓으로 춤을 추어 신을 기쁘게 한다는 뜻이다. 우리말에 '신난다'라는 말도 '신 내리다'와 같은 말이다. 손짓 발짓 춤사위로 무아지경에 이르면 신이 내린 것으로 간주한다. 신이 내리면 신의 힘을 빌려 사람이 할 수 없는 일을 할 수 있게 된다고 생각한 것이 샤머니즘의 시작이다. 사람이 할 수 없는 일, 곧 사람의 병을 고치거나 재앙을 물리치는 일을 하거나 미래의 일을 미리 본다고 믿은 것이다. 거기에 무당들의 거짓된 말이 덧붙은 것이다.

《장자(莊子)》에는 신무(神巫) 계함(季咸)의 이야기가 나온다. 신령한 무당인 계함은 죽고 나는 때, 화를 당하고 복을 받는 때, 오래 살고 일찍 죽는 때를 해와 달과 날짜까지 정확하게 맞췄다. 정나라 사람들은 그런 계함을 두려워하여 피했다. 그런데 열자(列子)는 계함에게 심취하여 그를 아주 좋아하였다. 열자는 자신의 스승인 호자에게 계함 이야기를 하였다. 호자는 열자가 아직 구경각에 이르지 못하여 사람 볼 줄 모르는 것을 알고는 열자에게 계함을 자기에게 데려오라고 하였다. 그리하여 계함으로 하여금 자신의 관상을 보게 하였다. 호자는 계함에게 자신의 관상을 통하여 처음엔 땅꼴(地文)을 보였다. 계함이 호자의 관상을 보고 나와서 열자에게 "저런, 그대의 스승은 죽을 것이오. 앞으로 열흘도 더 살지 못할 것이오. 나는 괴이한 상을 보았소. 젖은 재 같은 것을 보았소."라고 하였다. 열자가 그 소리를 듣고 눈물을 흘리며 스승 호자에게 계함의 말을 전하였다. 그러자 호자는 열자에게 "아까 내가 땅의 상을 보였다. 묵직하여 움직이지도 않고 멈추지도 않았다. 이는 위태한 나의 막힌 속생명을 본 것이다. 시험 삼아 내일 또 계함을 데려오너라."라고 하였다.

다음 날 열자가 다시 계함을 데리고 와 호자의 관상을 보게 하였다. 호자의 관상을 본 계함이 나와서 열자에게 말하였다. "다행이오. 그대의 선생이 나를 만나고 차도가 있고 아주 생기가 있소. 내가 그 얼을 보았소." 열자가 그 말을 스승 호자에게 아뢰자 호자가 말하였다. "아까 내가 계함에게 하늘과 땅의 상을 함께 보인 것이다. 제나가 들어가지 못하는 깊숙한 곳에 있던 얼나가 일어났으니 그가 나를 좋게 하는 얼을 거의 보았을 것이다." 호자가 시험 삼아 보겠다고 계함을 또 데리고 오라고 열자에게 말하였다.

다음 날 열자가 계함을 데리고 와서 호자의 상을 보게 하였다. 호자의 관상을 보고 난 계함이 열자에게 호자의 관상에 관해 말하기를 "그대 스승의 관상은 고르지 않아 일정한 상을 잡을 수 없소."라고 하였다. 열자가 호자에게 계함의 말을 전하였다. 호자는 아까는 절대의 허공상을 보여 주었다며 한 번 더 데리고 오라고 하였다. 날이 밝자 열자가 계함을 데리고 와서 스승 호자의 관상을 보였다. 계함은 호자의 상을 보자마자 놀라서 달아났다. 열자가 잡으려 하였으나 계함은 이미 사라지고 없었다. 열자가 계함을 못 잡은 애기를 호자에게 하자 호자는 이렇게 말하였다. "내가 아까 하느님의 상을 보여주었더니 계함이 하느님의 영광스런 상을 보고 놀란 것이다." 놀란 것은 신무(神巫) 계함만이 아니었다. 열자도 스승 호자에게 못 배우겠다고 생각하여 집으로 돌아갔다. 열자는 3년 동안 집 밖으로 나오지 않고 자신의 아내를 위하여 밥을 짓고 돼지를 치는 데 열중하였다. 오로지 제 마음을 다듬고 쪼아서 하느님과 하나 된 가운데 이승을 떠났다.

거짓이 두려워하는 것은 참이다. 거짓은 참을 만나면 죽는다. 샤머니즘은 거짓나인 제나가 자기보다 힘 있는 큰 존재를 신(神)으로 받들면서 의지해 보호를 받으려는 데서 생겨난 미신(迷信)이다. 참된 신(하느님)이 아닌 것을 신으로 받드니 우상 숭배다. 그래서 예수가 사마리아 여인에게 "너희는 알지 못하는 것을 예배하고 우리는 아는 것을 예배한다."(요한 4:22, 한글개역)라고 말한 것이다. 모르는 신에게 보호를 받고자 아첨하는 것이 미신이다. 미신은 곧 속이고 속는 일이다. 신을 바로 알지 못하기 때문에 온갖 신을 다 만들어 섬긴다.

인도에는 3억이 넘는 신이 있다고 한다. 인도에서 태어난 마하트마 간디는 어릴 때 사원에 나가니까 일천이나 되는 신의 이름을 외워 오라고 해서 괴로웠다고 한다. 일천 명의 사람 이름을 외우라 하여도 외우기 어려울 텐데 일천의 신 이름을 외우기가 쉬운 일이 아니다. 마하트마 간디는 지혜로운 사람이라 하느님은 온통이요 절대이므로 한 분만 계시다고 말하였다. 간디는 이렇게 말하였다.

"우리는 존재하는 것이 아니다. 신만이 존재한다. '신은 사랑'이라고 하는 사람들에게는 나도 '신은 사랑'이라고 한다. 그러나 내 마음속 깊은 곳에서 신은 사랑이기도 하지만 무엇보다도 '신은 진리'라는 믿음이 자리 잡고 있다. 인간이 신을 가장 잘 표현할 수 있는 방법이 있다면, 그것은 신이 진리라는 결론에 도달하는 것이다. 하지만 2년 전에 나는 한 걸음 더 발전하여 '진리는 신'이라고 말하게 됐다. 우리는 이 말이 '신은 진리'라는 말과 분명히 다르다는 것을 안다. 나는 50여 년에 걸쳐 계속된 쉴 새 없는 탐구 끝에 이 같은 결론에 도달했다."(간디, 《간디의 마음》)

마하트마 간디는 제나가 거짓나임을 알아 제나가 사라지자, 3억의 신들이 없어지고 우주 만물이 없어지고 하느님 한 분만 계시다는 것을 깨달은 것이다. 마하트마 간디는 말하였다.

"감각 기관을 통하여 하느님을 알려고 하면 실패할 수밖에 없다. 하느님은 우리의 감각을 뛰어넘는다. 이성을 뛰어넘는다. 우리는 느끼려고 하면 하느님의 존재를 느낄 듯한 깨끗한 상태를 누릴 수 있다고 생각한다. 내가 지금까지 모든 노력을 모아 온 목적은 참나의 깨달음이고 참나로 하느님과 얼 눈을 마주하는 것이며 제나의 수성(獸性)에서 자유로워진 모크샤(Moksha, 해탈)의 경지에 도달하는 것이다."(간디, 《간디의 마음》)

마하트마 간디처럼 제나가 온전히 없어지지 않으면 참되신 하느님에게 이르지 못한다. 그리하여 제나의 좁고 얕은 생각으로 아무것이나 신으로 받들어 그릇된 관념의 우상을 하느님으로 생각해 그것의 노예가 된다. 그야말로 자승자박하는 가엾은 사람이 된다. 그것이 샤머니즘 신앙의 정체이다. 그 대표적인 신이 이스라엘 민족의 민족

신 야훼이다.

야훼는 사람을 함정에 빠뜨리고, 성내고, 징벌하고, 보복하고 저주한다. 야훼 스스로 사람을 죽이는 전쟁을 주도할 뿐 아니라 직접 살해하기도 한다. 인간처럼 시기하고 질투할 뿐만 아니라 매우 권위적이다. 이는 하느님의 본성이 아니다. 이스라엘 민족이 쓴 각본에 나오는 배역의 우상일 뿐이다. 이를 러시아의 신학자요 철학자인 베르댜예프는 권력, 지배, 위력 등 사회적 지배자의 범주를 신(神)에게 적용한 조치오몰피즘의 인격 신관이라고 하였다.

야훼만 그런 것이 아니라 예수, 석가처럼 얼나를 깨달은 이들의 신관 이전의 모든 민족신 신관은 천박하고 잔인했다. 그것이 샤머니즘 신관의 공통점이다. 샤머니즘의 신관에는 제물(祭物)을 바치는 일이 꼭 필요했다. 사람들에게 최면을 걸어 이런 의식의 틀을 주입하고 사람들의 재물을 계속 수탈했다. 그것이 샤먼들이 한 짓이다. 예수는 이 샤먼들을 삯군이라고 하였다. 톨스토이는 하느님을 믿지 않는다는 사람보다 하느님이 아닌 것을 하느님이라고 믿는 사람이 더 나쁘고 어리석다고 하였는데 참으로 맞는 말이다.

"예수가 말하기를 '나를 믿는 사람은 내가 하는 일을 할 뿐 아니라 그보다 더 큰 일도 하게 될 것이다.'라고 하였다. 이것이 알 수 없는 말 같으나 예수 당신이 해놓고 간 것이 미정고(未定稿)이니까 이것을 계승하는 후대의 사람들이 더 큰 일을 할 수 있다는 뜻이다. 예수가 가까이 한 '하나'(하느님)의 님을 후대(後代)가 더 가깝게 보고 듣는 견지(見地)에까지 마침내 갈 것이라는 말이다.

'나에게 오라. 내가 말하는 신조만이 여러분을 구원하고 여러분이 사는 길일 것이다.' 마치 무함마드가 한 손에 코란을 들고 한 손에 칼을 들고 권유하듯 한다. 이런 그릇된 짓은 다 자기가 미정고라는 것을 모르고 있기 때문에 그러한 것이다. 무엄하게도 하느님의 자리까지 뺏어 앉겠다는 것이다."(류영모, 《다석어록》)

예수가 제나의 기복 신앙, 곧 제물을 바치는 의식을 그만두고 얼로 예배드리는 명상 기도를 가르쳐주었는데도, 피로 예배드리는 기복 신앙으로 도로 바뀌어버렸다. 그것이 바울로의 대속 신앙이다. 대속 신앙을 믿지 않고 예수의 영성 신앙을 믿다가 이단으로 몰려 희생당한 이들이 계속 있어 왔다. 바울로의 대속 교의 신앙을 자기들만 믿으면 누가 뭐라고 하겠는가? 대속 신앙을 안 믿는다고 이단이라며 잡아 죽이기를 일삼았으니 그게 무슨 종교란 말인가? 사람 잡아먹는 야차일 것이다.

"염소와 송아지의 피로 아니하고 오직 자기 피로 영원한 속죄를 이루사 단번에 성소에 들어가셨느니라. 염소와 황소의 피와 암송아지의 재로 부정한 자에게 뿌려 그 육체를 정결케 하여 거룩케 하거든 하물며 영원하신 성령으로 말미암아 흠 없는 자기를 하느님께 드린 그리스도의 피가 어찌 너희 양심으로 죽은 행실에서 깨끗하게 하고 살아 계신 하느님을 섬기게 못하겠느뇨."(히브리서 9:12~14, 한글개역)

유대교가 짐승들을 제물로 바치던 것처럼 바울로가 예수의 죽음을 제물로 삼았다는 것은 하느님과 예수에 대한 모독이다. 예수는 말하기를 "너희는 가서 내가 긍휼을 원하고 제사를 원치 아니하노라 하신 뜻이 무엇인지 배우라."(마태 9:13, 한글개역)라고 하였다. 또한 예수는 말하였다.

"내가 너희에게 이르노니 성전보다 더 큰 이가 여기 있느니라. 나는 자비를 원하고 제사를 원치 아니하노라 하신 뜻을 너희가 알았더면 무죄한 자를 죄로 정치 아니하였으리라. 인자는 안식일의 주인이니라."(마태 12:6~8, 한글개역) 이는 예수가 모든 샤머니즘적이고 기복적인 제사 종교를 부정한 말이다. 기도는 얼나로 명상을 해야 한다고 말하였다. 그런 예수에게 대제사장이라 하다니 무슨 망발이란 말인가? 그러고도 바울로는 "이는 내가 사람에게서 받은 것도 아니요 배운 것도 아니요 오직 예수 그리스도의 계시로 말미암은 것이라." (갈라디아서 1:12, 한글개역)는 뻔뻔스러운 얘기를 하고 있다. 바울로는 예수의 가르침을 눈곱만치도 아는 것이 없다. 듣도 보도 못하였는데 어떻게 안단 말인가? 하느님으로부터 얼을 받았으면 보도 듣도 못해도 알 수 있었을 것이다. 그러나 그런 일이 없다. 아는 것이라고는 유대교의 샤머니즘적인 제사 종교뿐이었다. 바울로는 자기 입으로 예수에 대해서 아는 것이 없음을 고백하였다. "내가 너희 중에서 예수 그리스도와 그의 십자가에 못 박히신 것 외에는 아무것도 알지 아니하기로 작정하였음이라"(고린도전서 2:2, 한글개역)

그런데 그 당시에 바울로가 유대교를 변형해 만든 대속 교의가 나오기 이전에 예수의 영성(영지) 신앙이 있었다. 바울로는 예수의 영성 신앙을 적대시하였다. 그리하여 자신의 대속 교의를 반대하고 예수의 영성 신앙을 좇는 이들에게 저주를 퍼부었다. "우리나 혹 하늘로부터 온 천사라도 우리가 너희에게 전한 복음 외에 다른 복음을 전하면 저주를 받을지어다. 우리가 전에 말하였거니와 내가 지금 다시 말하노니 만일 누구든지 너희의 받은 것 외에 다른 복음을 전하면 저주를 받을지어다."(갈라디아서 1:8~9, 한글개역)

바울로가 한편으로는 예수를 신격화하면서 한편으로는 예수의 가르침을 소멸시키는 역설적인 언행을 보인 것은 이해할 수 없다. 아니, 이해가 된다. 바울로는 자신의 교의를 만드는 데 예수의 존재를 하나의 조건으로 쓴 것이다. 바울로와 달리 올바른 생각을 보인 소로는 이렇게 말하였다. "이 세상의 지혜란 한때는 받아들이기 어려웠던 현자들의 이단(異端) 사상이다."(소로, 《소로의 일기》) 바울로의 궤변에 홀려 2천 년 넘게 예수의 가르침이 오도되어 온 것을 생각하면 어이가 없다. 하느님을 알게 되면 하느님의 자리에서 모든 것을 포용한다. 바울로에게는 포용할 수 없는 사람이 너무 많고 미워하는 사람이 너무 많은데, 그것은 그가 온통이신 하느님을 모르고 제나만 알기 때문이다. 바울로는 자기 말만 옳고 자기만 잘났다고 주장한다.

샤머니즘에 대하여 처음으로 학문적인 연구를 시작했다고 할 수 있는 루마니아 출신의 종교학자 미르체아 엘리아데는 《샤머니즘》이란 책을 썼다. 그의 주장은 샤머니즘이 종교의 기원이라는 것이다.

틀린 말은 아니다. 사람들이 하느님을 찾기 시작한 것은 처음엔 샤면(Shaman)들이라고 할 수 있기 때문이다. 그러나 샤면들은 신(神)을 섬겼지만 하느님은 몰랐다. 하느님을 바로 알자면 반드시 제나로는 죽고 하느님의 생명인 얼나를 깨달아야 한다. 그런데 하느님의 얼을 받으려면 제나로 죽고서 얼나로 솟나야 하는데 제나가 거짓나인 줄 모르고서 제나에 매달리니 얼나를 깨닫지 못한다. 그래서 백척간두진일보(百尺竿頭進一步)란 말이 생겼다. 백척간두에 오르는 것은 하느님을 찾는 일이다. 거기서 한 걸음 더 나아가면 제나는 떨어져 죽는다. 그때 하느님이 얼나를 주신다. 그런데 샤면들은 백척간두에 오르긴 했는데 진일보를 못하여, 다시 말하면 제나(몸나)를 버리지(죽지) 못하여 얼나로 솟나지 못한 것이다. 그래서 상상 임신을 한 여인처럼 겉으로는 임신한 것처럼 보이지만 정작 하느님 아들을 임신하지는 못한 것이다. 샤면들은 신앙인 흉내는 다 내는데 하느님 아들을 임신하지는 못한 것이다. 따라서 엄격히 말하면 샤면은 신앙인이라 할 수 없다. 제나로 죽고 얼나로 솟난 예수, 석가가 제대로 된 참신앙인이다.

그런데 샤면들은 모두 신들과 가까운 척한다. 그래서 신통 능력을 더 앞세운다. 그래서 김치가 맛은 안 들고 군내부터 난다는 것이다. 샤면들은 사람들의 눈을 속이며 거짓을 말한다. 그렇게 미래의 일을 잘 알고 병 고치는 일을 잘한다면 화를 입는 사람이 한 사람도 없게 하고 앓는 사람이 한 사람도 없게 할 일이지 뭐가 두려워 그 일을 못한단 말인가? 참으로 그 일을 해낸다면 모든 이들이 옛날의 임금보다 더 받들 것이다. 다 거짓인 것이다.

아직도 신부, 스님, 목사가 축복해주거나 기도해주면 더 효과가 있다고 믿는 이들이 많다. 또한 신부, 스님, 목사 가운데 많은 이들이 자신의 축복이나 기도에 영험이 있는 듯 언행하기를 서슴지 않는다. 엘리아데가 샤머니즘에서 가장 중요하고 가치 있는 것으로 보는 것이 바로 엑스터시(무아지경)이다. 엑스터시는 샤먼의 전유물이 아니다. 예능이나 운동이나 노동에 몰두하면 무아지경에 이른다. 이 나라 최고의 사물패도 무아지경에 이르도록 연주를 하고 싶다고 했다. 샤먼들은 예기(藝技)의 엑스터시를 점술의 방편으로 이용한다. 그래서는 하느님 아버지와 얼로 하나가 되는 지경에까지 이르지 못한다. 이슬람의 수피들이 소용돌이처럼 빙글빙글 돌며 추는 춤이 있다. 소용돌이 춤을 계속 추는 동안 무아지경에 들어 신과 합일하는 신비를 체험할 수 있다고 한다. 그러나 오늘날에는 수피들이 소용돌이 춤을 보여주고 관광객들에게 관람료를 받는다니 소용돌이 춤의 한계를 스스로 보여주는 것이다.

소용돌이 춤을 춘 잘랄앗딘 루미라는 시인이 있다. 그는 춤추는 수도사라는 별명으로 불리기도 하였다. 소용돌이 춤으로 하느님과 하나 되는 지경에 이를 수 있는지는 이 사람이 안 춰보았으니 알 수 없지만, 이 사람은 멀미가 심해 소용돌이 춤을 출 생각도 못한다. 그런데 우주의 모든 천체(별)는 쉬지 않고 소용돌이 춤을 추고 있다. 말할 것 없이 우리의 지구도 소용돌이 춤을 추고 있다. 이 우주에 기도의 대성회가 열리고 있음이 틀림없다. 그렇다면 나도 소용돌이 춤의 성회에 참여하고 있는 게 틀림없다. 장자의 말대로 내가 죽고(喪我) 나를 잊는(坐忘) 데 이르자는 것이다.

샤먼과 샤머니즘을 오랫동안 연구한 엘리아데의 생각을 들어보기로 한다.

"우리는 샤먼과 샤머니즘이란 말이 오해되는 일이 없도록 하고 또 주술(呪術)과 요술(妖術)의 역사를 더 명확히 밝히기 위해 그 말의 사용을 한정하는 것이 좋다고 생각한다. 왜냐하면 샤먼은 주술사이기도 하고 주의(呪醫)이기도 하기 때문이다. 샤먼은 원시적이든 근대적이든 간에 모든 의사와 마찬가지로 병을 고친다고 믿어지며 또 모든 주술사와 같이 고행승 풍의 기적을 행한다고 믿어진다. 그러나 샤먼은 그 이상으로 영혼의 인도자(psychopomp)이며, 또한 사제(司祭)요 신비가요 시인(詩人)이기도 하다. ……

중앙아시아와 북아시아를 아우르는 광대한 지역 전반에서는 사회의 주술 종교적 생활이 샤먼을 중심으로 이루어졌다. 이것은 물론 샤먼이 성사(聖事)의 유일한 담당자라는 뜻은 아니다. 또한 사회의 종교 활동을 완전히 독점하지도 않았다. 제사 드리는 사제와 샤먼은 공존했다. 그런데도 샤먼은 지배적인 인물로 남았다. 그것은 엑스터시적인 체험이야말로 탁월한 종교 체험으로 인정되는 이 지역에서는 샤먼만이 엑스터시의 전문가이기 때문이다. 이 복잡한 현상의 첫 번째 정의, 곧 가장 위험이 적은 정의는 샤머니즘이란 '엑스터시의 기술'이라고 할 수 있을 것이다."(엘리아데, 《샤머니즘》)

갓난아기가 엄마 품에 안겨 잠드는 것이 엑스터시이다. 우리가 하느님 품에 안겨 나를 잊어버리는 것이 엑스터시이다. 라즈니쉬 같은 이는 남녀의 성적 결합에서 엑스터시를 느끼는 것을 대단히 신비한 체험이라고 여기는데 그렇지 않다. 술 한잔 마시거나 마약 한 대 맞고 엑스터시에 빠졌다고 하는 것과 같다. 하느님 속에서 나를 잊으면 얼나로 솟나 하느님 아들이 되어 하느님의 말씀을 하게 되고 차별 없는 사랑을 하게 된다. 그렇지 않다면 그것은 자기 쾌락이요 자기 기만일 뿐이다. 무당도 선무당이 아니라 참무당이 되면 단군 할아버지 같은 성자가 된다.

류영모는 이렇게 말하였다.

"요새 신비한 것 이상한 것을 찾는 사람들이 많은데 그것은 학문의 적(敵)이다. 신앙은 학문 이상이지만 신앙의 결과로 학문을 낳아야 한다. 궁신(窮神) 하면서 동시에 지화(知化)가 되어야 한다. 신(神)은 보본추원(報本追遠)이요, 경이원지(敬而遠之)이다. 신을 가까이 붙잡았다면 안 된다. 신은 멀리서 찾아야 하며 그것이 학문이 되어야 한다. 학문을 낳지 못하는 신앙은 미신이다. 하느님의 신비를 찾는 일은 그것이 학문을 낳는 데 있다. 기도하는 이는 연구의 연구를 계속하여 학문의 기도가 되어야 한다. 기도는 보편적이고 심오한 추리가 되어 우리의 정신 생명이 최고의 활동을 해야 한다. 추리가 영감이 되어 진리를 깨닫고 법열(法悅)을 체험할 때 우리의 건강한 몸의 맥박이 하느님을 찬미하는 반주가 되어 뛸 것이다."(류영모, 《다석어록》)

인류 역사에서 샤먼(무당)들이 한 일도 있다. 잘하고 못하고는 그 다음 문제이다. 샤먼이나 군왕이나 마찬가지로 인류의 유치 시대에 지도자 노릇을 한 것이다. 예수가 말하기를 "또한 지도자라 칭함을 받지 말라. 너희 지도자는 하나이니 곧 그리스도니라."(마태 23:10, 한글개역)라고 하였다. 이는 샤먼과 군왕의 시대가 지나갔다는 말이다. 얼나를 깨달은 하느님 아들이 지도자란 말이다.

우리말에서 무당이란 말의 어원을 살펴보면 재미있다. 무당을 한자로 巫堂이라고 쓰는데 그건 취음(取音)을 한 것으로 보이며 무당은 순수한 우리말이라는 것이다. 중국의 한자 巫(무) 자는 하늘땅을 잇기 위해 손짓 발짓으로 춤추는 사람을 상형한 회의문자로 본다. 중국의 무 자나 우리말의 무 자는 샤먼의 '먼'에서 온 것으로 보인다. '사무(師巫)'라고 샤먼을 사음(寫音)하기도 한다. 무당의 '당'은 우리말 풍뎅이의 '뎅'과 같은 말로 보인다. 풍뎅이의 고개를 약간 비틀어 놓으면 요란하게 빙글빙글 도는 것이 무당 푸닥거리 굿을 하는 모습을 연상시킨다. 노자가 "음악과 음식은 지나가는 나그네를 멈추게 한다(樂與餌過客止)."(《도덕경》 35장)고 말하였으나, 음악과 음식으로는 신(神)을 부르지 못한다. 예수는 분명히 말하였다. "아버지께 참으로 예배(기도)하는 이들은 참인 얼로 예배(기도)를 올린다."(요한 4:24,

박영호 의역) 노자가 "땅의 지도자들이 거룩한 체를 끊고 아는 체를 버리면 씨알이 좋아지기가 일백 곱절일 것이다(絶聖棄智民利百倍)." (《도덕경》 19장)라고 했다. 이것은 땅의 사제(무당)들이 질병을 고치는 데 영험한 척하고 미래를 내다보는 데 신통한 척하지 않으면 백성들이 수탈을 덜 당해 이롭다는 말이다. 옛날에는 굿하고 제사 지내느라 재산을 탕진한 이들이 고을마다 있었다. 요즘도 더러 그런 일이 있다.

앞에서도 말하였지만 샤먼(무당)들은 신을 찾지만 제나로 죽고 얼나로 솟난 깨달은 이들이 아니기 때문에 하느님의 뜻을 좇지 않고 제 욕심을 쫓는다. 그래서 제나의 권위를 내세우고 제나의 탐욕을 부리고 제나의 음행을 저지른다. 특히 돈(재물)을 밝힌다. 그러나 예수, 석가처럼 얼나로 솟난 이는 제나를 내세우는 교만이 없다. 탐욕이 없다. 음욕이 없다. 그리고 하느님의 말씀을 하고 차별 없는 사랑을 한다. 예수는 "너희가 거저 받았으니 거저 주어라."(마태오 10:8)라고 말하였으며 스스로 그렇게 실천하였다. 예수가 하느님의 말씀을 해주고 사례를 받았다는 말은 없다. 석가도 마찬가지다. 그야말로 동쪽 집에서 얻어먹고 서쪽 집에서 잠을 잤다. 이것이 샤먼이 아닌 증거이다. 남의 신세를 지고 은혜를 입어도 최소한의 의식주로 만족하였다. 그것이 예수, 석가가 삯꾼(샤먼)이 아니고 하느님 아들인 뚜렷한 증표이다. 예수가 말하였다.

"나는 착한 목자이다. 착한 목자는 자기 양을 위하여 목숨을 바친다. 목자가 아닌 삯꾼은 양들이 자기 것이 아니기 때문에 이리가 가까이 오는 것을 보면 양을 버리고 도망쳐버린다. 그러면 이리는 양들을 물어 가고 양 떼는 뿔뿔이 흩어져버린다. 그는 삯꾼이어서 양들을 조금도 생각하지 않기 때문이다. 나는 착한 목자이다. 나는 내 양들을 알고 내 양들도 나를 안다. 이것은 마치 아버지께서 나를 아시고 내가 아버지를 아는 것과 같다. 나는 내 양들을 위하여 목숨을 바친다."(요한 10:11~15)

옛날에는 고을마다 샤먼(무당)이 있어 사람들 집안에 어려움이 생기면 무당에게 무꾸리를 하였다. 무당은 마을 사람들의 상담역이 되어주었다. 이런 이야기도 들은 일이 있다. 어떤 농부의 아내가 베를 짜는데 베 한 틀을 거의 다 짜 곧 끝나게 되었다. 이 여인이 심심하였는지 무당을 찾아가서 묻기를, 내가 지금 베 한 틀을 거의 다 짜 가고 있는 중인데 어느 날에 끝이 날지 궁금하다고 하였다. 그러자 무당이 산가지를 흔들며 점을 치더니 한 달은 더 걸려야 다 짜겠다고 말하였다. 농부의 아내는 무슨 그런 소리를 하느냐며 내일이면 다 짤 터인데 점괘가 잘못 나온 거라고 하고는 무당집을 나왔다. 집으로 오는 길에 그 여인이 오줌이 마려워 풀밭에 들어가 오줌을 누다가 뱀에 물려 한 달이나 누워 있다가 일어났다. 그제야 베를 다 짜게 되었다. 무당의 점괘가 맞은 것이었다. 무당에게 무꾸리를 가지 아니하였으면 그날로 베를 다 짰을 터인데 무당에게 무꾸리를 가는 바람에 한 달이나 늦게 된 것이다. 이 이야기는 무당에게 무꾸리 가는 일 자체가 쓸데없는 일이라는 뜻이다. 점치는 일은 긁어서 부스럼 만드는 어리석은 짓이란 말이다. 이처럼 옛사람들은 무당과 가까이 지냈다. 요즘에는 무당이 없는 것은 아니지만 그 수가 많이 줄어들었다. 그러면 샤머니즘 신앙이 쇠퇴하고 깨달음 신앙이 발전했는가 하면 그렇지도 않다. 석가와 예수는 분명 기복적 샤머니즘 신앙을 벗어난 깨달음 신앙인데, 석가, 예수를 잇는다는 불교, 기독교가 알게 모르게 깨달음 신앙에서 기복 신앙으로 변질된 것이다. 그렇다고 깨달음 신앙이 전멸했다고는 말하지 않겠다. 그 수가 적은 것만은 확실하다. 목사 송상호는 이렇게 주장하였다.

"사람들은 종교에서 안정과 복을 얻는다. 이런 의문에 대해 속 시원하게 해주는 한 가지 통계 자료가 있다. 2004년 한국 갤럽에서 조사한 '2004년 한국인의 종교와 종교의식' 중에서 왜 종교를 믿는가? 라는 질문에 대해 사람들은 각각 마음의 평안을 얻으려고(67.9%), 복을 받기 위해서(15.6%), 죽음 후의 영원한 삶을 위해(7.8%), 삶의 의미를 찾기 위해(7.0%)라고 대답했다. 이것이 종교에 대한 대다수 평범한 사람들의 의식인 것이다. '신과 절대자에 대한 믿음'은 고사하고 '삶의 궁극적인 의미 추구'의 일환으로 종교를 가지는 사람조차 소수에 불과하다는 것이 위의 통계가 보여주는 진실이다. 위의 통계에 의하면 종교의 사전적 정의를 충실히 따르고 있는 사람들의 비율은 고작해야 14.8%이다. 그렇지 않은 이유, 즉 현세적이고 실질적인 이유가 83.5%이다. 스웨덴의 종교 인구 비율과 무신론자 비율이 보여준 현상과 이 통계가 보여준 수치가 비슷하다는 것이 재미있는 대목이지 않은가.

어쨌든 해당 종교에서 뜻있는 사람들이 아무리 '기복 종교는 안 된다. 기복 종교는 고쳐야 한다.'라고 떠들어대도 이것이 엄연한 현실이다. 자신에게 마음의 평안을 줄 수만 있다면 '신이나 초월적 존재'가 없어도 상관없고 있어도 상관없는 것이다. 나아가 그런 일련의 종교적 신앙이 복을 가져다준다면 더 바랄 것이 없다. 이런 통계들은 결국 '평안'과 '복'을 싫어하는 사람이 이 세상에서 없어지지 않을진대 어떤 식으로든 종교 산업이 번창할 거라는 사례일 것이다. 사실 각 종교의 대다수를 차지하는 위와 같은 신도들이 해당 종교가 버틸 수 있었던 힘이었을 것이다. 대다수의 그들이 열심히 헌금하고 봉사했기 때문이다. 그들 대부분은 '마음의 평안과 현세의 복'을 얻기 위하여 각 종교계에 헌신한 착한 신도들이다."(송상호, 《모든 종교는 구라다》)

석가, 예수는 샤머니즘의 기복 신앙을 깨뜨리고 영원한 생명인 얼나를 깨달으라고 인류 역사에서 처음으로 가르쳤다. 그것은 역사적인 기적이요 우주적인 사건이다. 그런데 그 거룩한 석가, 예수의 이름을 걸어놓고 샤머니즘의 복을 팔아먹은 것이다. 그것은 곧 석가, 예수의 이름을 팔아먹은 것이요 씨알을 속여 먹은 것이다. 소로는 교회에 일요일마다 모인 신도들은 거의가 무신론자요 회의주의자들이라고 하였다. 그 말이 거짓말이 아니라는 것이 실증된 것이다. 오늘날의 전도는 새로운 무당 노릇인 실정이라 예수를 믿는다는 것이 부끄러워졌다는 류영모의 말은 지나친 말이 아니다.

그러니 종교가 마땅히 해야 할 사명인, 수성(獸性)을 순화시켜 정신을 고양시키는 일에는 아무런 공헌을 못하고 있다. 역사적으로 종교의 흥성이 나라 쇠망의 한 원인이 된 것은 이 때문이다.

종교가 국력을 소모하는 노릇밖에 못하고 국민의 정신을 타락시킨다면 나라인들 망하지 않겠는가? 예수가 말하였다.

"너희는 세상의 소금이니 소금이 만일 그 맛을 잃으면 무엇으로 짜게 하리요. 후에는 아무 쓸데 없어 다만 밖에 버리워 사람에게 밟힐 뿐이니라. 너희는 세상의 빛이라 산 위에 있는 동네가 숨기우지 못할 것이요 사람이 등불을 켜서 말 아래 두지 아니하고 등경 위에 두나니 이러므로 집안 모든 사람에게 비춰느니라."(마태 5:13~15, 한글개역)

짠 소금 노릇을 하고 밝은 빛 노릇을 하는 것이 하느님의 생명인 얼이다. 그 얼로 솟날 때 사회의 소금 노릇을 해 부패를 막고 나라의 횃불이 되어 죄악의 어두움을 몰아낸다. 그러나 얼나를 깨닫지 못한 제나의 사람들은 제나(몸나)는 거짓나인데도 그 몸나(제나)가 어떻게 더 편하게 살 수 없을까, 어떻게 더 오래 살 수 없을까 하고 어디에다 대고 빌고 빈다. 이것이 바로 샤머니즘이다.

예수가 이렇게 말하였다.

"좁은 문으로 들어가거라. 멸망에 이르는 문은 크고 또 그 길이 넓어서 그리로 가는 사람이 많지만 생명에 이르는 문은 좁고 또 그 길이 험해서 그리로 찾아드는 사람이 적다."(마태오 7:13~14)

넓은 문으로 들어가는 것은 제나의 행복을 빌고 바라는 기복 신앙을 좇는 것으로, 멸망에 이르는 길이다. 제나의 마지막은 죽음뿐이라 결국 멸망에 이른다. 좁은 문으로 들어가는 길은 얼나를 깨닫는 영성 신앙을 좇는 것이다. 영성 신앙으로 나아가는 이는 아주 적다. 그러나 얼나는 하느님이 주신 하느님의 생명이라 나지 않고 죽지 않는 영원한 생명이다. 예수, 석가 때도 그러하였듯이 오늘날에도 넓은 문으로 가는 기복 신앙인들은 많고 많다. 좁은 문으로 들어가는 영성 신앙인은 드물고 드물다.

예수는 기복 신앙의 사제를 거짓 예언자라면서 이렇게 경계의 말을 하였다.

"거짓 예언자들을 조심하여라. 그들은 양의 탈을 쓰고 너희에게 나타나지만 속에는 사나운 이리가 들어 있다. 너희는 행위를 보고 그들을 알게 될 것이다. 가시나무에서 어떻게 포도를 딸 수 있으며 엉겅퀴에서 어떻게 무화과를 딸 수 있겠느냐? 이와 같이 좋은 나무는 좋은 열매를 맺고 나쁜 나무는 나쁜 열매를 맺게 마련이다. 좋은 나무가 나쁜 열매를 맺을 수 없고 나쁜 나무가 좋은 열매를 맺을 수 없다. 그러므로 너희는 그 행위를 보아 그들이 어떤 사람인지 알게 된다."(마태오 7:15~20)

나쁜 나무는 짐승인 제나이다. 제나는 나쁜 나무라 탐·진·치의 나쁜 열매를 맺게 된다. 좋은 나무는 하느님 아들인 얼나이다. 얼나는 오성(悟性)으로 지극히 낮은 자리에서는 겸손을 보인다. 이성(理性)으로는 하느님의 말씀을 받아 그 말씀을 전해 진리를 보인다. 감성(感性)으로는 하느님의 뜻에서 차별 없는 사랑을 해 자비를 보인다. 이 세 가지 성품이 좋은 열매를 맺으면 누구든 하느님 아들의 자리에 이른 이라 영원한 생명을 얻을 것이다. 이같이 좋은 열매를 맺은 이가 몇 사람이나 된단 말인가? 석가와 예수의 가르침을 올바르게 깨닫고 실천한 이가 몇 사람이나 되겠는가? 예수를 본받으려고는 하지 않고 석가, 예수를 신격화해 예배의 대상으로 만들려고만 한다. 석가나 예수가 그런 걸 받아들이겠는가?

기복이란 결국은 뭘 달라는 기도이다. 류영모는 하느님께는 얼(성령) 말고는 다른 것을 구하지 말라고 하였다. 기복의 기도는 참된 기도가 안 된다는 것이다. 샤먼(무당)은 뭘 구하는 기도를 전문으로 하는 사제(司祭)인 셈이다. 스님이나 목사도 뭘 달라는 기도를 하면 샤먼 노릇 하는 것이 된다. 나를 위해서나 남을 위해서나 뭘 이루어 달라고 하면 그게 샤먼 노릇인 것이다. 류영모는 이런 말을 하였다.

"유교에서도 마음에 없는 제(祭)나 복을 바라서 지내는 제(祭)를 음사(淫祀)라 하였다. 바르지 못한 제사라는 뜻이다. 무엇을 바라고 지내는 제(祭)를 미(媚)라 첨(諂)이라 하였다. 제사를 잘하면 복이 많이 오고 집안이 평안해진다는 것은 모두가 아첨하는 제사란 말이다. 예수는 하느님께 무엇을 달라고 기도하지 말라고 하였다. 무당도 온

전한 무당이면 모른다. 선무당들이 나라에 들끓으면 백성이 못살게 된다."(류영모,《다석어록》)

예수는 남이 보는 데서 기도하지 말고 골방에 들어가 문을 닫고 하라고 하였다. 그리고 빈말을 되풀이하지 말라고 하였다. 마지막으로 하느님에게 무엇을 해 달라고 구하지 말라고 하였다(마태오 6:5~8 참조)

이렇게 기도하는 것이 명상 기도이다. 류영모는 명상 기도를 하였다. 그런데 꼭 두 번 명상 기도를 깨뜨린 일이 있었다. 한번은 부인이 한밤중에 치통을 몹시 앓아 못 견딜 지경이 되었을 때다. 일제 시대라 구기동에서 시내 병원까지 갈 교통수단이 없었다. 류영모는 아내의 손을 잡고 기도를 올려 아내를 진정시켰다. 또 한번은 함석헌이 계우회 사건에 연루되어 일제 경찰에 체포되어 구속되었을 때다. 아끼는 제자가 교도소에 구금되자 류영모는 마음이 아파서 하느님께 함석헌을 위하여 소리 내어 기도했다. 그밖에는 기도하는 모습을 다른 사람은 물론 가족에게도 보인 적이 없었다. 류영모는 저녁에(밤에) 하느님과 얼로 교통하기가 좋다 하여 '저녁 찬송'이라는 제목으로 글을 쓴 일이 있다. 굳이 따지면 '새벽 찬송'이다. 류영모는 새벽에 기도하였다. 거기서 얻은 새로운 생각을 일기장에 적었다. 그것이 유일한 저서《다석일지》이다.

에이브러햄 링컨이 말하기를 나이 40이 넘으면 얼굴에 책임을 져야 한다고 하였다. 그 말을 하게 된 사연이 있다. 링컨이 대통령 재직시에 아는 사람으로부터 어떤 사람을 소개받았다. 유능한 사람이니 공직에 써 달라는 청도 받았다. 그러나 그 사람을 만나본 링컨은 그를 쓰지 않았다. 나중에 추천한 사람이 어찌하여 그 사람을 채용하지 않았느냐고 물었다. 추천한 사람으로서는 섭섭하기도 하였을 것이다. 링컨의 대답이 뜻밖이었다. 그 사람은 아직까지 기도 한 번 안 한 사람의 얼굴이었다는 것이다. 그 나이가 되면 자기 얼굴에 책임을 져야 한다는 말이 그때 나왔다. 진심으로 하느님께 기도를 많이 하면 그것이 얼굴에 나타난다. 이제부터 사람을 만나면 기도한 얼굴인지 아닌지 헤아려볼 눈을 가져야 할 것이다. 아니, 그보다 먼저 나의 얼굴에 기도한 흔적이 나타나야 할 것이다. 그것은 얼굴이 잘생기고 못생긴 것과는 관계가 없다. 기도를 많이 한 사람은 그 얼굴만 가지고도 전도가 된다.

《장자》 대종사 편에 이러한 말이 있다.

"남백 자규가 여우(女偶)에게 물어 가로되, '그대는 나이가 많을 것이다. 그런데도 눈빛이 젖먹이 아이 같으니 어찌함인가?' 여우가 대답하기를, '나는 말씀을 얻어들었소.'" 얼나를 깨달은 이는 눈동자가 어린아이의 눈동자처럼 빛난다. 그러므로 어떤 사람의 눈동자를 보면 그 사람이 아직도 짐승인 제나의 사람인지 하느님 아들인 얼나의 사람인지 알 수 있다. 사람의 눈동자는 속이지 못한다.

"내가 곧 길이요 진리요 생명이니 나로 말미암지 않고는 아버지께로 올 자가 없느니라."(요한 14:6, 한글개역) 하느님이 주신 얼나가 길이요 진리요 생명이다. 예수는 하느님이 자신의 마음속에 보낸 얼나가 예수 자신의 길이요 진리요 생명임을 깨달은 것이다. 예수는 참나와 길, 참나와 진리, 참나와 생명이 둘이 아닌 하나인 것을 깨달았던 것이다. 참나를 길로 표현한 이가 노자요, 참나를 진리로 표현한 이가 석가요, 참나를 생명으로 표현한 이가 예수이다.

우리가 사는 것을 사람으로 산다고 말하면 잘못된 말이다. 우리는 정신으로 사는 것이기 때문이다. 마침내 궁신지화(窮神知化)에 이르러 하느님이 주시는 얼나로 하느님과 하나가 된다. "'아버지와 나는 하나이다.'(요한 10:30)에 이른다."(류영모,《다석어록》) 기도는 하느님이 그리워 생각하고 사랑하는 것이다. 그밖에 이것 달라 저것 달라, 이렇게 해 달라 저렇게 해 달라는 것이 기도가 아니다.

기도할 수 있는 건 더없는 은총

이 누리에서 삶이 너무나 어렵고도 괴로우나
하느님 아버지께 기도할 수 있어서 큰 기쁨이다.
그밖엔 더 바랄 것도 없고 모자랄 것도 없다.
몸 살림살이에 몹시 지치고 힘들 땐 잡념도 없어
어디서나 어느 때나 눈감고 조용히 하느님 그려
사랑하는 하느님 아버지만이 참되신 사랑의 임
하느님 아버지를 맘과 뜻과 힘 다해 부른다.

하느님을 그리면 하느님의 우상을 그리게 된다.
지어진 우상을 부수고서 다시 또 하느님을 그린다.
바꾸어 말하면 내가 나를 낳아 내가 자꾸 나아가
잠시도 멈춤 없이 우상을 짓고 부수어 나가기
나 속에 하느님이 계시고 하느님 속에 나가 있어
마지막엔 하느님 아버지와 얼나로 하나됨이라
빈탕한데의 얼의 나라로 돌아가 영원하리라.
(2013. 11. 16. 박영호)

6장

행복의 조건

비행기가 활주로를 굴러가다가 날아오르듯이 사람은 생각으로 추리
하다가 초월하게 된다. 그리하여 영원한 세계로 직입(直入)하여 직관
(直觀)하게 된다. 그런데 초월해서 들어가는 것 같지만 사실은 제 속
으로 자기의 뿌리 밑둥을 제가 파고 들어간다. 아버지가 따로 계시지
않는다. 하느님의 소자(小子) 되는 얼나 속으로 들어가는 것이 아버지
께로 가는 길이다. – 류영모

제나의 행복, 얼나의 행복

예수가 말하기를 "너희는 아래에서 왔지만 나는 위에서 왔다. 너희는 이 세상에 속해 있지만 나는 이 세상에 속해 있지 않다."(요한 8:23)고 하였다. 예수의 이 말씀을 바로 알아듣지 못하면 예수를 믿는다고 말할 자격이 없다. 교회에 다니면 크리스천은 되겠지만 그런다고 꼭 예수의 제자가 되는 것은 아니다. 교회에 다니는 크리스천은 많지만 예수의 제자는 적다. 교회에 다니지만 예수의 제자는 못 된 크리스천은 이른바 거품 신앙인이다. 교회 안에서만 신자이고 교회 밖에 나오면 세상의 여느 사람과 전혀 다르지 않다.

너희는 아래서 왔다는 예수의 말은 너희는 몸(짐승)의 어버이가 낳아준 제나의 사람이란 말이다. 이는 몸이기 때문에 반드시 죽는다. 그래서 예수는 이를 멸망의 생명이라 하였다. 나는 위에서 왔다는 예수의 말은 예수가 하느님이 낳아준 얼나의 사람이란 말이다. 그러므로 하늘의 뜻을 지혜·어짊·용기로 실현하는 하느님 아들이다. 이는 얼이라 생사(生死)를 넘어섰다. 그래서 예수는 이를 영원한 생명이라 하였다.

이 사실을 인류 역사에서 처음으로 밝게 가르쳐준 이들이 예수와 석가다. 그런데도 예수, 석가의 가르침을 좇는다는 이들도 이것을 모른다. 어버이가 낳아준 제나는 참나가 아니라고 말한 이가 류영모이다.

"어머니 배에서 나온 것이 참나가 아니다. 속알(德)이 참나다. 한얼(靈)이 참나다. 겉몸은 흙 한 줌이요 재 한 줌이다. 그러나 참나인 속알, 한얼은 하늘나라를 세울 수 있다. 그것은 호연지기(浩然之氣)의 얼나다. 이 얼나가 자라는 것이 참삶을 사는 것이다."(류영모,《다석어록》)

예수도 몸으로는 여느 사람과 다르지 않다. 생로병사의 일생을 보낸다. 그러나 얼나로는 나지 않고 죽지 않고 하느님과 하나이다. 제나로 죽고 얼나로 솟나 하느님과 하나가 된다.

예수의 표현대로 제나의 사람이 땅에 속한 사람이라면 얼나의 사람은 하늘에 속한 사람이라 말 그대로 그 둘의 생각도 하늘과 땅만큼 다르다. 자타(自他), 이해(利害), 애증(愛憎), 생사(生死)에 갇혀 있는 제나와 그런 것들을 초월한 얼나는 모든 생각이 다를 수밖에 없다. 제나의 사람들이 지닌 행복관과 석가와 예수 같은 얼나의 사람들의 행복관은 극과 극으로 다르기 때문이다.

제나의 사람들은 탐·진·치 수욕(獸慾)을 채울 때 행복하다고 느낀다. 그래서 많은 재물을 모아 부자가 되면 행복을 느낀다. 남을 제압하여 귀인이 되는 것을 좋아한다. 많은 여인을 거느려 많은 자녀를 얻는 것에서 행복을 느낀다. 이런 인간의 전형이 옛날의 군왕들이었다. 온 나라를 사유화하는가 하면 세계를 제압하여 통치하려 하고 삼천 궁녀 두는 것을 행복으로 생각하였다.

《서경(書經)》에 나오는 오복(五福)에는 수(壽), 부(富), 강녕(康寧), 유호덕(攸好德), 고종명(考終命)이라고 되어 있으나, 세속적으로는 유호덕과 고종명 대신에 귀(貴)와 다자손(多子孫)을 오복으로 친다. 이것이 제나의 행복관의 전형이다. 이것은 침팬지나 원숭이들의 행복관과 일치한다. 사람도 몸인 제나로는 털 없는 원숭이기 때문이다.

얼나를 깨달은 이들에게 행복은 탐·진·치의 수욕을 버리고 하느님을 사랑하고 하느님의 뜻을 좇는 데 있다. 그들은 제나의 사람들이 행복의 필수 조건으로 생각하는 것들, 즉 탐욕의 목적인 치부(致富), 진에(瞋恚)의 목적인 존귀(尊貴), 치우(癡愚)의 결과인 다자(多子)를 거부한다. ① 탐 ② 진 ③ 치에 대한 류영모의 생각을 들어본다.

"① 급선무가 밥에 있으면 안 된다. 우리 식구가 입고 먹어야지, 아이 진학도 시켜야지 하고 집안 걱정만 하는 사람은 나라와 겨레를 사랑한다 할 수 없다. 참으로 나라 사랑이란 지금 당대만 아니라 3대 4대까지 구차하게 살 각오가 있어야 한다. 겨우겨우 살면 된다.

② 이 다섯 자 몸뚱이를 보면 한심하다. 이에서 박차고 나가야 한

다. 우리의 머리가 위에 달린 게 위로 솟나자는 것이다. 머리는 생각한다. 하느님을 생각하는 것이 하느님께 머리를 두는 것이다. 하느님이 내 머리인 참나라는 것이다. 사람들이 이 세상에서 머리(元首)가 되겠다는 것도 이 때문이다. 으뜸이 되어야 하는데 철이 없어서 이 세상의 머리가 되려고 한다. 그러다가 머리가 무거워서 감당을 못하여 굴러 떨어진다. 《주역》에는 이 세상에 머리가 되지 말라고 하였다. 예수도 섬기는 이가 되어야지 섬김을 받으려고 하지 말라 하였다. 석가는 세상의 머리(임금) 되는 것을 그만두었다.

③ 시집 장가 안 가서 사람 노릇 못한 일이 없다. 이 세상에서 위대한 일을 한 이에는 독신자가 많다. 혼자 사는 독생자(獨生子)가 아주 편하다. 자기 혼자 독립해 사니 인애(仁愛)로 마침내 마치게 된다. 구함이 없고 맛보는 것도 없다. 호기심도 나지 않는다. 성별(聖別)을 자꾸하면 절로 혼자 살게 된다. 석가는 미인도 똥자루요 피주머니라고 말하였다."(류영모, 《다석어록》)

사람의 몸은 짐승이라 여느 짐승과 마찬가지로 짐승의 욕망인 수욕을 타고 난다. 짐승들에게는 수욕이 본능이지만 수욕을 절제하는 것도 본능적으로 할 수 있다. 짐승들은 암놈이 발정하지 않으면 건드리지 않는다. 그러므로 강간이란 없다. 수놈이 여러 암놈을 거느리는 종류도 있지만 자기 능력 이상은 거느리지 않는다. 그런데 사람들은 수욕을 스스로 절제하지 못한다. 마치 제동 장치 없는 자동차와 같아서 자멸할 때까지 멈추지 못한다. 사회학자 뒤르켐(Émile

Durkheim)은 이를 아노미(anomie) 현상이라고 이름 하였다. 아노미 란 도덕적인 무질서를 말한다. 뒤르켐은 아노미 현상을 자율적으로 조절하지 못하면 타율적으로라도 절제시키는 것이 그 사람을 구하는 길이라고 주장하였다. 옳은 말이다. 뒤르켐이 말한 아노미 현상을 류 영모는 마른 콩 먹고 배 터져 죽는 소 꼴이라고 말하였다.

"하느님하고 사람인 나하고는 무슨 관계가 있다. 삼독(三毒)이 든 몸 아닌 얼로는 나와 하느님이 하나이다. 이 얼나가 정말 더없는 나 다. 대적할 것 없는 나다. 배타적이 아닌 나다. 이 얼나를 모르기 때 문에, 빈탕한데의 얼나를 모르기 때문에 탐·진·치 삼독이 든 몸뚱 이 제나를 내세운다. 이 삼독의 제나는 온 세상을 다 잡아먹어도 배 부르다고 말하지 않는다. 죄다 잡아먹고도 그만두는 일이 없다. 이것 을 통일(統一)이라고 허울 좋게 말한다. 그리하여 마른 콩 먹고 배 터 져 죽는 소 꼴이 된다."(류영모, 《다석어록》)

알렉산드로스, 칭기즈 칸, 나폴레옹, 히틀러가 바로 마른 콩 먹고 배 터져 죽은 소들이다. 그들의 자멸적인 광란을 누가 막을 수 있었 겠는가? 그래서 류영모는 사람들이 행복의 필수 조건으로 꼽는 부와 귀, 그리고 미인(性)을 죄 아니면 병이라고 말하였다.

"이 세상에서 미인(美人)과 부귀(富貴)는 병 아니면 죄이다. 참으로 온전한 세상에 부자와 귀인이 있을 리가 없다. 온전한 세상에서는 미 인도 병신도 없다. 세상에서 미인을 권장하는 것은 이 세상이 병들어 서 그렇다. 병신에 대해서도 내가 괴로움을 받을 걸 저 사람이 대신

한다는 생각이 들어야 옳은 것이다. 미인도 마찬가지이다. 눈살 눈총을 많이 받으니 괴로운 것이다. 미인은 유혹을 받기 쉽다."(류영모, 《다석어록》)

제나의 사람들은 행복의 조건으로 부(富)와 귀(貴)를 꼭 드는데, 그렇다면 엄청난 부를 쌓은 재벌 회장이 어찌하여 자살을 하며 더없이 귀한 대통령을 지낸 이가 왜 자살을 하는가? 재물과 명성을 얻은 미녀 배우는 또 어찌하여 자살을 하는가? 그들이 우리에게 부와 귀와 명성도 행복의 절대적 조건은 아니라고 가르쳐준다. 도보 여행가 황안나는 부귀와 명성과는 거리가 먼 사람이었는데 오히려 인생의 진실한 행복을 누리면서 그 행복을 여러 사람에게 나누어주는 일을 하고 있다.

초등학교 교사인 황안나는 거듭되는 남편의 사업 실패로 빚더미에 올라앉아 하루 세 끼니도 잇지 못할 때가 있었다. 둘째 아이를 낳고는 쌀 살 돈이 없어 냉방에서 꽁꽁 언 메주를 다듬이 방망이로 깨 먹으면서 버티기도 했다. 그런데 어느 날 빚쟁이들이 수업 시간에 교실로 쳐들어와 돈 내놓으라면서 멱살을 잡았다. 어린 학생들 앞에서 교실 밖으로 끌려 나가고 나서는 더 살 의욕마저 잃어버렸다. 그래서 그녀는 바다에 빠져 죽으려고 경포대 근처 어느 조그만 여관에 들었다가 한밤중에 아무도 없는 바닷가에 홀로 앉아 파도치는 동해 바다를 하염없이 바라보았다.

"어느 순간 파도가 내가 네 마음 안다며 제 가슴을 어루만져주는 느낌이 들었어요. 그때부터 눈물이 솟구치기 시작했어요. 죽으러 가면서도 눈물 한 방울 흘리지 않았는데 그 바닷가에서 통곡하듯 울었어요. 제풀에 지쳐 울음을 그치고 나니 어느 순간 죽어야겠다는 마음이 싹 사라졌어요. 마음속에서 '설마 죽기야 하겠어.'라는 말이 올라왔는데 그때부터 그 말이 제 좌우명이 되었지요."(《행복한 인생》 2013년 6월호)

서울로 올라갈 차비가 없어 여관 주인에게 빌려서 집으로 돌아왔다. 그때 나이가 42세였다. 집에 돌아온 황안나는 죽을 용기로 살기로 했으며 죽은 셈 치고 여생을 덤으로 살기로 하였다. 가난의 불편함을 견디는 것보다 타인의 업신여김을 참아내는 것이 더 어려웠다. 고진감래(苦盡甘來)라 하였던가. 마침내 남편의 사업도 자리를 잡게 되었다. 황안나는 정년을 몇 년 남기고 명예퇴직하였다. 그러고는 마음의 상처를 치유하고자 산에 오르기 시작하였다. 그때가 57세였다. 산악회에도 가입하여 3년 동안 전국의 명산을 거의 다 올라갔다. 65세에 해남 땅끝 마을에서 통일전망대까지 23일 동안 두 다리로 완주했다. 해안 일주를 두 차례나 완주하였다. 그다음에는 외국에 나가 동티벳, 아이슬란드, 산티아고 등 세계 각지의 명승지를 두 발로 걸어다녔다. 땅 위의 길을 걷는 도인(道人)이 되었다. 엄마 찾아 삼만 리인데, 황안나는 누구를 찾아 삼만 리를 누볐는지 모르겠다. 우리나라 사람으로서는 처음으로 지구 일주 여행을 한 지리학자 김찬삼은 남아메리카 안데스 산맥을 홀로 걸어 넘으니 저절로 우주의 님을 찾게 되었다고 하였다. 황안나도 님 그리며 길 걸으며, 길 걸으며 님 그리는, 마음의 길, 진리의 길 사람이 되기를 바란다.

행복 전도사가 자살을 하여 세상을 놀라게 하였는데, 자살 미수자가 행복 전도사가 되어 세상을 놀라게 하였다. 앞의 놀람은 경악이요 뒤의 놀람은 감탄이다.

가멸(富)이 행복의 필수 요건이 아니라는 뚜렷한 예증이 있다. 지금 이 나라는 경제 발전을 이뤄 단군 이래 가장 잘사는 부국이 되었다. 부가 행복의 필수 조건이라면 온 나라 사람들이 과거보다 훨씬 행복해야 할 터인데 오히려 자살자 수가 OECD 국가 가운데 1위가 되었다. 하루에도 평균 39명씩이나 스스로 목숨을 끊고 있다. 자살이 부국이 된 선물이기라도 하단 말인가?

행복은 외적인 조건에 달린 것이 아니라 슬기로움과 참된 생각에 좌우된다. 미국의 여배우 메릴린 먼로는 할리우드 역사상 최고의 스타로 명성을 누렸고 시대를 뛰어넘어 불멸의 아이콘(icon)으로 사랑받았다. 그녀는 36세의 젊은 나이에 약물과다 복용으로 세상을 떠났다. 먼로가 마지막 인터뷰에서 남긴 말이 있다. "나는 평생 한 번도 행복에 적응하지 못했다." 세속적인 성공을 도덕적으로 잘 관리하지 못해 오히려 불행을 자초했다며 뉘우친 게 아닐까.

경주 최 부자는 일정한 면적 이상의 토지는 여력이 있어도 더 사지 않고 진사 이상의 벼슬도 하지 않았다. 스스로 절제할 줄 알아 오랫동안 부귀를 누릴 수 있었다. 이기붕은 절제 없이 부귀를 추구하다가 일가족 자살이라는 비극으로 자멸했다. 세계적으로 고액 복권에 당첨된 사람들 가운데 여생이 행복하게 끝난 사람이 드물다고 한다. 레프 톨스토이는 부자이자 귀족이며 유명 인사였는데, 스스로 부귀를 포기하고 농부가 되었다. 그리하여 아내와 갈등을 일으킨 후 가출하여 야스타포 역에서 급성 폐렴으로 병사하였다. 부귀를 버린 톨스토이의 결심 덕분에 공산 혁명 이후에도 톨스토이의 후손 중 처형당한 이는 없었다. 러시아 제국 시대에 톨스토이의 저서는 러시아에서 출판이 금지되어 스위스 제네바에서 출판되었으나 소비에트 공산 치하에서는 소련에서 자유롭게 출판되었다. 모스크바에는 톨스토이를 기리는 50톤 무게의 대리석 좌상이 건립되었다. 톨스토이는 자율적인 공산주의자라 타율적인 공산주의들도 존경하지 않을 수 없었기 때문이다.

톨스토이가 짐승의 욕심을 절제하도록 제동을 걸어준 것은 톨스토이가 50세에 깨달은 얼나이다. 얼나가 제동을 걸지 않았으면 그렇게 할 수 없었을 것이다. 예수가 말하였다.

"아버지께서는 아들(얼나)에게 온몸(제나의 짐승 성질)을 다스리는 권능을 주시었다. 따라서 아들(얼나)은 아버지께서 맡겨주신 모든 사람에게 영원한 생명을 주게 되었다."(요한 17:2, 박영호 의역)

류영모는 이에 대해서 이렇게 말하였다.

"제나의 마음은 제나가 내서는(生心) 안 되고 얼나가 다스려서 내어야(부려야) 한다. 몸의 욕망에 끌려서 마음을 내면 견물생심(見物生

心)의 탐욕이 된다. 몸의 욕망을 충족시키는 것은 죄악이다. 무슨 맛을 그리워하는 것은 못쓴다. 무엇을 좀 갖겠다든지 좋은 소식을 좀 듣겠다고 하는 것은 실제 마음이 거기에 머뭇거리고 있다는 증거이다. 이런 생각은 우상이니 삼가야 한다. 희로애락에 허우적거리는 제나를 초극(超克)해야 한다. 무위(無位) 무주(無住)의 얼나만이 제나의 희로애락을 조화시킬 수 있다. 그것이 《중용(中庸)》에서 말하는 중화(中和)의 길이다. 얼나가 제나를 절제(節制)하여 다스리는 중화의 길이 바르게 사는 길이다."(류영모,《다석어록》)

예수와 석가는 여느 사람과 같이 짐승인 제나를 지녔으나 그 삶에 짐승 냄새가 없는 것은 얼나로 제나의 수욕(獸慾)을 다스려 절제하였기 때문이다. 장자와 간디는 같은 말을 이렇게 하였다.

"마음속에 얼나를 간직하면 밖 몸이 함부로 놀아나지 못한다. 얼나가 마음의 고요를 이루고자 제나를 다스리기 때문이다.(內保之而外不蕩也 德者成和之修也)"(《장자》 대종사 편)

"신을 우리 마음속에 모시면 못된 생각도 모진 노릇도 하지 못한다."(간디,《날마다 한 생각》)

시련과 고난이 필요한 까닭

예수가 말하기를 "세례 요한의 때부터 지금까지 천국은 침노를 당하나니 침노하는 자는 빼앗느니라."(마태 11:12, 한글개역)라고 하였다. 여기에서 침노하는 자는 바로 예수 자신을 두고 하는 말이다.

류영모는 이렇게 말하였다.

"비행기가 활주로를 굴러가다가 날아오르듯이 사람은 생각으로 추리(推理)하다가 초월하게 된다. 그리하여 영원한 세계(하느님 나라, 얼의 나라)로 직입(直入)하여 직관(直觀)하게 된다. 그런데 초월해서 들어가는 것 같지만 사실은 제 속으로 자기의 뿌리 밑둥을 제가 파고 들어간다. 아버지가 따로 계시지 않는다. 하느님의 소자(小子) 되는 얼나 속으로 들어가는 것이 아버지께로 가는 길이다.

그런데 사람이 상대 세계에 빠져버리면 앎(知)이 굳어져버리고 만다. 절대 세계를 놓치고 아무것도 모르면서 무엇이든지 다 아는 것 같은 착각을 일으키게 된다. 그리하여 완고하고 교만해져 자기를 제일로 알게 되는 어리석은 생각에 빠진다."(류영모,《다석어록》)

침노당한다는 말은 직입(直入)하여 직관(直觀)을 당한다는 말이다. 하느님 나라를 생각으로 직입하여 직관하는 것은 하느님 나라가 대단한 공격으로 침노를 당한 것이라고 하겠다. 예수가 바로 하늘나라에 직입하여 직관한 것이다. 직입은 하느님 나라에 들어갔다는 뜻이고 직관하였다는 것은 하느님 나라를 바로 보았다는 뜻이다.

예수는 밤에 찾아온 니고데모에게 이렇게 말하였다.

"정말 잘 들어 두어라. 누구든지 얼로 새로 나지 아니하면 아무도 하느님 나라를 볼 수 없다. …… 드리우시는 얼로 새로 나지 않으면 아무도 하느님 나라에 들어갈 수 없다. 몸(어버이)에서 난 것은 몸나이며 얼(하느님)에서 난 것은 얼나이니 얼나로 새로 나야 된다는 내 말을 이상하게 생각하지 말라."(요한 3:3~7, 박영호 의역)

예수의 이 말은 어버이가 낳아준 제나(몸나)를 버리고 하느님이 낳아주신 얼나로 새로 나라는 말이다. 하느님이 주신 하느님의 생명인 얼나만이 하느님 나라에 들어갈 수 있다는 말이다. 류영모가 말하였다.

"제나(몸나)가 없는 곳에 하느님이 계시고 하느님 앞에는 얼나가 있다. 하느님이 계시는 곳이 제계(하늘나라)이다. '제계 가온(歸一)' 이것이 사람이 나아가야 할 길이요, 이루어야 할 참이다. 제계 가온(ᄀᆞᆫ)은 하늘나라에 가는 것이요 얼나를 깨달음이다. 하늘나라는 스스로 깨달아야 한다. 자각(自覺)과 천국(天國)이 둘이 아니다. 얼나라와 하느님은 하나이다.

사람은 식색(食色)의 수성(獸性)을 지닌 제나를 넘어서야 한다. 식색의 제나를 넘어서지 못한 사람은 아직 얼나가 다스리는 의식(意識)인 정신이 없다. 진리의 정신은 얼나가 제나의 수성을 다스릴 때 나타난다. 땅에 하늘나라가 임한 것이다. 정신의 세계만 자성존지(自性尊持)하는 나라이다."(류영모,《다석어록》)

공동번역에서는 '폭행하다'로 옮겼고 한글개역에서는 '침노하다'라고 옮긴 그리스어 비아조마이(βιαξομαι)는 '힘으로 대들다'라는 뜻이다. 하늘나라를 침노한다거나 폭행한다는 말은 어울리지 않는 말이다. 땅의 나라를 침노하거나 폭력을 써도 안 될 일인데, 하물며 하느님 나라를 침노하거나 폭력을 쓴다는 것은 있을 수 없는 일이다.

그런데 어찌하여 그런 말을 썼을까? 이런 것을 일컬어 하늘에 대한 불경(不敬)이라 할 것이다. 이 단어는 '힘을 다하다'로 옮겼어야 한다. 한자어로 자진(自盡)은 자살을 뜻하기도 하지만 정성을 다한다는 뜻도 있다. 원어의 뜻을 살려서 다시 옮겨본다.

"세례 요한이 살았을 때부터 이제까지 하느님 나라는 힘으로 밀어붙이고 있으니 힘을 다하는 이가 차지하는 것이다."(마태 11:12, 박영호 옮김)

힘을 다하면 죽는다. 자진(自盡)이다. 제나가 죽어야 하늘나라가 열린다. 하늘나라는 수성(獸性)이 설치는 곳이 아니다. 영성(靈性)만이 충만한 얼의 나라다. 그런데 수성을 지닌 제나가 하느님 나라에 들어가겠다는 것은 말이 안 된다. 이 사람에게 어떻게 하면 얼나를 깨달을 수 있는지 묻는 이들이 있다. 제나가 온전히 죽어야 얼나를 깨닫게 된다는 대답을 들으면 그들은 어리둥절해한다. 제나밖에 모르는데 제나가 죽어야 한다니 기가 막힐 일일 것이다. 얼나는 제나의 보조 생명이 아니라 거짓나인 제나의 참나이다.

예수가 한 말이다. "자기 생명을 사랑하는 자는 잃어버릴 것이요 이 세상에서 자기 생명을 미워하는 자는 영생하도록 보존하리라." (요한 12:25, 한글개역) 언뜻 보면 말이 거꾸로 된 듯하다. 자기 생명을 사랑하는 이가 영생하도록 보존한다고 해야 하고 자기 생명을 미워하는 이가 잃어버린다고 해야 이치에 닿는 것처럼 보인다. 이는 복음 기자들이 잘못 쓴 것이다. "거짓생명인 제나를 사랑하는 이는 참나인 얼나를 잃어버릴 것이요, 이 세상에서 거짓나인 제나를 미워하면 참나인 얼나를 깨달아 영원히 살 것이다."라고 해야 올바르다. 거짓나인 제나를 거짓나로 알기가 쉽지 않다. 일생 동안 제나를 참나로 알고 사는 이가 거의 대부분이라 할 만큼 많은 것으로도 알 수 있다. 제나를 미워하라는 것은 제나에 집착하지 말고 과감히 버리라는 말이다.

석가가 참나(얼나, Dharma)를 깨닫고서 세상 사람에게 외친 첫 말씀이 사성제라 하는 고집멸도(苦集滅道)인데, 그 뜻을 간단히 말하면 제나를 없애라는 말이다. 거짓나인 제나를 없애는 것이 참나를 깨닫는 길이라는 뜻이다. 여기에서 제나(몸나)가 고통스럽고 무상하다는 것을 직접 겪음으로써 제나의 보잘것없는 정체를 알게 되면 제나에 의심을 품으리라는 것이다. 많은 사람들이 그 과정을 통해 제나(몸나)가 거짓나임을 알고 참나인 얼나를 깨닫기에 이른다. 그 변천을 구체적으로 후세 사람들에게 전해 알려진 이가 바로 석가이다.

석가의 어릴 때 이름은 싯다르타이다. 그는 카필라 성주 슈도다나(정반왕)의 첫째 왕자였다. 그의 어머니 마야 부인은 싯다르타를 낳고 이레 만에 세상을 떠났다. 싯다르타는 이모이면서 계모이기도 한 마하파자파티 부인 손에서 자랐다. 마하파자파티는 언니의 아들 싯다르타가 가여워서 하자는 대로 다 해주면서 한 번도 꾸짖지 않았다. 자연히 싯다르타는 버릇없는 어리광쟁이로 자랐다. 공부할 나이가 되어 가정교사를 두었는데 버릇없이 자란 싯다르타는 가정교사의 말을 듣지 않았다. 가정교사는 공부를 가르치는 것보다 싯다르타의 버릇을 고치는 것이 급선무였다. 학문도 중요하지만 품성이 더 중요했던 것이다. 가정교사는 비록 왕자지만 엄하게 대했다. 그러자 싯다르타는 가정교사에게 대들었다. 어머니도 나를 야단치는 일이 없는데 당신이 어찌 나를 꾸짖느냐면서 당신한테는 글을 안 배우겠다고 한 것이다. 그러자 가정교사는 지금 왕비님은 싯다르타 왕자의 친어머니가 아니라 이모이며 친어머니의 얼굴도 모르면서 자라는 조카가 가여워서 잘못해도 꾸짖지 않은 것인데 버릇없이 자라서 어떻게 백성을 사랑하는 어진 임금이 될 수 있겠느냐고 훈계를 하였다. 왕비가 친어머니가 아니라는 가정교사의 말은 싯다르타에게 날벼락 같은 충격이었다. 부왕인 슈도다나에게 달려가서 가정교사의 말을 확인하자 사실이었다. 안하무인으로 활발하던 싯다르타는 그 뒤로 서리 맞은 풋잎처럼 시들어 고독하고 우울한 소년이 되었다. 내 어머니를 빼앗아 간 죽음이란 무엇인가? 죽음의 정체를 알아내지 못하고 산다는 것은 어리석기 그지없다는 생각뿐이었다. 죽음과 한판 승부를 보지 않고서 죽음의 선처만 바라면서 산다는 것은 못할 일이었다. 언제 죽을지도 모르는 생명을 가지고 죽지 않는 생명이라도 가진 듯이 희희덕거리면서 살고 있는 사람들이 도저히 이해가 안 되었다. 걸어다니는 사람들이 미라로 보이고 백골로 보였다. 카필라 성이 커다란 공동묘지로 보였다. 싯다르타는 정신이 돌아 헛것을 보는 것이 아니라 미래에 곧 닥칠 현실을 미리 본 것이다. 지금 네팔에 있는 카필라 성의 유적을 싯다르타는 그때 이미 본 것이다. 그런 싯다르타가 카필라 성의 임금이 되어서 평안히 살 수가 있었겠는가?

싯다르타 태자가 출가하기 전 그의 아내 야소다라 태자비와 나눈 대화이다.

싯다르타 : 아무리 행복해도 사람이란 죽게 마련이오.

야소다라 : 그런 불길한 말씀을 거두어주세요. 하지만 아버지의 사랑을 받은 아기는 행복하다고 믿습니다.

싯다르타 : 우리도 언제 죽을지 모르는 일이지요.

야소다라 : 그렇게 말씀하시면 끝이 없습니다.

싯다르타 : 그것은 누구도 거스를 수 없는 사실이오.

야소다라 : 그렇다면 사람으로 태어나는 것이 누구에게나 불행하다는 말씀인가요?

싯다르타 : 나는 그렇게 생각한다오.

야소다라 : 저는 결코 불행하지 않습니다.

싯다르타 : 그런 말은 안 하는 것이 좋겠소. 이 세상에 태어난 사람으로 행복한 사람이란 없어요. 사람은 누구나 태어날 때부터 고·로·병·사(苦老病死)의 불행 가운데서 한숨과 눈물로 살아야 하오. 어떤 나그네가 거친 들길을 가다가 맹수에 쫓겼다오. 다급한 나머지 오래된 깊은 샘으로 피했는데, 아래를 내려다보니 깊은 물속에서 독사가 나타나 입을 벌리고 나그네가 떨어지기만을 바라고 있었소. 머리 위에서는 맹수가 이빨

을 드러내어 으르렁거리고 있고 아래에서는 독사가 혀를 날름거리고 있었소. 거기에 잡고 있는 나무둥치를 흰쥐, 검은쥐가 번갈아 가면서 쏠고 있었다오. 흰쥐, 검은쥐는 밤과 낮이요, 맹수는 삶의 고달픔이요, 독사는 죽음이지요. 그 나그네의 처지가 바로 우리 사람이 놓여 있는 처지라오.

야소다라 태자비처럼 이 세상의 삶에서 행복을 찾는 사람들을 가리켜 거꾸로 뒤집힌 꿈속(顚倒夢想)에 빠져 있다고 한다. 싯다르타 태자는 전도몽상에서 깨어나 나와 세상을 바로 보게 된 것이다. 이것을 석가는 '바로 봄(正見)'이라고 하였다. 정견(正見)에 이른 류영모가 말하였다.

"우리가 태어났다는 것은 큰일이다. 우리의 삶이란 사형수의 집행 유예 기간이다. 사형수가 향락을 한다니 요절 복통할 일이다.

우리가 몸 하나 가졌으니 편할 수 없다. '몸 없는 데 가서야 무슨 걱정이냐(及吾無身 吾有何患,《도덕경》13장)'고 노자가 말하였다. 그러니 이 몸뚱이가 병이다. 몸이 있어 병 없는 상태가 소강(小康) 상태다. 감사라면 이걸 감사해야 한다."(류영모,《다석어록》)

야소다라 태자비도 후에 남편 석가를 따라 출가하여 비구니가 되었다.

석가는 어머니의 얼굴도 보지 못하였고 어머니의 젖도 빨지 못한 불운한 사람이다. 그런데 그런 불운을 겪지 않았다면 큰 깨달음을 이룬 붓다(Buddha)가 될 수 없었을 것이며 또한 젊은 나이에 고·로·

병·사(苦老病死)의 인생에 대해서 그렇게 목숨을 걸고 과감하게 접근하지 못하였을 것이다. 사랑하는 자식을 낳아놓고서 갓난아기를 가슴에 품고서 젖을 한번 시원스럽게 빨려보지도 못하고 무정하게도 송장이 되어야 하는 목숨이라면 그런 모진 목숨을 소중히 여길 것도 없는 것이다. 석가는 어머니의 죽음을 알고 나서 몸 목숨이 부질없다는 것을 실감할 수 있었다. 사는 것이 기쁘지도 않고 죽는 것이 싫지도 아니하였다. 그래서 죽기 전에 나서 죽어야 하는 삶에 대해서 알아보기로 마음먹게 되었다. 젊은 나이에 예민하고 과감하게 자신을 객관화하여서 생각했다. 생로병사에 매인 '나'는 누구인가? '나'란 무엇인가? 이렇게 공격적인 생각을 펼치는 것을 예수는 하느님 나라를 침노한다고 표현한 것이다. 단지 학위를 얻으려고, 지식을 쌓으려고, 강의를 하려고, 논문을 쓰려고 생각하는 일은 하느님 나라를 침노하는 생각이라고 말할 수가 없다.

싯다르타 태자가 고로병사에 얼마나 예민하였던가를 보여주는 이야기가 있다. 카필라 성 4대문 밖에서 있었던 이야기이다.

봄 농사철이었다. 슈도다나는 싯다르타 태자와 모든 샤카(석가)족 어린이들과 함께 들에 나가 백성들이 밭 가는 모습을 구경하였다. 그때 여윈 체구의 농부들이 쟁기를 끄는 소를 몰고 땀을 흘리며 때로는 소 등에 채찍질을 하면서 밭을 갈아 이랑을 만들었다. 쟁기의 보습이 흙을 갈아엎을 때 흙 속에 있던 벌레들이 보습 날에 찢기고 잘렸는데, 새들이 날아들어 그것을 쪼아 먹었다. 그것을 보고 놀란 싯다르타 태자는 홀로 나무 밑에 고요히 앉아 생각하였다. 모든 생명들은 다 제각기 살기 위해 세상에 난 것인데 어째서 나라의 임금은 백성을 부려먹고 농사짓는 백성은 소를 부려먹고 약한 벌레의 생명은 밭 가는 보습에 찢기고 또 날래고 힘센 날짐승에게 쪼아 먹히고 마는가? 이것은 있을 수 없는 일이다. 차마 볼 수 없는 광경이다. 싯다르타는 한동안 생각에 잠겨 일어나기를 잊었다.

봄철이었다. 싯다르타 태자는 오랫동안 궁 안에서만 지내기가 갑갑하여 들판에 나가고 싶었다. 싯다르타는 궁신들의 호위를 받으며 궁성 동쪽에 있는 문을 지나 밖으로 나갔다. 그때 등이 꼬부라져 지팡이에 의지해 겨우겨우 걸어가는 백발 노인을 보게 되었다. 싯다르타는 충격을 받았다. 자신도 늙으면 저 늙은이와 같은 모습이 될 것이 분명하기 때문이었다. 싯다르타는 혼자 중얼거렸다. "이것이 늙은 사람이다. 사람이 늙으면 모두 다 저 꼴이 되고 마는 것이지." 싯다르타는 수레를 돌려 궁성으로 돌아오면서 깊은 생각에 잠겼다.

그 뒤에 싯다르타는 다시 궁성 서쪽 대문을 나가서 성문 밖 이곳 저곳을 산책하다가 마침 지나가던 한 무리의 사람들을 만났다. 시체를 상여에 싣고 네 사람이 메고 가는데 가족과 친척들이 그 뒤를 따르면서 가슴을 치고 우는가 하면 진흙 길바닥에 뒹굴며 울부짖었다. 이 처참한 광경을 본 싯다르타는 '부귀한 사람이나 빈천한 사람이나 총명한 사람이나 어리석은 사람이나 죽으면 다 저 꼴이 되는구나.'라고 생각했다. 마음이 무거워지고 불안이 덮쳐 왔다. 세상에 마음 둘 곳이 없는 것 같았다. 상여 행렬을 보고 집에 돌아온 싯다르타는 이레 동안 명상에 잠겼다.

어느 날 싯다르타는 궁성 북문으로 나가서 바람을 쏘이고 있었다. 길에서 집을 떠나 수행하는 수도자(스님)를 만났다. 머리를 깎은 그는 오른손에는 긴 지팡이를, 왼손에는 바리때를 들고 아무것도 거칠 것 없이 저 맑은 허공을 바라보며 훨훨 걸어가고 있었다. 싯다르타를 모시고 따르는 수행 궁신은 그 사람이 집을 떠나 수도하는 사마나라고 말하였다. 싯다르타는 그 사마나에게 사마나는 무엇을 하는 사람인지 물었다. 그 사마나는 "이 세상 모든 것이 시시각각으로 변화 생멸하고 있습니다. 사람은 나고 늙고 병들고 죽으며 세상은 일어나서는 또 무너집니다. 나는 이것을 보고 세속의 모든 것, 처자며 재산이며 명예며 권리 같은 것을 다 버리고 집을 떠나 그 나고 죽음에서 벗어나는 도를 닦고 있습니다."라고 대답하였다. 싯다르타는 이 말을 듣고 수레에서 내려 사마나에게 머리를 숙여 절을 하였다. (《불본행집경(佛本行集經)》 참조)

사람들은 누군가 젊은 나이에 죽었다는 소식을 들으면 팔자 사나운 사람이나 그런 것이지 하며 자기 자신은 죽음과 관계없는 사람으로 생각한다. 그래도 가까운 이가 죽으면 깜짝 놀란다. 율곡 이이는 16세 때 어머니 신사임당이 죽자 죽음에 의혹을 품고 삼년상을 지내고는 봉은사에 들어가 불경을 읽었다. 그러고는 금강산에 입산하여 마하연에서 스님들과 사귀며 일 년을 보낸 적이 있었다. 그가 일 년으로 구도의 삶을 끝낸 것이 못내 아쉽다. 큰 깨달음을 이룰 수 있는 인물이라 믿어지기 때문이다.

인류가 이 땅 위에 나타나고서 가장 슬기롭고 가장 어진 사람으로 인정받고 존경받은 사람이 예수요 석가라는 데는 거의 모두가 동의하고 찬성할 것으로 믿는다. 그 두 사람의 일치된 생각이, 사람의 삶은 괴롭고 번뇌로 가득한 것이라는 것이다. 그렇다면 나도 기꺼이 괴로움과 번뇌에 휩싸여 살면 된다. 그런데 어리석고 미련스럽게 행복을 찾다니 어이가 없다. 고생을 해도 의미 있고 보람되게 고생을 하면 된다. 초년 고생은 금을 주고서라도 해야 한다고 한다. 고생을 해야 사람이 된다고 믿기 때문이다. 초년, 중년, 노년을 가리지 말고 고생을 해야 사람이 된다.

마하트마 간디는 이렇게 말하였다.

"나에게 시련과 죽음은 행복이나 삶보다 더 풍부한 정신적인 영양분을 준다. 인생의 소금인 시련과 고난이 없다면 삶이 무슨 의미가 있겠는가?"(간디, 《간디의 마음》)

이것이 참되신 하느님을 아는 사람의 참된 말이다. 세상 사람들이 두려워하는 시련과 고통과 불행을 기쁨으로 받아들여 행복을 느끼는 사람이 참된 행복을 아는 사람이라 하겠다. 로맹 롤랑(Romain Rolland)은 참된 행복을 아는 사람이었다.

"한밤중 깊은 산속 번갯불이 번쩍이고 바람이 성난 듯 사납게 부는데 조용히 나의 일생을 되돌아보고 뉘우치면서 이 글을 쓰고 있다. 이미 죽은 이들과 머잖아 죽어 갈 이 땅 위의 온 인류를 나는 생각한다. 죽을 운명을 타고난 모든 이에게 죽을 운명을 타고난 이 사람이 이 글을 바친다. 형제들이여 우리 서로 잘 지내자. 우리를 갈라놓은 그 까닭을 잊어버리자. 우리 모두의 비참하고 고통스러운 운명을 생각하자. 알고 보면 원수도 악인도 없다. 있는 것은 가엾은 사람들뿐이다. 그리고 유일한 행복은 우리가 서로 이해함으로써 서로 사랑하는 것이다. 사람이 이루어낸 가장 소중한 것은 지혜의 말씀과 차별없는 사랑이다."(로맹 롤랑, 《장 크리스토프》 서문)

우리는 흔히 바라는 바를 성취할 때 행복하다고 말한다. 성취의 기쁨은 한순간이다. 마치 그리스 신화에 나오는 시시포스와 같다. 시시포스가 산 아래에서부터 죽을 힘을 다하여 돌을 굴려 산마루에 올려놓자마자 돌은 산 아래로 굴러 내려가버린다. 그러면 다시 산 아래서부터 돌을 굴려 올려야 한다. 행복을 느끼는 것은 순간이요 불행의 시간은 너무도 길다. 시시포스의 생애는 불행의 연속일 뿐이다. 돌은 정상까지 가지도 못하고 도중에서 굴러 떨어지기 일쑤이다. 국가 대표로 올림픽에 나가 메달을 따는 선수는 극히 일부이고, 올림픽에서 메달을 따기는커녕 국가 대표로 선발되지도 못하는 선수가 훨씬 많다. 메달을 딴 선수도 기쁨을 느끼는 시간은 순간에 지나지 않는다. 사람의 욕망은 끝이 없다. 욕망의 봉우리가 높을수록 불행의 계곡은 깊다.

맹자는 이렇게 말했다. "정신은 근심 걱정에서 살고 평안하고 즐거운 데서 죽는 것임을 알아야 한다(知生於憂患而死於安樂也)."(《맹자》고자 하편)

팽이는 채찍을 맞아야 살듯 사람도 시련이라는 채찍을 맞아야 그 정신이 제대로 살 수 있다. 그렇다면 시련과 고통에 감사해야지 불평하고 원망할 일이 아니다.

하느님께서 사람들에게 고통과 시련을 준 것은, 내가 누구인지 깊게 생각하여 제나에 대한 집착을 버리고 얼나로 솟나게 하려는 뜻이다. 제나의 삶이 괴롭고 번뇌로 가득해도 대부분의 사람들은 제나를 참나로 알고 집착한다. 그리하여 제나(몸)의 삶에만 온 정성을 다 기울인다. 예수, 석가의 가르침을 좇는다는 이들조차 참나인 얼나가 있다는 것을 모르는 이들이 뜻밖에 많다. 괴로움과 시름 속에 산다고 모두가 얼나를 깨닫게 되는 것은 아니지만 말귀를 알아듣는 데는 훨씬 빠르다. 김교신이 "죽을 병이라도 한번 앓고 난 사람이 아니면 대화를 할 필요가 없다."(김교신, 《구약주석》)고 말한 것도 그 때문이다.

류영모는 '그만이다'라는 말을 좋아하였다. 류영모는 하느님을 '그'라고 하였다. '그만이다'는 '하느님뿐이다'라는 뜻이다. 하느님이면 그만이다. 하느님을 생각하는 것이 가장 기쁘다는 것이다. 하느님 말고 참된 기쁨은 없다는 것이다. 그 기쁨의 원천인 하느님을 생각하는 9가지 길을 류영모의 어록에서 뽑아보았다. 하느님을 생각하므로 마음에서 기쁨이 생수처럼 솟아 나오는 거룩한 체험을 하게 되기를 바란다. 이것이 참된 삶의 행복이다. .

"① 생각은 하느님에게 사랑이 있을 때 피어나는 하나의 정신 불꽃이다. 정신으로 꽃피울 때 정말 불꽃이 되어 살아 나오는 것이 생각이다. 나란 바로 정신이다. 정신이 자라는 것이 생각이다. 정신이 깨어나고 정신이 불이 붙어야 한다. 정신은 거저 깨어나지 않는다. 가난과 고초를 겪은 끝에 정신이 깨난다. 생각이 문제가 아니라 정신이 문제다. 정신이 통일되어야 생각의 불이 붙는다.

② 세상을 사랑하는 사람은 하느님을 모른다. 세상을 미워하는 사람들에게만 하느님이 걸어온다. 하느님은 우리들에게 하느님을 알고 싶은 생각을 일으켜준다.

③ 사람들은 알아야 할 것을 모르면 인식 부족이라고 말하는데 절대자 한 분 계시는 것을 있느니 없느니 하고 떠드는 무식한 이 세상 사람들은 무엇이 인식 부족인지도 모르고 있다. 절대자 하느님은 계신다. 다른 것은 다 없어도 절대자만은 인식하고 인식하여야 한다. 그러나 하느님이 계시는 것을 누가 아느냐고 하면 아무도 모른다. 그런데 이 세상에 괴롭고 어떻게 할 줄 모르는 사람에게, 알려고 하는 사람에게는 하느님께서 다가오신다. 절대자께서 우리로 하여금 당신을 알고 싶은 생각을 일으켜준다. 아버지가 자신이 아버지라는 것을 아들에게 알게 하고 싶은 것과 같다. 말로는 할 수 없는 일이다.

④ 영원한 생명을 빼앗기는 것이 아니라 내가 버리는 것뿐이다. 몸생명을 얻기 위하여 얼생명을 버리는 것이 생식(生殖)이요 얼생명을

얻기 위하여 몸생명을 버리는 것이 천명(天命)이다. 몸나를 버리는 것, 세상을 버리는 것이 바른 신앙에 들어가는 것이다. 세상을 미워하고 세상을 버려야 한다. 식욕과 정욕을 미워해야 한다. 모든 탐욕을 버리는 것이 세상을 버리는 것이다.

⑤ 누에는 애벌레, 고치, 나비로 탈바꿈의 변형을 한다. 죽음을 고치로 보자. 이제 나비가 되어 날기 위해서 고치가 되는 것이다. 죽음이란 나비가 되기 위한 준비다. 그러므로 제나(몸나)는 죽어야 한다. 얼나의 자유를 위해 몸나(제나)는 죽어야 한다. 몸나의 죽음이 없으면 얼나의 자유도 없다. 거짓나인 몸나가 부정될 때 참나인 얼나에 이른다.

⑥ '정신이 초목이라면 육체는 그 비료다'라는 생각을 놓치지 말아야 한다. 이 몸은 아무리 튼튼해도 죽을 때는 죽는 것이지 죽지 않을 수는 없다. 이 몸은 전셋집이나 같다. 빌려 쓰다가 마침내 두고 가는 것이다. 이 몸은 내 것이 아니다. 내 것이라면 내 맘대로 할 수 있지만 내 것이 아니기 때문에 내 맘대로 할 수 없다. 이 몸집은 그 자체의 법칙에 따라 존재하는 것뿐이다. 몸이 강하든 약하든 마침내 이 몸집은 내놓아야 한다. 물론 있는 동안 깨끗하고 튼튼하게 간수해야 한다. 병 없이 잘 지내는 것이 사람이 바라는 이상이다.

그러나 복잡한 도시 생활에서는 그것을 보장하기는 어렵다. 병 없기를 바라는 것이 사람이 바라는 이상이지만 하느님의 이상은 아니다. 하느님의 계획은 따로 있다. 하느님께서 주신 사명이 있다. 그것은 이적(異蹟)을 행하는 것도 신인(神人)이 되는 것도 아니다. 하느님의 아들이 되는 것이다. 하느님과 하나가 될 수 있는 얼의 나가 되는 것이다.

⑦ 이 세상에는 절대 진리라는 것은 없다. 절대 진리는 하늘 위에 있다. 우리는 이 절대를 좇아 올라가는 것이다. 절대가 아닌 것은 생각하지 말고 땅 위의 것은 훨훨 벗어버리고 오직 하나(절대, 하느님)를 생각해야 한다. 한아의 님을, 한아님을 찾아가는 것이 우리 사람의 일이다. 절대 진리(하느님)를 위해서는 내버릴 것은 죄다 내버려야 한다.

⑧ 몸은 죽어 썩어도 얼은 살아 빛난다. 그러므로 몸으로는 죽어야 한다. '하늘에서 이룬 것같이 땅에서도 이루어지이다.' 하고 죽는 거다. 그것이 하느님 아버지의 뜻이다. 밀알 한 알이 땅에 떨어져 죽으러 온 것이다. 몸나는 죽으러 온 줄 알아야 한다. 안 죽는 것은 하느님뿐이다. 하느님의 말씀뿐이다. 하느님은 얼생명이기 때문이다. 하느님의 생명인 얼이 내 맘에서 말씀으로 샘솟는다.

⑨ 우리는 더없이 높은 산에 올라야 한다. 하느님에게 올라야 한다. 높은 산에는 부귀(富貴)를 가지고는 못 오른다. 우리 몸을 벗고 죄짐을 벗고 정신이 되어야, 얼이 되어야 오를 수 있다. 오르고 오르는 것이 사람의 본성이다. 그것이 하느님이 우리에게 주신 천명(天命)이다. 하느님께로 올라가는 것이 믿음이다."(《다석어록》)

말씀의 알맹이는 삶의 궁극적인 목적은 어버이가 낳아준 멸망의 생명인 제나를 부정하고 하느님께서 주시는 얼나로 솟나야 (부활) 한다는 것이다. 얼나 말고는 모든 것을 버리라는 것이다. 더구나 제나 (몸나)로 행복을 찾는 것 따위는 전도몽상(顚倒夢想)에 빠진 것이라는 것을 알아야 한다. 그대가 지금 우울하고 불행하다면 지금이 영원한 생명인 얼나를 깨닫기에 알맞은 줄탁(啐啄)의 기회다. 생사유무(生死有無)의 제나를 넘어서야 한다. 류영모가 이렇게 말했다.

"낙관이니 비관이니 하는 것은 밑에 밑을 보면 마찬가지다. 감각이 조금 다르다. 적극이나 소극이나 있으나 없으나 둘이 아닌 하나다. 마침내는 하나 된다. 하나(온통)란 생사유무(生死有無)를 떠난 얼의 생명이다. 곧 참나다. 똑똑히 참나가 있는 것을 깨달아야 한다. 삶의 실현이라는데 삶의 실현이란 소유가 아니다. 제 속의 얼의 생명을 세상에 나타내는 것이다.

사람이 귀하다는 것은 얼을 가지고 있기 때문이다. 사람이 만물의 영장이 될 수 있는 것은 얼나 때문이다. 얼 때문에 우리는 오르고 올라 만물 중에서 가장 높은 데까지 올라간 것이다. 만물이 아직도 기어다니는데 사람은 서서 다니는 것만 해도 신통한 것이다. 우리의 모든 것이 결딴이 나도 얼 하나만은 결딴이 나서는 안 된다. 우리가 산다는 것은 얼 하나 가지고 사는 것이다. 우리의 진리 정신이 얼의 드러남이다. 이 얼이 영원한 생명인 참나이다."(류영모,《다석어록》)

모든 제나는 이 세상에서 비롯되었으니 이 세상이 끝이다. 예수, 석가의 얼나가 하늘나라에 간 것이지 예수, 석가의 제나는 이 세상에서 끝났다. 얼나는 하느님의 생명이라 제나처럼 너와 나가 있는 것이 아니다. 그러므로 하느님께서는 공정(公正)하시다.

한 아기가 태어나자면 어머니의 난소에서 배출된 난자 한 개를 향하여 3억~4억 마리에 이르는 아버지의 정자가 헤엄쳐 달려온다. 난자에 도착하는 정자는 한 마리다. 그밖의 정자는 허탕이다. 그러나 허탕을 쳤다고 애석해하지 않는다. 한 마리의 성공이 나머지 모두의 성공이기 때문이다. 얼나를 깨달은 예수, 석가가 나온 것이 온 인류의 구원인 것과 마찬가지이다. 46억 년에 이른 지구의 역사는 16억 년간의 물리 시대에서 30억 년의 생물 시대로 진화하였다. 지금으로부터 2천 년도 더 전에 예수, 석가를 비롯한 영성인들의 출현으로 영성 시대가 열렸다. 지금 지구는 영성 시대에 들어섰다. 영성 시대에는 얼나를 깨달은 이들이 소중하다. 예수와 석가가 세상의 권력을 거들떠보지도 않은 까닭이 여기에 있다.

영성의 사람인 장자는 죽은 뒤의 일은 하느님에게 맡기고 걱정하지 말라고 말하였다. 그것은 죽은 뒤의 일만이 아니고 이 세상 살아서의 일이기도 하다.

"저 하느님께서 나를 이 꼴(몸)에 실어주면서 삶으로 나를 힘쓰게 하고 늙음으로 나를 편하게 하고 죽음으로 나를 쉬게 한다. 그러므로 내 삶을 좋게 하는 이가 내 죽음도 잘할 까닭이니라. 이제 큰 대장장이가 쇠를 녹이는데 쇠가 뛰어오르면서 가로되 나는 반드시 명검인 막야가 돼야 한다고 말한다면 큰 대장장이는 그것이 반드시 상서롭지 못한 쇠라고 할 것이다. 이제 한번 사람의 꼴로 이뤄졌는데 그런데도 이르기를 사람이라야지 사람이라야지라고 한다면 저 하느님께서 반드시 상서롭지 못한 사람이라 할 것이다. 자 한번 우주(하늘땅)를 큰 화로라 치자. 하느님을 큰 대장장이라 하면 나를 데려가 어찌하든지 좋지 않겠는가? 몸삶을 마치고 잠들리라. 얼나로 소스라쳐 깨어나리라."(《장자》 대종사 편, 박영호 의역)

이 세상에 태어나기를 잘 태어난 이도 있고 못 태어난 이도 있다. 내 생명도 내 것이 아니고 하느님의 것이라 내가 불평할 자격도 까닭도 없다. 무조건 순종이 있을 뿐이다. 공자는 하늘 원망도 안하고 사람 탓도 안 한다(不怨天不尤人)고 하였다. 공자만 그럴 것이 아니라 누구라도 그래야 한다. 어디 감히 하늘을 원망하고 사람을 탓한단 말인가?

참된 행복이란 무엇인가

인생을 고통의 연속이라고 한 석가는 행복이란 말도 잘 쓰지 않았다. 석가는 작은 나라이긴 해도 엄연히 카필라 왕국의 태자였다. 예수는 갈릴리 시골에 살던 목수의 아들이었다. 그런데도 예수는 행복이란 말을 썼다. 산상수훈 첫머리에 여덟 가지 종류의 복된(마카리오스) 사람들이 잇달아 언급된다.

"얼나를 바라는 (마음이 가난한) 사람은 행복하다. 하늘나라가 그들의 것이다.

슬퍼하는 사람은 행복하다. 그들은 위로를 받을 것이다.

온유한 사람은 행복하다. 그들은 땅을 차지할 것이다.

옳은 일에 주리고 목마른 사람은 행복하다. 그들은 만족할 것이다.

자비를 베푸는 사람은 행복하다. 그들은 자비를 입을 것이다.

마음이 깨끗한 사람은 행복하다. 그들은 하느님을 뵙게 될 것이다.

평화를 위하여 일하는 사람은 행복하다. 그들은 하느님의 아들이 될 것이다.

옳은 일을 하다가 박해를 받는 사람은 행복하다. 하늘나라가 그들의 것이다.

나 때문에 모욕을 당하고 박해를 받으며 터무니없는 말로 갖은 비난을 다 받게 되면 너희는 행복하다. 기뻐하고 즐거워하여라."(마태오 5:3~12, 박영호 의역)

그런데 예수가 말하는 행복은 세상 사람들이 행복하다고 하는 것과 전혀 다르다는 것을 알 수 있다. 예수는 오로지 하느님이 주신 얼 생명으로 솟난 하느님 아들의 사명을 다하는 데서 오는 기쁨을 행복이라고 말하였다. 이것을 얼나의 행복이라고 하겠다. 예수의 행복은 얼나로 하느님 아버지와 하나 되는 것이었다. "아버지와 나는 하나이다."(요한 10:30) 이 한마디가 예수가 말하는 사상의 정수요 핵심이다. 예수의 얼나는 하느님으로부터 받은 얼생명이다. 그러니 얼나로 하느님과 하나인 것은 자연스럽고도 당연하다. 아버지와 나는 하나라는 말에 대한 예수의 설명이 그 뒤에 이어진다.

"아버지께서는 나에게 거룩한 일을 맡겨 세상에 보내주셨다. 너희는 내가 하느님의 아들이라고 한 말 때문에 하느님을 모독한다고 하느냐? 내가 아버지의 일을 하지 않고 있다면 나를 믿지 않아도 좋다. 그러나 내가 그 일을 하고 있으니 나를 믿지 않더라도 내가 하는 일만은 믿어야 할 것이 아니냐? 그러면 너희는 아버지께서 내 안에 계시고 또 내가 아버지 안에 있다는 것을 확실히 알게 될 것이다."(요한 10:36~38)

예수가 행한 아버지 하느님의 거룩한 일은 하느님의 말씀을 세상 사람들에게 알리고 차별 없는 사랑을 베푼 것이다. 예수는 이 거룩한 일에 목숨을 걸고 어려운 일도 행복하게 해 나갔다.

예수는 사람들이 행복의 기본 조건이라고 생각하는 재물(富)에 대해서는 철저한 무소유로 일관했다. 어느 율법학자가 예수에게 와서 예수가 가는 곳이면 어디든지 따라가겠다고 말하였다. 그러나 예수께서는 "여우도 굴이 있고 하늘의 새도 보금자리가 있지만 사람의 아들은 머리 둘 곳조차 없다."(마태오 8:20)고 말하였다. 머리 둘 곳이 없다는 것은 잠잘 곳이 없다는 말이다. 바꾸어 말하면 잠잘 내 집이 없는 노숙자란 말이다. 그렇다고 해서 내 집을 마련하려고 애쓰는 일도 없었다. 온 우주가 아버지의 집이고, 아버지의 집이 곧 내 집이었다.

예수는 제자들에게 이렇게 말하였다. "나는 분명히 말한다. 부자는 하늘나라에 들어가기가 어렵다. 거듭 말하지만 부자가 하느님 나라에 들어가는 것보다는 낙타가 바늘귀로 빠져나가는 것이 더 쉬울 것이다."(마태오 19:23~24)

예수는 사람들이 행복의 중요 조건이라고 생각하는 존귀(貴)에 대해서는 철저하게 씨알 정신을 보였다. 예수가 바리새파 사람들에게 바른말을 하였다. "'한 종이 두 주인을 섬길 수는 없다. 한편을 미워하고 다른 편을 사랑하거나 또는 한편을 존중하고 다른 편을 업신여기게 마련이다. 하느님과 재물을 함께 섬길 수는 없다.' 돈을 좋아하는 바리새파 사람들이 이 모든 말씀을 듣고 예수를 비웃었다. 그래서 예수께서는 그들에게 '너희는 사람들 앞에서 옳은 체한다. 그러나 하느님께서는 너희의 마음보를 다 아신다. 사실 사람들에게 떠받들리는 것이 하느님께는 가증스럽게 보이는 것이다.' 하고 말씀하셨다." (루가 16:13~15)

제베대오의 두 아들이 어머니와 함께 예수께 왔다. 그들의 어머니가 예수께 청하기를 주님의 나라가 서면 자신의 두 아들을 하나는 주님의 오른편에 하나는 왼편에 앉게 해 달라고 하였다. 이 말을 듣고 있던 다른 열 제자가 제베대오의 두 형제를 보고 화를 냈다. 그들도 제베대오의 형제들보다 나은 것이 없었던 것이다. 그러자 예수께서 제자들을 다 가까이 불러 모아 그들을 타이르며 깨우치는 말씀을 하였다.

"너희도 알다시피 세상에서는 통치자들이 백성을 강제로 지배하고 높은 사람들이 백성을 권력으로 내리누른다. 그러나 너희는 그래서는 안 된다. 너희 사이에서 높은 사람이 되고자 하는 사람은 남을 섬기는 사람이 되어야 하고 으뜸이 되고자 하는 사람은 종이 되어야 한다. 사실은 사람의 아들도 섬김을 받으러 온 것이 아니라 섬기러 왔고 많은 사람을 위하여 목숨을 바쳐 몸값을 치르러 온 것이다."(마태오 20:25~28)

예수가 몸값을 치르러 왔다고 한 것은 사람들로 하여금 하느님이 주시는 얼나를 깨우치게 하여 짐승 성질(獸性)에서 자유케 하려고 왔다는 말이다. 대속하려고 왔다는 말이 아니다. 예수는 짐승들의 희생으로 속죄(대속)받는다며 유대교가 행하는 샤머니즘적인 제사 신앙을 잘못으로 보았다. 예수는 성전에 제물을 바친 적이 없었다.

예수는 사람들이 행복의 필수 조건이라고 생각하는 혼인(色)에 대해서 철저한 금욕을 행했다. 그러나 예수가 모든 사람에게 금욕을 요구한 것은 아니다. 이혼을 해서는 안 된다고 한 것으로 보아 한편으로 혼인 보호주의자라고 해도 좋을 것이다. 예수는 "음행한 까닭 외에 아내를 버리고 다른 여자와 결혼하면 간음하는 것이다."(마태오 19:9)라고 말하였다. 그런데 톨스토이가 옛날에 쓰여진 복음서들을 연구해보니 예수가 본디 한 말씀에는 음행을 하였어도 이혼하면 안 된다고 하였다는 것이다. 이 사람은 톨스토이의 연구 결과가 사실이라고 믿는다. 베드로가 예수에게 형제의 잘못을 몇 번이나 용서해주어야 하냐고 물었을 때 예수가 이렇게 대답했기 때문이다. "일곱 번뿐 아니라 일곱 번씩 일흔 번이라도 용서하여라."(마태오 18:22)

율법학자들과 바리새파 사람들이 간음하다가 현장에서 잡힌 여인을 예수에게 데리고 왔다. 그들은 자신들의 모세법은 이런 죄를 범한 여자는 돌로 쳐 죽이라고 하였는데 예수의 생각은 어떤지를 물었다. 저희들 마음대로 할 일이지 언제부터 예수에게 물어보고 하였던가? 올가미를 씌워 예수를 고발할 구실을 찾으려고 이런 말을 하였던 것이다. 예수는 그들의 속셈을 다 알고 있었다. 예수는 그들에게 말하였다. "너희 중에 누구든지 죄없는 사람이 먼저 저 여자를 돌로 쳐라."(요한 8:7) 예수의 말씀을 듣고는 나이 많은 사람부터 하나하나 슬슬 달아나버렸다. 그러자 예수는 "나도 네 죄를 묻지 않겠다. 어서 돌아가라. 그리고 이제부터 다시는 죄짓지 마라."(요한 8:11)고 말하였다. 그러나 예수는 자신에게는 엄격하였다. "누구든지 여자를 보고 음란한 생각을 품는 사람은 벌써 마음으로 그 여자를 범했다."(마태오 5:28)고 말하였다.

예수는 제나의 사람이 아니라 얼나의 사람이다. 얼나의 사람은 탐·진·치의 수성(獸性)을 지닌 제나를 넘어선 사람이다. 류영모는 제나의 사람들의 생각이 얼마나 낮고 좁은지 그 실례를 옛날 개성 상인들을 두고 말하였다.

"개성 사람은 경제(상업)를 잘한다고 한다. 그러나 그들의 경제의 목적은 돈을 모은 다음에는 노름하러 다니고 산소 치레나 하고 첩

(孝)을 얻는 것이 고작이었다. 경제를 넓은 데다 목적을 두었다면 동양에 제일가는 부자가 5백 년 역사 동안에 몇 사람은 나왔을 터인데 경제의 목적이 그만큼 좁다 보니 큰 부자 한 사람이 나오지 않았다. 기껏 노름하러 다닐 만하고 산소 치레나 하고 첩이나 두었으면 남부럽지 않은 신세라 목적은 이루어진 것으로 알았던 것이다.

개성 사람이 경제에 눈을 뜬 것은 고려조가 망하자 이렇게 해서는 안 되겠다 하여 정치에서 경제로 방향을 바꾼 것이다. 5백 년간 세월이 지나감에 개성 사람들이 장사는 잘하였으나 결국 보는 눈이 좁아서 그만 저렇게 되고 지금 개성 사람으로서 장사 잘하는 사람을 찾아보기 어렵게 되었다."(류영모, 《다석어록》)

제나의 사람들이 지나치게 행복을 추구하고 즐기면 사회가 어두워져 망하게 된다. 얼나의 사람들이 얼나의 행복을 추구하여 기뻐하면 사회가 밝아져 흥하게 된다. 노자는 이렇게 말하였다.

몹시 아끼다간 뭉텅이로 쓰게 된다(甚愛必大費)
많이 갈무리면 몽땅 없어지게 된다(多藏必厚亡)
넉넉함을 알면 몰리지 아니하며(知足不辱)
그칠 줄 알면 위태롭지 않느니라(知止不殆)
(《도덕경》 44장)

몹시 아끼고 많이 갈무리하는 이는 제나의 사람이다. 넉넉함을 알고 그칠 줄 아는 이는 얼나의 사람이다. 제나의 사람 앞에는 멸망이 있고 얼나의 사람 앞에는 영생이 있다. 장자는 이런 말을 하였다.

깨끗한 빈 맘은 절로 밝고, 기쁘고 복되기는 (짐승 노릇을) 그치고 멈춤이라(虛室生白 吉祥止止).
(짐승 노릇을) 그 또한 멈추지 않으면 이 일러 (멸망으로) 달리는 말 위에 앉음이다(夫且不止 是之謂坐馳).
(《장자》 인간세 편)

짐승의 욕망은 어버이로부터 유전적으로 물려받으므로 없는 사람이 없다. 어릴 때 짐승 노릇 안 한 이는 없다. 그러다가 하느님으로부터 얼(성령)을 받아 얼나가 참나인 것을 깨달으면 수욕(獸慾)에 끌려다니는 노릇을 멈추고 오히려 수욕을 누른다. 수욕에 끌려가면 아직 제나의 사람이고 수욕을 누르면 얼나의 사람이다. 류영모는 이렇게 말하였다.

"사람은 마땅히 참을 것 참으면서 어질게 살아야 하고 사물(事物)은 마땅히 옳게 처리해야 한다. 우리가 상대적 존재로 한동안 여기서 지내지 않을 수 없다. 마땅히 어질게 하고 옳게 하는 일, 이것만이 대동인(大同人)으로 사는 길이다. 먹을 것이 있고 남는데도 자꾸 더 모으겠다고 하는 한편, 마음이 바로 서면 나눠주기도 한다. 그러니 나쁘게 가려는 마음을 참고 참아 어질게 옳게 해 나가야 사람으로서 어지간히 하느님 아버지께 가까운 자리에 갈 수 있다. 옳게 우로 올라가야 한다.

몸을 위해 자꾸 모을 것 없다. 모으려고 애쓰는 것은 잘못이다. 모으려고 애쓰지 않으면 마음이 비워진다. 마음을 비우면 영생할 하느님의 씨인 얼나가 맘속에서 자란다. 하느님의 씨인 얼나로는 죽음이 없는 영원한 생명이다. 하늘에도 땅에도 죽음이란 없는 것인데 사람들이 하느님의 씨인 얼나를 깨닫지 못하여 죽음의 노예가 되어 있다. 몸나의 죽음이 아무것도 아닌 것을, 하느님의 씨인 얼나에는 죽음이 없다는 것을 깨달아야 한다."(류영모, 《다석어록》)

꼭 예수, 석가의 삶을 본받고 좇으라는 것이 아니다. 욕심을 줄이고 성질을 죽이고 음욕을 누르려고 안간힘 쓰는 것이 중요하다. 류영모는 여인은 여러 자녀를 잘 기르고 남자는 늙도록 부지런히 농사만 지어도 훌륭하다고 했다. 그렇게 사는 이들에겐 섣불리 누구를 믿으라고 권하지 말라고 하였다. 그 삶만으로도 훌륭한 신앙 생활을 하고 있다는 것이다. 류영모는 이런 시조를 지었다.

차라리 이렇다.
열 아들 기른 엄마 일흔 여름 지어낸 압바
늦춰 받고 미리 주며 맑고 밝게 바로 산 이
깨는 덴 건져지는 덴 그들이 가 있는 것이리.
(류영모, 《다석일지》 1959. 3. 27.)

열이나 되는 아들딸들을 낳아서 착하게 튼튼히 잘 기른 어진 어머니
일흔 살이 되도록 농사일(여름질)을 부지런히 하여 살림 꾸린 아버지
남으로부터 받을 것은 늦추어 받고 남에게 줄 것은 먼저 주는 착한 삶
자각하고 구원받는 지경에는 그들이 먼저 가 있을 것이다.

(박영호 풀이)

예수가 깨달은 얼나의 행복은 그 무엇도 깨뜨리지 못한다. 제나가
가장 두려워하는 죽음조차 얼나의 행복을 건드리지 못한다. 십자가
죽음조차 예수의 행복을 부수거나 없애지 못하였다. 자신의 십자가
죽음을 앞두고 기도를 올릴 때 예수는 이렇게 말하였다.

"지금 나는 아버지께로 갑니다. 아직 세상에 있으면서 이 말씀을
드리는 것은 이 사람들이 내 기쁨을 마음껏 누리게 하려는 것입니
다."(요한 17:13)

죽음을 앞두고, 그것도 보통 죽음이 아니라 참혹하고도 끔찍한 십
자가의 죽음을 앞두고 털끝만큼도 분노하거나 원망하지 않고 오히
려 자기의 기쁨을 제자들도 느끼게 해 달라고 하였다. 여느 사람 같
으면 통곡이 쏟아져 기도도 제대로 하지 못하였을 것이다. 예수는 얼
마든지 죽음을 피하여 멀리 숨어버릴 수도 있었다. 그러나 기꺼이 죽
음의 길을 선택하였던 것이다.

예수는 이미 제나(몸나)를 넘어서 영원한 생명인 얼나를 깨달았기
때문에 제나(몸나)의 죽음은 아무것도 아니었던 것이다. 예수는 말하

였다.

"아버지께서 얼생명으로 계시듯이 사람에게 아버지 하느님의 얼생명을 주어 하느님 아들이 되게 하였다."(요한 5:26, 박영호 의역)

"내 말을 듣고 하느님께서 주신 얼생명을 믿는 이는 영원한 생명을 얻었으므로 죽음에 이르지 아니하나니 사망의 몸나에서 영생의 얼나로 옮겼느니라."(요한 5:24, 박영호 의역).

"얼나는 거듭난 부활의 생명이라 얼나를 믿는 사람은 몸나(제나)가 살고 죽는 것과 관계없이 영원히 산다."(요한 11:25, 박영호 의역)

류영모는 요한복음을 읽다가 52세에 어버이가 낳아준 제나(몸나)가 참나가 아닌 것을 깨닫고 제나로 죽고 얼나로 깨어났다. 그리고 얼나의 깨달음을 증언하였다. 류영모의 말씀도 예수, 석가의 말씀처럼, 짐승인 제나의 수욕(獸慾)과 싸워 이기라는 말이 대부분이었다. 또한 제나(몸나)는 "제나는 없습니다."라는 말로 얼나에 순종하라는 말도 많았다. 류영모의 말을 옮긴다.

"남을 기준으로 생각지 말고 자기에게 자신의 주관을 물어라. 정신을 물어라. 나를 물어라. 나는 정신이다. 참나인 정신의 나는 위에서 왔다. 먹으러 온 것도 아니고 자식을 낳고자 온 것도 아니다. 나를 보아야 한다. 나는 몸, 맘, 얼로 되어 있다. 몸과 맘의 제나는 이 땅의 어버이로부터 받은 것으로 나서 죽는 멸망의 생명이다. 그러나 하느님 아버지로부터 받은 얼나는 제나를 다스리는 하느님의 아들로 영원한 생명으로 바람처럼 나고 죽음을 넘어섰다. 이것을 아는 것이 바로 봄(正見)이다. 나의 참나인 얼나를 알게 하고자 예수, 석가가 이 땅에 오신 것이다. 우리가 예수, 석가를 믿는 것은 얼나는 죽지 않는 영원한 생명임을 알고자 믿는 것이다. 나의 얼나는 하느님의 씨다." (류영모, 《다석어록》)

마르코복음과 마태오복음에 실려 있는 예수의 마지막 말은 "엘리 엘리 레마 사박타니"였다. 이 말씀은 "나의 하느님, 나의 하느님, 어찌하여 나를 버리셨나이까?"라는 뜻이다.(마태오 27:46, 마르코 15:34) 이것을 예수의 유언이라고 볼 수는 없다. 이는 예수가 겟세마니 동산에서 올렸던 "아버지, 아버지께서는 하시고자만 하시면 무엇이든 다 하실 수 있으시니 이 잔을 저에게서 거두어주소서. 그러나 제 뜻대로 마시고 아버지의 뜻대로 하소서."(마태오 26:39)라는 마지막 기도의 정신과 전혀 맞지 않는다. 알려진 유언이 없으니까 복음서 기자들이 구약 시편을 끌어다 유언으로 쓴 것이다. 루가복음에는 예수께서 큰소리로 "아버지, 제 영혼을 아버지 손에 맡깁니다!"(루가 23:46)라고 한 것으로 되어 있다.

예수는 얼나로는 아버지 안에 자신이 있고 자기 안에 아버지가 있어 아버지와 자신이 하나임을 깨달았다. 새삼스럽게 영혼을 무슨 물건처럼 하느님의 손에 맡긴다는 것은 말이 안 된다. 하느님이 사람처럼 몸을 지녀 손이 있단 말인가? 이 말도 시편 31편 5절에 있는 말이다. 예수는 구약을 인정하지 않았다. 그래서 새로운 말씀을 한 것이다.

더구나 문제가 되는 것은 마태오복음과 마르코복음에 나오는 "나의 하느님, 나의 하느님, 어찌 나를 버리셨나이까?"이다. 예수는 "아버지와 나는 하나이다."(요한 10:30)라고 하였으며 "아버지께서 천지 창조 이전부터 나를 사랑하셔서 나에게 주신 그 영광을 그들도 볼 수 있게 하여주십시오."(요한 17:24)라고 하였다. 그런 예수가 그런 절망스런 소리를 할 까닭이 없다. 사실은 그 말은 예수의 말이 아니다. 구약성경의 시편 22편 1절에 "나의 하느님, 나의 하느님, 어찌하여 나를 버리십니까?"가 나온다. 시편 22편은 이스라엘 민족이 난관에 부딪쳤을 때 잘 읊는 성경 구절이라고 한다. 예수와는 관련이 없는 시편을 인용해 예수의 유언으로 만든 것이다. 다른 말은 몰라도 유언을 날조해 만들어 넣은 것만 보아도 복음서가 얼마나 진실성이 모자라는가를 짐작할 수 있다. 참된 얼은 내 마음속에 있다. 그 얼의 정신에 부합하지 않는 것은 과감히 버려야 한다. 예수는 말하기를 "하느님 나라는 바로 너희 가운데 있다."(루가 17:21)라고 하였지, 성경에 있다고 하지 않았다.

예수가 보여주듯이 얼나의 행복은 죽음도 건드리지 못하는데 다른 무엇이 건드리겠는가. 얼나의 행복은 곧 얼이신 하느님이시기 때문이다. 하느님을 생각하면 기쁨이 샘솟는다. 그러므로 하느님을 사랑한 예수나 석가만 생각하여도 기쁨이 샘솟는다. 석가는 허공으로 온통이신 니르바나님이 참나임을 처음 깨닫고 삼칠일 동안 법열에 잠겨 있었다고 한다.

사람의 모든 짓거리 덧없다 이는 나서는 죽는 몸이기 때문
나서 죽는 몸나(제나)를 없애버리고 니르바나님으로 기뻐하리라.

(諸行無常 是生滅法 生滅滅已 寂滅爲樂)

"사람이 세상에서 누릴 수 있는 오욕(五慾)을 채우는 즐거움이란
선정(禪定, 기도)의 기쁨에 견준다면 애당초 비길거리도 안 된다."(《불
본행집경》) 행복의 조건으로 여기는 부·귀·색도 모두가 날아다니는
비눗방울 같은 것이다. 언제 사라져버릴지 모른다. 인류 역사란 그
무상(無常)의 실상을 보여주고 꿈으로 사라진다.

류영모가 이러한 말을 하였다.

"좀 참혹한 이야기인지 모르나 사람이란 세상에서 최후의 불행이
라 할 수 있는 홀아비가 되어 보아야 신앙을 알기 시작한다. 결혼하
고 자식 낳고 할 때는 신앙을 바로 알기가 어렵다. 홀아비가 된 뒤에
하느님을 믿으라는 말은 못할 말이지만 어떤 사람은 장가를 갔다가
아내가 죽자 아내를 따라갈 수 없으니 가톨릭 신부가 되었다."(류영
모,《다석어록》)

필자가 바로 이러한 체험을 하고서 하느님을 바로 알게 되었다는
것을 밝히는 바이다. 이 사람이 제일 듣기 싫은 소리가 있다면 많은
이들이 말하는 '행복'이란 단어이다. 행(幸) 자는 본디 죄수의 손목에
다 채우는 수갑을 그린 상형문자이다. 수갑을 차게 될 뻔한 위기에
겨우 수갑 차는 일을 면하게 된 것이 요행이란 것이다. 석가도 예수

도 똑같이 삶은 괴롬이라고 밝혔는데 요즘 종교계의 사제들 가운데 자신이 모든 사람을 행복하게 해줄 수 있다는 듯이 행복 소리를 말로 글로 외치는 이들이 있다. 예수, 석가처럼 얼나의 행복을 가르치는가 싶어 말도 들어보고 글도 읽어보았다. 그 행복은 예수, 석가가 말한 얼나의 행복이 아니었다. 예수, 석가도 못한 제나의 행복을 줄 수 있다는 것은 사람을 속이는 일이다. 행복을 가르쳐주려면 예수, 석가처럼 얼나의 깨달음 행복을 가르쳐주어야 할 것이다.

본디 복(福) 자는 좋은 글자이다. 재물을 집안에 쌓아놓고 자기들만 쓰려는 것이 부(富) 자이다. 하늘이 보는 한데에 재물을 쌓아놓고 여러 사람과 나눠 쓰겠다는 것이 복(福)자이다. 자기만 떵떵거리며 살겠다는 욕심꾸러기 부자(富者)가 되지 말고 여러 사람과 더불어 살겠다는 어진 복인(福人)이 되어야 한다. 새해가 되면 연예인들 가운데 새해 인사로 "부자되십시오." 라고 말하는 것을 자주 듣게 되는데, 아주 듣기 거북하다. 예수가 하늘나라에 들어가기 어렵다고 했던 욕심꾸러기가 되라는 소리로 들리기 때문이다. 이왕 덕담을 할 바에는 '복인이 되십시오.'라고 했으면 좋을 것이다. 다 함께 잘살자는 복인이 되라는 인사가 진정한 축복이 될 것이다.

수욕(獸慾)의 노예라는 수갑을 풀고 다 함께 하느님 아들이 되어 살겠다는 행복이라면 그 행복은 받아들이겠다. 그런 참된 행복은 정신적인 의식(意識, 생각) 수준을 높여야 얻을 수 있다. 의식 수준을 높인다는 말은 하느님에게 정신적으로 더 가까이 나아간다는 것이다.

하느님께로 더 나아가는 것은 하느님에 대한 인식이 더 깊어지고 하느님에 대한 사랑이 더 무거워지는 것이다. 하느님에 대한 인식이 깊어지면 깊어질수록, 하느님에 대한 사랑이 무거워지면 무거워질수록 마음속의 기쁨은 커진다. 류영모는 이렇게 말하였다.

"목숨은 기쁨이다. 하느님을 모시고 사는 것은 기쁜 것이다. 하느님을 생각하는 것은 기쁜 것이다. 하느님을 생각하는 것이 올라가는 것이다. 하느님을 생각하는 것이 기도이다. 기도는 하느님께로 올라가는 것이다. 참으로 하느님의 뜻을 좇아 하느님께로 올라간다는 것이 그렇게 기쁘고 즐거울 수가 없다. 사람의 삶이 허무한 것이 아니다. 하느님에 대한 생각은 진실한 것이다. 몸삶이 덧없어도 얼목숨 같이만이라고 한다. 인생이 허무한 것 같아도 목으로 숨 쉬듯이 한 발자국씩 위로 올라가면 하느님에게까지 다다를 수가 있다. 몸으로 사는 생(生)은 무상(無常)하지만 얼로 사는 명(命)은 비상(非常)한 것이다. 비상은 보통이 아니라는 말이다. 독특하다는 것이다. 사명을 깨닫고 사는 삶은 독특한 것이다."(류영모,《다석어록》)

사람의 의식의 발달 단계를 17단계로 나눈 이가 있다. 정신 의학자인 데이비드 호킨스(David Hawkins)는 노벨화학상 수상자인 라이너스 폴링 박사와 함께 긍정적인 에너지는 근육을 강화하고 부정적인 에너지는 근육의 힘을 약화시킨다는 운동 역학의 원리를 발견하고 20여 년간 수백만 번의 임상 실험을 진행했다. 실험 결과 사람의 의식 수준에서 나오는 에너지의 빛을 1에서 1000룩스(lux)까지 수치

인간의 의식 수준 17단계

룩스	의식 수준	감정	행동	단계
700~1000	깨달음	언어 이전	순수 의식	17
600	평화	하나	인류 공헌	16
540	기쁨	감사	축복	15
500	사랑	존경	공존	14
400	이성	이해	통찰력	13
350	포용	책임감	용서	12
310	자발성	낙관	친절	11
250	중립	신뢰	유연함	10
200	용기	긍정	힘줌	9
175	자존심	경멸	과장(허세)	8
150	분노	미움	공격	7
125	욕망	갈망	집착	6
100	두려움	근심	회피	5
75	슬픔	후회	낙담	4
50	무기력	절망	포기	3
30	죄의식	비난	학대	2
20	수치심	굴욕	잔인함	1

로 측정해내는 데 성공했다. 이는 의식에 대한 가장 과학적이고 구체
적인 이론으로 꼽히는데, 여기에서는 사람의 의식 수준을 총 17단계
로 나누고 있다.

　수치심에서 자존심까지 여덟 단계(1~8)는 부정적인 힘(force)인 살
기(殺氣)를 방출하고 용기에서 깨달음까지 아홉 단계(9~17)는 긍정
적인 힘(power)인 생기(生氣)를 방출한다. 17단계는 결국 제나(ego)
의 사람과 얼나(soul)의 사람을 구별한 것이다. 1~8단계는 제나 사

람의 의식 구조이고 9~17단계는 얼나 사람의 의식 구조라 하겠다.

의식 발달의 17단계라고 하지만 사실 그런 계단은 없다. 어버이가 낳아준 짐승인 제나에서 하느님이 낳아주시는 얼나로 생명 옮김(遷命)이 있을 뿐이다. 예수는 제나로만 사는 이는 죽은 이로 보았다. 얼나를 깨달을 때 죽음에서 부활한 산 이로 보았다. 이것을 예수는 사망에서 생명으로 옮겼다고 말하였다. 류영모는 이렇게 말하였다.

"제 맘속에 나(ego)라는 생각이 아직 남았다면 불안을 못 면한다. 속이 없을 만큼 작아야 한다. 제나(ego)가 없어져야 한다. 참나(얼나)란 속의 속이다. 속의 속이 참나인 것 같다. 속의 속은 중(中)인데 하느님께로 뚫린 중(中)이 참나(얼나)이다. 참나(얼나)가 어디에 있는가? 내 속의 속에 있는 것 같다. 예수도 '하느님 나라는 바로 너희 가운데 있다.'(루가 17:21)고 말하였다. 제나가 온전히 죽고 얼나로 솟난 이는, 이 나를 하느님께서 살리거나 죽이거나 아버지 맘대로 하십시오 라고 하는 이게 하느님 아들의 마음이다."(류영모, 《다석어록》)

예수와 석가는 사람의 삶의 궁극적인 목적은 제나로 죽고 얼나로 솟나 하느님의 아들이 되는 데 있다고 생각하였다. 의식 발달의 17단계를 말한 데이비드 호킨스도 최고 단계인 17단계를 '깨달음'이라고 한 것을 보면 거의 이 단계에 이른 것으로 보인다. 그런데 제나로 죽고 얼나를 깨닫는 것이 깨달음이라고 밝히지는 못했다. 다만 소유와 행위를 지나 존재가 되어야 한다는 말은 하였다. 얼나를 깨달아 하느님 아들인 영원한 생명이 되어야 한다는 뜻이다. 그런데 중요한 것은 제나가 온전히 죽어야 한다는 것이다. 죽어도 온전히 죽지 않으면 제나는 다시 살아난다. 그것을 분명히 보여준 이가 바로 이슬람교를 세운 무함마드이다. 그래서 이슬람교는 종교에서 정치가 되어버렸다. 하느님 나라가 땅의 나라가 되어버린 것이다. 예수를 따른다는 이들도 석가를 좇는다는 이들도 똑같이 종교를 정치로 변질시켰다. 그것은 예수와 석가의 가르침이 아니다.

류영모는 이렇게 말하였다.

"사람은 저 잘난 맛에 산다. 이것이 제나의 교만이다. 교만이 깨져야 한다. 바람이 빠져야 한다. 풍선이 터져야 한다. 망상이 없어져야 한다. 그리하여 제나가 없어지도록 겸손해져야 한다. 그리고 실상(實相)에 깨어나야 한다. 그리하여 내가 못난 줄을 알아야 한다. 제나가 무상(無常)이 되어야 한다. 제나가 없어져야 한다. 그래야 마음이 가라앉고 거울같이 빛나게 된다. 바람이 자고 호수같이 빛난다. 그것이 얼이라는 것이다. 맘에 얼이 오면 얼온(어른)이 된다. 어른이 되면 망상(妄想)이 깨져 실상(實相)이 된다. 현실을 알게 되고 따지게 된다. 이것이 마음이다. 마음은 없어져야 마음이다. 제나가 없어야 마음이다. 무념(無念) 무상(無想)이 되어야 이런 마음이 거울 같은 마음으로 얼이다."(류영모,《다석어록》)

참된 얼나의 행복은 제나가 온전히 죽는 데서 이루어진다. 제나가 죽었는지 살았는지 알고 싶은가? 마음속에서 샘이 일어나면 제나가 살아 있다는 증거이다. 샘내는 마음이 없으면 제나가 온전히 죽은 깨끗한 마음이다. 세상 사람이 불행을 느낄 때는 샘낼 때이고 행복을 느낄 때는 뽐낼 때이다. 그것은 짐승인 제나의 삼독 가운데 진성(瞋性)이 있기 때문이다. 시샘이 강한 이는 행복할 겨를이 없다. 누구도 뭔가 한 가지는 나보다 낫기 때문이다. 그것이 바로 함유일덕(咸有一德)이다. 그렇게 세상 사람을 다 이길 수는 없으니 시샘을 멈출 겨를이 없는 것이다.

옛 속담에도 사촌이 땅을 사면 배가 아프다는 말이 있다. 시샘은 가까운 사이에서 더 잘 일어난다는 것이다. 그래도 바둑은 제자가 스승을 이겨주는 것이 보은하는 길이라고 한다. 제자에게 지면 스승이 기쁘다는 것이다. 부모도 자식에게 지면 행복을 느낀다. 가문의 발전이 거기에 있기 때문이다. 그런데 기가 막히게도 쇼펜하우어는 명성에 대한 질투 때문에 어머니와 서로 원수처럼 미워하게 되었다. 어머니에 대한 미움이 여성 혐오증이 되어 쇼펜하우어는 평생 독신으로 살다 죽었다. 그렇게 된 사연은 이렇다. 아버지가 돌아가자 어머니는 아들 쇼펜하우어를 두고 재혼했다. 그 후 어머니와 아들은 날을 정해놓고 만남의 시간을 가졌다. 그런데 어느 날 어머니와 아들 사이에 언짢은 일이 일어났다. 어머니는 소설가요, 쇼펜하우어는 철학자였다. 어머니는 같은 문인인 괴테와 아는 사이였다. 괴테가 그녀에게 아들이 앞으로 유명한 철학자가 될 것이라며 칭찬을 하였다. 여느 어머니라면 얼마나 기뻐하였겠는가. 아들이 장래에 이름난 철학자가 될 것이라고 대문호가 칭찬을 하였으니 말이다. 그런데 쇼펜하우어의 어머니는 아주 불쾌하게 여겼다. 한 집안에 유명 인사가 둘은 나오지 않는다는 속설을 믿었기 때문이다. 자기 아들이 철학자로 유명해지면 자기는 유명한 소설가가 되지 못한다는 말로 받아들인 것이다. 어머니의 마음을 읽은 쇼펜하우어는 자기가 유명해지면 어머니의 이름도 세상에 널리 알려질 것이라고 말했다. 어머니는 아들을 밀치고는 그 자리를 떠났다. 그 뒤 죽을 때까지 24년 동안 두 사람은 만나지 않았다고 한다. 그 어머니에 그 아들이라 하겠다. 그 모자는 제나가 센 사람들임에 틀림이 없다. 자기보다 더 잘난 이라면 어머니도 아들도 볼 수 없다는 투기의 화신이라 하겠다. 그런 마음에는 행복의 꽃이 필 수가 없다. 불행의 가시만 돋는다.

최일도 목사는 몰라도 밥퍼 목사는 모르는 사람이 없을 것이다. 25년 동안 청량리 역전에서 노숙자들에게 무료 급식을 제공하였기 때문이다. 최 목사는 군사정권에 저항하는 시위에 나선 학생으로서 그 당시 시위대의 거점 역할을 해준 천주교 명동 성당에 자주 드나들었다. 그 당시에 우연히 만난 수녀에게 반해 죽기 살기로 매달려 수녀와 혼인을 성사시켰다. 그 집념으로 노숙자 봉사도 끈질기게 벌이고 있을 것이다. 최 목사의 어머니는 지아비를 여의고 교회 전도사로 오랫동안 시무한 크리스천이다.

예수는 가르치기를 "누가 오른뺨을 치거든 왼뺨마저 돌려 대고 또 재판에 걸어 속옷을 가지려고 하거든 겉옷까지도 내주어라. 누가 억지로 오 리를 가자고 하거든 십 리를 같이 가주어라. 달라는 사람에게 주고 꾸려는 사람의 청을 물리치지 마라."(마태오 5:40~42)고 하였다. 그런 예수님의 가르침을 남달리 좋은 수녀요 전도부인이었다면 고부 사이도 어느 가정보다 모범적으로 다정하게 지냈을 것이라 생각된다. 그러나 최 목사의 말에 의하면, 밖에서 보면 멀쩡해 보여도 속을 들여다보면 시어머니와 며느리 사이에 갈등이 심하여 어머니가 가출한 일도 있고 아내가 가출한 일도 있다는 것이다. 각각 아들과 남편을 독점하겠다는 사랑의 욕심이 불화를 불러온 것이다. 예수님이나 하느님을 아들보다 남편보다 더 사랑하였다면 그런 일은 일어나지 않았을 것이다. 제나가 살아 있어서 벌어진 일이다.

사람에게 시샘을 한 것이 아니라 말없이 서 있는 보리수나무를 시기하여 보리수나무를 죽이려 한 여인도 있었다. 아소카는 기원전 3세기경 인도 마가다 왕국의 마우리아 왕조 제3대 왕이었다. 그는 그 당시 인도에 다섯 천축국을 정벌하여 통일 왕국을 세웠다. 인도 통일의 대업을 이룬다는 명분으로 군사를 일으켜 전쟁을 벌여 많은 사람을 죽게 하였다. 아소카 왕은 그 죄의식 때문이었는지, 2백 년 전에 돌아간 인도의 대성자인 석가모니를 정성으로 앙모하였다. 석가 붓다의 진신사리(유골)를 보관한 스투파(사리탑) 8만 4천 개를 온 나라에 세우는가 하면 성지에는 이른바 아소카 석주(石柱, 돌기둥) 여러 개를 세웠다. 현재도 30개 정도가 남아 있다. 아소카 왕은 석가가 태어난 룸비니, 출가한 카필라바스투, 깨달음을 이루고 첫 설법을 한 부다가야, 열반에 든 쿠시나가라를 몸소 찾았다. 그때만 하여도 석가모니의 불상은 세워서는 안 된다는 가르침이 그대로 지켜지고 있었다. 아소카 왕은 석가가 깨달음을 이룬 부다가야 교외에 서 있는 보리수나무를 석가처럼 존중하였다. 아소카 왕이 얼마나 보리수나무를 아꼈는지 아소카 왕의 왕비 사라카가 심하게 질투하여 궁녀를 시켜 보리수나무를 죽이려고 보리수나무에 독을 묻힌 가시를 많이 박게 하였다는 것이다. 참으로 고약한 질투심이다.

사람은 껄떡대고(탐욕), 시샘 부리고(진에), 는지럭거리는(치우) 삼독의 수성(獸性)에 놀아나는 상태에서 깨어나야 한다. 극기복례(克己復禮)하여 제나로 죽고 얼나로 솟나 성숙한 어른이 되어야 한다. 류영모는 이렇게 말하였다.

"꽃은 피처럼 붉다 하여 꽃은 핀다고 한다. 꽃은 자연의 피요, 사람의 피는 자연의 꽃이다. 꽃이 피요 피가 꽃이다. 이 꽃다운 피, 피다운 꽃이 예수가 십자가에서 흘린 피다. 예수가 십자가에서 흘린 꽃다운 의로운 피가 꽃피(花血)다. 한마디로 의인(義人)이 흘린 피다. 아무리 흉악한 세상이라도 의인이 흘린 꽃피로 씻으면 깨끗하게 된다. 세상을 의롭게 하는 것은 의인의 피뿐이다. 의로운 피를 흘리는 것이 하느님의 영광을 드러내는 것이다. 그것이 인격으로 성숙한 징표다. 성숙이란 얼나를 깨달아 하느님 아들이 되는 것이다. 하느님 아들이란 몸나의 죽음을 넘어선 얼나다. 진리를 깨닫는 것과 죽음을 넘어선다는 것은 같은 말이다. 진리와 성숙은 같은 말이다. 죽음과 깨달음은 같은 말이다. 제나의 지식에 사로잡힌 사람은 미성년이다. 죽음을 넘어서는 것은 미성년을 넘어서는 것이다. 미성년은 삼독의 수성에

이끌려 사는 때를 말한다."(류영모,《다석어록》)

맘과 뜻과 힘을 다해 사랑할 진·선·미의 임이신 하느님이 계시는데 어찌하여 땅의 것에 시샘을 부려 스스로를 괴롭히는가? 하느님을 맘과 뜻과 힘을 다해 사랑하면 십자가 위에서 못 박혀 죽어도 예수처럼 기쁘고 평화로울 것이다. 빌어먹다 길가 나무 아래 숨져도 석가처럼 행복할 것이다. 그래서 이 사람은 예수와 석가를 좋아한다. 아주 아주 좋아한다.

예수 석가가 좋아

누굴 좋아하나 무얼 좋아하나 누리에 좋은 게 하 많지.
지난날 그리 좋아하던 게 모두 다 시들해지고 말았다.
하느님(니르바나님)만을 사랑한 예수 석가가 좋다.
사람들이 아래 구멍으로 태어난 짐승들이라
나만 살아야겠다며 온갖 짐승 노릇을 한다.
나는 사람들을 위하여 목숨을 다한 예수 석가

석가는 모함을 받고 예수는 죽임을 당해도 의젓
가진 것이라곤 없이 사람들을 값 없이 가르쳐
제나로 죽고 얼나로 솟나 짐승 버릇 깨끗이 버려
하느님(니르바나님)의 아들 되어 인류의 스승

예수 석가가 걸어가신 길 본받아 좇으리.
예수 석가가 벗해주시니 외롭지도 않다.

십자가에 못 박혀 죽었으나 사망에서 생명으로
늙어 병으로 돌아갔으나 생로병사를 여의었다.
예수 석가의 맘속에 나타난 영원한 생명이여
제나가 죽은 내 맘속에도 번개처럼 나타난다.
빔과 얼로 계시는 하느님(니르바나님) 영광되어라.
예수 석가 이름 팔아먹는 일은 아예 그만둬.

(2013. 12. 16. 박영호)

7장

씨알의 나라

모든 게 씨알을 위한 것이 되어야 한다. 참으로 민주주의라면 주의(主
義)가 없어져야 한다. 주의가 있으면 전제(專制)가 된다. 우리가 민주
주의 시대에 사니 그 민주주의라는 것은 참으로 귀한 것이다. 우리는
민주 제도가 중하고 귀한 것을 알아야 한다. 대중(大衆)이 옳고 그른
것을 구별하는 데서 민주의 무게가 있다. - 류영모

씨알이란 무엇인가

류영모는 이렇게 말하였다. "우로부터 난 이는 위에 친하고 아래에서 난 이는 아래와 친하다. 하느님 아버지를 모르면 나도 거짓이다. 땅과 친한 사람들은 돈이나 밥이나 술은 확실하다고 하면서 시원한 하느님의 말씀 영원한 생명인 얼나는 불확실하다고 한다. 영원한 생명인 얼나는 전생도 있고 현생도 있고 내생도 변함없이 있다. 영원한 생명인 얼나는 일생(一生)이 아니라 삼생(三生)이다. 얼나인 영원한 생명은 시간을 초월하여 과거 현재 미래가 없다.

좋은 참된 사상은 나의 생명을 약동케 한다. 남의 말을 들어도 시원하다. 생각처럼 귀한 것은 없다. 생각해서 밑지는 것이 무엇일까? 아무것도 없다. 생각 가운데도 거룩한 생각은 향기롭다. 바람이 통해도 시원한데 거룩한 향기가 뿜어 나오는 얼의 바람이 불어오면 얼마나 시원할까! 시원한 생각 시원한 말씀이 불어가게 하라."(류영모,

《다석어록》

예수, 석가의 말씀을 읽으면 예수, 석가는 위와 친하고 그 말씀에서 거룩한 향기가 시원하게 느껴진다. 그에 비해 공자의 말씀을 읽으면 세상 걱정이 많아 덜 시원하게 느껴지는 것이 사실이다. 그러나 드물게 나오는 하느님에 대한 공자의 말씀을 보면 공자도 하느님과 매우 친한 사람이란 것을 알 수 있다.

"나를 알아주는 사람이 없구나. 하늘을 원망하지 않고 사람 탓을 아니하며 아래에서 배워 위에 다다른 나를 알아주기는 하느님뿐이다.(莫我知也夫 不怨天不尤人下學而上達 知我者其天乎)"(《논어》헌문 편)

이 말과 《논어》 술이 편에 나오는 "하늘이 내게 속알(얼나)을 낳으셨다(天生德於予)."라는 말씀으로 공자를 가깝게 느끼며 경외하게 된다. 하학이상달(下學而上達)에 下(하)는 형이하(形而下)로 上(상)은 형이상(形而上)으로 보아도 좋을 것이다. 공자가 형이상학에 약하긴 하지만 완전히 무지(無知)한 것은 아님을 알 수 있다.

형이상의 세계는 눈에 보이지 않기 때문에 자연히 비유를 쓰게 된다. 예수와 석가는 비유의 고수(高手)들이다. 그 점이 바로 그들이 형이상학의 대가인 증거이다. 이치 캘 줄 모르고 비유 들 줄 모르는 이는 형이상의 스승이 될 수 없다.

류영모가 정신 세계의 스승 노릇을 잘하려면 비기기(비유 들기)를 잘해야 한다고 말하는 것을 서울 종로 YMCA 연경반 강의에서 필자가 직접 들었다. 비유의 말은 말귀를 알아듣는 슬기의 귀를 지니고 있어야 알아들을 수 있다. 그래서 예수는 자주 "들을 귀가 있는 사람은 알아들어라."(마태오 13:9)라고 말하였다. 귀 없는 이가 어디 있는가? 귀머거리도 귀는 가지고 있다.

장자의 말이다.

"귀로 듣지 말고서 맘으로 들어라. 맘으로 듣지 말고서 민맘(氣)으로 들어라. 귀로 듣기를 멈추어라. 맘을 (제나에) 맞추기를 멈추어라. 민맘이란 것은 (맘을) 비우고 물욕을 막은 것이다. 오직 얼은 빔(맘)에 모인다. 빔이란 마음이 깨끗한 것이다.(無聽之以心而聽之以氣 耳止於聽 心止於符 氣也者 虛而待物者也 唯道集虛 虛者 心齋也)"(《장자》 인간세편)

예수의 말씀을 바로 알아들으려면 깨끗한 빈 마음이 있어야 된다는 말이다. 공손추가 맹자에게 선생님께서 남보다 나은 점이 무엇인지 알고 싶다고 묻자, 맹자가 대답하기를 "나는 말을 알아듣고 내 맘에 거룩한 얼을 잘 기른다(我知言 我善養吾浩然之氣)."(《맹자》 공손추 상편)고 말하였다. 공자가 "예순에 드니(말씀 듣기에) 귀가 부드러워졌다(六十耳順)."고 한 것도 마찬가지 말이다. 예수는 하느님으로부터 말 없는 말씀을 듣고 하느님의 말씀을 전하였다. 얼나의 말씀은 얼나가 듣고 제나는 알아듣지 못한다.

어느 무교회 신자가 이 사람에게 물었다. 그이는 류영모의 말씀도 여러 번 들은 사람이다. 예수님이 말씀하시기를 "내가 곧 길이요 진리요 생명이니 나로 말미암지 않고는 아버지께로 올 자가 없느니라."

(요한 14:6, 한글개역)고 하였으니 반드시 예수를 믿어야 하늘나라에 들어갈 수 있지 예수 말고 석가나 공자를 믿어서는 하늘나라에 들어가지 못하는 것이 아니냐는 것이었다. 류영모가 예수 외에도 노자, 공자, 석가 얘기를 두루 하는 데 대한 불만의 표현이기도 하였다. 제나와 얼나가 있다는 것을 모르는 소리였다. 얼나는 제나로는 죽고 하느님으로부터 받은 하느님의 생명이기에, 예수의 얼나나 석가, 공자의 얼나나 한 얼나로 한 생명인 것이다. 깨달은 얼나만이 하느님 아버지께 갈 수 있다는 말을 엉뚱하게 풀이한 것이다. 제나와 얼나를 구별하지 못하는 제나의 사람은 하느님 아버지께 이르지 못한다. 제나는 몸나와 더불어 없어지는 것이다. 말귀를 바로 알아듣는 게 얼마나 중요한가를 이로써 알 수 있다. 나이가 60이 넘도록 성경을 읽고 예배를 보았으면서도 아직도 얼나와 제나를 구별 못하다니 참으로 안타깝다. 예수도 자기 말은 "진리 편에 선 사람은 내 말을 귀담아듣는다."(요한 18:37)고 하였다.

예수가 땅의 아버지를 따라 목수 일을 하였다고 하는데 "내가 한 말을 듣고도 실행하지 않는 사람는 모래 위에 집을 짓는 어리석은 사람과 같다."(마태오 7:26)와 같이 건축에 관한 비유는 비교적 적게 나오는 데 반하여 농사에 비유한 말은 많다. 씨앗에 관한 비유의 말씀을 몇 개만 든다.

"자, 들어보아라. 씨 뿌리는 사람이 씨를 뿌리러 나갔다. 씨를 뿌리는데 어떤 것은 길바닥에 떨어져 새들이 쪼아 먹고 어떤 것은 흙이 많지 않은 돌밭에 떨어졌다. 흙이 깊지 않아서 싹은 곧 나왔지만 해가 뜨자 뿌리도 내리지 못한 채 말라버렸다. 또 어떤 것은 가시덤불 속에 떨어졌다. 가시나무들이 자라자 숨이 막혀 열매를 맺지 못하였다. 그러나 어떤 것은 좋은 땅에 떨어져서 싹이 나고 잘 자라 열매를 맺었는데, 열매가 삼십 배가 된 것도 있고 육십 배가 된 것도 있고 백 배가 된 것도 있었다."(마르코 4:3~8)

"하느님 나라는 이렇게 비유할 수 있다. 어떤 사람이 땅에 씨앗을 뿌려놓았다. 하루하루 자고 일어나고 하는 사이에 씨앗은 싹이 트고 자라나지만 그 사람은 그것이 어떻게 자라는지 모른다. 땅이 저절로 열매를 맺게 하는 것인데 처음에는 싹이 돋고 그 다음에는 이삭이 패고 마침내 이삭에 알찬 낟알이 맺힌다."(마르코 4:26~28)

"하느님 나라를 무엇에 견주며 무엇으로 비유할 수 있을까? 그것은 겨자씨 한 알과 같다. 땅에 심을 때에는 세상의 어떤 씨앗보다도 더욱 작은 것이지만 심어놓으면 어떤 푸성귀보다도 더 크게 자라고 큰 가지가 뻗어서 공중의 새들이 그 그늘에 깃들일 만큼 된다."(마르코 4:30~32)

이처럼 예수는 하느님의 생명인 얼이 이 세상에 나타나는 과정을 씨가 싹이 터 자라는 것에 비유했다. 그런데 우리말에 '씨알머리' 없는 놈이나 '속알머리' 없는 놈이라면 양지(良知)가 없는 사람이라 하여 사람 대접을 못 받았다. 싸가지 없다는 말도 비슷한 말이다. 예수만 씨를 영적인 생명에 비유한 것은 아니었던 것이다. 한발 더 나아간 비유의 말이 있다.

"한 알의 밀알이 땅에 떨어져 죽지 않으면 한 알 그대로 있고 죽으면 많은 열매를 맺느니라. 제나의 목숨을 사랑하는 이는 마침내 잃어버릴 것이요 이 세상에서 제나의 목숨을 미워하는 이는 영원한 생명인 얼나를 깨닫게 된다."(요한 12:24~25, 박영호 의역)

그리스어로 '씨'는 스페르마(σπερμα) 또는 스포라(σπορα)이다. 그런데 이와 음이 비슷한 것으로 '십자가'라는 뜻의 스타우로스(σταυρος)가 있다. 사람의 몸이 십자 형태로 생겨 십자가가 만들어진 것이다. 몸이 죽어 송장으로 굳어지면 그대로 십자가이다. 제나로 죽어 얼나로 솟나는 것이 십자가의 비의가 있는 것 같다. 제나가 죽어서 얼나로 솟난다는 것은 불변의 진리이다. 류영모가 말하였다.

"먼지 한 알갱이 같은 나라는 존재인데 내 마음속에 하느님의 씨가 있다. 이 씨가 참나임을 깨달으려고 하는 것이 삶의 지상(至上) 목표이다. 그런데 이 세상에도 몇천 년의 인류 역사가 흘렀는데도 하느님이 주신 얼씨의 싹을 틔운 이는 몇 사람 안 된다. 멸망할 제나를 참나로 착각하고 바라만 보는 세상에 얼씨를 싹 틔운 이가 있을 리가 없다. 이 사람은 이 얼씨의 싹이 텄는지 모르는 가운데 정신적인 살림이 구차하나 이렇게 사는 것을 나는 자랑하고 싶다. 언제나 마음이 평안하다. 옆에 사람들은 알 수 없겠지만 하느님의 얼씨가 맘속에서 싹이 트는 척만 해도 기쁘기 그지없는데 씨의 싹이 자라난 사람은 얼마나 좋을 것인가. 얼씨의 싹이 튼 사람으로 온 세상이 가득 찬다면

이 세상이 아주 달라질 것이다."(류영모, 《다석어록》)

류영모는 얼의 씨알에 대한 성경의 근거를 요한1서에서도 찾았다.

"하느님께로서 난 자마다 죄를 짓지 아니하나니 이는 하느님의 씨가 그의 속에 거함이요 저도 범죄치 못하는 것은 하느님께로서 났음이라."(요한1서 3:9, 한글개역)

하느님 따로 있고 하느님의 씨가 따로 있는 것이 아니다. 하느님 생명인 얼이 내 마음속에 와 영향을 끼쳐서 나를 의식화(意識化)하는 과정을 나타내기에 좋은 말이라서 하느님의 씨라고 말한 것이다. 하느님의 씨는 곧 하느님의 아들이다. 그러나 결국은 하느님의 얼생명의 한 긋이라 씨라 하지만 그것이 바로 하느님이다.

예수가 "아버지와 나(얼나)는 하나이다."(요한 10:30)라고 한 것이 이 때문이다. 마하트마 간디가 "신을 우리의 마음속에 모시면 나쁜 생각도 나쁜 행동도 할 수 없다."(간디, 《날마다 한 생각》)고 한 말과 같다. 씨도 얼의 씨요 긋도 얼의 긋이다. 우리말의 얼(靈)과 영어의 'all'은 어원이 닿아 있는 듯하다. 발음도 비슷하고 뜻도 통한다. all은 온통이다. 아랍어의 '알라'와 같이 하느님을 뜻한다고 볼 수 있다. 예수는 말하기를 "하늘에 계신 아버지께서 완전하신 것같이 너희도 완전한 사람이 되어라."(마태오 5:48)라고 한 것은 하느님처럼 전체 의식을 가지고 차별 없는 사랑을 하라는 말씀이다. 차별 없는 사랑을 하는 이는 얼이 마음에 온 어른이다. 씨는 영어 seed(씨)와 음이 비슷하다. 아랍어로는 '바드라'인데 얼씨는 무조건 받으라는 말로 생각하면 좋을 것이다. 이 세상 모든 사람이 얼씨를 받아 여기서도 저기서도 얼씨를 받은 이라면 여기도 얼씨구 저기도 얼씨구 이얼씨구 저얼씨구가 얼씨구 절씨구가 되었는지도 모르겠다.

예수는 형이상(形而上)의 대가답게 하느님의 생명인 얼(성령)에 대해 씨 말고도 여러 가지 비유를 들었다. 예수는 니고데모가 듣는 데에서는 얼나를 바람에 비겼다. "바람이 임의로 불매 네가 그 소리를 들어도 어디서 오며 어디로 가는지 알지 못하나니 성령(얼나)으로 난 사람은 다 이러하니라."(요한 3:8, 한글개역)

예수는 사마리아 여인에게는 얼나(성령)를 샘물에 비겼다. "이 물을 먹는 자마다 다시 목마르려니와 내가 주는 물을 먹는 자는 영원히 목마르지 아니하리니 나의 주는 물은 그 속에서 영생하도록 솟아나는 샘물이 되리라."(요한 4:14, 한글개역)

예수는 제자들에게 자신이 하느님 아버지로부터 얼(성령)생명을 받은 사람임을 증언하며 얼을 빛에 비유하였다. "빛이 있는 동안에 빛을 믿고 빛의 자녀가 되어라."(요한 12:36)

그밖에도 예수는 하느님이 주신 얼생명을 누룩에 비기기도 하고 보물에 비기기도 하였다.

류영모가 하느님이 주신 얼나를 씨로 나타낸 말을 하나 더 옮긴다.

"이 고깃덩어리 몸나는 온통 죄악이다. 깜짝 정신을 차리지 못하면 내 속에 있는 하느님 아들인 얼나를 내어쫓고 이 죄악 몸뚱이가 차지하게 된다. 그러므로 사람은 얼나를 깨지 않으면 멸망해버린다.

이 몸은 멸망하고 만다. 그런데 내 맘속에 죽지 않는 하느님 아들의 씨가 있어서 이 씨인 얼나로 죽지 않고 영생한다. 하느님이 사람들에게 독생자를 주셨다는 것은 하느님의 씨를 우리에게 주셨다는 것이다. 이 몸은 짐승이다. 그러나 다른 짐승과 다르다. 내 속에 있는 하느님의 씨가 있어서 이것을 깨달으면 얼나로는 하느님의 아들이 된다. 우리가 뭐라고 이 짐승인 우리에게 위로부터 난 영원한 생명인 얼나를 주셨으니 이게 정말 사랑 아닌가?"(류영모,《다석어록》)

다음은 《다석일지》 1971년 9월 20일 자에 실려 있는 류영모의 시문이다.

씨올*의 소리 듣잡고져
속올*이 밝는 대로 씨올도 힘차오리다.
속올머리가 없을 적에 씨올머린들 남아나릿가?
우리들은 이 1*들이랍니다.
머리는 한울로 들어
일러 내리는 말* 바로 듣잡고
피어 퍼지는 김* 고르쉬잡니다.
발은 바닥이 땅바닥과 하나같이 돼서 못 떨어지듯이
돌아만 갑니다.
그러나 머리도 발도 몸덩이에 달렸습니다.
또 몸덩이 속에는 몸이 들었고 몸 속에는 속올이 들었습니다.

속올은 밝고 밝아 밝고 밝아집니다.

밝는대로 알고 알아집니다.

아는 대로 힘쓰고 쓰는 대로 나고 나는 대로 가득 차리다*

참입니다. 빛월* 보이오리 우리 1빛월은

보이는 대로 꼐 계* 돌리오리니 우리 아바 뫼신 계시골*입니다.

우리 울월* 울님*으로 이 슬사리* 살어질 제* 이 땅사리*도 어질 제*

우리 솟아오르리* 예서 계로*

땅살 살살이로다.

(류영모, 《다석일지》 1971. 9. 20.)

씨올 나라의 임자인 민(民)을 가리킨다. **속올** 하느님의 얼(성령, 불성)이 내 맘속에 임재하는 것 덕(德)이다. 속알머리. 씨올머리도 같은 말로 사람들이 상용하던 말이다. **이 1** 사람이 여느 짐승과 달리 하늘로 머리 두고 하느님을 받들고자 하는 올곧게 선 사람을 칭한다. **일러 내리는 말** 하느님께 이르시는 말 없는 말씀. **피어 퍼지는 김** 맑은 공기인 동시에 사람에게 일러져 세상에 퍼지는 거룩한 분위기. 이른바 호연지기, 곧 성령이다. **아는 대로 힘쓰고 쓰는 대로 나고 나는 대로 가득 차다** 우리는 하느님을 모르는 만큼 안다. 태아가 어머니를 느끼듯 안다. 아는 만큼 하느님을 사랑하는 데 마음을 쓰고 마음을 쓰면 맘속에 하느님의 사랑(성령)이 충만해진다. **빛월** 하느님의 황홀한 영광의 모습. 영광의 모습을 본 만큼 하느님의 찬미로 돌려드린다. **꼐 계** 얼로 계시는 하느님. **계시골** 하느님이 계시는 절대 세계 곧 얼의 나라. **울월** 하느님을 우러르다. **울님** 우리 머리 위에 받들어 일 우리 임. **슬살이** 육신의 생활. **살어질 제** 살아가는 동안. **땅사리** 이 지상에서의 육신의 삶. **어질 제** 어질고 착하게 살면. **솟아오르리** 얼나를 깨달아 하느님께로 솟나리. **예서 계로** 이 땅에서 하느님께로, 차안에서 피안으로.

류영모와 함석헌의 씨알 정신

류영모는 말에서 하느님의 자취를 찾고 말에서 하느님의 숨길을 느꼈다. 그래서 말에 대해서 이렇게 말하였다.

"우리가 이상한 게 아무것도 없는데 말을 가진 게 제일 이상하다. 성경에는 천지 만물도 말씀으로 지었다고 하고 말씀만이 남는다고 하였다. 말 가운데 으뜸가는 말이 말의 말씨라 한다. 한마디로 평생 갈 말은 없는데 사람들은 좌우명(座右銘)이라 하여 그것을 찾는다. 나의 간단한 말로는 '제계'가 있는데 저기 거기의 하느님의 얼나라란 뜻이다. 불교에서 말하는 피안(彼岸)이란 뜻이다. 하느님의 얼나라를 말한다. 제계로 돌아가자는 것이 예수, 석가의 귀일(歸一) 정신이다." (류영모, 《다석어록》)

정자(精子)가 난자(卵子) 속으로 들어가면 자신은 소멸하듯 제나가 참나인 얼나에 소실되는 순간이 참나를 깨닫는 순간이다. 그것을 류영모는 근(가온)찍기라 하였다 하였다. 틸리히(Paul Tillich)의 '카이로스', 샤르뎅의 '오메가포인트', 석가의 모크샤(moksha), 노자의 황홀, 장자의 좌망(坐忘)이 그것이다. 이런 말은 스스로의 체험을 스스로 말을 만들어 나타낸 것이다.

류영모는 형이하의 세계에서 쓰는 말을 형이상의 세계에 비겨서 쓰기도 하고 아니면 새로 만들어서 썼다.

우리말에 民(민)을 나타낼 말이 없으니 民(민) 자를 그대로 쓰거나 백성(百姓)이라고 하였다. 류영모는 인민을 순수한 우리말로 '씨알'이라 썼다. 씨알이란 말은 원래 있던 말이지만 민(民)을 씨알이라고 한 것은 우리말이 생기고서는 처음일 것이다. 그런데 씨알이란 말을 세상에 널리 퍼뜨린 사람은 함석헌이다. 함석헌은 〈씨알의 소리〉를 발행하면서 '씨알'을 백성의 뜻으로 처음 쓴 이는 류영모라는 사실을 밝혔다. 함석헌은 류영모의 서울 종로 YMCA 연경반 강의를 듣는데, 유교 경전의 하나인 《대학(大學)》에 나오는 "재명명덕(在明明德)하며 재친민(在親民)하고"를 스승 류영모가 다음과 새겼다고 밝혔다. "밝은 속알 밝히는 데 있으며 씨알 어베는 데 있다."

　나라 사랑의 뜨거운 충심이 함석헌을 군사 정권이 무너뜨린 민주 국가 재건 운동의 선봉장으로 서게 하였다. 그리하여 그는 여러 곳에 초청되어 군인들은 정치에 손을 떼고 국방이라는 본연의 임무로 돌아가라는, 이른바 '민주화 운동'이라는 시국 강연을 하지 않을 수 없게 되었다. 한번은 강연을 하다가 쓰러져 혼절을 한 일도 있었다. 함석헌이 추진한 민주화 운동의 방법은 마하트마 간디의 비폭력 무저항과 소로의 시민 불복종이었다. 함석헌이 강연 시간마다 빠뜨리지 않고 말하는 것이 있었으니, 바로 '씨알'이라는 낱말 쓰기를 권장하는 것이었다. 국민, 백성, 민중, 인민이란 말은 모두 한자에서 빌린 말이므로 순수한 우리말로 '씨알'이란 낱말을 민(民)을 대신해 쓰자는 주장이었다. 뒤에 잡지를 낼 때 잡지 이름도 〈씨알의 소리〉라 하였다. 잡지 창간 전에 천안에 일하면서 공부하는 공동체를 만들었는데, 농장 이름도 '씨알농장'이라 하였다. 함석헌은 농장도 순우리말로 '여름질터'라고 하였다. 물론 이것도 류영모에게서 나온 것이다. 류달영이 서울 농대 교수로 재직할 때 북한산 아래 사는 류영모의 집을 방문하였다. 류영모가 농대 교수인 류달영에게 농업이니 농사니 해도 한문에서 온 낱말인데 순우리말로는 뭐라 했으면 좋겠느냐고 물었다. 류달영이 선뜻 대답을 못하자 류영모가 말하기를 "농사 농 (農) 자를 여름 농이라고도 했어요. 과일이나 곡식의 열매가 열린다는 열음이지요. 그래서 농사를 여름일 또는 여름질이라 하면 어떨까요?"라고 하자 류달영이 좋다고 대답하였다는 것이다. 이 사람이 성천 류달영에게 직접 들은 말이다. 류영모는 씨알을 두 가지 뜻으로 썼다. 싹이 안 튼 씨알은 민(民)의 뜻으로 쓰고 싹이 튼 씨알은 얼(靈)의 뜻으로 썼다. 다시 말하면 형이하의 씨알은 민(民)이고 형이상의 씨알은 얼이다. 혼돈하지 말아야 한다. 씨알은 오로지 싹이 터야 씨알 노릇을 한다. 싹틀 가능성을 지녔기에 씨알의 값어치가 있는 것이다. 예수가 씨알은 땅에 떨어져 죽어야 씨알 노릇을 할 수 있다고 했는데 그 말이 바로 씨알은 싹이 터야 한다는 말이다.

그런데 民(민) 자가 좋지 않은 게 중국 글자라서만이 아니다. 눈알을 바늘로 찔러 눈동자가 없는 얼굴 모습을 그린 상형문자가 民 자이다. 위정자들은 백성들이 문맹자가 되면 어리석어 다스리기가 쉽지만 백성들의 글눈이 밝으면 시비를 따져 다스리기 어려워지므로 일부러 눈뜬 장님을 만들었다는 것이다. 그 사실을 상형한 것이 民 자라는 것이다. 위정자들이 얼마나 교활하며 또 피지배자들이 얼마나 어리석은가를 잘 나타낸다. 하느님의 씨를 품은 씨알들이요 땅나라 임자(民主)가 씨알이다. 예수가 말하기를 "온유한 자는 복이 있나니 저희가 땅을 기업으로 받을 것임이요."(마태 5:5, 한글개역)라고 하였다. 그러니 삼손처럼 눈알 뽑힌 맹민(眼民)의 시대는 지나갔고 씨알 시대가 열린 것이다. 류영모는 지난 맹민의 시대를 이렇게 평하였다.

"우리가 역사를 보면 임금이라는 것이 있어서 세상 사람들을 깔고 앉아 충성을 바랐는데 지금 생각하여보면 참으로 우스운 일이다. 사람이 사람 위에 서 있는 것이 우스운 일이 아닌가? 그 뒤로 민주 정치가 발달되어 지금은 밝아진 세상이다. 사람 위에 사람이 없어졌다. 임금이 없어진 세상에 민주 정치가 시행되는 이 땅에 아직도 우스운 사람이 있는 것은 무어라 말할 수 없다. 세상에서 높은 분은 하느님 한 분밖에 없다. 이것을 모르고 아직도 우스운 짓을 하고 있는 민족이야말로 마지막에 이른 우스운 민족이 아닐 수 없다."(류영모,《다석어록》)

류영모의 씨알 정신은 예수의 씨알 정신에 기초를 두고 있다. 예수는 하느님의 나라를 세우는 것이 궁극적인 비전(vision)이다. 땅에는 하느님 나라가 없는데 땅 위에 하느님 나라를 이루는 것이 이상(理想)이다. 이 땅 위에 모든 씨알이 얼나를 깨달아 얼의 나라(하느님 나라)를 이루기까지는 이 땅에 민주주의가 잘 운영되기를 바란다.

"씨알 위함이 하느님 위함이다. 예수는 모른다 하면서 하느님만

섬긴다 함도, 하느님을 모른다 하면서 씨알만 위한다 함도 다 거짓이다. 이 시대가 민주주의 시대가 되었으니 처음부터 마음이 민주(民主)가 되어야 한다. 씨알이 나라의 임자가 된 것은 하느님의 뜻이요 하느님의 길이다. 그러므로 자연적으로 그리 된 것이다. 모든 게 씨알을 위한 것이 되어야 한다. 참으로 민주주의라면 주의(主義)가 없어져야 한다. 주의가 있으면 전제(專制)가 된다. 우리가 민주주의 시대에 사니 그 민주주의라는 것은 참으로 귀한 것이다. 우리는 민주 제도가 중하고 귀한 것을 알아야 한다. 대중(大衆)이 옳고 그른 것을 구별하는 데서 민주의 무게가 있다.

바른 자리에 옳지 않은 사람이 앉아 있는 것을 구별하여 내고 옳은 사람이 오르지 않는 것을 구별해야 민주주의의 무게가 있게 된다. 정치의 이상(理想)은 예수가 말한 '하늘에 계신 아버지의 온전하심과 같이 너희도 온전하라.'(마태 5:48, 한글개역)가 아니겠는가? 이 씨알이 스스로 민주주의 나라의 시민이 된 것을 감격스레 생각해야 참 민주주의가 된다."(류영모, 《다석어록》)

류영모는 나라의 이상(理想)을 "하늘에 계신 아버지께서 온전하신 것같이 너희도 온전한 사람이 되어라."에 두었다. 그리스어로 온전한(τελειος, 텔레이오스)과 죽다(τελευταω, 텔류타오)는 어원이 같다. 제나가 죽는 것이 온전한 것이다. 제나가 죽는다는 것은 제나의 삼독이 죽는 것이다. 수욕(獸慾)이 살아 있으면 온전할 수가 없다. 예수가 "하늘에 계시는 아버지께서 온전하신 것같이 너희도 온전한 사람이 되어라."라고 할 때 온전함에 대한 설명이 있었으니 이러하였다.

"네 이웃을 사랑하고 네 원수를 미워하라 하였다는 것을 너희가 들었으나 나는 너희에게 이르노니 너희 원수를 사랑하며 너희를 핍박하는 자를 위하여 기도하라. 이같이 한 즉 하늘로 계신 너희 아버지의 아들이 되리니 이는 하느님이 그 해를 악인과 선인에게 비춰게 하시며 비를 의로운 자에게 내리우심이니라. 너희가 너희를 사랑하는 자를 사랑하면 무슨 상관이 있으리요. 세리도 이같이 아니하느냐."(마태 5:43~48, 한글개역)

제나를 넘어섬으로 제나에 걸린 이해(利害), 애증(愛憎), 생사(生死)를 초월하여 차별 없는 사랑을 하는 것이 하느님 아버지처럼 온전하게 되는 것이다.

제자들을 잘 가르치는 선생은 제자들로 하여금 선생이 필요 없이 살아갈 수 있도록 가르쳐야 한다. 나라를 잘 다스리는 지도자는 지도자가 필요 없도록 다스려야 한다. 그래서 노자나 소로는 적게 다스리는 정부, 안 다스리는 정부가 이상적인 정부라고 말하였다. 제각기 제 자신을 다스린다면 완전한 자치가 될 것이다. 제나로 죽고 얼나로 솟나면 모두가 하느님이 다스리는 하느님 나라에서 살게 된다. 땅의 나라 따위는 필요 없게 된다. 예수, 석가, 류영모가 무정부주의자는 아니다. 얼나(하느님)가 다스리는 하느님 나라에 살았다. 예수가 제자들에게 가르쳐준 기도문에 나오는 "나라이 임하옵시며"라는 기도의 말씀은 예수가 끊임없이 얼로 하느님과 교통하는 하느님 나

라에서 살았다는 증표이다. 예수, 석가의 기도 명상이 그대로 얼의
나라에 살았다는 증거이다. 예수, 석가가 죽은 뒤에 생긴 기독교와
불교는 예수와 석가의 뜻을 받아 이루어진 것이 아니다.

예수는 세상을 떠나면서 제자들에게 얼나(보혜사)의 가르침을 받
으라고 말하였고 석가는 세상을 떠나면서 얼나(Dharma)에 귀의하라
고 가르쳤다. 류영모는 이 사실을 잘 알고 있었다.

"공자의 말씀에 백성을 알게 하지 않는다는 말이 있다. 그리하여
공자는 전제주의 사상이라 하였다. 깨지 못한 백성이 많은 곳에서는
공자의 입장을 꼭 전제(專制)라고만 볼 수 없지 않을까. 그 옛날에 언
제 그 많은 백성을 모두 다 가르친단 말인가? 오늘에는 국민이 주권
자인 만큼 국민이 알 건 알아야 한다. 전 국민이 모든 것을 알게 된
다면 정부는 필요 없게 된다. 다 아는 국민이라면 자치적으로 처리할
것이다. 몰라도 좋은 것은 가르치지 않아도 좋을 것이다. 정말 알아
야 할 것은 꼭 가르쳐야 하는데 그렇지 못한 것이 이 세상이다.

예수가 가르쳐준 기도문의 나라는 얼의 나라, 얼의 나이다. 얼로는
나라와 나가 다르지 않다. 얼이란 유일 절대(唯一絕對)한 하느님이기
때문이다. 땅 위에서 이뤄진 나라는 쫓아갈 필요가 없다.

세상의 나라를 쫓아간 것이 오늘날 이러한 나라를 만들고 말았다.
본생명의 자리인 얼나라를 세워 나가야 한다. 그러지 않으면 얼나라
는 서지 않는다. 자기의 참나인 얼나라를 찾은 다음에는 그 얼나라에
서 떠날 수 없다. 그렇게 되면 영원한 생명을 붙잡은 것이 되고 소위

구원을 얻은 것이 된다."(류영모,《다석어록》)

류영모는 민주(民主)의 나라를 잘해야 한다고 하면서 한편으로는 땅의 나라를 쫓아가지 말라고 하며 모순된 태도를 보이는 것 같다. 거기에는 조심해서 살펴보아야 할 점이 있다. 씨알을 지배하고 수탈하고 혹사하는 이제까지의 땅의 나라를 거부한 것이다. 류영모는 말하였다.

"사람은 이해타산으로 싸우기를 좋아하는데 싸울 대상은 자기이지 남이 아니다. 자신의 제나를 이겨야지 남을 이겨서 무얼하나. 그런데 세상에는 남 위에 서려고 하는 사람이 참으로 많다. 온 세상을 깔고 앉아보아도 자기의 제나를 이기지 못하면 무슨 유익이 있나? 제나를 이기지 못하면 영원한 생명을 깨닫기는 멀다. 남을 이기는 것은 나와 남을 죽이는 일이요 제나를 이기는 것은 승리요 생명이다. 참을 찾아 올라가는 길이 제나를 이기는 승리의 길이다.

남을 비웃고 사는 것을 자꾸 익히고 남 위에 서기를 자꾸 익히고 있다. 우로 올라가는 옳은 길을 버리고 남 비웃기를 잘하는 씨알들이 뭉친 나라는 불행한 나라이다. 이 나라가 그러한 나라가 되어 가고 있다."(류영모,《다석어록》)

이는 예수가 보여주고 가르쳐준 정치관 그대로이다. 자리 다툼하려는 제자들을 불러 모아놓고 예수가 말하였다. "너희도 알다시피 세상에서는 통치자들이 백성을 강제로 지배하고 높은 사람들이 백성을 권력으로 내리누른다. 그러나 너희는 그래서는 안 된다. 너희 사이에서 높은 사람이 되고자 하는 사람은 남을 섬기는 사람이 되어야 하고 으뜸이 되고자 하는 사람은 종이 되어야 한다. 사실은 사람의 아들도 섬김을 받으러 온 것이 아니라 섬기러 왔다."(마태오 20:25~28)

예수가 말하기를 "사람이 어떤 죄를 짓든 입으로 어떤 욕설을 하든 그것은 다 용서받을 수 있으나 성령(하느님)을 모독하는 사람은 영원히 용서받지 못할 것이며 그 죄는 영원히 벗어날 길이 없을 것이다."(마르코 3:28~29)라고 하였다. 예수가 말하는 성령은 곧 하느님이시다.

예수가 직접 말하기를 "하느님은 영이시다."(요한 4:24, 한글개역)라고 하였다. 하느님이 얼이신 것을 모르거나 얼나로 솟날 줄 모르면 얼을 무시하였으니 모독한 것이다. 하느님을 사랑하는 길은 제물을 바치는 것도 아니요 예배를 올리는 것도 아니요 제나로 죽고 얼나로 솟나 하느님 아들이 되는 것이다.

예수는 이 세상에 섬김을 받으러 온 것이 아니라 섬기러 왔다고 하였다. 이것이 이웃을 사랑하는 일이다. 예수는 이 세상에서 사람을 어떻게 사랑해야 하는가를 가르쳐주었다.

"너희는 이 보잘것없는 사람들 가운데 누구 하나라도 업신여기는 일이 없도록 조심하여라. …… 너희의 생각은 어떠하냐? 어떤 사람에게 양 백 마리가 있었는데 그중의 한 마리가 길을 잃었다고 하자. 그 사람은 아흔아홉 마리를 산에 그대로 둔 채 그 길 잃은 양을 찾아

나서지 않겠느냐? 나는 분명히 말한다. 그 양을 찾게 되면 그는 길을 잃지 않은 아흔아홉 마리 양보다 오히려 그 한 마리 양 때문에 더 기뻐할 것이다. 이와 같이 하늘에 계신 너희의 아버지께서는 이 보잘것없는 사람들 가운데 하나라도 망하는 것을 원하시지 않는다."(마태오 18:10~14)

예수는 자기 목숨을 바칠 두 대상을 말하였다. "나는 오직 진리를 증언하려고 났으며 그 때문에 세상에 왔다."(요한 18:37) "벗을 위하여 제 목숨을 바치는 것보다 더 큰 사랑은 없다."(요한 15:13) 곧 하느님과 사람이다. 그러나 예수에게 돌아온 것은 비방이요, 모욕이요, 박해요, 죽음이었다. 그러나 예수는 거기에 대한 마음의 준비가 되어 있었다. 미워하지 않고 오히려 측은히 여기는 관용과 사랑이었다.

류영모는 이 세상에 대해서 비관도 낙관도 하지 않았다. 이 세상은 제나가 거짓나인 것을 알고서 제나를 버리고 얼나로 솟나자는 곳이다. 스윗트 홈을 벌여놓고 행복을 누리려고 온 것이 아니다. 제나에 실망하고 절망하여 제나를 버리고 얼나로 솟나 오르자는 것이다. 류영모는 이렇게 말하였다.

"옛날에 이상(理想) 시대가 있었다는 사상도 있고 미래에 이상의 시대가 올 것이라는 사상도 있다. 그러나 우리가 추측한 범위 내에서는 옛날에 좋은 때도 없었고 차차 내려오면서 언짢아졌다는 것도 믿어지지 않는다. 앞으로 천국이 온다고 해도 거기서 사람들이 정신적으로 얼마나 키가 커지겠는가? 뭣이 이상적으로 될 것인지 사람이 몸을 가진 이상 그대로 바로 되리라고 믿어지지 않는다. 나는 이 세상을 다 살아 그런지는 몰라도 이 세상에서 뭔가 된다는 것은 우습다. 이 세상에서 되는 게 뭣이 있는가? 장사가 잘된다는 등 이 따위 것이 있을지 몰라도 그러나 그게 되는 건가? 이 세상이 달라진 게 있다면 사람 숫자가 많아진 것, 그리고 세상이 좁아진 것 이것뿐이다. 어리석은 것들은 역시 어리석은 그대로 있고 달라진 게 없다. 나는 치국평천하(治國平天下)가 그렇게 호락호락 될 것 같지 않다. 이 세상에서는 모든 것에 제한이 있다. 형이하(形而下)에도 형이상(形而上)에도 그만큼 되는 거지 뭐든지 다 된다는 법은 없다. 그것은 욕심(慾心)일 뿐이다."(류영모, 《다석어록》)

이 사람이 20세기가 끝나는 1999년 12월 31일 밤을 새우면서 기도하였다. 20세기를 보내고 21세기를 맞는 감격을 가슴에 안고 간절히 기도를 드렸다. 21세기에는 이 땅 위에서 사람끼리 서로 싸우고 죽이는 일만은 일어나지 않기를 빌고 또 빌었다. 그러나 그 기도는 헛일이었다. 21세기가 되어서도 20세기와 마찬가지로 사람끼리 서로 죽이는 일이 줄곧 일어나고 있다. 이러한 세상에서 살다가 죽는 것이 무슨 의미가 있단 말인가? 다람쥐가 쳇바퀴를 아무리 굴린들 무슨 보람이 있는가? 사람이 세월의 쳇바퀴를 애써 돌린들 늙어 죽는 것밖에 더 있는가?

"헛되고 헛되며 헛되고 헛되니 모든 것이 헛되도다. 사람이 해 아래서 수고하는 모든 수고가 자기에게 무엇이 유익한고. 한 세대는 가

고 한 세대는 오되 땅은 영원히 있도다."(전도서 1:2~4, 한글개역)

류영모는 이렇게 말하였다.

"삶의 목적이 삶에 있다면 그 참삶은 오직 하느님에게 있지 결코 이 땅에 있는 것이 아니다(在天不在地). 삶의 참뜻은 보이지 않는 영원한 허공인 하느님에게 있지 여기 이 환상계(幻像界)에 있지 않다. 땅이란 물질로 된 상대 세계를 말한다. 세상 사람들은 거의가 세상의 나라를 잘 다스려야 한다고 한다. 그러나 사람이 하느님에게 가는 일을 잘해야지 세상의 나라를 잘 다스려야 한다는 것은 기어코 헛일밖에 안 된다. 사람들은 하느님에게 먼저 할 것을 땅에 먼저 한다. 사는 목적을 하느님에게 두지 않고 이 세상에 둔다.

이 세상에는 우리가 가질 목적이 없다. 이 땅에서 참이라고 하는 것은 상대적인 참이지 온전한 참이 아니다. 그러기에 우리는 머리를 하늘에 두고 몸과 맘을 곧게 하여 하느님께 가까이 가려고 애를 쓰는 것이다. 사람에겐 할 수 없는 일, 해서는 안 될 일이 여간 많지 않다. 사람이 할 수 있는 일이요 해야 할 일이란 머리를 하늘로 두고 다니는 일이다. 이것만이 사람이 할 수 있는 일이요 해야 할 일이다. 이것은 하느님을 사모하여 우리의 생각(사상)을 더 위로 더욱더 위로 높이자는 것이다."(류영모, 《다석어록》)

이 세상을 더 좋은 세상으로 만드는 것이 삶의 목적이라면 예수, 석가가 왔다 간 세상이 어찌해 이 모양이란 말인가. 이 나라에서 만도 9시간 30분마다 살인이 일어나고 6시간 15분마다 강도 사건이 일

어나고 1시간 30분마다 강간이 벌어진다. 어린이 성폭행이 하루에 3
건씩 일어나고 있다. 참으로 어이가 없는 일들이 벌어지고 있다. 끔
찍하고 부끄러운 세상이 아닌가? 류영모는 이렇게 말하였다.

"붓다가 나타난다, 예수가 온다느니 하지만 그런 분이 나타났다고
해서 사람들이 잘살았다는 것은 아니다. 한 줄기 이어 내려오는 영원
한 생명의 얼줄을 올바르게 이어 온 시대가 좋은 시대이고 그 시대를
올바르게 지도한 이가 붓다가 되고 예수가 되었던 것이다. 역사에서
그전 사람들이 잘한다고 한 것이 틀림없는데 아직 이 모양이다. 잘하
면 된다고 한다면 벌써 예수, 석가 시대에 잘되었어야 할 것이다. 그
렇다고 이 세상은 아무것도 잘되는 것이 없다고 하여도 안 된다. 정
안 될 것 같으면 벌써 안 되었을 것이다. 이미 떨어뜨린 씨는 눈떠 자
라고 있다. 안 될 것도 아주 안 되는 것도 아니다. 상대적인 이 세상
은 그러한 것이다."(류영모, 《다석어록》)

공자가 말하기를 "뜻 있는 선비와 어진 이는 인을 다치며 살고자
함이 없다. 몸을 죽여서 인을 이룸이 있을 뿐이다.(志士仁人 無求生以
害仁 有殺身以成仁)"(《논어》 위령공 편) 이 땅 위에 모든 이들이 이런 인
애의 정신으로 살게 될 때가 언제 올까 생각만 하여도 가슴이 뗀다.

류영모는 이렇게 말하였다.

"예수를 정말 알고 염불(念佛)을 정말 하는 사람은 씨알님(얼나)을
머리에 인 사람이다. 거죽엔 거짓이라 참이 없다. 참은 마음을 비워
야 맘속에 온다. 참은 하나이다. 자기가 참이거니 하는 것처럼 거짓

은 없고 자기가 선하거니 하는 것처럼 악한 것은 없다. 자랑하고 싶지 않은 속알(德)이 최량덕(最良德)이다. 내가 제법 무던하거니 생각하는 것이 병이다.

대통령이니 총리니 하여 높은 자리에 앉게 되었다고 영광이니 축하니 한다고 하는데 이게 무슨 놈의 일인가? 글쎄 정치는 아파하는 민중을 위해서 의사 노릇 하는 것이다. 민중이 아무 일 없으면 의사가 필요 없다. 축하한다는 것은 마치 환자가 의사를 불러놓고서 축하하는 것과 같다. 이게 무슨 놈의 일인가? 글쎄 병이나 다 낫게 해놓으면 축하요 영광이지만 성가신 의사가 무슨 영광인가?

공자가 말하기를 백성은 다 깨닫는 것이 아니라고 하였다. 그저 좋다면 이리 가고 저리 가고 한다. 좋다면 남이 하는 것은 빠지지 않고 죄다 한다. 민주 정치를 바로 하려면 참나를 깨달은 씨알(民主)의 숫자가 많아야 한다. 이 나라 지도자 가운데 몇 사람이나 얼나를 깨달은 인격인지 모르겠다. 얼나로 솟나 얼로 하느님과 이어지지 못하면 짐승 성질인 삼독의 욕심에서 헤어날 수가 없다. 이 나라의 지도자들이 엄청난 욕심을 가져 이 나라가 아직도 부패에서 헤어나지 못하고 있다."(류영모, 《다석어록》)

얼의 나라

내 나라는 이 땅의 나라가 아니다 (요한 18:36)

공산 유토피아를 이루겠다 큰소리 치면서
거짓말을 밥 먹듯 사람 죽이기를 파리 잡듯
지구 위 곳곳에 세워진 공산주의 나라들
어느 공산 국가가 공산 유토피아를 구현했나
씨알들의 자유는 사라지고 살림은 어려워져
권력 잡은 공산 귀족의 부패로 저절로 멸망해
특권을 누리려 권력 잡으려는 강박적인 욕망
모든 유인원들이 지닌 짐승 성질의 본능일 뿐
권력 잡겠다는 이들이 없어질 때 유토피아 돼

예수가 말하기를 내 나라는 이 땅 위에는 없다고
예수가 바란 나라는 하느님 나라인 얼의 나라
제나 버리고 얼나로 솟난 이가 들어가는 나라
짐승인 제나는 보지도 들어가지도 못한다고 해
석가와 예수의 삶의 목적은 얼나라에 가는 일
삶의 목적이 이 세상에 있는 것이 아니었다
죽고 나면 아무것도 아닌 삶을 살아 뭣해
하느님을 그리는 빈 맘 속에 하느님의 얼생명 와
깨달은 얼나로 하느님과 하나 되어 영원하리라
(2012. 6. 10. 박영호)

"좁은 문으로 들어가라."

사람이 살아갈 길이 한 길밖에 없다면 그 길로만 가면 될 터인데 그렇지가 않고 두 길이 있다. 두 길이 나오면 이 길로 갈까, 저 길로 갈까 망설이고 고민하게 된다. 예수는 그 두 길을 좁은 문과 넓은 문으로 구분하였다.

"좁은 문으로 들어가거라. 멸망에 이르는 문은 크고 또 그 길이 넓어서 그리로 가는 사람이 많지만 생명에 이르는 문은 좁고 또 그 길이 험해서 그리로 찾아드는 사람이 적다."(마태오 7:13~14)

이어서 예수는 좋은 열매를 맺는 좋은 나무가 되어야지 나쁜 열매를 맺는 나쁜 나무가 되지 말라고 하였다.

"너희는 행위를 보고 그들을 알게 될 것이다. 가시나무에서 어떻게 포도를 딸 수 있으며 엉겅퀴에서 어떻게 무화과를 딸 수 있겠느냐? 이와 같이 좋은 나무는 좋은 열매를 맺고 나쁜 나무는 나쁜 열매를 맺게 마련이다. 좋은 나무가 나쁜 열매를 맺을 수 없고 나쁜 나무가 좋은 열매를 맺을 수 없다. 좋은 열매를 맺지 못하는 나무는 모두 찍혀 불에 던져진다. 그러므로 너희는 그 행위를 보아 그들이 어떤 사람인지 알게 된다."(마태오 7:16~20)

좁은 문과 넓은 문은 내가 선택할 자유가 있다. 그러나 좋은 나무와 나쁜 나무는 이미 결정되어 있어 좋은 나무는 좋은 열매를 맺을 수밖에 없고 나쁜 나무는 나쁜 열매를 맺을 수밖에 없다니 운명이 두려울 뿐이다. 내가 나쁜 나무인지 좋은 나무인지 두렵기 그지없다.
그런데 찔레나무 뿌리에 장미 가지를 접목하니 찔레나무가 아름다운
장미꽃을 피우는 장미나무가 되었다. 아카시나무 뿌리에 복숭아 가
지를 접목하니 아카시나무가 탐스런 복숭아 열매가 달리는 복숭아
나무가 되었다. 이처럼 사람도 짐승으로 태어났지만 하느님의 생명
인 얼을 받아 솟나면 하느님 아들이 될 수 있다. 멸망의 넓은 길을 버
리고 영생의 좁은 문으로 들어가는 것은 그다음의 일이다. 타고나기
를 착하게 타고난 이도 없지 않지만 제나로 착한 데는 한계가 있다.
류영모는 착하기만 한 사람은 데릴사윗감밖에 안 된다고 말하였다.
류영모는 이 세상 사람들을 바라본 소감을 이렇게 말하였다.

  "세상 사람들의 마음을 보니 진리를 따르는 이는 없고 다 가짜 문
명이라는 빛에 홀려 정신이 나간 것 같다. 이에 참으로 진실한 한 점
마음으로 하느님께 기도드리고 싶은 것은 모든 인류가 하느님의 은
혜로 다 마음속의 진리의 한 점을 깨치고 나오기를 빌 뿐이다. 그것
을 위해서 하루 한 끼를 먹으면서 언제나 하느님께 나 자신을 불사
른다. 우리 사람들이 몸은 만나지만 맘은 만나지 못하는 외로운 세
상이기도 하다. 그러나 스승도 깊이 생각하고 제자도 깊이 생각해서
맘속에서 서로 아무 말도 없지만 서로 맘속에 깊이 통한 곳에서 얼이
라는 한 점의 나에서 만난다. 이 가온찍기(ㄷ)의 한 점만이 참의 점이
다. 붓다나 성인의 본체도 이 얼에 따라오고 얼에 따라가는 천명(天
命)이다. 성현(聖賢)이란 이 천명을 따라 성령을 따라 진리를 따라 사

는 사람들이다."(류영모,《다석어록》)

사람이 하지 말아야 할 것은 짐승 짓이고 사람이 해야 할 것은 하느님 아들 노릇이다. 그런데 사람은 누구나 어버이로부터 짐승으로 태어난다. 짐승으로 태어나 짐승으로 사는 짐승들은 아무런 갈등도 고뇌도 없다. 그런데 우리 사람은 짐승으로 태어나서 짐승 노릇으로 태연히 지낼 수 없는 데서 갈등이 있고 고뇌가 있다. 그런데 많은 사람들은 짐승으로 사는 데 아무런 부족함도 치욕도 느끼지 않고 사는 이들도 많다. 짐승으로만 살 수는 없다는 사람만이 갈등과 고뇌가 있는 것이다. 류영모 자신도 어려서부터 젊을 때까지는 짐승 노릇을 많이 했다고 스스로 밝혔다. 그러나 인생 본연의 목적은 짐승으로 태어났으나 짐승 노릇을 안 하는 데 있다고 말하였다.

"사람의 몸은 분명 짐승인데 짐승 생각, 짐승 노릇을 하지 않음이 얼사람으로 솟나는 우리 삶의 길이다. 다시 말하면 사람이란 다른 동식물을 직접 간접으로 잡아먹고 살고 있으나, 마음속에 하느님의 얼이 있어 맘속을 밝혀 위로 한없이 솟아나려 함이 사람이 살아가는 길이다."(류영모,《다석어록》)

이 말씀은 1960년에 서울 종로 YMCA 연경반에서 한 말이다. 그로부터 3년 전인 1957년에 《다석일지》에 사람길(人道)이라 하여 이렇게 써놓았다.

"사람길(人道)

사람의 갈 길은 짐승에서 일어나 한얼(하느님)로 가는 동안에 보이는 데(현상 세계)로부터 그 더 우로 올라가 안 보이는 데(정신 세계)로 멀리멀리 보아 들어감인가 합니다.

　　공자 말씀에 '그이(君子)의 갈 길은 어리석은(얼이성근, 류영모 주) 지아비 지어미로도 다 알아서 한다(君子之道 夫婦之愚 可以與知焉).' (《중용》 12장)고 한 것은 짐승 껍질(몸)을 마련하는 첫 토막을 가리킴이고 '그 끝에 가서는 썻어난 이(성인)도 다 못 알아 하겠다(及其至也 雖聖人亦有所不能焉).'(《중용》 12장)고 한 것은 한얼에 들어가는 토막과 또 그 끝을 볼 수 없는 위로 나갈 것을 가리킴이니이다. 그러므로 짐승 껍데기를 마련하는 데 대해서는 말이 많을수록 어리석은 말에 나올 것이요, 마침내 얼빠진 열매를 맺히어 거둡니다. 심심풀이로 그 말을 하여서는 못씁니다. 공자는 자는데 말 아니하셨다 하거니와 반드시 할 말씀이면 일어나 앉아서 하는 것이 옳겠습니다. 하물며 짐승 노릇에는 말씀은 그친 데입니다. 그 일에도 말씀을 쓰고 싶은 것은 그 일도 혹 시화(詩化)나 미화(美化)를 하고자 함이나, 짐승은 짐승이지 시(詩)가 미(美)가 어디 당(當)하리까? 몇 즈믄 해 두고 문학이란 것이 그리 하과져서도 수욕(獸慾)은 수욕대로 치태(癡態)는 치태대로 나자빠져 있지 않은가고 봅니다.

　　순수 과학적으로는 학자끼리 말도 많아야 하겠지만 일상 사람이 심심풀이 말로 그 일을 입에 담아서는 인격이 떨어지고 그 사회 품위가 가쳐질 것입니다. 이것은 참 엄격한 사회 도덕률로 세워 비례물언

(非禮勿言) 줄이 서야겠습니다.

한얼(하느님께)로 들어가면서야 겨우 짐승 껍데기를 벗는 것이 갈 길, 바로 가는 사람길이라 할 수밖에 없나 봅니다."(류영모, 《다석일지》 1957. 10. 9.)

마하트마 간디도 무소유를 실천할 정도로 탐욕을 멀리하고 부부 사이도 금욕을 할 정도로 우치(愚癡)도 멀리하였으나 일생 동안 가장 많이 외친 것은 비폭력이었다. 곧 진에(瞋恚)를 가장 경계하였다. 외적으로는 영국에 맞서 무저항 독립 운동을 해야 했고 인도 내부에서는 힌두교와 이슬람교의 대립이 국가 분열로 이어졌으니 화평이 가장 중요하였을 것이다.

작은 나라가 공산주의와 민주주의로 두 동강 나고 전쟁까지 일어나 온 나라가 초토화되었는데도 류영모는 탐욕과 증오를 버리라는 말도 많이 하였지만 색욕을 이겨야 한다는 말을 비교적 많이 한 것 같다. 앞에 인용한 말처럼 비례물언(非禮勿言)이라는 공자의 말까지 언급하고서도 스스로 비례물언의 원칙을 깨뜨리면서까지 성 문제를 깊이 다루었다. "시집 장가 못 가서 사람 노릇 못하는 일은 없었다. 오히려 혼인 안 한 이들 가운데 사람 노릇을 단단히 하고 간 이들이 많다."고 말하였다.

자식을 못 낳는 게 불효하는 게 아니다. 류영모는 이걸 대담하게 선언한다고 하였다. 그의 말을 직접 인용한다.

"혼인 안 했고 자식 안 낳아 본 이에게는 안 해야 할 미안한 말이지만 산정(散精)하는 것을 인생의 쾌락이라고 할 수 있는가. 교미한 뒤에는 허전하고 후회되는 때가 어디 없는가. 경험 있는 분들은 어디 얘기해보라. 그것이 쾌락만인가? 그것을 쾌락이라고 하여서 남녀가 자꾸 얼러붙는데 이것은 자기 기만이다. 결코 쾌락일 수만은 없다. 정액을 쏟는 일보다 더 슬픈 것은 없다. 우리의 알짬을 쏟아버리는 것이 제일 후회되는 일이다.

종교나 형이상학은 제나를 초월하고 이 세상을 초월하자는 것이다. 이 몸은 죽는다. 신앙이 뭔지 모르지만 이 신앙이 죽지 않고 산다는 것이다. 이 신앙은 내게서는 신앙이라지만 위(하느님)로부터 오는 얼(성령)이 하느님에 대한 믿음을 일으킨다. 사람에게는 짐승 성질인 삼독(三毒)의 수성(獸性)이 있어 짐승 같은 악마가 될 소질이 충분히 있다. 사람은 왜 이렇게 생겼을까 하느님마저 원망스러울 때가 있다. 앞으로 바른 것을 보라는 뜻이, 격려의 고동(鼓動, 북 울림)이 우리를 하느님께로 올려 보낸다. 이 고동이 우리를 붓다로 만든다. 이 고동이 영원한 생명인 얼나로 인도한다. 이 고동이 우리를 하느님 아들 노릇하게 한다. 이것이 성인들의 고동이었다. 또한 우리의 고동이다. 하느님을 향한 올바른 고동은 우리에게 하느님 아들인 얼나를 깨닫게 하려 최후의 승리를 가져다 준다."(류영모, 《다석어록》)

짐승 노릇 않고 하느님 아들 노릇하는 것이 노자의 무위(無爲)이다. 무위에는 두 가지 뜻이 있다. 노자의 무위를 이 두 가지로 볼 줄 알아야 한다. 사람으로 나온 것은 할 일 하자고 나온 것인데 아무 일도 안 한다는 것은 말이 안 된다. 제나의 수성(獸性)이 시키는 일은 하지 않고 얼나의 영성(靈性)이 시키는 일만 하는 것이 무위(無爲)이다. 예수가 말하였다. "아무도 두 주인을 섬길 수는 없다. 한편을 미워하고 다른 편을 사랑하거나 한편을 존중하고 다른 편을 업신여기게 된다."(마태오 6:24)

수성(獸性)의 욕망인 수욕(獸慾)을 탐·진·치 삼독(三毒)이라 하지만 그것은 수욕의 세 가지 형태이지 뿌리는 하나이다. 살인·강도·강간을 한 번에 저지르는 일이 많다. 전쟁도 삼독의 종합판이다. 제나를 죽이면 탐·진·치가 단번에 없어진다. 삼독 가운데 한 가지만 없어지는 일은 없다. 톨스토이가 제나의 수성을 죽인 사람의 모습을 나타내고자 한 것이 톨스토이가 지은 민화(民話)의 주인공인 바보 이반이다. 바보 이반이야말로 무위(無爲)의 삶을 산 하느님 아들이다.

지극히 겸손하고 힘써 일해 먹고 사는 것이 삶이 바보 이반의 삶이다. 씨알의 원형은 바보 이반이다. 씨알 사상을 외친 류영모와 함석헌이 농사일을 손수하면서 그렇게 해야 한다고 한 까닭이 거기에 있다. 〈바보 이반〉을 쓴 톨스토이도 만년에는 러시아의 농민복 루바시카를 입고 농부들과 함께 열심히 농사를 지었다. 쟁기질도 하고 마차도 몰았다. 바보 이반에게 소중한 사람은 일을 해서 손에 굳은살이 박힌 사람이다. 마하트마 간디가 농장을 이루어 공동체 삶을 살게 된 것도 톨스토이의 영향이다.

류영모와 함석헌의 씨알 사상도 말하자면 톨스토이의 '이반이즘'이라 할 것이다. 류달영의 농심(農心)주의도 같은 사상이다. 예수의 머리 둘 곳 없는 삶, 석가의 얻어먹는 삶은 씨알 사상의 극단적인 승화이다. 스스로 이마에 땀 흘리며 손에 굳은살이 박이도록 일해 먹는 것도 모든 것의 임자이신 하느님에게 빌어먹는 것이나 마찬가지이다. 바보 이반 앞에서는 권력을 잡은 이도 재력을 가진 이도 지식을 쌓은 이도 결코 고귀한 사람들이 아니다.

마하트마 간디의 말이다.

"하느님은 사람이 스스로 먹거리를 해결하도록 만들었으며 일하지 않고 먹는 것은 도둑질과 같다고 하였다. 위대한 자연은 우리로 하여금 스스로 이마에 흘리는 땀의 대가로 먹거리를 얻도록 했다. 그러므로 일 분이라도 게을리 보내는 사람은 그만큼 이웃에게 짐이 되는 것이다. 아힘사(불살생)는 이웃에게 베푸는 최고의 공정한 배려를 뜻하기도 하는데, 게으른 사람은 그러한 기본적인 배려를 하지 못한다. 그러므로 게으름은 아힘사 원리의 첫 번째 가르침을 어기는 일이다. 톨스토이가 쓴 먹거리를 위한 노동에 관한 글을 읽고 나서 살기 위해서는 일을 해야 한다는 가르침을 처음으로 배우게 되었다. 그러나 그전에 이미 러스킨(John Ruskin)의 《나중에 온 이 사람에게도》를 통해 먹거리를 위해 일하는 삶을 존경하고 있었다. 사람은 자기 손으로 일해서 자신의 먹거리를 얻어야 한다는 거룩한 이치는 본다레프 (T. M. Bondarev)라는 러시아 작가에 의해 처음 강조되었다. 그 후에 그것이 레프 톨스토이에 의해서 널리 세상에 알려지게 되었다. 나의 생각엔 같은 사상이 바가바드기타 3장에도 잘 설명되어 있다. 거기엔 '희생하지 않고 먹는 사람은 훔친 음식을 먹는 것이다.'라고 적혀 있다. 여기서 말하는 희생은 바른 먹거리를 얻기 위한 노동을 뜻한다."
(간디,《간디의 마음》)

류영모는 예수의 가르침을 좇는다는 크리스천 가운데 예수의 말씀에 "무엇을 먹을까 무엇을 마실까, 또 무엇을 입을까 하고 걱정하지 마라."(마태오 6:31)를 일하지 않고 놀고 지내라는 말로 알아듣는 사람들이 있다고 개탄했다. "너희는 먼저 하느님의 나라와 하느님께서 의롭게 여기시는 것을 구하여라."는 말은 농사짓고 살라는 말로 알아들어야 한다는 것이다. 류영모는 이렇게 말했다.

"우리의 삶은 영원한 꼭대기에 이어진 것으로 생각을 잘해야 한다. 그러나 스스로 몸뚱이를 바로 잘 쓰겠다는 정신이 안 나올 수 없다. 정신을 바로 쓸 수 있다면 동포와 인류를 위해서도 바로 할 수 있다. 그것이 무엇이냐 하면 도심(道心)인 씨알 정신이다. 곧 참된 마음으로 씨알을 지도하면 씨알이 이마에 땀 흘리는 것을 즐거워한다. 곧 씨알들이 즐겁게 땀을 흘리도록 지도를 하는 데 도심(道心)이 필요하다. 지도하는 사람은 씨알들과 같이 이마에 땀 흘릴 생각을 하지 않고서는 안 된다.

동양에서 농사는 천하지대본(天下之大本)이라고 하는 것은 땀을 흘려야 한다는 가르침이다. 또 맹자가 이르기를 땀 흘려 일하여 거기서 얻는 것으로 부모를 봉양하면 큰 효(孝)라고 했다. 이 세상의 모든 일은 가만히 보면 말끔히 땀 흘리게 되어 있다. 그런데 우리나라 현실정은 어떻게든지 땀 흘리지 않고 가만히 앉아서 관직 한자리를 해보겠다는 것이다. 우선 좋은 학교라는 것이 그래서 생긴 것이다. 우리나라 사람들은 신앙을 가진 자나 안 가진 자나 십계명보다 앞서 있는, 땀 흘려야 한다는 하느님의 이르심을 죄다 거역하고 있다. 그러니 도심(道心)이고 도의(道義)이고 이 나라에서 지금 찾아볼 수 있는가? 일하여서 땀을 자꾸만 흘려야 한다. 땀을 흘리면 보기엔 더러운 것 같으나 흘리는 사람의 속은 시원하다. 일하여 이마에 땀 흘리기를 게을리하고 싫어하면 사람에게 도심이고 도의고 아주 미미하게된다."(류영모,《다석어록》)

류영모가 이런 생각을 하던 당시에는 한국에 대학교가 없었다. 공부를 하려면 밉든 곱든 일본에 가서 하는 수밖에 없었다. 류영모는 일본의 동경 물리학교에 들어갔다. 정규 대학에 들어갈 수 있는 자격을 취득하기 위한 것이었다. 그러나 물리학교에 2년 다니고서 대학 진학 시험도 보지 않고 집으로 돌아와버렸다. 그런 결정을 하면서 평생 가장 번민을 많이 했다고 말하였다. 예수가 말한 좁은 문으로 들어가느냐 넓은 문으로 들어가느냐를 선택하는 기로에 서 있었던 것이다. 그런데 류영모는 좁은 문으로 들어가기로 결심하고 집으로 돌아온 것이다. 비노바 바베가 대학 졸업 시험을 포기하고 그 길로 마하트마 간디를 찾아간 일과 비교되는 용기라 하겠다. 그때 류영모는 이른바 높은 학력을 쌓아 출세의 길로 나아가기를 그만두고 시골에 가서 농사짓기로 결심하였던 것이다. 그러나 농촌에 가서 살 농토와 농가를 사려면 사업하는 아버지의 도움이 필요하였다. 그런데 아버지의 반대로 귀농을 못하고 서울에서 아버지의 사업을 도울 수밖에 없었다. 아버지가 경영하는 제화 재료상 일을 돕다가 아버지가 차려준 제면소를 직접 운영하기도 하였다. 아버지께서 세상을 떠나 삼년상을 치른 후에 당시 경기도 땅이었던 북한산 비봉 자락에 자두, 복숭아, 감나무가 심어진 과수원을 사서 직영하였다.

류영모가 노년에 이르렀을 때 둘째 아들 류자상이 강원도 평창에 있는 대미산 오지로 들어가서 농사를 지었다. 류영모는 아들이 자랑스러워 여름이면 꼭 그곳에 가서 여러 날 묵다 돌아오곤 하였다. 내 뜻을 이은 아들이라 칭찬하면서 아들에 대한 한시 〈류고반〉을 지었다. 필자가 경기도 의왕에서 농사짓는다는 소식을 듣고는 불편한 교통을 무릅쓰고 찾아온 적도 있다. 농사하는 그 마음을 아껴준 것이다. 이 사람도 경남 함안에 가서 단감 농사를 하는 길벗 김진웅을 찾는 것이 큰 기쁨이다. 강원도 화천에서 농사짓는 임낙경, 박우행 길벗이 있고 강원도 홍천에서 농사짓는 원용강, 박용호 길벗이 있다. 여주에서 농사짓는 김창수, 정성국 길벗도 있다. 정원사 일을 하는 민원식 길벗, 아차산에서 쓰레기 줍기를 하는 박제환 길벗도 자랑스런 씨알들이다.

류영모가 말하였다.

"사람이 이 세상에서 평생을 지나가는데 마침내 참나인 얼나를 찾아 너나없는 자리에서 서로 사랑하는 것으로 끝을 맺게 될 것이다. 본디 하느님께서 내게 준 얼의 분깃을 영글게 힘쓰면 반드시 거룩한 사랑에 이르게 될 것이다. 사랑을 잘못하면 죄가 될 수도 있다. 짝사랑으로 인해서 서로 치고 때리다가 사람이 다치는 데까지 이른다면 그것은 죄악이다. 그렇지만 사랑을 너무 에누리해서 사랑의 죄악만을 강조한다면 사랑의 본질을 놓치기 쉽다. 우리가 사랑으로 살면서 사랑의 본원(本源)에 들면 결코 해로운 것이 될 수 없다. 하느님의 얼사랑(아가페)에는 원수가 없다. 원수까지 사랑하는데 적이 있을 리 없다. 언제나 힘이 없는 것 같지만 언제나 무서운 힘을 내놓는 것이 사랑이다. 사랑은 평등각(平等覺)이다. 그래서 하느님도 사랑이라고 한다.

대자대비(大慈大悲)의 세계는 곱다 밉다고 하는 애증(愛憎)의 세계를 넘어서야 한다. 그리고 남의 슬픔을 내 슬픔으로 가질 때에만 나와 남이 하나가 될 수 있다. 밝고 좋은 세상을 이루기 위해서는 아픔과 괴론 맛을 같이 맛볼 줄 알아야 한다. 그때에만 나와 남 사이를 가로막는 뫼와 골을 넘어서 온누리에 사랑이 넘치고 넘쳐서 늠실늠실 춤을 추는 꿈을 이룰 수가 있을 것이다."(류영모, 《다석어록》)

얼의 씨앗을 품은 이들에게

중국 명나라를 일으킨 주원장(朱元璋)이 평민에서 제위(帝位)에 올라 나라를 다스리게 되었다. 유교 경전 사서(四書)에 드는 《맹자(孟子)》는 공자의 《논어(論語)》와 함께 중요한 인성의 경전인 동시에 정치 철학서이다. 주원장도 나라를 올바르게 다스리자니 《맹자》를 읽지 않을 수 없었다. 《맹자》를 읽다가 고자(告子) 상편에서 "임금이 큰 허물이 있으면 고치도록 바른 소리를 해주어야 한다. 말을 뒤집으면서 듣지 않으면 쫓아내어 자리를 바꾸어야 한다.(君有大過則諫 反覆之而不聽 則易位)"는 구절을 읽게 되었다. 가만히 맹자의 말을 새기고 보니 황제인 자신이 잘못하다간 황제의 자리에서 쫓겨나게 생긴 것이었다. 주원장이 읽고 있던 《맹자》를 내동댕이치며 이놈의 늙은이 지금도 살아 있었다면 내가 가만히 두지 않았을 것이라면서 책에서 그 글귀를 지우게 하였다. 나라의 임자가 임금인 군주 시대의 이야기다. 오늘날에는 백성들이 투표로 집정자(執政者)를 바꾼다. 얼마나 속이 시원한 일인가? 국민이 나라의 임자인 민주 시대인 것이다.

옛날 군주 시대엔 나라가 임금의 것이요 백성도 임금의 것이었다. 그러니 임금은 거의 신(神)으로 군림하였다. 민주주의 시대가 열린 것은 정치적으로도 의미도 크지만 그 못지않게 종교적으로도 의미가 크다고 할 수 있다. 신앙의 자유는 민주주의 시대에 들어와서 확립되었다고 할 수 있기 때문이다. 임금이 지나가기만 하여도 땅에 엎드려

절을 해야 하고 왕족의 호화로운 생활이 보장되도록 무거운 세금을 강제로 바쳐야 했다. 임금을 욕하다 들키면 역적이 되어 처형당했다. 어리석은 백성들에겐 임금이 신적인 거룩한 존재라 임금이 손을 잡았다 하여 그 손을 명주 수건으로 싸서 밥상에 받치고 살았다는 웃지 못할 얘기도 전해 온다. 그런 임금의 존재가 없어진 민주주의 시대야말로 개명된 시대라 할 수 있다.

그런데 이 지구상에 아직도 나라에 따라서는 다 자란 개구리에 붙은 올챙이 꼬리처럼 임금의 존재가 어색하게 남아 있는 나라가 있다. 또 한편으로는 임금이라는 칭호만 안 붙였지 임금보다 높은 권위로 군림하는 독재자들이 곳곳에 남아 있다. 독재자의 죽은 시신까지 숭배의 대상이 되어 산 사람들의 예배를 받고 있다. 어리석은 씨알들이 하느님에게 바쳐야 될 예배를 이들에게 바치고 있는 것이다. 이런 사정을 잘 아는 예수가 일찍이 이런 말을 하였다.

"저희는 소경이 소경을 인도하는 지도자이다. 소경이 소경을 인도하면 둘 다 개울창에 떨어지게 마련이라."(마태오 15:14, 박영호 의역)

역사적으로 어느 나라나 지도자다운 지도자는 찾아보기 어려웠다. 이 나라에도 존경스런 임금이 몇 사람 없었다. 역사에 이름을 떨친 이들은 알렉산드로스, 칭기즈 칸, 나폴레옹 같은 전쟁광들이었을 뿐이다. 그들의 광기에 수많은 사람들이 송장이 되어 가을 마당의 볏단처럼 산야(山野)에 널브러졌다. 나폴레옹은 시체가 흩어져 썩고 있는 격전지를 백마를 타고 다니면서 구경하기를 즐겼다니 그게 올바른 정신인가? 거기에 양가죽을 덮어쓴 이리라고 예수가 칭한 정신적인 독재자인 종교인들의 횡포는 눈 위에 서리가 온 격이다. 이게 모두가 우상들의 사탄 노릇인 것이다. 어리석은 씨알들이 그 정체를 모르고 영웅이라 성자라 칭송하고 기리고 있으니 참으로 기가 막힌다. 가야파 대제사장 앞에서 예수를 모욕하고 손가락질하고 사형감이라고 소리 지른 것도 어리석은 군중들이었다. 로마 총독 빌라도에게 강도 바라빠는 놓아주고 예수를 십자가에 못 박으라 소리 지른 것도 어리석은 군중들이었다. 류영모는 말하였다.

"하느님을 모르고 나는 됐다. 낫다 높다고 하는 것은 거짓된 모양내기다. 이것이 이 세상 사람들이 하는 짓이다. 이 세상이 죄다 이렇게 못 깨어났다. 왜 이렇게 되어버렸나? 우리 성품이 하느님께로 갈 건데 하느님을 모르고 땅에만 붙어 있어서이다. 하느님을 모르고서 이 세상에서 높아지고 싶은데 그 방법으로 깊은 구덩이 옆에 서서 자기가 높거니 하고 생각한다. 요새 자기가 탄 차가 지나갈 때 박수 치라 해놓고 그 박수 소리 듣고는 내가 세상에서 높거니 생각하는 모양인데 그런 얼빠진 짓이 어디 있나. 이는 참(하느님 말씀)을 알지 못하니까 이 꼴인 것이다. 남은 모두 형편없는데 나만 잘나 뭣이 되었지라고 생각하는 이는 양심이 없는 자다. 우리 모두가 왜 이리 못났을까 하고 한탄하는 것은 하늘 양심이다. 하늘 양심으로 무엇을 하는 것이 찬송이요 염불이다."(류영모, 《다석어록》)

우리는 소경 같은 지도자를 알아보고 좇지 말아야 한다. 그러려면 예수가 말하였듯 뱀처럼 슬기롭고 비둘기처럼 순결하여 참됨과 거짓을 가려보는 눈을 가져야 한다. 뱀이 슬기로운 것은 지난 허물을 벗을 줄 알기 때문이다. 이것이 메타노에오, 곧 회심이다. 비둘기가 순결한 것은 집으로 돌아갈 줄 알기 때문이다. 하느님 아버지께로 귀일(歸一)하는 것이다. 이 두 가지를 할 줄 알고 이를 가려볼 줄 알아야 한다.

다음은 20세기의 대표적인 거짓 지도자 히틀러와 스탈린의 신화 탄생에 대한 분석이다.

"모든 개인 숭배는 정도의 차이는 있겠지만 허구다. 두 독재자의 과장된 이미지는 만들어내야 했다. 그렇다고 히틀러와 스탈린이 그러한 이미지를 빼고 나면 실체가 없다는 것은 아니다. 숭배가 아직 본격화하지 않았을 때 권력 장악의 역사를 보면 두 사람은 이미 숭배와 무관한 개인적인 정치적 술수를 많이 알고 있었으며 이를 이용했다. …… 두 사람은 공적 영역에서는 단순히 존재하는 그대로가 아니었다. …… 이 허구는 여러 가지 사소한 방식으로 꾸며졌다. 히틀러가 거대한 공적 행사가 있을 때면 몇 시간씩 연설을 연습했다는 사실은 잘 알려져 있다. 연극같이 과장된 표현은 결코 겉으로 드러나 보였듯이 무의식적인 것이 아니었다. 히틀러가 공개적으로 했던 행위는 대부분 계산된 것이었다."(리처드 오버리, 《독재자들》)

사람들은 얼굴이 의젓하게 잘 생겼으면 부처님 상이라 한다. 예수님이 그려진 상을 보면 연예인 뺨치게 멋지다. 예수나 석가의 모습을 보고 그린 예술가는 없다. 예술가들이 가장 이상적인 모습을 상상하여 그린 것이다. 예수나 석가가 그렇게 잘생겼다고 생각되지는 않는다. 꾸며진 독재자들의 모습과 언행에 사로잡혀 사람들이 제 앞길도 닦지 못하는 소경 지도자들에게 끌려가고 밀려가 함께 멸망의 나락에 떨어지고 말았다니 어이가 없다. 류영모는 말하였다.

"우리가 예수를 따르고 그를 쳐다보는 것은 그의 색신(色身)을 보고 따르자는 것이 아니다. 예수는 내 속에 있는 속알, 곧 하느님의 씨가 참생명임을 가르쳐주었다. 그러므로 먼저 내 속에 있는 속알에 따라야 한다. 그 속알이 참예수의 생명이요 나의 참생명이다. 몸으로는 예수의 몸도 내 몸과 같이 죽을 껍데기이지 별 수 없다.

얼이 얼려야 어른이다. 정신과 정신이 단단히 얼려야 참으로 어른이다. 성령 충만한 어른이 되어야 한다. 얼을 빠뜨리라고 얼을 넣어준 게 아니다. 얼을 안은 어른이 되라고 얼을 맘속에 넣어준 것이다. 우리가 서로 사귄다는 게 낯바닥 익히는 데서 그친다. 깊이 상대방의 얼을 알려고 안 한다. 이게 기가 막힌다. 그저 얼굴이 훤히 생기면 그게 좋단다. 얼굴이 보살같이 생겼으면 그대로 믿어버린다. 우리가 얼굴에 막혀서 이런 어리석은 짓을 한다. 우리의 얼굴이 얼의 골이라는 것을 깨달아야 한다."(류영모, 《다석어록》)

나의 지도자여! 오늘 나는 이렇게 당신의 초상 앞에 서 있습니다. 어찌 이리 힘차고 강력하며 아름답고 고귀합니까! 너무나 순수하고 온화하며 따뜻하고 겸손합니다. 아버지, 어머니, 형을 더했으며 그보다 훨씬 뛰어납니다. 당신은 아무런 지시도 내리지 않지만 지도자입니다. 당신은 사랑이며 권능입니다.(1939년 4월 히틀러의 50번째 생일에)

지구상에 스탈린이라는 이름에 필적할 만한 이름은 존재하지 않는다. 스탈린은 자유의 횃불처럼 밝게 빛나며 전 세계 수백만 명의 노동자에게는 투쟁의 깃발처럼 나부끼고 우레처럼 울려 퍼져 노예 소유주와 착취자의 저주받은 계급들에게 경고한다. 스탈린은 현재의 레닌이다. 스탈린은 당의 두뇌요 심장이다. 스탈린은 더 나은 삶을 위해 투쟁하는 수백만 명의 기치다.(1939년 12월 19일 스탈린의 63번째 생일에)

독재자들을 찬양한 글을 보면 하느님에게 바치는 기도문과 다름없다. 수백만 명의 씨알들이 자진하여 독재자를 추앙하는 신도가 된 것은 하느님에게 바쳐야 할 충심을 엉뚱한 거짓 지도자들에게 바쳤기 때문이다. 나보다 위대한 존재를 추앙하고 싶은 정적인 본능이 잘못 발동되어 역사적인 악한들을 신으로 추앙하는 데 서슴지 않았다. 여기에 대한 류영모의 생각을 듣는다.

"사람을 사귀는 데도 버릇으로 친해서는 못쓴다. 사람을 숭배하여서는 안 된다. 그 앞에 절을 할 것은 참되신 하느님뿐이다. 종교는 사람 숭배하는 것이 아니다. 하느님을 바로 하느님으로 깨닫지 못하니까 사람더러 하느님 돼 달라는 게 사람을 숭배하는 이유이다. 예수,

석가를 하느님 자리에 올려놓고 신앙의 대상으로 삼은 것도 그 때문이다.

예수, 석가하고 우리하고 차원이 다른 게 아니다. 예수, 석가는 우리와 똑같다. 예수가 "나는 포도나무요 너희는 가지다."(요한 15:5)라 하였다고 예수가 우리보다 월등하다는 것이 아니다. 크리스천들이 십자가에 못 박힌 그리스도를 쳐다만 보고 믿는다고 해서 진실한 크리스천이 될 수 없다. 예수의 얼굴은 보잘것없다. 이미 지나간 일인데 무엇이 대단한가? 석가, 예수의 정신이 오늘날까지 폭포수처럼 우리 머리 위에서 쏟아지고 있고 그것을 우리가 느끼기 때문에 그들이 대단한 존재인 것이다.

사람은 사랑할 대상을 늘 찾는다. 마음 그릇이 큰 이는 영원 절대(하느님)에 가서야 진·선·미가 있다고 한다. 마음 그릇이 작은 사람은 이 땅의 작은 님으로 만족해버린다. 그리하여 마음 그릇이 아주 크면 사랑의 대상을 영원절대에 둔다."(류영모, 《다석어록》)

예수는 자신이 이 세상에 온 목적을 이렇게 말하였다.

"나는 오직 진리를 증언하려고 났으며 그 때문에 세상에 왔다."(요한 18:37)

"나는 바로 이 고난의 시간을 겪으러 온 것이다."(요한 12:27)

이 두 마디 말씀을 합하면 예수는 하느님이 참나임을 깨달으려고 왔다는 말이다. "아버지와 나는 하나이다."(요한 10:30) 이 한마디 때문에 났고 죽었던 것이다. 예수의 삶을 실패의 삶으로 보기도 하는데 사실은 온전히 다 이룬 성공적인 삶이다. 하느님을 알고자 와서 하느님께서 참나임을 알았으니 삶의 목적을 다 이루었는데 어찌 실패한 삶으로 볼 수 있단 말인가.

예수는 하느님을 참나로 깨닫는 데 걸림이 되는 것을 일러주었다.

"그러나 너희는 스승 소리를 듣지 마라. 너희의 스승은 오직 한 분(하느님)뿐이고 너희는 모두 형제들이다. 또 이 세상 누구를 보고도 아버지라 부르지 마라. 너희의 아버지는 하늘에 계신 아버지 한 분뿐이시다. 또 너희는 지도자라는 말도 듣지 마라. 너희의 지도자는 그리스도(얼나) 한 분뿐이시다."(마태오 23:8~10)

예수는 아버지도 스승님도 지도자도 모두가 하느님이시라는 말이다. 땅에 있는 아버지도 스승님도 지도자도 모두가 거짓이란 말이다. 예수의 판단으로 볼 때 이 땅 위에 무엇을 신격화해서 경배하는 것은 지극히 어리석은 짓이다. 예수도 석가도 얼나(프뉴마, 다르마)만이 스승이라고 한 것은 잊어서는 안 될 소중한 말씀이다. 씨알은 얼(성령)이시며 빔(허공)이신 하느님 외에 어떠한 것도 하느님이라고 받들어서는 안 된다. 차라리 하느님을 모르고 안 믿는 것이 낫지 하느님 아닌 것을 하느님으로 받드는 일은 하지 말아야 한다. 이 세상에 온 것은 하느님이 참나임을 깨닫기 위해서이니 하느님을 바로 알아야 한다. 하느님을 바로 가르쳐준 예수와 석가가 고맙고 존귀한 까닭이 여기에 있다. 예수, 석가를 찾게 되는 것도 이 때문이다. 예수, 석가가 자신이 이 세상을 떠나면 누구에게 가서 배우라고 하지 않고

내 마음속에 와 계시는 얼나(보혜사, 법등명)에게 배우라고 거듭거듭
이르신 까닭을 알 수 있다. 예수, 석가 이외의 말씀에 홀려서는 안 된
다. 내 마음속 얼나를 깨달아 좇는 씨알이 되어야 한다.

씨알들이 사람을 숭배하지 않고 하느님만을 신앙하게 되면 남북
통일도 인류 평화도 쉽게 이뤄질 것이다. 분열을 일으키고 평화를 어
지럽히는 것은 하느님 아닌 사람을 신앙의 대상으로 삼아 숭배하는
씨알의 낮은 생각 때문이다. 씨알의 생각을 높이는 일이 분열을 없애
고 평화를 이루는 바른 길이요 빠른 길이다. 다석 사상이 중요한 까
닭이 여기에 있다. 씨알들이 하느님을 모르고 이 땅 위에 오줌똥을
싸는 사람을 신(神)으로 받들고 섬기는 어리석은 짓을 끝내지 않으면
세계의 화합과 인류의 평화는 멀다.

사람 숭배 말자

아무리 훌륭한 사람이라 할지라도
존경하며 본받아야지 숭배는 말자
그 앞에 무릎 꿇고 머리 숙여 절하긴
만물의 근원이며 또 임자인 하느님뿐
사람들끼리는 모두가 평등한 벗들이라
예수도 제자들 보고 나의 벗이라 했다
예수를 하느님으로 받듦도 우상 숭배다

사람이 사람을 업신여겨도 숭배하여도
올바른 길에서는 멀리 벗어난 큰 잘못

사람을 숭배함은 하느님 아닌 우상 숭배다
사람이 사람에게 하느님 대접받겠다면
세상에 가장 모진 악마 노릇을 하는 것이다
인류 역사는 거짓 하느님인 우상을 부수고서
참되신 하느님을 찾자는 정신 운동이다
멸망의 미운 게 거룩한 곳에 섰단 건
하느님 아닌 것이 하느님 노릇하고 있다는 말
하느님이 주시는 얼나를 깨닫는 것만이
하느님과 사람들과도 하나 되는 바른 길

멸망의 가증한 것이 거룩한 곳에 선 것을 보거든 (읽는 자는 깨달을진
저)(마태 24:15, 한글개역)

(2012. 5. 28. 박영호)

깨달음 공부 — 다석 사상으로 찾는 참삶의 길

2014년 1월 10일 초판 1쇄 발행

■ 지은이 ─────── 박영호
■ 펴낸이 ─────── 한예원
■ 편집 ─────── 이승희, 조은영, 윤슬기
■ 본문 조판 ──── 성인기획
■ 펴낸곳 교양인
　　　　　우 121-888 서울 마포구 포은로 29 신성빌딩 202호
　　　　　전화 : 02)2266-2776 팩스 : 02)2266-2771
　　　　　e-mail : gyoyangin@naver.com
　　　　　출판등록 : 2003년 10월 13일 제2003-0060

이 도서의 국립중앙도서관 출판시도서목록(CIP)은 서지정보유통지원시스템 홈페이지(http://seoji.nl.go.kr)와 국가자료공동목록시스템(http://www.nl.go.kr/kolisnet)에서 이용하실 수 있습니다.(CIP제어번호: CIP2013028553)